Soziale Interaktion und mentale Modelle

Für Margarete
herzlich
Elisabeth

Elisabeth Brauner

Soziale Interaktion und mentale Modelle

Planungs- und Entscheidungsprozesse
in Planspielgruppen

Waxmann Münster/New York

Per Corindo

D7

> Die Deutsche Bibliothek – CIP-Einheitsaufnahme
>
> **Brauner, Elisabeth:** Soziale Interaktion und mentale Modelle :
> Planungs- und Entscheidungsprozesse in Planspielgruppen /
> Elisabeth Brauner. – Münster ; New York : Waxmann, 1994
> (Internationale Hochschulschriften ; 115)
> Zugl.: Göttingen, Univ., Diss., 1993
> ISBN 3-89325-251-7

Internationale Hochschulschriften. Die Reihe für Habilitationen und
sehr gute und ausgezeichnete Dissertationen, ISSN 0932-4763

© Waxmann Verlag GmbH 1994, Postfach 8603, D-48046 Münster, F. R. G.,
Waxmann Publishing Co., P. O. Box 1318, New York, NY 10028, U. S. A.

Druck: Copyline Druck GmbH; Umschlag: Ursula Stern
Alle Rechte vorbehalten. Printed in Germany.

Inhaltsverzeichnis

Vorwort 9

Einleitung 11

1 Interaktion, Kommunikation und ihre Grundlagen 17
   1.1 Begriffe, Modelle, Implikationen 17
   1.2 Theorien der Zeichen, Theorien der Sprache 34
   1.3 Die Aporien des Leib-Seele-Problems und der Situationskreis
       von Thure von Uexküll 46
   1.4 Zwischenergebnis 56

2 Symbolischer Interaktionismus 61
   2.1 Grundbegriffe des Symbolischen Interaktionismus 62
   2.2 DIOR - Ein Interaktionsmodell 70
   2.3 Ausgewählte empirische Analysen sozialer Interaktion 82
   2.4 Zwischenergebnis 88

3 Mentale Modelle 93
   3.1 Formen von Wissensrepräsentationen 93
   3.2 Inhalte mentaler Modelle 97
   3.3 Funktion mentaler Modelle 101
   3.4 Erhebung mentaler Modelle 102
   3.5 Der Prozeß der mentalen Handlungskontrolle im
       DIOR-Modell 103
   3.6 Zwischenergebnis 107

4 Soziale Identität 111
   4.1 Kurze Entwicklungsgeschichte 111
   4.2 Paradigma der minimalen Gruppen 113
   4.3 Theorie der sozialen Identität 115
   4.4 Zwischenergebnis 118

5 Die Modifikation mentaler Modelle im Interaktionsprozeß: Eine empirische Untersuchung 125
  5.1 Hypothesen und Operationalisierungen 125
    5.1.1 Die Fragebogenuntersuchung 125
    5.1.2 Die Prozeßuntersuchung 127
    5.1.3 Operationalisierung der unabhängigen und abhängigen Variablen 127
  5.2 Das Planspiel "Modell-Stadt" 129
  5.3 Ablauf einer Planspielsitzung 131
  5.4 Versuchspersonen 134
  5.5 Erhebungsinstrumente 134
    5.5.1 Fragebogen zum Inhaltsbereich 134
    5.5.2 Fragebogen zur Interaktion 135
    5.5.3 Lautes Denken 136
    5.5.4 Gruppendiskussion 137
  5.6 Auswertungsinstrumente 138
    5.6.1 Quantitative Auswertung der Fragebögen 138
    5.6.2 *Cognitive Mapping* 138
    5.6.3 Strukturkodierung 141
    5.6.4 Monotone Netzwerkanalyse (MONA) 142
  5.7 Voruntersuchung 144
  5.8 Kontrolluntersuchung 144
  5.9 Methodische Aspekte 145

6 Ergebnisse 147
  6.1 Analyse der Fragebogendaten 147
    6.1.1 Beurteilung des Inhaltsbereichs 147
      6.1.1.1 Deskriptive Statistiken 148
      6.1.1.2 Unterschiede zwischen den Teams vor und nach der Interaktion 153
      6.1.1.3 Vergleich der Beurteilungen vor und nach der Interaktion 155
    6.1.2 Beurteilung der Interaktion 156
      6.1.2.1 Beurteilung der Rolle 157
      6.1.2.2 Beurteilung der Team-Phase 158
      6.1.2.3 Beurteilung der Kommissions-Phase 159
      6.1.2.4 Erwartete und tatsächliche Zusammenarbeit 160
      6.1.2.5 Teamzugehörigkeit und Lösungsqualität 161

6.2 Prozeßanalysen der verbalen Daten 163
6.2.1 Komplexität des Planungs- und Entscheidungsprozesses .. 163
6.2.1.1 Lautes Denken 164
6.2.1.2 Team-Diskussion 164
6.2.1.3 Kommissions-Diskussion I 165
6.2.1.4 Kommissions-Diskussion II 166
6.2.1.5 Zwischenergebnis 167
6.2.2 Verlaufsanalyse: Inhaltliche Aspekte 169
6.2.2.1 Inhalte der Äußerungen 169
6.2.2.2 Unterschiede zwischen den Teams 173
6.2.2.3 Zwischenergebnis 173
6.2.3 Verlaufsanalyse: Strukturelle Aspekte 174
6.2.3.1 Funktionen der Äußerungen 174
6.2.3.2 Relationen des Sprecher zu den Äußerungen 177
6.2.3.3 Zwischenergebnis 180
6.3 Monotone Netzwerkanalyse (MONA) 181
6.3.1 Lautes Denken 181
6.3.2 Team-Diskussion 184
6.3.3 Kommissions-Diskussion I 186
6.3.4 Kommissions-Diskussion II 188

7 Diskussion 191
7.1 Fragebogenuntersuchung 191
7.2 Prozeßuntersuchung 194
7.3 Monotone Netzwerkanalyse (MONA) 196
7.4 Explorative Aspekte der Untersuchung 197
7.4.1 Fragebogen zur Interaktion 197
7.4.2 Strukturkodierung 198
7.5 Schlüsse 200
7.5.1 ... in bezug auf die allgemeinen Hypothesen der Untersuchung 200
7.5.2 ... in bezug auf das DIOR-Modell 201
7.5.3 ... in bezug auf die handlungsleitende Funktion von Einstellungen und mentalen Modellen 206
7.5.4 ... in bezug auf den Kognitivismusvorwurf an die Sozialpsychologie 208
7.5.5 ... in bezug auf weitere Forschung 210
7.6 Schluß 212

Zusammenfassung 215

Literatur 221

Anhang 243
Anhang A: Instruktionen und Spielanleitungen 245
Anhang B: Erhebungsinstrumente 273
Anhang C: Kodieranleitung für *Cognitive Mapping* und
   Strukturkodierung 299

Vorwort

Veritas filia temporis
Giordano Bruno

*Things are not what they seem,
nor are they otherwise.*
Ausspruch eines Zen-Meisters

Die Begriffe *soziale Interaktion* und *mentale Modelle* in einem Atemzug zu nennen, mag zunächst ungewöhnlich anmuten: Soziale Interaktion hat ihren angestammten Platz in der Sozialpsychologie, mentale Modelle werden von der kognitiven Psychologie thematisiert. Daß es dennoch (oder vielleicht auch gerade deshalb) sinnvoll ist, beides zusammenzubringen und die Erträge zu sichten, die dieses Zusammenbringen liefert, dies soll die vorliegende Arbeit zeigen: Ziel ist es, durch die Integration der Konzepte soziale Interaktion und mentale Modelle sowohl auf theoretischer als auch auf empirischer Ebene neue Erkenntnisse für die Interaktionsforschung zu gewinnen.

Am Ende einer Phase intensiver Arbeit an einem Forschungsvorhaben verbleibt, wohl unvermeidlicherweise, stets der Eindruck, noch lange nicht alle relevanten Fragen ausreichend geklärt zu haben. Eine solche Arbeit abzuschließen, ist daher mitunter schwieriger, als sie überhaupt zu schreiben. Daß der Eindruck des Unfertigen am Ende nicht überwiegt, habe ich zweifellos meinem Doktorvater, Professor Dr. Peter Faßheber, zu verdanken. Seine Kritik hat die Arbeit an entscheidender Stelle vorangebracht. Professor Dr. Gerd Lüer danke ich für die Übernahme des Korreferats, für seine Hilfsbereitschaft und für das Interesse, das er der Arbeit entgegenbrachte.

Gefördert und finanziell unterstützt wurde diese Arbeit durch die Stiftung Volkswagenwerk und das Land Niedersachsen im Rahmen des Interdisziplinären Graduiertenkollegs "Handeln in komplexen ökonomischen Situationen" der Georg-August-Universität Göttingen. Ohne diese Unterstützung hätte sie sicherlich nicht in dieser Form angefertigt und abgeschlossen werden können.

Das im Rahmen der empirischen Untersuchung verwandte Planspiel "Modell-Stadt" wurde von Dr. Dieter Beck (vormals Konstanz, jetzt Speyer) entwickelt. Daß ich es übernehmen und verwenden durfte und darüber hinaus sowohl das Modell der Stadt selbst als auch verschiedene weitere Unterlagen zur Verfügung gestellt bekam, war für mich von großem Wert.

Ein Teil der hier vorgestellten Ergebnisse beruht auf der von Professor Dr. Bernhard Orth (Hamburg) entwickelten graphentheoretischen Methode der Auswertung von Ähnlichkeitsdaten, der Monotonen Netzwerk-Analyse (MONA). Bernhard Orth verdanke ich, daß diese Ergebnisse hier präsentiert werden können, obwohl das Programm MONA noch nicht zur Verfügung steht. Darüber hinaus möchte ich ihm aber auch für die mittlerweile fünfjährige Förderung und Unterstützung danken.

Wie sehr eine solche Arbeit von Interaktion und Kommunikation abhängig ist, habe ich in den letzten zweieinhalb Jahren erfahren: Hilfe, als ich sie am nötigsten brauchte, erhielt ich von PD Dr. Margarete Boos (Konstanz) und Dr. Bärbel Fürstenau (Göttingen). Dafür bin ich beiden zu großem Dank verpflichtet.

Für alle Diskussionen der vergangenen zehn Jahre danke ich Albrecht Becker (Berlin). Wie wichtig Perspektivenübernahme und Metakommunikation für soziales Handeln sind, konnten wir in diesem interdisziplinären Diskurs oft genug *in vivo* erfahren.

Seit langem hat mich die Person Giordano Brunos fasziniert. Nicht zuletzt durch sie ist meine Entscheidung, die Wissenschaft zum Beruf zu machen, geprägt. Ersten Kontakt mit Brunos Denken bekam ich an einem Ort, der wie kein zweiter an ihn erinnert, unter dem Denkmal Giordano Brunos auf dem Campo dei Fiori in Rom. Corindo, der mich mit Brunos Weltsicht bekanntmachte, widme ich diese Arbeit.

Berlin, im Juli 1994   E. B.

Einleitung

Menschliches Leben und Handeln ist sowohl in Alltagssituationen, wie dem Einkauf oder dem Small-Talk in der Kaffeepause, als auch in Arbeits- oder beruflichen Situationen stets eingebunden in soziale Zusammenhänge. Das gilt auch für scheinbar isoliertes, von anderen Personen vollständig unabhängiges Handeln, wie z. B. im Fall des Bergsteigers, der allein einen Berg besteigt. Psychologisch gesehen handelt es sich aufgrund der impliziten Präsenz anderer auch hier um sozial beeinflußtes Handeln. Handeln ist daher immer auch soziales Handeln, wobei sich mindestens zwei Personen in ihrem Handeln in irgendeiner Weise aufeinander beziehen müssen. Dieses Sich-aufeinander-Beziehen sei an dieser Stelle vorläufig als soziale Interaktion bezeichnet. Soziale Interaktionen und soziales Handeln können also als elementar für den Umgang mit allen Anforderungen unseres täglichen Lebens angesehen werden.

Geulen (1982b) benennt verschiedene Hauptmomente sozialen Handelns, die er als konstitutiv für die Interaktion (im weiteren Sinne) zwischen Individuen ansieht. Zu diesen Hauptmomenten zählt er (1) die konsensuelle Definition der Situation, (2) Kommunikation und (3) Interaktion (im engeren Sinne). Im Rahmen dieser Interaktion können sich die Handlungsorientierungen der Personen und damit ihre jeweiligen Ziele und Mittel zur Erreichung dieser Ziele so weit unterscheiden, daß das Verhältnis der Handlungsorientierungen zueinander indifferent ist. Stimmen die Handlungsorientierungen teilweise oder weitgehend überein, so bietet sich für beide Personen Kooperation zur Erreichung ihrer Ziele an. Schließen sich die Handlungsorientierungen gegenseitig aus, können Konflikte auftreten, wenn die Personen ihre jeweiligen Ziele erreichen wollen. Schematisch stellt Geulen dies wie in Abbildung 1 dar.

Die Definition der Situation, resp. den intersubjektiven Konsens bezüglich dieser Situationsdefinition, sieht Geulen (1982b) als besonders wichtig und grundlegend für eine funktionierende Interaktion an. Erst anhand einer gemeinsamen oder übereinstimmenden Situationsdefinition sind Individuen in der Lage, aus einer großen Vielfalt möglicher Verhaltensweisen die für eine Situation adäquaten auszuwählen. Diese Situationsdefinitionen werden erst im Verlauf der Interaktion zwischen den Individuen ausgehandelt, sie sind nicht bereits *ex ante* vorhanden. Da die Situationsdefinition als elementar für soziales Handeln und soziale Interaktionen angesehen werden kann, fordert Geulen (1982b):

> Für eine moderne Theorie des sozialen Handelns bedeutet dies, daß sie die Kategorie der Situationsdefinition explizit aufnehmen und die Prozesse erklären muß, durch die handelnde Subjekte zu ihrem Konsens über die Situationsdefinition kommen. Wir nehmen an, daß hierzu hauptsächlich Kommunikation erforderlich ist, außerdem und im Zusammenhang damit aber auch die Fähigkeit, die zunächst ja von meiner Situationsdefinition abweichende Situationsdefinition des anderen zu *verstehen* und zu meiner in Beziehung zu setzen, was wiederum Voraussetzung einer Konsensbildung ist. (S. 59; Hervorh. i. Orig.)

Kommunikation zwischen handelnden Subjekten (und deren prinzipielle Fähigkeit, einander zu verstehen) ist folglich eine der wesentlichen Voraussetzungen dafür, daß eine Situationsdefinition überhaupt ausgehandelt werden kann. Im Verlauf des Kommunikationsprozesses erfolgt erst das Aushandeln dieser Definition. Als ebenfalls bedeutsam sieht Geulen in diesem Zusammenhang die Tatsache an, daß die Situationsdefinition der einen Person von der anderen Person verstanden wird. Dieser Prozeß des Verstehens wird auch als Perspektivenübernahme bezeichnet, da er das Einnehmen oder Übernehmen der Perspektive des anderen voraussetzt. Kommunikation und Perspektivenübernahme sind also grundlegende Voraussetzungen für die Konsensbildung in einer sozialen Situation.

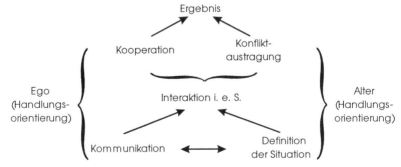

Abbildung 1: Hauptmomente sozialen Handelns nach Geulen (1982b, S. 57).

Sollen nun zwei oder mehr Personen auf der Basis der durch Kommunikation ausgehandelten Situationsdefinition gemeinsam handeln, gemeinsam ein Ziel erreichen oder ein Problem lösen, besteht, wie bereits erwähnt, aufgrund der sich ausschließenden oder übereinstimmenden Ziel- und Mittelvorstellungen einerseits die Möglichkeit für die Individuen, zu kooperieren und die Ziele gemeinsam zu erreichen, andererseits können aber Konflikte zwischen den Individuen auftreten.

Von ständig steigender Bedeutung ist das gemeinsame Aushandeln von Situationsdefinitionen in Wirtschaftsorganisationen. Dies gilt in zweierlei Hinsicht: Erstens erfordert die zunehmende informationelle Vernetzung innerhalb der Unternehmen die adäquate Verarbeitung von Informationen aus unterschiedlichen Bereichen des Unternehmens durch die Mitarbeiter. Organisationsweit kommensurable Situationsdefinitionen bilden dafür eine unerläßliche Voraussetzung. Zweitens ist hier seit einiger Zeit der Trend zu mehr Gruppen- oder Teamarbeit sowie zu projektorientierten Organisationsformen zu verzeichnen. Dabei werden auch gezielt Angehörige verschiedener Abteilungen und unterschiedlicher Fachrichtungen mit der Bearbeitung eines gemeinsamen Projekts beauftragt, um unterschiedliche und damit insgesamt umfangreichere Wissenspotentiale nutzen zu können (vgl. z. B. Staehle, 1991, S. 260ff.). In diesem Zusammenhang wird zwar auch von unterschiedlichen sozialen Identitäten der Personen gesprochen, es wird aber häufig außer acht gelassen, daß verschiedene Abteilungen (und damit verschiedene soziale Identitäten) auch verschiedene Sprachen sprechen und eine Verständigung unter Umständen sehr schwierig und problematisch ist. Konflikte können hier also nicht allein aufgrund verschiedener Ziele oder der Mittelwahl auftreten, sondern auch aufgrund unterschiedlicher Fachsprachen. Ortmann, Windeler, Becker und Schulz (1990, S. 404ff.) sprechen in diesem Zusammenhang von unterschiedlichen Semantiken und unterschiedlichen Interpretationsmustern, die Ursache für Verständigungsschwierigkeiten sind. Die große Bedeutung von Kommunikation für die Zusammenarbeit in Unternehmen läßt sich beispielsweise an Martens' (1989) Versuch erkennen, eine Kommunikationstheorie der Unternehmung zu entwickeln.

Kommunikation und Interaktion sind im Bereich der Team- oder Gruppenarbeit nicht nur sehr bedeutsam für soziales Handeln in Unternehmen, es konnte anhand verschiedener Untersuchungen auch gezeigt werden, daß gerade Kommunikation zu den Haupttätigkeiten von Führungskräften gehört. So zeigte beispielsweise eine Untersuchung von Lyles und Mitroff (1980), daß ein bedeutsamer Teil der täglichen Beschäftigung von Managern aus informeller Kommunikation besteht. Die Probleme, mit denen sich Führungskräfte konfrontiert sehen, sind dabei überwiegend schlecht oder wenig definiert und sehr komplex. Eine Übersicht von Wahren (1987, S. 49) über verschiedene Untersuchungen zu Kommunikation und Interaktion in Unternehmen zeigt, daß der Anteil der Kommunikation an der Gesamt-Arbeitszeit von Führungskräften im Durchschnitt bei ca. 70%, teilweise jedoch bei bis zu 90% liegt. Gemäß einer Literaturübersicht von Schirmer (1992) besteht die Tätigkeit von Managern zu ca. 50% - 70% aus verbaler Kommunikation. Aus diesen Zahlen wird abermals die große Bedeutung von Kommunikation und Interaktion auch für die betriebliche Praxis deutlich.

Grundlage dafür, daß Menschen aber überhaupt in der Lage sind, mit anderen zu kommunizieren und zu interagieren, ist die Tatsache, daß sie sich von Situationen, von anderen Menschen oder allgemein von Welt ein *Bild* machen. Bilder oder Vorstellungen einer Wirklichkeit oder einer außerhalb des Menschen existierenden Realität waren ja auch von Geulen (1982b; s. o.) als Bedingung für das Verstehen der Position oder der Perspektive des anderen im Verlauf der Kommunikation genannt worden. Erst aufgrund der Vorstellung, besser gesagt: einer mentalen Repräsentation oder eines mentalen Modells der Welt, können Menschen im sozialen Sinne handeln, kommunizieren und die Perspektiven anderer Personen übernehmen. Das mentale Modell einer Person dürfte daher einerseits *leitend und bestimmend* sein für den Umgang mit anderen Personen, andererseits kann aber davon ausgegangen werden, daß das mentale Modell auch im Verlauf dieses Umgangs in irgendeiner Weise modifiziert und unter Umständen den äußeren Gegebenheiten angepaßt wird.

Mit den von Geulen (1982b) beschriebenen Hauptmomenten sozialen Handelns und mit der Herausstellung der Bedeutung mentaler Modelle für zwischenmenschliche Kommunikation und Interaktion ist in Grundzügen bereits das Programm der vorliegenden Arbeit umrissen: Sowohl auf theoretischer als auch auf empirischer Ebene soll der Prozeß der Konsensbildung und der Situationsdefinition im Verlauf von Interaktionen anhand der mentalen Modelle der Akteure untersucht werden. Auf theoretischer Ebene werden zunächst die grundlegenden Voraussetzungen für die Untersuchung dieses Prozesses geklärt, um zu einem konsistenten theoretischen Modell des Interaktionsprozesses und damit auch der Konsensbildung zu gelangen. Auf empirischer Ebene soll dann über die Untersuchung des Prozesses der Konsensbildung das theoretisch erarbeitete Modell der Interaktion überprüft werden. Um sowohl Kooperation als auch das Entstehen von Konflikten zu ermöglichen, wird für die empirische Untersuchung eine praxisnahe Situation gewählt, in der Vertreter unterschiedlicher Fachrichtungen und damit Personen mit unterschiedlichen sozialen Identitäten gemeinsam ein Problem zu bearbeiten haben. Mit der Vorgabe, daß eine gemeinsame Lösung für das Problem gefunden werden soll, wird ermöglicht, daß die Personen zumindest kooperationsbereit sind. Durch die Beteiligung unterschiedlicher Fachrichtungen am Interaktionsprozeß wird gleichzeitig aber auch die

Einleitung

Entstehung von Konflikten ermöglicht. Für die empirische Untersuchung wird davon ausgegangen, daß sich die mentalen Modelle der einzelnen Akteure auch unterschiedlicher Fachrichtungen im Verlauf des Planungs- und Entscheidungsprozesses einander angleichen werden.

Im folgenden werden zunächst im theoretischen Teil der Arbeit (Kapitel 1 bis Kapitel 4) in Kapitel 1 die grundlegenden Begriffe, *Interaktion* und *Kommunikation*, sowie die relevanten Grundlagen geklärt und definiert. Hier wird sich zeigen, daß viele gebräuchliche Modelle der Interaktion und der Kommunikation unzulänglich sind. Daher wird in Kapitel 2 ein eigenes Interaktionsmodell auf der Grundlage des Symbolischen Interaktionismus und unter Zuhilfenahme verschiedener Ergebnisse des ersten Kapitels entwickelt. Es wird als *Dynamisches Interaktionsmodell mit Objektreferenz (DIOR)* bezeichnet. Dieses DIOR-Modell wird dann in Kapitel 3 im Anschluß an die Klärung der Frage, was die kognitive Psychologie unter einem mentalen Modell versteht, in bezug auf den mental ablaufenden Prozeß im Verlauf von Interaktionen konkretisiert. Kapitel 4 enthält schließlich die Spezifikation des Konzepts der sozialen Identität sowie die Konkretisierung der Untersuchungsfragestellung.

Im empirischen Teil (Kapitel 5 bis Kapitel 7) werden in Kapitel 5 der qualitative und der quantitative Teil der Untersuchung, die geprüften Hypothesen sowie die verwendeten Erhebungs- und Auswertungsinstrumente beschrieben. In Kapitel 6 erfolgt die Präsentation der Ergebnisse der Datenerhebung mittels Fragebogen, der Fallstudie und der Monotonen Netzwerkanalyse. In Kapitel 7 werden die Ergebnisse interpretiert und in bezug auf das Interaktionsmodell und verschiedene, im theoretischen Teil thematisierte Fragen diskutiert.

1 Interaktion, Kommunikation und ihre Grundlagen

1.1 Begriffe, Modelle, Implikationen

An Versuchen, die Begriffe *Interaktion* und *Kommunikation* gegeneinander abzugrenzen und zu definieren, mangelt es in der Literatur nicht. Allein der 150seitige Artikel von Graumann (1972b) im Handbuch der Psychologie, der mehr als 700 bibliographische Angaben enthält, verweist bereits darauf, daß es sich hierbei nicht um eng umgrenzte und eindeutig definierbare Konzepte resp. Forschungsgebiete handeln kann. In gewisser Hinsicht kann jeglicher Aspekt menschlichen Daseins unter der Überschrift Interaktion und/oder Kommunikation betrachtet werden. Graumanns (1972b) vorläufige Umschreibung der Begriffe lautet entsprechend:

> Wo immer zwei oder mehr Individuen sich zueinander verhalten, sei es im Gespräch, in Verhandlungen, in Spiel oder Streit, in Liebe oder Haß, sei es um einer Sache oder um ihrer selbst willen, sprechen wir von sozialen Interaktionen oder zwischenmenschlicher Kommunikation. Doch auch die Beziehungen zwischen sozialen Gebilden, wie Gruppen, Organisationen, Institutionen, Nationen, werden, zumindest sofern sie als beobachtbare und/oder meßbare Wechselwirkung definiert werden, als Interaktion bezeichnet, der Kommunikationsanalyse unterworfen. Schließlich wird der Umgang mit Apparaten und Maschinen als Interaktion aufgefaßt; selbst Maschinen untereinander stehen nach jüngstem Sprachgebrauch in Kommunikation. (S. 1109)

Zweifellos müssen die Begriffe zumindest auf sozialpsychologische Fragestellungen eingegrenzt werden, aber selbst dann, so Graumann, verbleibt eine Fülle von Phänomenen, die hierunter gefaßt werden können. Hierzu zählt er u. a. Sozialisation, Gruppendynamik, Aggression, Imitation, Sexualverhalten, *pressure*, Beeinflussung.

Crott (1979, S. 16) benennt ebenfalls Bereiche der Sozialpsychologie, in denen Kommunikations- und Interaktionsprozesse zu berücksichtigen sind: Soziale Urteilsbildung, Soziale Wahrnehmung, Stereotype, Einstellungen und Einstellungswandel, Soziales Lernen, Interpersonale Attraktion, kollektive Entscheidungen, Kooperation, Solidarität, Konflikt, Macht sowie Gruppenprozesse.

Auch Irle (1975) und G. F. Müller (1985) zählen sehr ähnliche Bereiche zur sozialen Interaktion. Der Begriff Interaktion wird hier dahingehend näher bestimmt, daß zwei Personen "durch wechselseitige individuelle Verhaltensweisen als miteinander verknüpft gelten" (G. F. Müller, 1985, S. 5). In der Wechselseitigkeit seien dabei proaktive und reaktive Elemente enthalten. Irle (1975, S. 398) definiert: "Soziale Interaktionen meint, daß Aktionen einer Person P_1 die Aktionen einer anderen Person P_2 affizieren und umgekehrt P_1 von Aktionen der anderen Person P_2 affiziert wird." Ob dieses "und umgekehrt" allerdings eine Wechselseitigkeit, also *aufeinander bezogene* Aktionen, meint, ist aus dem Text nicht eindeutig zu schließen. Daß diese wechselseitige Bezogenheit, wie in der Definition von G. F. Müller enthalten, explizit in den Vordergrund gestellt werden muß, zeigt sich beispielsweise sehr deutlich an den Untersuchungen zur wechselseitigen Koordination von Clark und Schaefer (1989), Clark und Wilkes-Gibbs (1986) sowie Schober und Clark (1989) (vgl. Kapitel 2.3).

Damit übereinstimmende Definitionen von sozialen Interaktionen finden sich sowohl bei Crott (1979, S. 14) als auch bei Graumann (1972b, S. 1110ff.). Allerdings wird der Begriff Interaktion hier stets zusammen mit dem Begriff Kommunikation genannt, während Irle und G. F. Müller mit keinem Wort auf Kommunikation eingehen. Im obigen Zitat verwendet Graumann die Begriffe alternativ, Crott (1979, S. 14) verweist darauf, daß Interaktion und Kommunikation weitgehend deckungsgleich verwendet werden. Gleichwohl erwächst daraus auch die Notwendigkeit, Interaktion und Kommunikation gegeneinander abzugrenzen. So umfaßt für Homans (1960, S. 61) Interaktion sowohl verbale als auch nicht-verbale Aspekte, während Kommunikation sich lediglich auf verbale Aspekte interpersonaler Situationen bezieht. Nach Graumann entspricht diese Auffassung von Interaktion jedoch dem heutigen Begriff der Kommunikation, wodurch die Differenzierung Homans als obsolet gelten kann.

Bei Watzlawick, Beavin und Jackson (1969) wird Kommunikation als eine "Verhaltenseinheit" angesehen, wobei "eine einzelne Kommunikation ... Mitteilung (*message*) oder, sofern keine Verwechslung möglich ist, eine Kommunikation" heißt. Interaktion ist demgegenüber ein "wechselseitiger Ablauf von Mitteilungen zwischen zwei oder mehreren

1.1 Begriffe, Modelle, Implikationen

Personen" (S. 50f.). Damit wäre Interaktion eine Sequenz wechselseitig aufeinander bezogener Kommunikationen. Da die Wechselseitigkeit aber genau genommen in beiden Begriffen enthalten sein muß, wäre Interaktion in dieser Definition etwas rein quantitatives und in der Addition mehrerer Kommunikationen entstandenes. M. E. verbleibt diese Unterscheidung zu sehr an der Oberfläche der zu erforschenden Phänomene und bringt keinen Erkenntnisfortschritt.

Vielversprechender erscheint da die Abgrenzung, die Piontkowski (1982) vornimmt:

> Interaktion umfaßt die Beziehung zwischen zwei oder mehreren Personen, ihre Bewertung durch die Interaktionspartner und die Übermittlung der spezifischen Beziehungsqualitäten; Kommunikation bezieht sich auf die Inhalte einer interpersonalen Situation und auf die Vermittlung ihrer Bedeutungen vom Sender an den Empfänger. (S. 111)

Hier wird Interaktion als der Teil einer interpersonalen Situation definiert, der den Beziehungsaspekt zwischen den Personen repräsentiert, Kommunikation bezeichnet den Inhaltsaspekt der Situation. Verwirrend ist allerdings, daß Interaktion sowohl die *Beziehung selbst* als auch deren *Bewertung* als auch die *Übermittlung der Beziehungsqualitäten* umfassen soll. Zwischen diesen bestehen ja erhebliche Unterschiede. So ist die Beziehung, die Relation zwischen den Personen als solche, gewiß streng zu unterscheiden von der Übermittlung, die ja im Grunde auch eine Über- oder Vermittlung von Bedeutungen ist und insofern nach dieser Definition Kommunikation sein müßte. Auch die Bewertung der Beziehung durch die Personen möchte ich von der Beziehung selbst streng trennen. Sie würde ich ebenfalls eher der Kommunikation zurechnen, da es sich dabei ebenfalls um Bedeutungs- resp. Inhaltsaspekte handelt.

Es scheint, als sei Piontkowski bei ihrer Abgrenzung von einer Unterscheidung beeinflußt gewesen, die Watzlawick et al. (1969) mit ihrem zweiten pragmatischen Axiom allerdings für den Begriff Kommunikation getroffen haben: "*Jede Kommunikation hat einen Inhalts- und einen Beziehungsaspekt, derart, daß letzterer den ersteren bestimmt und daher eine Metakommunikation ist*" (S. 56; Hervorh. i. Orig.). Dies bedeutet, daß jede Mitteilung auch einen Hinweis darauf enthält, wie der Sender die Beziehung zwischen sich und dem Empfänger definiert. Beide, Inhalts- und Beziehungsaspekt, sind demnach Teil der Kommunikation und aus einer Mitteilung erschließbar. Die Verlagerung dieses Beziehungsaspekts in den Begriff Interaktion (Piontkowski) führt zumindest zu einer Begriffsverwirrung, die zugleich nutzlos und vermeidbar ist. Der kommunikativ vermittelte Beziehungsaspekt sowie die Bewertung der Beziehung sollten mit Watzlawick et al. (1969) im Begriff Kommunikation erhalten bleiben. Aus der Definition Piontkowskis verbliebe dann noch die Beziehung als solche, die als Interaktion definiert werden könnte. Ob dies sinnvoll ist, kann erst nach der Beantwortung der Frage beurteilt werden, *was* hier mit *Beziehung* gemeint ist.

Um dieser Antwort einen Schritt näher zu kommen, sei eine Abgrenzung von Graumann (1972b) referiert, die m. E. sinnvoller zwischen Interaktion und Kommunikation unterscheidet:

> Im Grunde in allen Interaktionskonzeptionen impliziert, lediglich kaum thematisiert, ist, daß alle diese Formen sozialer Wechselwirkung nur dadurch möglich sind, daß Menschen voneinander Kenntnis nehmen, Interaktion also immer auch *Austausch von Information* ist. Dieser aber wird in der Regel als *Kommunikation* bezeichnet. (S. 1117; Hervorh. i. Orig.)

Soziale Wechselwirkungen, also aufeinander bezogenes Verhalten oder Handeln zwischen Personen, beinhalten demnach immer *auch* Kommunikation, also Austausch von Informationen. Soziale Interaktionen könnten folglich durchaus getrennt von Kommunikation betrachtet werden. Dies ist beispielsweise bei Irle (1975) und bei G. F. Müller (1985) der Fall. Wie bereits erwähnt, behandeln beide soziale Interaktionen, gehen jedoch nicht auf Kommunikation, also den informativen Aspekt, ein. Interaktion läßt sich damit scheinbar ohne schmerzliche Verluste von Kommunikation unabhängig betrachten. Sie wäre dann wechselseitig aufeinander bezogenes Handeln oder Verhalten, bei dem der informative Aspekt unbeachtet bleibt. Hier stellt sich aber die Frage, welches der *verbleibende* Teil von Interaktion ist, der *nicht Kommunikation* ist. Nach Newcomb, Turner und Converse (1965) verbliebe lediglich noch beobachtbares, aufeinander bezogenes Verhalten. Wenn Piontkowski also unter Beziehung eben solches wechselseitig aufeinander bezogenes, beobachtbares Handeln oder Verhalten versteht, kann der Rest ihrer obigen Abgrenzung beibehalten werden und stimmt in diesem Fall mit der Abgrenzung von Graumann und mit der Definition von Interaktion von Newcomb et al. (1965) überein.

Gerade diese Definition von Newcomb et al. zeigt jedoch, daß sich Interaktion eben nur *scheinbar* ohne schmerzliche Verluste von Kommunikation unabhängig betrachten läßt. *Wenn* man dies tut, muß man sich auch darüber im klaren sein, daß mit dem kommunikativen Aspekt, also der Information (oder besser: der Bedeutung), die dem Handeln zugrunde liegt, auch die *Sinnhaftigkeit* menschlichen Handelns verloren geht. Den Behavioristen wird dies nicht viel kümmern, da nicht Sinn für ihn von Bedeutung (*sic!*) resp. Objekt seines Erkenntnisinteresses ist, sondern lediglich beobachtbares Verhalten. Für eine Psychologie, deren Interesse es aber ist, einen *homo psychologicus* zu konzipieren, der, gemäß Kaminskis (1970, S. 5) Motto, lebensfähig wäre, dazu in der Lage, Gesellschaft zu entwickeln und Psychologie hervorzubringen, ist Sinn und

1.1 Begriffe, Modelle, Implikationen

Sinnhaftigkeit menschlichen Handelns jedoch die zentrale Frage. Sinn erhält eine interpersonale Situation aber allein schon durch die Tatsache, daß Menschen das Handeln ihrer Mitmenschen immer auch interpretieren. Daher ist auch eine Interaktion, in der nicht kommuniziert wird, oder genauer: in der sich zwei Personen aufeinander beziehen, ohne das Verhalten des anderen zu interpretieren, schlicht nicht denkbar und nicht möglich. Diese Unmöglichkeit, nicht zu kommunizieren (resp. nicht zu interpretieren) findet sich auch in dem ersten der fünf Axiome der Kommunikation von Watzlawick et al. (1969): "*Man kann nicht* nicht *kommunizieren*" (S. 53, Hervorh. i. Orig.). Den Sinn resp. die Kommunikation aus der Untersuchung herauszuhalten, wäre also für die Erforschung von Interaktion durchaus ein schmerzlicher Verlust.

Wie verhält es sich nun aber anders herum? Kann Kommunikation auch unabhängig von Interaktion betrachtet werden? Wäre dies möglich, müßte das bedeuten, daß ich den inhaltlichen Aspekt einer interpersonalen Situation, eines Gesprächs beispielsweise, verstehen kann, ohne die wechselseitige Abfolge und die reaktiven Elemente der Handlungen zu berücksichtigen. Dies erscheint aber nicht nur un*möglich*, sondern auch hier un*sinnig* im eigentlichen Sinne des Wortes: Der schiere *Sinn* solcher Handlungen ließe sich nicht erkennen, würden nicht interaktive *und* kommunikative Dimension in Betracht gezogen.

Interaktion und Kommunikation ließen sich folglich nicht anders als analytisch-definitorisch trennen. Für die *empirische Untersuchung* interpersonaler Situationen läßt sich der interaktive Aspekt nicht unabhängig vom kommunikativen betrachten, ebensowenig, wie dies umgekehrt möglich wäre.

Die hier skizzierte Konzeption der Begriffe Interaktion und Kommunikation möchte ich abschließend kurz zusammenfassen. Den Terminus *Soziale Interaktion* betrachte ich als Oberbegriff, der sich aus zwei lediglich analytisch getrennten und trennbaren Unterbegriffen resp. Aspekten zusammensetzt, nämlich (1) dem Handlungsaspekt sozialer Interaktion und (2) dem Kommunikations- oder Bedeutungsaspekt sozialer Interaktion.[1] Bei den Forschungsgegenständen der Sozialpsychologie müssen daher beide Aspekte stets gemeinsam abgebildet werden. Eine isolierte Betrachtung des einen oder des anderen wäre eine unzulässige Verkürzung. Im Gegensatz zu Graumann (1972b, S. 1179; vgl. auch Crott, 1979,

---

[1] Diese Unterscheidung mag vielleicht an die Taxonomie Posners (1985, S. 250) erinnern. Er unterscheidet verbales, nonverbales und außersprachliches Zeichenverhalten und klassifiziert dieses nach den Merkmalen verbal, kommunikativ und interaktiv. Da das Merkmal verbal redundant ist (nur verbales Zeichenverhalten ist verbal), verbleiben die Merkmale kommunikativ und interaktiv. Allerdings mißachtet diese Taxonomie das Watzlawicksche Diktum "*Man kann nicht* nicht *kommunizieren*", wodurch Posners Taxonomie aber hinfällig wird.

S. 15) bin ich daher überhaupt nicht der Ansicht, daß die Unterscheidung zwischen Interaktion und Kommunikation von geringer forschungspraktischer Relevanz ist. Im Gegenteil ist die Unterscheidung und die begriffliche Einordnung dessen, was da untersucht wird, eine elementare Voraussetzung für sinnvolle empirische Analysen sozialer Interaktion.

In der Soziologie und der Sozialpsychologie sind verschiedene Modelle zu Interaktion und Kommunikation entwickelt worden. Der wohl bedeutendere Teil von Interaktionsmodellen beruht auf behavioristischen Konzeptionen, im Bereich Kommunikation herrschen mechanistische Modelle vor. Im folgenden werde ich beispielhaft einige der am häufigsten in der Literatur besprochenen Modelle vorstellen und die Probleme aufzeigen, die sie mit sich bringen.

Die Kontingenzformen nach Jones und Gerard (1967) zählen zwar aufgrund der von den Autoren postulierten individuellen Handlungspläne nicht zu den behavioristischen Interaktionsmodellen, sind allerdings noch in der behavioristischen Terminologie formuliert. Das Modell basiert auf dem austauschtheoretischen Interaktionskonzept von Thibaut und Kelley (1959), die mit ihren *payoff*-Matrizen und einer an Kosten und Nutzen sozialer Interaktion orientierten Sichtweise deutlich in behavioristischer Tradition stehen.

Mit Hilfe ihrer vier verschiedenen Kontingenzformen charakterisieren Jones und Gerard (1967) unterschiedliche Formen der Interaktion resp. der wechselseitigen Abfolge von Handlungen zwischen Personen, die als Reize und Reaktionen angesehen werden. Abbildung 1.1.1 enthält die vier Kontingenzformen Pseudokontingenz, asymmetrische Kontingenz, reaktive Kontingenz und wechselseitige Kontingenz. A und B sind Personen, die in einer interpersonalen Situation handeln oder sich verhalten. Mit den senkrechten Pfeilen werden Handlungspläne und ihre Duchführung bezeichnet, mit den diagonalen Pfeilen die Wirkungen der einen Person auf die andere.

Bei der Pseudokontingenz reagieren die beiden Personen A und B nicht wirklich aufeinander, sondern folgen ihren eigenen Handlungsplänen, ohne sich in irgendeiner Weise nach dem anderen zu richten. Solches Verhalten tritt beispielsweise bei festgelegten Zeremonien oder Rollenspielen resp. Theaterstücken auf. Hier erfolgt die Reaktion von B auf A lediglich aufgrund eines Stichworts oder einer Pause. M. E. finden sich ähnliche Formen der Kontingenz in manchen pathologischen Formen der Interaktion.

Asymmetrische Kontingenz besteht dann, wenn sich Person A lediglich nach dem eigenen Handlungsplan richtet, während Person B stets auf A reagiert. Als Beispiel hierfür geben Jones und Gerard (1967) ein In-

1.1 Begriffe, Modelle, Implikationen

terview an, bei dem ein Interviewer Fragen stellt, die der Befragte lediglich beantwortet, ohne das Verhalten des Interviewers beeinflussen zu können.

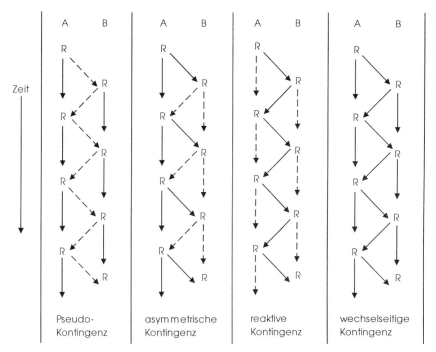

Abbildung 1.1.1: Kontingenzformen nach Jones und Gerard (1967; Graumann, 1972b, S. 1148).

Bei reaktiver Kontingenz reagieren die Personen A und B aufeinander, ohne eigene Handlungspläne zu verfolgen. Als Beispiel führt Crott (1979, S. 19) *small talk* oder Partygespräche an, in denen sprunghaft und assoziativ auf den vorangegangenen Beitrag reagiert wird.

Bei wechselseitiger Kontingenz schließlich verfolgen beide Personen ihre Pläne, ändern diese aber je nach Bedarf und in Reaktion auf die Handlung des anderen. Wechselseitige Kontingenz bezeichnet Graumann (1972b) als "echte" Interaktion, da hier tatsächlich Wechselseitigkeit vorliegt. Er verweist außerdem darauf, daß diese Form der Kontingenz nicht allein in Kooperationssituationen, sondern ebenso in Konflikt- oder Konkurrenzsituationen vorliegen kann.

Unberücksichtigt bleibt in diesem Modell der kommunikative Aspekt, den ich oben in Beschreibung des hier vertretenen Konzepts als besonders wichtig, da sinnstiftend, herausgestellt habe. Interaktion besteht bei

Jones und Gerard (1967) - hierin ganz in behavioristischer Tradition - ausschließlich aus der beobachtbaren Handlung. Zwar werden hier eigene Handlungspläne der interagierenden Personen angenommen, die auch durchaus verändert werden können, offenbar sind jedoch Änderungen beispielsweise an der Wissensbasis - und auch dies ist mit dem behavioristischen Ansatz erklärbar - nicht im Modell vorgesehen.

Ein Beispiel für ein auch in der Psychologie häufig rezipiertes Kommunikationsmodell ist das Modell von Shannon und Weaver (1949).[2] Es handelt sich hierbei um ein nachrichtentechnisches Modell, das zur Beschreibung der Übermittlung von Information über verschiedene Kanäle wie Telefon oder Fernmeldeeinrichtungen entwickelt worden ist. Grundkomponenten des Modells sind eine Quelle, ein Sender, der Kanal, über den eine Nachricht übermittelt wird und der durch Rauschen gestört werden kann, ein Empfänger und ein Ziel (vgl. Abbildung 1.1.2).

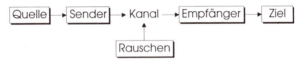

Abbildung 1.1.2: Kommunikationsmodell nach Shannon und Weaver (1949).

Probleme entstehen bei diesem Modell aufgrund seiner nachrichten- oder informationstheoretischen Konzeption. Sein Ziel ist es, die Übermittlung von Information zu erklären und nicht die Übermittlung von Bedeutungen, die ja erst menschliche Kommunikation ausmachen. Darüber hinaus ist die Übermittlung von Information in diesem Modell eindeutig einseitig ausgerichtet, die oben geforderte Wechselseitigkeit ist auch hier nicht enthalten. Daß menschliche Kommunikation außerdem ausschließlich durch Rauschen gestört werden könnte, das außerhalb der kommunizierenden Individuen auftritt (z. B. Straßenlärm), ist eine wenig sinnvolle Annahme.

Eine Weiterentwicklung dieses Modells erfolgte durch Osgood und Sebeok (1967). Mit Hilfe dieser Erweiterung sollte versucht werden, die Wechselseitigkeit in das Modell von Shannon und Weaver einzufügen. Hierzu wird angenommen, daß ein linguistischer Input in Form physikalischer Energie zunächst in sensorische Impulse rekodiert wird, um in höheren Zentren wiederum interpretiert zu werden (vgl. Abbildung

---

[2] Auch in der Betriebswirtschaftslehre ist dieses Modell stark rezipiert worden. Nach Staehle (1991, S. 276) hat dies jedoch in den 70er Jahren zum Scheitern computergestützter Management Informationssysteme geführt, da der "'rationale' Inhaltsaspekt der Kommunikation" zu sehr in den Vordergrund gestellt worden ist. In der Semiotik hat Eco (1988a, S. 166) ein "Modell des Decodierungsprozesses einer poetischen Botschaft" entwickelt, dem ebenfalls eindeutig die Herkunft anzusehen ist.

1.1.3). Durch die Einbeziehung dieser De- und Enkodierprozesse soll die Information im Modell von Shannon und Weaver nun Bedeutung erhalten und das Modell damit psychologisch werden.

Abbildung 1.1.3: Menschliche Kommunikationseinheit nach Osgood und Sebeok (1967, S. 2).

Hieraus ergeben sich jedoch verschiedene Probleme, die einerseits die psychologische Theoriebildung, andererseits die Aussagekraft des Modells selbst betreffen. Zunächst sollen hier Aussagen über die Verbindung eines Außen mit einen Innen getroffen werden. De- und Enkodierprozesse verwandeln physikalische Energie in "Interpretationen", also Information in Bedeutung. Wie dies genau vor sich gehen soll, wird nicht gesagt. Laucken (1987, 1989) beschreibt Theorien, die solche Umwandlungsprozesse benötigen, als "begriffshybrid":

> Auf der Umweltseite beginnt es mit Einheiten, die *physikalisch* gefaßt sind, etwa mit sog. Reizen, auf der Menschenseite endet es mit einer Wahrnehmung (einem Perzeptum), die *phänographisch* gefaßt ist. (Laucken, 1987, S. 5; Hervorh. i. Orig.)

Solche Theorien werfen erhebliche Probleme auf, weil nicht allein der Prozeß des Wahrnehmens erklärt werden muß, sondern darüber hinaus auch das Leib-Seele-Problem gelöst werden muß, ohne daß explizit darauf eingegangen wird (vgl. Kapitel 1.3).

Genau diese Probleme treten bei der "menschlichen Kommunikationseinheit" von Osgood und Sebeok auf. Ziel ist es eigentlich, Kommunikation zwischen zwei Personen zu erklären. Da jedoch die Botschaft als Reiz gefaßt ist, der rezipiert resp. wahrgenommen wird, muß dieser Reiz in Kognition und in Bedeutung umgewandelt werden. In ähnlicher Art und Weise muß Bedeutung auch wieder in motorische Aktivität zurückverwandelt werden, damit eine Reaktion erfolgen kann. Solche Theorien müssen, um dieses Umwandlungsproblem zu lösen, einen Punkt konstruieren, in dem die Umwandlung stattfinden kann. So werden beispielsweise in einem psychophysischen Niveau physikalische Reize in Bedeutung verwandelt, wie ein Zauberer in seinem Hut Papierblumen in Kaninchen verwandelt. Wie auch beim Zaubertrick ist der 'Mechanismus' lediglich noch nicht näher bekannt (vgl. z. B. Bischof, 1966; Metzger, 1966). Die Theorie allerdings gerät in eine Zwickmühle.

Begriffshybride Theorien schaffen quasi vorprogrammierte Aporien, die auch noch, steckt die Wissenschaft erst einmal darin, durch empirische Erforschung des Sachverhalts immer unlösbarer erscheinen. Denn der Gegenstand der Theorien ist in sich gegenseitig ausschließenden Begriffssystemen gefaßt. Widersprüche scheinen nach empirischer *Klärung* zu verlangen, indessen liegt ihre Ursache in den *Begriffen*. (Brauner, 1988, S. 21; Hervorh. i. Orig.)

Lösen lassen sich diese Widersprüche nur, indem die Forderung erfüllt wird, die Laucken stellt: Menschenbild und Umweltbild müssen *zueinander passend* konstruiert werden. Einem Menschen, der Bedeutungen und Sinn *verstehen* soll (Menschenbild), muß eine Umwelt gegenübergestellt werden, die Bedeutungen und Sinn *enthält* (Umweltbild). Für eine physiologische Theorie der Verarbeitung beispielsweise visueller Reize reicht hingegen die Konzeption einer lediglich aus physikalischen Reizen bestehenden Umgebung. Die Forderung nach zueinander passendem Umwelt- und Menschenbild ist beispielsweise in der Kompositionslehre der Natur von J. v. Uexküll (1980c) erfüllt (vgl. Kapitel 1.3).

Laucken stellt diese Überlegungen zwar für eine Theorie der Wahrnehmung an, für eine Theorie der Kommunikation liegt der Fall jedoch keineswegs anders. So kann also auch in bezug auf Osgood und Sebeok mit Laucken von einer begriffshybriden Theorie gesprochen werden, da in der "menschlichen Kommunikationseinheit" genau solche Umwandlungen vorgesehen sind und Menschenbild und Umweltbild in inkommensurablen Begriffen formuliert sind. Anstatt von Umwandlungen auszugehen, faßt Laucken die physikalischen resp. physiologischen Gegebenheiten als Ermöglichung für psychische Phänomene auf. Ein Modell der Kommunikation müßte daher *entweder* die Verarbeitung von physikalischen Reizen durch das physiologische System behandeln *oder* die Wahrnehmung der Bedeutung einer Nachricht durch einen psychologisch konzipierten Menschen repräsentieren, nicht jedoch versuchen, beides in einem durchgehenden Prozeß unterzubringen.

Ein weiteres Modell der Kommunikation sei an dieser Stelle kurz vorgestellt. Es handelt sich dabei um das minimale A-B-X-System von Newcomb (1953) und dessen Präzisierung durch Fischer (1981) (vgl. Abbildungen 1.1.4 und 1.1.5). Das A-B-X-System betrachtet Newcomb als eine Weiterentwicklung von Heiders Gleichgewichtstheorie (Heider, 1977), da auch hier Gleichgewichtszustände angestrebt werden, jedoch werden im Unterschied zu Heiders P-O-X-Modell Kommunikationsprozesse zwischen den Individuen eingeführt.

Mit diesem Modell tritt eine neue Dimension auf, die in den bisher referierten Modellen noch nicht enthalten war. Nach Newcomb orientieren sich Menschen in der Welt nicht allein an den Objekten selbst, sondern auch an der Orientierung anderer gegenüber diesen Objekten. In den bislang vorgestellten Modellen ist lediglich die andere Person, der In-

1.1 Begriffe, Modelle, Implikationen

teraktionspartner zugegen, nicht jedoch die gegenständliche Welt. Zwar taucht im Modell von Shannon und Weaver (1949) ebenfalls eine Gegenstandswelt auf, hier jedoch lediglich als Störung, als Rauschen im Kanal. Newcomb führt die Gegenstände in sein Modell der Kommunikation ein und hebt außerdem die Bedeutung der Kommunikation für die Orientierung in der Welt hervor. Die Orientierung in der Welt, das Zurechtkommen des Individuums, ist also immer auch von der Kommunikation und damit von der Orientierung an anderen Individuen, d. h. von der Koorientierung, abhängig. Dies bedeutet auch, daß Individuen zum Zwecke der Koorientierung versuchen müssen, die Perspektive des anderen einzunehmen, um sich an dessen Weltsicht orientieren zu können. Hierauf werde ich später ausführlicher eingehen (insbesondere Kapitel 2). Als problematisch an Newcombs Modell muß allerdings seine "Minimalität" angesehen werden, da in ihm bloß behauptet wird, *daß* solche Prozesse stattfinden, nicht jedoch erklärt wird, *wie* sie vonstatten gehen. Dies hat einen lediglich sehr eingeschränkten Geltungsbereich des Modells zur Folge.

Abbildung 1.1.4: Minimales A-B-X-System nach Newcomb (1953, S. 394).

Fischer (1981) beanstandet an Newcombs Modell des weiteren die Tatsache, daß es unklar bleibt, ob es sich bei dieser Koorientierung um eine "'objektive' Gegebenheit für den außenstehenden Beobachter oder die phänomenale Realität der Interaktionssubjekte selber handelt" (Fischer, 1981, S. 76). Newcomb (1953) geht davon aus, daß je nach Forschungsthema die entsprechende Perspektive eingenommen werden kann. Fischer jedoch entwickelt ein *phänomenales* A-B-X-System, das aus der Innenperspektive der Person A heraus konstruiert ist und die verschiedenen Sichtweisen abbildet, die A sich selbst, dem Objekt sowie B gegenüber einnehmen kann (vgl. Abbildung 1.1.5).

In der Mitte des Schemas sind die Elemente der phänomenalen A-B-X-Beziehung abgebildet. Die durchgezogenen Pfeile bezeichnen die direkte Wahrnehmung der Person A, die gestrichelten Pfeile bezeichnen die Vermutungen, die A bezüglich der Perspektive von B auf die gleichen Elemente hat. Die eigentliche Koorientierung kennzeichnet Fischer mit Hilfe des gekrümmten Pfeils von A nach B. Der in die andere Richtung, von B nach A verlaufende, gestrichelte gekrümmte Pfeil bezeichnet die Vermutungen von A bezüglich Bs Orientierung hinsichtlich As Perspektive auf die betreffenden Elemente. Diese letzte Perspektive tritt allerdings nach Fischer nur unter bestimmten situativen Voraussetzungen auf.

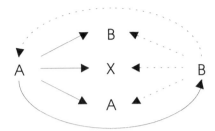

Abbildung 1.1.5: Phänomenales A-B-X-System aus der Sicht von Person A nach Fischer (1981, S. 77).

Mit der Einführung des Modells von Fischer (1981) wird an dieser Stelle bereits auf eine Thematik vorgegriffen, die im zweiten Kapitel noch ausführlich zu behandeln sein wird: die Fähigkeit zu kognitiver Perspektivenübernahme. Fischer etabliert in Newcombs Modell damit Erwartungsantizipationen und den Prozeß der Rollenübernahme, die Mead in seiner Theorie der Symbolischen Interaktion postuliert hat. Aus der Innenperspektive geschieht die sozial-gegenständliche Koorientierung daher nach Fischer nicht allein anhand einer oberflächlichen Orientierung, sondern anhand der verschiedenen, im Modell beschriebenen Perspektiven. Dennoch gilt auch für Fischer die Kritik, die oben an Newcomb geübt worden ist: Das Modell behauptet, daß diese Prozesse stattfinden (jetzt: Perspektivenübernahme zwecks Koorientierung), es erklärt jedoch auch noch nicht, in welcher Weise solche Prozesse ablaufen könnten.

Über dieser Kritik darf aber nicht vergessen werden, daß die beiden letzten Modelle eine neue und für den weiteren Verlauf dieser Ausführungen besonders wichtige Bereicherung gegenüber den voranstehenden Interaktions- und Kommunikationsmodellen enthalten: interagierende Personen können sich bei Newcomb und Fischer nicht nur wechselseitig aufeinander, sondern darüber hinaus auf in ihrer Umwelt vorhandene Objekte beziehen. Diese Referenz auf die Gegenstandswelt, bzw. allgemein: auf eine Umwelt, wird in den vorwiegend sozialpsychologischen Interaktionstheorien kaum behandelt. Dabei stellt gerade die Beziehung Mensch - Umwelt einen neben der interpersonellen Interaktion besonders wichtigen Beitrag zum Verständnis menschlichen Erlebens einerseits und Handelns andererseits dar. Diese Beziehung zwischen Mensch und Umwelt wird schwerpunktmäßig in der Umweltpsychologie behandelt (vgl. z. B. Ittelson, Proshansky, Rivlin & Winkel, 1977), als deren Hauptvertreter heute Brunswik, Lewin und Barker gelten. Zur Vervollständigung der bei Newcomb und Fischer enthaltenen Relationen sollen diese drei Ansätze abschließend kurz behandelt werden.

Brunswik (1934, 1955) faßt in seinem probabilistischen Funktionalismus Wahrnehmung als "probability-geared interaction". Reize werden nicht als Reizquelle, sondern als Träger von Information angesehen. Daher liefert die Umwelt auch nur Hinweise, die in einem an Wahrscheinlichkeiten ausgerichteten Prozeß durch Handeln erprobt und bezüglich ihrer Stimmigkeit bewertet werden. Die Umwelt selbst versteht Brunswik als "measurable characteristics of the objective surroundings" (1957, S. 6). In seinem Linsenmodell geht er davon aus, daß die distale Umwelt Reize ausstreut und der Organismus sie wieder zusammenfaßt und zentral verarbeitet. Charakteristisch für diesen Prozeß ist, daß der Organismus eine probabilistische Strategie anwenden muß: "To improve its bet, it must accumulate and combine cues." (Brunswik, 1955, S. 209) Die Qualität der Beziehung zwischen Wahrnehmung und Umwelt (also zwischen distaler Variable und zentraler Response) bezeichnet Brunswik als funktionale Validität. Diese Beziehung differenziert er dann weiter aus in *utilization* (Beziehung zwischen peripheren *cues* und zentraler Response) sowie ökologische Validität (Beziehung zwischen proximalen *cues* und distalen Variablen). Da diese Relationen nie eineindeutig sind, also die *utilization* nie genau der ökologischen Validität entsprechen kann, kann auch niemals von perfekter ökologischer Funktionalität ausgegangen werden. Mit dieser Auffassung von Wahrnehmung weicht Brunswik deutlich ab von den Abbildungstheorien, die Wahrnehmung als eineindeutige Abbildung verstanden haben. Damit wird bei Brunswik gleichzeitig auch die Mensch-Umwelt-Beziehung als eine psychologisch konstruierte begriffen.

Lewin definiert seine Feldtheorie weniger als Theorie im herkömmlichen Sinne denn als *"eine Methode der Analyse von Kausalbeziehungen und der Synthese wissenschaftlicher Konstrukta"* (Lewin, 1963b, S. 369; Hervorh. i. Orig.). Lewin (1969) unterscheidet zunächst grob zwischen Person (P) und Umwelt (U). Er nimmt an, daß ein bestimmtes Verhalten sowohl von Eigenschaften oder Zuständen der Person als auch von der Umwelt abhängt. Daher stellt er die Formel auf:

$$V = f(PU)$$

Für den damit dargestellten Zusammenhang zwischen Person und Umwelt verwendet er den Begriff Lebensraum und versteht darunter alles, was das Verhalten der Person zu einer gegebenen Zeit bestimmt. Bedürfnisse, Ziele, Motivation, Stimmung, Angst oder Ideale lösen Spannungen in diesem Kraftfeld aus, deren Regulationsprozesse als psychische Aktivität wahrgenommen werden. Verhalten läßt sich daher auch als "Ausdruck des dynamischen Kräfteausgleichs" (Faßheber, 1989, S.

261) verstehen. Bereits im Begriff Lebensraum wird deutlich, daß die Feldtheorie eine vollständige wechselseitige Abhängigkeitsbeziehung zwischen Indiviuum und Umwelt postuliert.

Barkers Setting-Konzept ist an Brunswik orientiert und thematisiert die Mensch-Umwelt-Beziehung auf eine gänzlich andere Weise. Für Barker besteht ein Behavior Setting aus einem physisch-sozialen Milieu und dem in diesem Milieu angemessenen Verhalten (Barker & Wright, 1955). Charakteristische Merkmale des Settings sind, daß Settings real sind, z. B. ist ein Restaurant ein Setting. Sie sind in Raum und Zeit genau lokalisierbar und existieren unabhängig von der Wahrnehmung irgendeiner Person. Ein Setting enthält sowohl Personen in verschiedenen Rollen als auch nicht-psychologische Objekte, die aber in das Verhalten einbezogen sind. Die Funktionsweise eines Settings kann nach Barker lediglich mit Hilfe eines technologischen Modells erfaßt werden, nicht mit Hilfe eines psychologischen Modells. Schließlich sind Personen, die sich in einem Setting befinden, austauschbar, ihre Rolle oder Funktion im Setting ist jedoch nicht austauschbar (vgl. Barker, 1968; Faßheber, 1989; Saup, 1983). Diese Kennzeichen des Settings machen deutlich, daß Barker die Mensch-Umwelt-Beziehung als eine objektive, völlig unpsychologische konzipiert. Damit weist das Behavior-Setting-Konzept aus psychologischer Sicht eine besonders gravierende Unzulänglichkeit auf.

Alle drei beschriebenen Umwelttheorien beziehen sich (wie bereits vermutet) ausschließlich auf die Relation zwischen Mensch und Umwelt, nicht jedoch auf die Beziehung zwischen Personen. Sie vernachlässigen damit die interpersonelle Relation, während die meisten Interaktionstheorien die Mensch-Umwelt-Relation vernachlässigt haben. Insbesondere unter Zuhilfenahme der Lewinschen Konzeption des Lebensraumes kann aber als weitere Präzisierung der bei Newcomb und Fischer auftretenden Relation *Person (A) - Objekt (X)* davon ausgegangen werden, daß nicht allein die Beziehung zwischen den Personen als eine interaktive und wechselseitige gedacht werden muß, sondern darüber hinaus auch die Beziehung zwischen Person und Objekt bzw. zwischen Person und Umwelt.

In den voranstehenden Ausführungen hat es sich gezeigt, daß die bestehenden Modelle zu Interaktion und Kommunikation erhebliche Mängel aufweisen. So wurde beispielsweise die Forderung nicht erfüllt, daß Menschenbild und Umweltbild einer Theorie zueinander passen müssen, damit eine sinnvolle Aussage mit Hilfe dieser Theorie erzielt werden kann. Die Lösung, die Laucken für das dann aber immer noch nicht gelöste Leib-Seele-Problem anbietet, ist zwar nicht befriedigend, soll aber an dieser Stelle zunächst als zumindest die Theoriebildung erleichternde Lösung angesehen werden. Laucken spricht hier, wie bereits er-

1.1 Begriffe, Modelle, Implikationen

wähnt, von einer Ermöglichungsbeziehung, die zwischen den verschiedenen, von ihm postulierten Ebenen besteht: einer physikographischen Ebene, einer logographischen Ebene und einer phänographischen Ebene. Theoriebildung ist jeweils nur auf der *gleichen* Ebene möglich. Wenn ich die Außenwelt als aus physikalischen Reizen bestehend auffasse, muß ich den Organismus als einen physiologischen fassen. Ein logographischer Ansatz sucht nach logisch begründbaren Zusammenhängen. Hierzu gehören beispielsweise Informationsverarbeitungstheorien. Wenn ich also den Menschen als Informationsverarbeiter verstehe, muß ich ihm eine Umwelt gegenüberstellen, die auch Information enthält. Ein phänographisch gefaßter Mensch schließlich, also einer, der Geschichten, Bedeutung und Sinn versteht, erfordert eine phänographisch gefaßte Umwelt, in der Sinn und Bedeutung enthalten sind. Aber erst die physikalische Welt *ermöglicht* die logographische und diese wiederum ermöglicht erst die phänographische. Die erste ist also eine Voraussetzung für die Existenz der zweiten und diese eine Voraussetzung für die Existenz der dritten. Die Ermöglichung ist Laucken zufolge die einzige Art der Beziehung, die dem Abgeschlossenheitsgrundsatz der physikalischen Denkweise gerecht wird (Laucken, 1984). Laucken weigert sich daher auch, über weitergehende Beziehungen zwischen den Ebenen zu spekulieren. Und in der Tat wären weitergehende Aussagen aus seiner Perspektive reine Spekulation. Für den Zweck der Konstruktion begrifflich sorgfältig aufgebauter Theorien mag eine Ermöglichungsbeziehung zwischen den Ebenen ausreichend sein. Wenn jedoch die Beziehung zwischen den Ebenen als reine Ermöglichung konzipiert ist, können z. B. empirische Gegebenheiten wie beispielsweise psychosomatische Erkrankungen entweder nicht erklärt oder sie müssen geleugnet werden. Dies erachte ich jedoch als wenig sinnvoll. In Abschnitt 1.3 werde ich zeigen, auf welche Weise eine weitergehende Beschäftigung mit der Problematik denkbar ist.

Außer bei Newcomb wird in keiner der referierten Interaktionskonzeptionen ein Bezug auf die neben der anderen Person noch vorhandene Umwelt hergestellt. Damit ist keine der Konzeptionen als umfassende Theorie, sondern höchstens als Modell eines eingeschränkten Gegenstandsbereichs anzusehen. Eine umfassendere Theorie wäre aber erforderlich, wenn ein Modell der Interaktion und Kommunikation konstruiert werden soll, das, wieder gemäß Kaminskis Motto, einen lebensfähigen *homo psychologicus* beschreibt. Eine Theorie, die hierfür geeignet ist, werde ich in Kapitel 2 vorstellen.

In meinen Ausführungen bin ich, ohne dies näher zu begründen, davon ausgegangen, daß Kommunikation immer etwas mit Bedeutung zu tun hat. Um diesen Zusammenhang zu klären, muß man sich zunächst verschiedene Sachverhalte deutlich machen.

Erstens kann Kommunikation, nach der oben referierten Auffassung, sowohl sprachlich als auch nicht-sprachlich erfolgen. Zu nicht-sprachlicher Kommunikation gehören beispielsweise Mimik und Gestik, Körperhaltung, Körper- und Blickkontakt oder Intonation. Nicht-sprachliche Kommunikation hat zweifellos erhebliche Bedeutung für die Verständigung zwischen Menschen, da darüber Informationen (oder Bedeutungen) übermittelt werden, die in ausschließlich sprachlicher Kommunikation nicht enthalten sind.[3] Zweitens ist sprachliche Kommunikation diejenige Form der Kommunikation, die die Bewältigung komplexer (sozialer) Situationen überhaupt erst ermöglicht.

Je höher der Organismus steht, je freier, willkürlicher er sich in seiner Umwelt - vor allem seiner sozialen Umwelt - bewegen kann, desto mehr benötigt er Vorkehrungen, Werkzeuge zur Bewältigung dieser Spannung. Das wichtigste Werkzeug dieser Art ist beim Menschen die Sprache. Dieses Werkzeug sichert ihm die Verbindung mit der sozialen Welt seiner Sprachgenossen. Im sprachlichen Denken eröffnet es ihm die Welt des Geistigen. Und im Gespräch der Seele mit sich selbst - wie Platon es genannt hat - schafft sich der Mensch mit Hilfe der Sprache die innere Welt seines eigenen Ichs. (Hörmann, 1971, S. 63)

Sprache sieht Hörmann (ebd.) als "ein Werkzeug zur Bewältigung des Lebensgeschehens" an. Damit ist der Sprache eine zentrale Position im menschlichen Dasein aber insbesondere auch im menschlichen Zusammenleben eingeräumt. Mit Hilfe der Sprache kann ein Sprecher etwas, was er meint, einem Hörer übermitteln, der darunter etwas versteht.[4] Wie grundlegend diese beiden "Akte" des Meinens und des Verstehens einzustufen sind, betont ebenfalls Hörmann (1988):

Die Art des menschlichen Daseins und Zusammenseins wird in hohem Maße durch zwei Akte gekennzeichnet, von denen wir nur ganz unbefriedigende wissenschaftliche Kenntnis haben: Meinen und Verstehen. (S. 9f.)

Nach Hörmann sollten diese beiden Akte Meinen und Verstehen leitend sein für die Untersuchung der menschlichen Sprache, womit er indirekt auch der Interaktion eine entscheidende Rolle zuweist. Große

---

[3] Wie wichtig allein die Intonation eines Sprechers ist, wird spätestens dann deutlich, wenn ein auf Band aufgezeichnetes Gespräch inhaltsanalytisch ausgewertet werden soll. Allein aus dem schriftlich vorliegenden Transkript ist die Kodierung erheblich schwieriger als bei gleichzeitigem Abhören des Bandes.

[4] Die Rollen wechseln sich, wie das bei der *Inter*aktion sein muß, ständig ab. Genau genommen ist jeder gleichzeitig Sprecher *und* Hörer.

Teile der Linguistik gehen nun allerdings von Idealmodellen der Sprache resp. der Sprecher/Hörer aus. Die Syntaktik oder Syntax hat hier Vorrang vor der Semantik, die, wie Hörmann es formuliert, von der Linguistik wie eine "arme Verwandte" der Syntax behandelt und von dieser unwillig mit herumgeschleppt wird. Die Linguistik behandelt also vorrangig den syntaktischen Aspekt der Sprache und vernachlässigt den semantischen Aspekt.

Dieser Unterschied zwischen Syntaktik und Semantik findet sich auch im Unterschied zwischen Information und Bedeutung wieder. Information ist nach der Definition von Bateson (1988) der Unterschied, der einen Unterschied ausmacht und damit eine rein syntaktische Kategorie. Beispielsweise beinhaltet Gibsons (1982) *pick up of information* aus diesem Grunde auch lediglich syntaktische Aspekte und nicht semantische, wie Gibson mit seinem Postulat der direkten Wahrnehmung vorgibt. Bedeutung muß hingegen als eine semantische Kategorie angesehen werden, die weder bei Gibson noch in weiten Teilen der Linguistik berücksichtigt wird (vgl. auch Kapitel 1.2 und Brauner, 1988, S. 6ff.). Die Semantik und damit der Bedeutungsaspekt von Sprache muß also nach Hörmann leitend sein für eine psychologische Theorie der Sprache und bildet damit auch die Basis für eine psychologische Untersuchung von Kommunikation.

Mit einer psychologischen Theorie der Sprache eng verknüpft ist der dritte zu beachtende Sachverhalt, nämlich Fragen der Zeichentheorie. Zeichen sind die elementaren Bestandteile der Sprache und konstituieren die Struktur der Sprache (z. B. Hörmann, 1977, S. 11). Posner (1979b) definiert Semiotik:

> Die Semiotik untersucht als Wissenschaft von den Zeichenprozessen alle Arten von Kommunikation und Informationsaustausch zwischen Menschen, zwischen nichtmenschlichen Organismen und innerhalb von Organismen. (S. 1)[5]

Kommunikation wird also explizit auch von der Semiotik behandelt. Daher muß bei der Untersuchung von Kommunikation und Interaktion auch der Begriff des Zeichens erörtert werden. Ebenso wie die Sprache kann auch der Zeichenbegriff mehr oder weniger psychologisch gefaßt werden.

Psycholinguistik und Semiotik können als Grundlage für eine psychologische Theorie insbesondere sprachlicher Kommunikation angesehen werden. Mit ihnen werde ich mich in Abschnitt 1.2 ausführlicher beschäftigen. In Abschnitt 1.3 werde ich, wie bereits erwähnt, ein Modell vorstellen, das m. E. einige Lösungen für verschiedene Probleme der

---

[5] Diese drei Bereiche werden auch als Antropo-, Zoo- und Endosemiotik bezeichnet (Nöth, 1985).

psychologischen Theoriebildung anbietet und darüber hinaus weitere Bausteine für ein in Kapitel 2 zu entwickelndes Modell der Interaktion zur Verfügung stellt. Das Zwischenergebnis liefert, wie auch die folgenden Zwischenergebnisse am Schluß der Kapitel, eine Zusammenfassung der wichtigsten Ergebnisse. Hier werde ich stets auch Schlüsse für die weiteren Ausführungen ziehen.

1.2 Theorien der Zeichen, Theorien der Sprache

Die Bereiche der "Anwendbarkeit" der Semiotik, oder vielleicht exakter: die Anzahl der Teilsemiotiken, die in der Literatur, insbesondere auch in der Zeitschrift für Semiotik, zu finden sind, sind durchaus beachtlich: Architektur, Ästhetik, Literatur, bildende Künste, Film, Theater, Musik, non-verbale Kommunikation, Medizin, Biologie, Mathematik, Theologie, Pädagogik, Linguistik, Kognitionswissenschaft, Psychologie sowie Erkenntnis- und Wissenschaftstheorie (vgl. z. B. Eschbach & Rader, 1976; Jorna, 1990; Nöth, 1975; Posner, 1979b; Walther, 1979). Die Reihe der Anwendungen läßt sich beliebig fortführen, so daß auch Fälschungen resp. Wissenschaftssatire dem Uneingeweihten nicht sofort ins Auge springt: Unter der Rubrik "Einlage" in der Zeitschrift für Semiotik findet sich auch eine Semiotik der Fernsprechzeichen (Schneider, 1979) oder eine Semiotik der Jagdsignale (Karbusicky, 1986).

Die Tatsache, daß Teilsemiotiken existieren, läßt aber auch den Schluß zu, daß es so etwas wie eine allgemeine Semiotik geben muß. Als solche fassen Bense (1967), Oehler (1979) und Walther (1979) die semiotische Theorie von Peirce und deren Weiterentwicklung durch Bense auf. Posner (1979a) sieht die von Morris entwickelte verhaltenstheoretische Richtung der Semiotik als allgemeine Semiotik an, ebenso den Zeichenbegriff Bühlers (vgl. z. B. Posner, 1979b). Krampen (1979) findet, daß sich aus der allgemeinen Sprachwissenschaft Saussures, die Saussure selbst als Teil einer umfassenden Semiologie betrachtet hat, semiotische Prinzipien für eine allgemeine Zeichen- und Bedeutungslehre ableiten lassen. Für Th. v. Uexküll (1979, 1981) ist die Semiotik seines Vaters, des Biologen J. v. Uexküll, eine allgemeine Zeichentheorie, die dieser aus seiner Umweltlehre entwickelt hat.

Was aber meint der Terminus: allgemeine Semiotik bzw. allgemeine Zeichenlehre? In der Einleitung zum ersten Heft der 1979 gegründeten Zeitschrift für Semiotik beschreibt Posner (1979b, S. 1; vgl. auch Krampen, Oehler, Posner & v. Uexküll, 1981, S. 9) die allgemeine Semiotik als "interdisziplinäre Grundlagenforschung", die die Frage nach "Voraussetzung, Funktion und Struktur von Zeichenprozessen" behan-

1.2 Theorien der Zeichen, Theorien der Sprache

delt. Eine allgemeine Semiotik wäre demnach eine, die sich mit Zeichen und Zeichenprozessen befaßt, ohne *bestimmte* Zeichen, wie z. B. sprachliche Zeichen, zu behandeln. Gleichwohl ist der Ausgangspunkt vieler Semiotiker die Linguistik gewesen (z. B. Saussure, Bühler). Dies liegt nach Bentele und Bystrina (1978, S. 12) daran, daß die Linguistik im allgemeinen als die am weitesten entwickelte Teilsemiotik mit dem komplexesten Gegenstandsbereich angesehen wird. Die Autoren bezweifeln jedoch die Richtigkeit der Annahme, daß der Gegenstandsbereich der Linguistik komplexer sei als andere Bereiche der Semiotik (z. B. visuelle Kommunikation). Die Tatsache, daß die Linguistik als Wissenschaft weiter entwickelt ist als andere Teilsemiotiken, sollte nach Ansicht der Autoren eher zur vergleichenden Betrachtung und zur Konzeption anderer Teilsemiotiken oder einer allgemeinen Semiotik genutzt werden.

Eine Geschichte der Semiotik ist noch nicht geschrieben. Wo sie (mindestens) zu beginnen hätte, zeigt Walther (1979): bei Heraklit, Platon, Aristoteles und Euklid, die bereits die Begriffe Zeichen und Zeichentheorie verwandt haben. Oehler (1981) siedelt die Ursprünge der Semiotik im 6. vorchristlichen Jahrhundert bei den Vorsokratikern an. Ich möchte mich an dieser Stelle auf einige der heute als Klassiker der modernen Semiotik bezeichnete Theoretiker beschränken, deren Konzeptionen des Zeichens mich der intendierten Klärung der Grundbegriffe von Kommunikation und Interaktion näher bringen sollen.

Auch heute noch von besonderer Bedeutung für die Linguistik ist das Werk des Genfer Linguisten Ferdinand de Saussure. Für ihn ist die Linguistik Teil einer allgemeinen Wissenschaft, der Semiologie, die jedoch erst noch zu entwickeln sei.[6] Die Sprache (*le langage*) unterteilt Saussure (1916) in *la langue*, das überindividuell und abstrakt existierende System Sprache (Sprache an sich) und *la parole*, den individuellen Akt des Sprechens resp. die in der Kommunikation zwischen Personen verwendete Sprache. *La langue* ist dabei Gegenstand der allgemeinen Linguistik.

Saussure definiert das Zeichen auf zwei verschiedene Arten, erstens referentiell (oder relational) und zweitens strukturalistisch. Die erste Definition ist die in der semiotischen Literatur häufiger referierte. Sie wird auch als dyadisches Modell bezeichnet, da ihr eine zweistellige Zeichenrelation zugrunde liegt (vgl. Abbildung 1.2.1). Basis dieser Konzeption ist das scholastische *stat aliquid pro aliquo*, etwas steht für ein anderes, das Hörmann (1988) zu Recht kritisiert hat. Hintergrund des *für etwas stehen* ist eine statische Konzeption des Zeichens, die *nicht* auf die *Funktionsweise* und den *Gebrauch* von Zeichen ausgelegt ist, sondern eine Be-

---

[6] Zur Kontroverse um das Verhältnis von Semiologie und allgemeiner Sprachwissenschaft bei Saussure vgl. Krampen (1981, 106f.). Den Begriff Semiologie statt Semiotik verwendet z. B. auch Barthes (1981).

stimmung des *Zeichen an sich* intendiert. Hörmann führt hierfür ein Beispiel an: Wenn ich beim Händler einen Apfel kaufen möchte, dann steht das Wort Apfel für den Gegenstand Apfel. Wenn ich aber Hunger habe, dann steht eher eine Birne für einen Apfel.

Das 'Für-etwas-Stehen' entpuppt sich bei genauerem Hinsehen also nicht als statische Stellvertretung des einen ('Apfel') für das andere (Apfel), sondern als eine eminent dynamische Beziehung: ein Teil der zwischen zwei Menschen in einer Situation wirksamen Dynamik - geboren aus der Intention, gesteuert durch Wissen und Realität - vollzieht sich im Medium der Sprache, des Zeichenhaften. (Hörmann, 1988, S. 23)

Zu untersuchen wäre nach Hörmann also die Funktion des Sprechakts. Dem widerspricht aber die Saussuresche Auffassung, Linguistik habe sich mit *la langue* zu beschäftigen, nicht mit *la parole*, also eben mit Sprache an sich und nicht mit der gesprochenen Sprache. Die Zeichendefinition Saussures (1916) ist daher zwangsläufig statisch. Das Zeichen besteht aus der Verbindung einer Vorstellung (*concept* oder *signifié* oder Signifikat) und einem Lautbild (*image acoustique* oder *signifiant* oder Signifikant). Beide Seiten des Zeichens, Signifikat und Signifikant, sind untrennbar miteinander verbunden wie die beiden Seiten eines Blattes Papier. *Signifiant* und *signifié* gehören folglich so eng zusammen, daß jeder Lautgestalt auch nur eine Bedeutung resp. ein Bezeichnetes entsprechen kann. Diese Annahme geht implizit von einer Stimulus-Response-Psychologie aus, nach der jeder Stimulus nur eine Response haben kann. Wie zweifelhaft dies ist, kann an einem einfachen Beispiel verdeutlicht werden. Wenn jemand das Wort Regen hört, kann dies ganz unterschiedliche Responses in ihm auslösen: Schirm aufspannen, Badehose aus der Strandtasche wieder auspacken, Wäsche abnehmen, Gummistiefel anziehen, Schuhe ausziehen und zu Hause bleiben. Diese statische Auffassung dessen, was ein Zeichen sei, wirft folglich eine Reihe ungelöster Probleme auf.

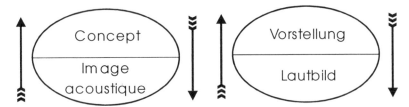

Abbildung 1.2.1: Saussures Modell des (sprachlichen) Zeichens (Nöth, 1985, S. 62).

Saussures zweite Definition des Zeichens ist eine strukturalistische. Das Zeichen wird hier aus seiner Differenz anderen Zeichen gegenüber definiert. Ein Zeichen sei demnach das, was es von anderen Zeichen unterscheidet. Auf dieser Zeichendefinition bauen die Prager Schule der Strukturalisten (Jakobson, Mukarovsky), der amerikanische Strukturalismus (Chomsky, Harris) sowie der französische Strukturalismus (Barthes, der frühe Baudrillard, Derrida, Foucault, Lacan, Lévi-Strauss) auf. Insbesondere auf Chomsky und dessen Generative Linguistik werde ich später noch eingehen.

Ein weiteres Zeichenkonzept ist das von Peirce (1931, 1933, 1935, 1958) entwickelte, das auf einem relationalen Zeichenbegriff beruht. Zugrunde liegt eine dreistellige Relation zwischen einem Repräsentamen, das für etwas anderes (ein Objekt) steht oder es repräsentiert und das von einem Interpretanten, einem interpretierenden Bewußtsein, verstanden wird. Der Interpretant ist nicht identisch mit dem Interpreten, im Interpreten wird der Interpretant (als Vorstellung von einem Objekt) lediglich ausgelöst. Peirce selbst hat diese Relation nach Bentele und Bystrina (1978, S. 22) nicht graphisch dargestellt. In der Sekundärliteratur (Maser, 1971; Nöth, 1975, 1985; Walther, 1979) wird zur Darstellung häufig das Dreieck gewählt, wie es implizit bereits bei Aristoteles zu finden ist (Eco, 1988b) und wie es Ogden und Richards (1969, S. 11) verwendet haben (vgl. Abbildung 1.2.2).

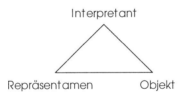

Abbildung 1.2.2: Triadische Zeichenrelation nach Peirce (Nöth, 1985, S. 37).

Peirce (1931, 1958) differenziert alle drei Eckpunkte des Dreiecks noch weiter in ebenfalls jeweils drei Komponenten resp. Trichotomien: Beim Repräsentamen unterscheidet er Qualizeichen (sinnliche Qualität des Zeichens), Sinzeichen (individuelle Gegebenheit des Zeichens) und Legizeichen (genereller Typus des Zeichens), die er auch als *tone*, *token* und *type* bezeichnet. Insbesondere die Unterscheidung *token/type* findet sich heute sowohl in der Linguistik als auch in der Psychologie wieder (vgl. hier Kapitel 3).

Beim Interpretantenbezug unterscheidet Peirce (1931, 1958) Rhema, Dicent und Argument, die von Walther (1979) als Begriff, Satz und Schluß der Logik bezeichnet werden. (Diese seien hier lediglich der Vollständigkeit halber erwähnt.)

Den Objektbezug des Zeichens schließlich unterscheidet Peirce (1931, 1958) in Icon, Index und Symbol. Ein Icon ist eine analoge Repräsentation des Objekts, sie weist Merkmale des Objekts auf. Hierzu zählen beispielsweise Bilder, Abbildungen, Schemata. Ein Index verweist auf das Objekt, für das es steht, beispielsweise ein Hinweisschild oder ein Wegweiser, ein Zeigefinger, der auf ein Objekt deutet oder ein Symptom, das für eine Krankheit steht. Ein Symbol ist ein Zeichen für ein Objekt lediglich durch Konvention. Die Relation ist eine zufällige, wie Saussure sagt, eine arbiträre, die nicht aus einer irgendwie gearteten Ähnlichkeit zwischen Bezeichnetem und Bezeichnendem resultiert. Die geringste Arbitrarität weist bei dieser Trichotomie zweifellos das Icon auf. Das Maß an Arbitrarität des Index liegt zwischen dem des Icons und dem des Symbols.

Die Basis der triadischen Zeichenrelation ist für Peirce die dritte der drei von ihm postulierten Universalkategorien der Erkenntnis, die Drittheit: "*Drittheit* ist der Seinsmodus dessen, das so ist, wie es ist, indem es ein Zweites und ein Drittes zueinander in Beziehung setzt." (Pierce, 1931, zit. n. Walther, 1979, S. 47)[7] Zur Drittheit zählen außer dem Zeichen z. B. Denken, Erkenntnis, Zuordnung und Kommunikation. Für das Denken bedeutet dies, daß stets drei Beziehungen auftreten: jemand, der denkt, das Gedachte und das Denken. Beim Zeichen finden sich die Relationen Repräsentamen, Interpretant und Objekt. Auffällig an den weiteren Trichotomien, die Peirce postuliert, ist die dreifache Wiederholung der drei Universalkategorien in der dreistelligen Zeichenrelation.[8]

Es wird hier deutlich, daß die Grundlage auch dieser Zeichenkonzeption das bereits erwähnte *stat aliquid pro aliquo* ist. Hier liegt also gleichfalls eine statische Konzeption des Zeichens zugrunde, für die das Zeichen an sich die relevante Größe ist. Die Funktion und der Gebrauch des Zeichens interessieren nicht. Dies kommt insbesondere dadurch zum

---

[7] Die beiden anderen Kategorien nennt Peirce Erstheit und Zweitheit. "*Erstheit* ist der Seinsmodus dessen, das so ist, wie es ist, positiv und ohne Beziehung zu irgend etwas anderem." Hierzu gehören nach Peirce Empfindungsqualitäten. "*Zweitheit* ist der Seinsmodus dessen, das so ist, wie es ist, in Beziehung zu einem Zweiten, aber ohne Berücksichtigung eines Dritten." Hierzu gehören z. B. alle faktischen Ereignisse und konkreten Objekte, die real existieren (Pierce, 1931, zit. n. Walther, 1979, S. 47).

[8] In der Zeitschrift für Semiotik findet sich ein in satirischer Absicht gefälschtes Manuskript von Peirce (1988) mit dem Titel "Drei Argumente gegen den Vorwurf der Triadomanie". Darin wendet sich Peirce gegen den Vorwurf, der (magischen) Zahl drei einen Vorzug bei der Konzeption des Zeichens gegeben zu haben. Selbst wenn der Text eine Fälschung ist, *Lust am Falschen* (vgl. Reck, 1988) verspürt man hier allemal, da der Vorwurf der Triadomanie angesichts der dreifachen Drei, sozusagen der Trichotomie der Trichotomie oder auch der Drittheit der Drittheit, nicht unangebracht scheint. Analog zu Glauser (1986), der die zehn Gebote (hinsichtlich ihrer Anzahl) als "bedauerlichen Präzedenzfall" bezeichnet hat, könnte es auch hier sinnvoll sein, den Präzedenzfall ausfindig zu machen. Die christliche Zahlenmystik dürfte eher eine späte Replikation sein.

1.2 Theorien der Zeichen, Theorien der Sprache

Ausdruck, daß in dem triadischen Modell von Peirce kein Zeichen*produzent* enthalten ist, sondern nur ein Interpretant. Zweifellos würde die Integration eines Produzenten einerseits zu einer funktionalen, dynamischen Zeichenkonzeption führen und andererseits natürlich die Trichotomie und damit die gesamte Konzeption zerstören. Eco (1988a, S. 70) ist der Ansicht, daß das Dreieck einem komplexen Polyeder weichen müßte, da weit mehr Größen involviert seien als nur drei.

Für Peirce hat die Semiotik den Charakter einer Universalwissenschaft, die für die anderen Wissenschaften eine Grundlagenwissenschaft darstellt. Dies wird aus seiner Annahme deutlich, daß das Universum aus Zeichen besteht (Nöth, 1985, S. 35) und daß es kein Denken ohne Zeichen gibt: "Das einzige Denken, das also möglicherweise erkannt wird, ist Denken in Zeichen. Aber Denken, das nicht erkannt werden kann, existiert nicht. Alles Denken muß daher ein Denken in Zeichen sein." (Peirce, 1967a, § 5.251) Damit postuliert Peirce also einen Primat der Zeichen resp. der Semiotik, wie ihn bereits Leibniz postuliert hat:

> Nemo autem vereri debet ne characterum contemplatio nos a rebus abducat, imo contra ad intima rerum ducet. (Leibniz, zit. n. Morris, 1972b, S. 17)[9]

Eben diesen Satz stellt auch Morris (1972b) als Motto vor seine *Foundations of the Theory of Signs* und geht damit gleichfalls von einem Vorrang der Semiotik und der Beschäftigung mit den Zeichen aus, wie Leibniz und Peirce es tun. "Die menschliche Zivilisation hängt von Zeichen und Zeichensystemen ab, und der menschliche Geist ist nicht zu trennen von Zeichenprozessen - falls Geist nicht überhaupt mit solchen Prozessen identifiziert werden muß." (Morris, 1972b, S. 17) Und in seiner Definition des Aufgabenbereichs der Semiotik bringt Morris dies noch deutlicher zum Ausdruck:

> Die *Zeichentheorie* oder *Semiotik* hat ein zweifaches Verhältnis zu den Wissenschaften: Sie ist einerseits eine Wissenschaft unter anderen Wissenschaften und andererseits ein Instrument aller Wissenschaften. Die Wichtigkeit der Semiotik als Wissenschaft liegt darin, daß sie einen Schritt in Richtung auf die Integration der Wissenschaften geht, indem sie für jede Formalwissenschaft wie die Linguistik, die Logik, die Mathematik, die Rhetorik und (mit Einschränkung) die Ästhetik die Grundlagen schafft. (Morris, 1972b, S. 18; Hervorh. i. Orig.)

In diesen Worten deutet sich über den Satz von Leibniz hinaus das an, was Kanngießer und Kriz (1983) das *verschärfte Leibnizsche Prinzip* (P_1) genannt haben: *Nur* die Beschäftigung mit den Zeichen führt uns ins In-

---

[9] Niemand soll befürchten, daß die Betrachtung der Zeichen uns von den Dingen wegführt, im Gegenteil, sie führt uns ins Innerste der Dinge.

nerste der Dinge. Zugrunde liegt dieser Annahme, daß semiotische Prozesse unabhängige Prozesse sind, daß also, wie auch bei Saussure, es hinreichend ist, die Sprache an sich oder das Zeichen an sich zu untersuchen. Kanngießer und Kriz (1983) kritisieren an dieser Auffassung, daß damit noch lange nicht geklärt sei, auf welche Weise Menschen in der Lage sind, Bedeutungen zu erkennen und Zeichensysteme zu beherrschen. Es muß vielmehr berücksichtigt werden, "daß jede Erklärung des Funktionierens von Zeichen und Zeichensystemen eine Erklärung der Mechanismen der Zeichenbeherrschung mit einschließen muß beziehungsweise auf dieser basieren muß - *daß jede semiotische Erklärung auch eine Erklärung der Bedingungen der Möglichkeit des Zeichengebrauchs liefern muß*, eine Erklärung der Modalitäten des Verfügens über Zeichensysteme (Desiderat D_V)" (Kanngießer & Kriz, 1983, S. 79; Hervorh. i. Orig. gesperrt).

Die Prozesse des Zeichengebrauchs sind wiederum abhängig von Kenntnissen oder von Wissen, das wiederum mental organisiert sein muß und daher Gegenstand der Psychologie ist. Damit und gemäß Desiderat D_V wäre die Semiotik aber ebenso abhängig von der Psychologie wie die Psychologie von der Semiotik abhängig ist. Kanngießer und Kriz reformulieren daher das Signifikanzprinzip für semiotische Forschungen:

(P_2) Für die Erklärung der Struktur, des Funktionierens und des Gebrauchs von Zeichensystemen ist es notwendig, die Mechanismen der Zeichenbeherrschung zu erklären, und damit auch die Kenntnissysteme und Wissensstrukturen, über welche die Zeichenbenutzer intern verfügen. (1983, S. 80)

Im Rahmen einer solchen Semiotik sind Zeichen kognitiv abhängige Größen. Eine Semiotik, die Kognitionen, Kenntnissysteme und Wissensstrukturen berücksichtigt, wäre hier also vonnöten. Offensichtlich erfolgt diese Berücksichtigung in der Peirceschen und in der Morrisschen Semiotik ebensowenig wie in der Saussureschen Trennung von *langue* und *parole* und muß auch an dieser Stelle zunächst noch Desiderat bleiben (mehr dazu in Kapitel 1.3).

Doch zurück zum Morrisschen Zeichenbegriff. Das Zeichen definiert Morris (1972b, 1973) in ähnlicher Weise wie Pierce: Ein Zeichenträger oder Vermittler fungiert als Zeichen (Repräsentamen bei Peirce), ein Designat oder Denotat ist das, was bezeichnet wird (Objekt bei Peirce) und ein Interpretant ist die Notiznahme durch einen Interpreten (dito bei Peirce). Für das Zeichen selbst gilt also im wesentlichen auch für Morris, was ich oben zu Peirce gesagt habe. Die grundlegend neue Orientierung, die Morris in die Semiotik eingebracht hat, ist die Beziehung des Zeichenträgers zu anderen Zeichenträgern. Die drei Dimensionen der Semiotik, die nach Morris (1972a) daraus resultieren, sind die Syntaktik,

1.2 Theorien der Zeichen, Theorien der Sprache

die Semantik und die Pragmatik (vgl. Abbildung 1.2.3). Die Syntaktik beschäftigt sich mit der Beziehung zwischen Zeichenträgern, die Semantik thematisiert die Bedeutungsdimension, die Pragmatik behandelt den Gebrauch von Zeichen.

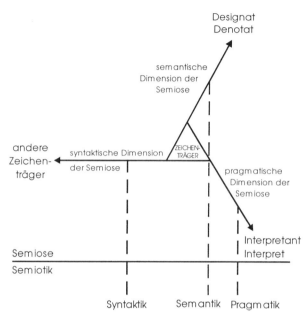

Abbildung 1.2.3: Dimensionen der Semiotik nach Morris (1972a, S. 94).

Auch diese Unterteilung und die Behandlung der drei Teilbereiche als voneinander unabhängig widerspricht offensichtlich dem obigen Desiderat D_V resp. der Forderung nach einer P_2-Semiotik. Damit kongenial ist auch die Kritik Hörmanns:

> Der Syntaktik eine Semantik (und wenn man ganz weit ging, sogar eine Pragmatik) *zur Seite* zu stellen (...) ist gleichbedeutend mit der Auffassung, es gäbe erstens Zeichen, zweitens hätten sie eine Bedeutung und drittens könnten sie sogar verwendet werden. (Hörmann, 1988, S. 25; Hervorh. i. Orig.)

Vergessen wird dabei, daß erst der Gebrauch von Zeichen ihre Existenz bedingt. Wie aber könnte eine Konzeption des Zeichens aussehen, in der die Forderung nach Berücksichtigung des *Gebrauchs von Zeichen* erfüllt wäre?

Bühler hat sein Organon-Modell zwar als ein Modell der Sprache angesehen, doch seine Sprachtheorie (1982) wird heute als Zeichenlehre verstanden (vgl. z. B. Sebeok, 1981). Die Sprache ist bei Bühler ein Organon, ein Werkzeug, mit dem einer dem anderen etwas über die Dinge mitteilen kann. Die Betonung liegt hier also auf der Mitteilung, dem funktionalen Aspekt von Sprache (die nach Hörmann, 1988, S. 14, als Sprache aber eben nur funktionieren kann, *weil* sie mit Zeichen operiert).

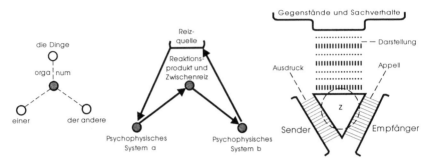

Abbildung 1.2.4: Bühlers Organon-Modell der Sprache. Ausdifferenzierung von links nach rechts. (Bühler, 1982, S. 25, 26, 28)

Die drei "Relationsfundamente" in Bühlers Modell (Abbildung 1.2.4, links) sind *einer - dem anderen - über die Dinge*. Darauf baut seine Erweiterung auf, die er in seinem Regenbeispiel verdeutlicht: "Zwei Menschen im Zimmer - der eine beachtet ein Prasseln, blickt zum Fenster und sagt: *es regnet* - auch der andere blickt dorthin, sei es direkt vom Hören des Wortes oder sei es vom Blick auf den Sprecher dazu verleitet." (Bühler, 1982, S. 25) Das Hören des Wortes ist in Abbildung 1.2.4 (Mitte) nun Reaktionsprodukt und Zwischenreiz, also Zeichenträger, der zwischen den beiden "psychophysischen Systemen" vermittelt. Die drei Beziehungen differenziert Bühler im eigentlichen Organon-Modell weiter aus (Abbildung 1.2.4, rechts). In der Mitte des Modells befindet sich das Zeichen. Der gestrichelte Kreis repräsentiert das konkrete Schallphänomen, das Dreieck repräsentiert die drei Momente, die das Zeichen zu einem Zeichen machen. Das erste Moment ist die Darstellungs- oder symbolische Funktion des Zeichens, die sich in seiner Beziehung zu Gegenständen und Sachverhalten äußert. Das zweite Moment ist die Ausdrucks- oder Symptomfunktion des Zeichens, also die Relation zwischen dem Zeichen und seinem Sender. Das dritte Moment schließlich ist die Appell- oder Signalfunktion des Zeichens, also die Beziehung zwischen dem Zeichen und dem Empfänger.

Zwei Schwächen weist das Bühlersche Modell trotz seiner Thematisierung des funktionalen Aspekts der Sprache resp. der Zeichen jedoch auch auf. Es bleibt zum einen unklar, ob ein Zeichen von sich aus eine bestimmte Funktion hat oder ob sich die Funktion eines Zeichens als interaktives Moment gleichsam in einem Wechselspiel zwischen Sender und Empfänger herauskristallisiert. Zum anderen übersieht Bühler die

1.2 Theorien der Zeichen, Theorien der Sprache

gegenstands*konstituierende* Funktion der Sprache, wenn er die Welt der Gegenstände und Sachverhalte als von der Sprache unabhängig ansieht (vgl. Hörmann, 1977, S. 16).

Die meisten Linguisten haben jedoch nicht die Bühlersche Konzeption des Zeichens ihren Arbeiten zugunde gelegt. Vielmehr dominierten lange Zeit behavioristische, orthodoxe wie vermittlungstheoretische, Konzeptionen die Linguistik. Diese Linguistik untersucht die Struktur einer Mitteilung, also Syntaktik. Die Psycholinguistik als Brückenwissenschaft zwischen der Linguistik und der Psychologie hat folglich diese Mitteilung als Glied einer Kette zu untersuchen, "die von einem menschlichen Sender (Sprecher) zu einem menschlichen Empfänger (Hörer) führt" (Hörmann, 1988, S. 30). Diese klar behavioristische Konzeption habe ich bereits oben (Kapitel 1.1) im Zusammenhang mit dem Kommunikationsmodell von Shannon und Weaver kritisiert. Abgelöst wurde sie von der Generativen Grammatik Chomskys (1968), der damit einen völlig anderen Akzent in der Linguistik setzte. Chomsky gilt als derjenige, der das Subjekt und damit die Psychologie wieder in die Linguistik eingeführt hat. Allerdings beinhaltet auch die Generative Grammatik verschiedene Probleme, die Hörmann in dem bereits mehrfach zitierten Werk "Meinen und Verstehen" erörtert hat und für die er einige Lösungen anbietet, die für den vorliegenden Zweck von erheblicher Bedeutung sind.

Das von Chomsky angeblich in die Linguistik eingeführte Subjekt stellt sich, wie Hörmann anschaulich zeigt, bei näherer Betrachtung als ein idealer Sprecher/Hörer dar, ein Automat, dessen Rationalität nicht begrenzt ist (Simon, 1976, 1990). Kognitive Begrenzungen hält Chomsky (1969, S. 13) folglich, ebenso wie Zerstreutheit, Verwirrtheit, Fehler oder Verschiebungen von Aufmerksamkeit und Interesse, für "grammatisch irrelevant". Das Wissen des idealen Sprechers/Hörers nennt Chomsky (1969, S. 14) Kompetenz. Kompetenz bezeichnet das Wissen oder die Information, die im Modell der Generativen Grammatik enthalten ist. "Kompetenz ist das System jener Regeln, die vorhanden und wirksam sein müssen, wenn die Erzeugung aller (und nur) grammatischer Sätze einer Sprache möglich sein soll." (Hörmann, 1988, S. 35)

Der Begriff der Performanz repräsentiert dagegen den "defizienten Modus des In-Erscheinung-Tretens der Kompetenz" (ebd., S. 35), also die begrenzt-rationale Ausgabe der Kompetenz. Durch diese Unterscheidung und die alleinige Referenz Chomskys auf die Kompetenz und einen idealen Sprecher/Hörer gerät das "Subjekt" der Forschung auch hier zum Automaten, es wird weiterhin die Sprache an sich in Form der Kompetenz untersucht. Auch diese Konzeption ist aber untauglich, um, wie von Hörmann intendiert, die beiden Akte Meinen und Verstehen zu untersuchen.

Die Semantik, die zur Erforschung dieser beiden Akte eigentlich erforderlich wäre, wird auch von Chomsky, wie bereits bei Morris, ausgesprochen stiefmütterlich behandelt: Hörmann (1988, S. 12, S. 60ff.) bezeichnet sie als eine arme Verwandte der Syntax, die diese unwillig mit sich herumschleppt, lediglich um die Grammatik zu erklären. Dieses "Nicht-Verhältnis zur Semantik" (ebd., S. 62) zeigt sich besonders gut in dem grammatisch richtigen Satz (Chomsky, 1968, S. 15):
Colorless green ideas sleep furiously.
Chomskys Ziel ist es aufzuzeigen, daß die Bedeutung für das Satzhaft-Sein belanglos ist, und nicht, daß das Satzhaft-Sein für die Bedeutung belanglos ist. Wäre es anders gewesen, wäre die Linguistik heute nach Hörmann auf einem ganz anderen Stand. Dies demonstriert Hörmann (1988, S. 63) an folgendem Satz, den er dem von Chomsky gegenüberstellt:
Ich essen gerner Fleisch braten.
Zwar ist dieser Satz grammatisch falsch, jedoch sagt er kommunikativ eher etwas aus (ebd.). Auch hier zeigt sich, daß die Generative Linguistik versucht, Syntaktik und damit grammatische Stimmigkeit und nicht die kommunikative Funktion von Sprache zu erklären.

Nach Hörmann jedoch ergibt sich Kommunikation "... nicht aus der Bedeutung der verwendeten Wörter, sondern die Bedeutung der verwendeten Wörter ergibt sich aus der Kommunikation ..." (ebd., S. 169). Folglich können auch semantische Anomalien, die nach den Regeln der Linguistik zuweilen auftreten, durchaus sinnvoll und verständlich sein und existieren für die Psychologie überhaupt nicht als Anomalien. Die Bedingung hierfür bezeichnet Hörmann als *Sinnkonstanz*. Mit Sinnkonstanz ist gemeint, daß in einem bestimmten Kontext auch eine (linguistisch gesehen) semantische Anomalie wie "flüssiges Beil" durchaus verstanden wird. Gleichzeitig dürfte vieles in der Sprache *nicht* verstanden werden, wenn lediglich nach den Regeln der Linguistik vorgegangen würde. So würden beispielsweise Metaphern niemals verstanden werden.

Beim Verstehen von Metaphern gerät das Verständnis des Hörers ins Stocken, daher muß er, um zu verstehen, zusätzliche Informationen für das Verständnis heranziehen (ebd., S. 186). Dies kann vor allem deshalb geschehen, da der Hörer vom Sprecher "Sinnvollheit" erwartet, und diese "einen Sog" ausübe. An dieser Stelle wird dann das Phänomen Sinnkonstanz wirksam. Sinnkonstanz wird ebenso wie Kausalität vom Organismus wahrgenommen und ist nicht *a priori* in der Außenwelt existent.

Einen Satz als sinnvoll verständlich auffassen, ist nach unserer Meinung also keine (genauer gesagt: nicht nur eine) abhängige Variable des Analyseprozesses, sondern (auch) eine unabhängige: die *Ten-*

denz zu einer sinnvollen Auffassung steuert und bestimmt den Analyseprozeß. (ebd. S. 193, Hervorh. i. Orig.)

Sinn entsteht demnach nicht durch ständiges Übersetzen von Zeichen nach einem bestimmten Code, sondern Sinnhaftes ist "als intendiertes immer schon da, bevor wir es durch eine semiotische Analyse zu konkretisieren beginnen" (ebd., S. 196). Die Welt besteht für mich daher nicht aus Dingen-an-sich, sondern aus Dingen-für-mich. Damit läßt sich die psychologische Semantik Hörmanns als Theorie auf der von Laucken (1987; vgl. Kapitel 1.1) beschriebenen phänographischen Ebene ansiedeln. Voraussetzung des Prinzips Sinnkonstanz ist die Auffassung, daß Sinn nicht durch ständiges Übersetzen von Codes geschieht, sondern für ein sinnverstehendes Individuum auch in der Umwelt resp. Sprache vorhanden sein muß. Dies stimmt erfreulicherweise auch überein mit der oben referierten Forderung Lauckens, wonach in einer psychologischen Theorie eine Umwelt so konstruiert werden sollte, daß sie dem entsprechenden Menschen (-bild) adäquat ist. Sinnkonstanz als Prinzip des Funktionierens von Sprache und darüber hinaus von Interaktion und Kommunikation erfüllt Lauckens Forderung.

Mit dem Phänomen der Sinnkonstanz verfügt eine psychologische Semantik im Sinne Hörmanns darüber hinaus über ein äußerst pragmatisches Prinzip bei der Analyse sprachlicher (aber auch nicht-sprachlicher) Prozesse zwischen Personen und also zur Untersuchung von Interaktion und Kommunikation.

In diesem Abschnitt sind zwei Forderungen an ein Modell der Interaktion formuliert worden, die lediglich teilweise erfüllt worden sind. Mit der Hörmannschen Semantik ist die Forderung erfüllt, daß eine Theorie der Sprache sich mit den Funktionen von Sprache zu beschäftigen hat. Ungeklärt ist an dieser Stelle immer noch, welche Konzeption des Zeichens das Desiderat D_V (Kanngießer & Kriz), das eine ebensolche Forderung nach einer funktionalen Definition des Zeichens enthält, zu erfüllen in der Lage wäre. Wie Kanngießer und Kriz (1983) darüber hinaus schreiben, handelt man sich mit der Berücksichtigung der Funktion des Zeichens auch das Leib-Seele-Problem wieder ein. Ähnlich wie bei dem in Kapitel 1.1 beschriebenen Kommunikationsmodell von Osgood und Sebeok (1967) entsteht auch hier das Problem, daß mit dem Zeichengebrauch auch geklärt werden muß, wie eigentlich ein physikalischer Reiz ein subjektiv Erlebtes oder, um es mit Fechner (1860a, S. V) zu formulieren, "erfahrungsmäßige Thatsachen" zur Folge haben kann. Auch dies ist an dieser Stelle noch ungelöst.

Das Werk eines bedeutenden "Klassikers" der modernen Semiotik, das sich gerade auf das Leib-Seele-Problem beziehen läßt, habe ich bislang allerdings noch nicht referiert: die Umweltlehre des Biologen Jakob von Uexküll. Eine Begründung dafür findet sich bei Krampen (1979, S. 7):

Alle bisher referierten Ansätze benutzen einen relationalen Zeichenbegriff. Der Saussuresche ist zweistellig, der von Peirce und Morris ist dreistellig, der von Bühler und Klaus (vgl. Kalkofen, 1979; Klaus, 1963; hier nicht behandelt) ist vierstellig. Die J. v. Uexküllsche Umweltlehre und der von ihm entwickelte Zeichenbegriff aber muß eindeutig systemtheoretisch verstanden werden. Und eben dies ermöglicht es, durch diesen Ansatz und seine Weiterentwicklung durch Thure von Uexküll, einige der Probleme, die ich oben bereits angedeutet habe, wenn nicht zu lösen, so doch mindestens handhabbar zu machen.

1.3 Die Aporien des Leib-Seele-Problems und der Situationskreis von Thure von Uexküll

Für eine funktionale Definition des Zeichenbegriffs ist also die Handhabung des Leib-Seele-Problems erforderlich.[10] Laucken (1987) (der strenggenommen mit der logographischen noch eine "Zwischenebene" einzieht) hatte für die Verbindung der Ebenen eine Ermöglichungsbeziehung postuliert und mit dem Abgeschlossenheitsgrundsatz der Physik darauf verwiesen, daß weitergehende Annahmen über Beziehungen (und also wechselseitige Beeinflussungen) zwischen Leib und Seele unzulässig sind (vgl. Kapitel 1.1). Hier stellt sich jedoch die Frage, ob ein Grundsatz der physikalischen Denkweise auch für belebte Systeme adäquat ist oder ob er lediglich für unbelebte Systeme gelten kann. Die Problematik verdeutlicht sich beispielsweise in psychosomatischen Erkrankungen, die ohne die Annahme einer wechselseitigen Beziehung zwischen Körper und Psyche ignoriert oder geleugnet werden müssen.

Die Leib-Seele-Problematik an dieser Stelle mehr als streiflichtartig zu behandeln, ist nicht möglich. Für einen Überblick sei auf Rentsch (1980) verwiesen, der schreibt: "Die Unterscheidung von Leib (L.) und Seele (S.) und nähere Bestimmungen beider gegeneinander sind älter als die philosophische Reflexion ihres Verhältnisses." (Sp. 185f.) Das Verhältnis zwischen Leib und Seele ist nach Rentsch erst durch Descartes Dualismus (*res cogitans* vs. *res extensa*) zum Problem geworden, die Unterscheidung findet sich allerdings bereits bei den Pythagoreern. Die Beziehung zwischen Leib und Seele wird im Cartesianismus als psychophysischer Parallelismus (Spinoza), als Interaktionismus (Clauberg), als Occasiona-

---

[10] Auch der Begriff Körper-Geist-Problem ist gebräuchlich. Eccles (1992) bevorzugt den Begriff Geist-Gehirn-Problem, da "alle bewußten Erfahrungen und Handlungen primär vom Gehirn abhängen ..." (S. 101). Th. v. Uexküll (1986) wäre, wie sich noch zeigen wird, mit solch einer Formulierung vermutlich nicht einverstanden.

lismus (Malebranche) oder als prästabilierte Harmonie (Leibniz) gefaßt (vgl. Rentsch, 1980).

Für die Psychologie ist es Fechner gewesen, der mit der Psychophysik das Verhältnis zwischen Leib und Seele thematisiert hat.

Unter *Psychophysik* soll hier die exacte Lehre von den functionellen oder Abhängigkeitsbeziehungen zwischen Körper und Seele, allgemeiner zwischen körperlicher und geistiger, physischer und psychischer, Welt verstanden werden. (1860a, S. 8; Hervorh. i. Orig. gesperrt)

In den *Elementen der Psychophysik* (1860a) formulierte Fechner eine innere und eine äußere Psychophysik. Die äußere Psychophysik hat als "exacte Lehre" die Aufgabe, einen mathematischen Zusammenhang zwischen physischen Größen (Objekten der Außenwelt) und psychischen Größen ("erfahrungsmässige Thatsachen") als Gesetz zu postulieren (Fechner, 1860a, S. V). Dies war auch der Gegenstand der *Elemente der Psychophysik*, das Ergebnis war das Fechnersche Gesetz über den logarithmischen Zusammenhang zwischen Physis und Psyche. Hier geht es also um die Beschreibung einer Beziehung zwischen Organismus und Umgebung.

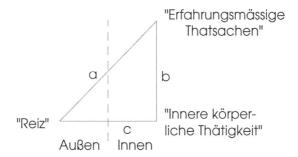

Abbildung 1.3.1: Fechners innere und äußere Psychophysik. Die gestrichelte Linie bezeichnet die Körpergrenze des Individuums, rechts davon befindet sich die Innenwelt, links davon die physikalische Außenwelt; die Seite a des Dreiecks repräsentiert die äußere Psychophysik, die Seite b die innere Psychophysik. Die Seite c könnte z. B. von einer physiographischen Wahrnehmungstheorie behandelt werden.

Der Gegenpol zur äußeren ist die innere Psychophysik. Sie behandelt die "... innere körperliche Thätigkeit, ..." "die vom Reize erweckt wird, und die nun erst unmittelbar Empfindung mitführt oder nachzieht ..." (Fechner, 1860b, S. 377). D. h. es geht hier um den Zusammenhang zwischen biologischen oder physiologischen auf der einen und psychischen Vorgängen auf der anderen Seite. Das Verhältnis zwischen innerer und äußerer Psychophysik bestimmt Fechner folgendermaßen:

Es ist aber, wie ich früher geltend gemacht, die äussere Psychophysik nur Unterlage und Vorbereitung für die tiefer führende innere Psychophysik. (1860b, S. 377)

Gleichwohl hat Fechner den größten Teil der *Elemente* der äußeren Psychophysik gewidmet und die innere verhältnismäßig kurz abgehandelt. Heute ist es die Korrelationsforschung, die sich beispielsweise mit hirnelektrischen Korrelaten kognitiver Prozesse befaßt. Der Zusammenhang zwischen innerer und äußerer Psychophysik ist in Abbildung 1.3.1 dargestellt.

Bischof (1966) versucht eine Lösung des Leib-Seele-Problems über einen "bestimmten, vorerst noch unbekannten Bereich des Zentralnervensystems" zu erreichen, den er Psychophysisches Niveau nennt und in dem ein äußerer Reiz zu "transphänomenalen Erregungsvorgängen" führt, denen dann "nach einer bislang unbekannten Gesetzmäßigkeit phänomenale Gegebenheiten" zugeordnet werden (S. 28f.). Er geht damit von einem psychophysischen Parallelismus und "ein-eindeutiger ('isomorpher') psychophysischer Korrelation" (ebd., S. 29) aus. Daß dies aber auch noch keine Lösung des Problems ist, liegt auf der Hand. Bischof formuliert lediglich das Problem und verschiebt die eigentliche Lösung, nämlich die Bestimmung der "bislang unbekannten Gesetzmäßigkeit" in die Zukunft.

Auch der Medizin bereitet das Leib-Seele-Problem einige Schwierigkeiten. Hinlänglich bekannt sind Aussprüche angesehener Pathologen wie etwa der Virchows, er habe in seinem Leben sehr viele Leichen seziert, ohne je eine Seele angetroffen zu haben. Organische Veränderungen in sezierten Leichen wurden (und werden noch) zur Krankheits*ursache* deklariert. Das Modell des Menschen, das die somatische Medizin zugrunde legt, ist ein Maschinen-Modell. Der Körper ist demnach eine Maschine mit einer komplexen aber überschaubaren Struktur, eine Krankheit ist ein Maschinenschaden, der repariert werden muß, nicht anders als ein Schaden an einer Dampfmaschine oder einem Automobil. Das besonders reizvolle am Maschinenparadigma, so Th. v. Uexküll und Wesiack (1986), ist seine ewige Modernität: wenn neue, kompliziertere Maschinen erfunden werden, wird das Bild des Menschen den neuen Maschinen angepaßt, ohne daß das eigentliche Paradigma angetastet wird.[11]

---

[11] Das Informationsverarbeitungsparadigma der kognitiven Psychologie und die in diesem Zusammenhang verwendete Computermetapher sei, so könnte man meinen, also auch eine weitere Ausprägung des Maschinenparadigmas. Aber das ist sie gerade nicht. Der Computer ist eben keine funktional gebundene, mechanistische Maschine sondern er ist eine multifunktionale, eine universelle Maschine und verfügt über eine strukturell ähnliche (wenngleich nicht annähernd komplexe) Plastizität wie das Nervensystem.

Diesem Maschinenbild vom Menschen liegen *Strukturen* zugrunde, aus denen die Leib-Seele-Einheit Mensch (angeblich) besteht: also in den meisten Fällen unbelebte aber räumlich lokalisierbare Körper, eben das, was von Pathologen untersucht werden kann. Würde Lebendiges, also belebte Organismen oder Individuen, untersucht werden, so könnte die Medizin die *Funktionen* dieser Strukturen beschreiben. An toter Materie ist dies aber nicht möglich.

Offenbar trifft man hier auf eine ganz ähnliche Problematik wie die oben bereits beschriebenen: Auch die Linguistik und die Semiotik hatten mit dem Problem zu kämpfen, daß vorwiegend Strukturen resp. Syntaktik und nicht Funktionen resp. Pragmatik untersucht wurden. In gänzlich unterschiedlichen Wissenschaftsgebieten finden sich also durchaus vergleichbare Schwierigkeiten, wenngleich die Auswirkungen, die sich durch einen solchen Reduktionismus für die Medizin ergeben, erheblich schwerwiegender sind, da davon nicht nur die Stimmigkeit einiger Theorien abhängt, sondern lebendige Menschen, die ein Irrtum der Heilkunde unter Umständen auch das Leben kosten kann.

Auch die Psychologie bzw. die Psychoanalyse, die ja Eingang in die Medizin gefunden hat (z. B. Weizsäcker, 1949) ist nach Th. v. Uexküll und Wesiack (1986) nicht in der Lage, das Sprachproblem zu bewältigen und die Kluft zwischen Medizin und Psychologie zu überwinden. "Ebenso wie das Maschinen-Paradigma die Existenz seelischer Entitäten verbietet, so verbietet das Paradigma des psychischen Apparats die Existenz physischer Entitäten." (S. 8) Beide Wissenschaften sprechen verschiedene, miteinander unvereinbare Sprachen. Um sie zusammenzubringen und eine Synthese zu vollziehen, muß ein anderer Weg als der der Addition gegangen werden. Als Bezugspunkte schlagen Th. v. Uexküll und Wesiack (1986) die Systemtheorie und die Zeichentheorie vor.[12]

Die Systemtheorie verwendet zur Beschreibung von (Natur-) Zusammenhängen das Modell einer hierarchischen Ordnung (Bertalanffy, 1968). Dabei können einfachere Systeme, wie z. B. einzelne Zellen, als Subsysteme in komplexere Systeme, wie z. B. Organe, integriert sein, wodurch auf der höheren Ebene eine neue Qualität, eine emergente, bislang nicht existente Eigenschaft entsteht. Das Emergenzphänomen ist implizit auch in dem gestaltpsychologischen Satz enthalten, das Ganze sei mehr als die Summe seiner Teile. Die Hierarchie der Systemebenen kann bis zu sozialen Systemen hin konstruiert werden. Für jede der Ebenen existiert eine wissenschaftliche Terminologie zur Beschreibung der jeweiligen Phänomene. Eine psychosomatische Theorie muß, so Th. v.

---

[12] Interessanterweise kommt auch Hastedt (1988) mit den Mitteln der Philosophie zu einer ähnlichen Lösung des Leib-Seele-Problems, wie die noch zu referierende von Th. v. Uexküll und Wesiack (1986).

Uexküll und Wesiack (1986), jedoch in der Lage sein, verschiedene Integrationsebenen, nämlich die somatische und die psychische, miteinander in Verbindung zu bringen. Hierfür müssen aber zunächst die Eigenschaften der verschiedenen Ebenen untersucht werden.

Eine sehr bedeutsame Unterscheidung trifft Bertalanffy (1968) mit der Differenzierung von belebten und unbelebten Systemen. Unbelebte Systeme sind physikalische oder chemische Systeme. Die Eigenschaft "belebt" tritt erst auf der nächsthöheren, der biologischen Ebene auf. Biologische Systeme sind nach Bertalanffy primär aktive Systeme, d. h. sie sind selbst aktiv auch ohne äußeren Anstoß oder Reiz. Sie zeichnen sich nach Th. v. Uexküll und Wesiack (1986) dadurch aus, daß in ihnen ein Austausch von Zeichen stattfindet, der auf der physikalischen Ebene nicht möglich ist. Infolgedessen besitzen biologische Systeme die Fähigkeit, zwischen selbst und nicht-selbst zu unterscheiden. Dies ist auch die emergente Eigenschaft der biologischen Systemebene.

Die Tatsache, daß biologische Systeme primär aktive Systeme sind, macht deutlich, daß das Reiz-Reaktions-Schema der Behavioristen keine adäquate Beschreibung der Beziehung zwischen Organismus und Umgebung darstellen kann. Bei primär aktiven Systemen kann ein Reiz nicht eine Reaktion lediglich auslösen, sondern höchstens "das Verhalten des bereits aktiven Sytems modifizieren" (Th. v. Uexküll & Wesiack, 1986, S. 10). Darüber hinaus ist für eine Reaktion des biologischen Systems auch oder vor allem sein *innerer Zustand* von Bedeutung.[13] Das lineare Reiz-Reaktions-Schema ist daher lediglich für physikalische oder chemische Systeme geeignet, nicht aber für biologische. Biologische, vegetative Systeme werden nach Th. v. Uexküll und Wesiack (1986) mit Hilfe des kybernetischen Modells des Regelkreises adäquat beschrieben. Mit diesem Modell kann deutlich gemacht werden, daß nur das, was für das System von unmittelbarer, überlebensrelevanter Bedeutung ist, für das System auch existiert. Damit können belebte Systeme unterscheiden zwischen "selbst", "nicht-selbst" und "nicht-existent". "Die Kategorie 'selbst' kennzeichnet das System, 'nicht-selbst' dessen Umgebung, soweit sie für das System von Bedeutung ist; alles übrige fällt unter die Kategorie 'nicht-existent'" (Th. v. Uexküll & Wesiack, 1986, S. 10). Das heißt in den Worten J. v. Uexkülls (1983a), daß Lebewesen auf der biologischen resp. vegetativen Systemebene in der Lage sind, "Wohnhüllen" zu bilden, eben eine einfache Welt, in der nur zwischen selbst und nicht-selbst unterschieden werden kann. Aber bereits anhand dieser Unterscheidung wird der Umwelt Bedeutung verliehen, was physikalischen Systemen nicht möglich ist.

---

[13] Vgl. zu fast identischen Überlegungen die Arbeiten Maturanas zu autopoietischen Systemen (Maturana, 1982; Maturana & Varela, 1992).

1.3 Die Aporien des Leib-Seele-Problems und der Situationskreis von Th. v. Uexküll

Biologische Systeme sind wiederum in der nächsthöheren Systemebene integriert, der Ebene animalischer, beseelter Systeme.[14] Auf dieser Ebene sind Lebewesen nach J. v. Uexküll fähig, eine "Umwelt" zu bilden. Zur Beschreibung der Beziehung zwischen Organismus und Umwelt ist der Regelkreis nicht mehr angemessen. J. v. Uexküll (1980a, 1980b) hat hierfür bereits 1920 das Schema des Funktionskreises entwickelt (vgl. Abbildung 1.3.2).

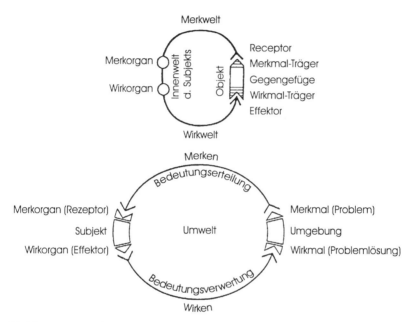

Abbildung 1.3.2: Oben: Schema des Funktionskreises nach J. v. Uexküll (1983b, S. 11). Unten: Modifikation durch Th. v. Uexküll und Wesiack (1986, S. 12).

Grundlegend für das Verständnis des Funktionskreises ist die Tatsache, daß J. v. Uexküll in seinen Schriften kaum vom Verhalten eines Lebewesens spricht, sondern stets von der Beziehung, die dieses Lebewesen zu seiner Umgebung aufbaut. Er geht damit weder vom Organismus noch von dessen Umgebung, sondern von der Beziehung zwischen beiden aus. Diese Beziehung wird dadurch aufgebaut, daß ein Subjekt mit Hilfe bestimmter, ihm zur Verfügung stehender "Merkorgane" oder Rezeptoren seiner Umgebung ein Merkmal aufprägt und damit das Gegengefüge oder Objekt definiert. Durch das Merken oder die Bedeu-

---

[14] Der Begriff animalisch ist abgeleitet von *anima*, die Seele. Unter beseelt oder psychisch wird hier noch nicht eine bewußte Handlung oder ein Wollen verstanden.

tungserteilung wird beim Subjekt ein Verhalten (Wirken oder Bedeutungsverwertung) in Gang gesetzt, das dem Objekt ein "Wirkmal" aufprägt, welches wiederum das Merkmal verändert oder auslöscht. So prägen die Sinnesorgane eines hungrigen Lebewesens einem Objekt das Merkmal "Nahrung" auf. Dadurch wird das Verhalten (Wirken) "Fressen" in Gang gesetzt und dem Objekt ein Wirkmal erteilt, wodurch das Objekt in diesem Falle ausgelöscht wird.

So prägt jede Handlung, die aus Merken und Wirken besteht, dem bedeutungslosen Objekt ihre Bedeutung auf und macht es dadurch zum subjektbezogenen Bedeutungsträger in der jeweiligen Umwelt. Da jede Handlung mit der Erzeugung eines Merkmals beginnt und mit der Prägung eines Wirkmals am gleichen Bedeutungsträger endet, kann man von einem Funktionskreis sprechen, der den Bedeutungsträger mit dem Subjekt verbindet. (J. v. Uexküll, 1983a, S. 113)

Die Begriffe Merken und Wirken haben dabei noch nichts mit bewußtem Erleben, Wahrnehmen oder Wollen zu tun. Sie bezeichnen lediglich "die Umwandlung neutraler Umgebungsfaktoren in Bestandteile der subjektiven Umwelt und ... deren Assimilation" (Th. v. Uexküll & Wesiack, 1986, S. 13). Im Funktionskreis entsteht Umwelt für das Lebewesen, indem Bedeutung erteilt und verwertet wird. Dies bedeutet aber auch, daß hier nicht nur Umwelt, sondern auch Bedeutung entsteht. Diese wird durch die Prozesse Merken und Wirken in die Umgebung hinausverlegt und als Eigenschaft der äußeren Objekte angesehen. Auf diese Weise entsteht eine Sphäre um das Lebewesen, die J. v. Uexküll als "Umwelthülle" bezeichnet, und die Th. v. Uexküll und Wesiack als emergente neue Eigenschaft psychischer Systeme ansehen.

Als nächsthöhere Ebene bezeichnen Th. v. Uexküll und Wesiack (1986, S. 13) die Ebene des Humanen, wobei sie allerdings auf die Schwierigkeit hinweisen, daß "Phänomene, die einer individuellen und einer sozialen Ebene angehören" sehr eng zusammenhängen und kaum voneinander zu trennen sind. Die emergente neue Eigenschaft auf dieser Ebene ist die Tatsache, daß Menschen in der Lage sind, zu Gegenständen in Beziehung zu treten, daß diese Gegenstände Konstanz besitzen und zu ihnen Distanz aufgebaut werden kann. Piagets Untersuchungen zur kognitiven Entwicklung sind ein Beispiel dafür (z. B. Piaget, 1975). Hinzu kommt die Bedeutung des Vorstellungsvermögens und der Sprache, die wesentlich sind für den Aufbau von Wirklichkeit. Wirklichkeit ist also auf der Humanebene das, was auf der animalischen Ebene noch die Umwelt war: eine unsichtbare Hülle um das Individuum. Diese Wirklichkeit entsteht mit Hilfe der Sprache innerhalb einer Kultur in einer Gesellschaft. Es handelt sich damit um eine "gesellschaftliche Konstruktion von Wirklichkeit" (Berger & Luckmann, 1966).

1.3 Die Aporien des Leib-Seele-Problems und der Situationskreis von Th. v. Uexküll

Auch für diese Integrationsebene schlagen Th. v. Uexküll und Wesiack (1986) ein Modell vor, das die Vorgänge anschaulich zu beschreiben in der Lage ist. Es handelt sich dabei um das Modell des Situationskreises, das eine Weiterentwicklung des Funktionskreises für die Ebene des Humanen darstellt.

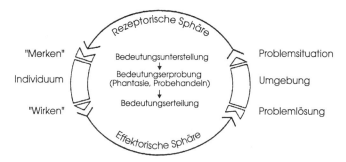

Abbildung 1.3.3: Modell des Situationskreises nach Th. v. Uexküll und Wesiack (1986, S. 22). Im Unterschied zum Funktionskreis werden hier die Prozesse Merken und Wirken zunächst in der Vorstellung erprobt, bevor sie real wirksam werden.

Das Situationskreismodell (Abbildung 1.3.3) enthält wie das Funktionskreismodell eine rezeptorische und eine effektorische Sphäre, ein Individuum mit Merk- und Wirkorganen sowie eine Umgebung mit einer Problemsituation und einer Problemlösung. Der Unterschied zum Funktionskreis besteht darin, daß hier obligatorisch die Vorstellung zwischengeschaltet ist, daß also vor der Einschaltung der Sensomotorik die Prozesse Bedeutungsunterstellung, Bedeutungserprobung (d. h. Probehandeln[15]) und Bedeutungserteilung ablaufen. Innerhalb dieses Situationskreises entsteht also das auf der Ebene des Humanen emergente Phänomen Wirklichkeit. Die Außenwelt existiert für den Menschen also nicht als physikalische Gegenstandswelt, sondern als bedeutungshaltige Wirklichkeit.

Damit ist nun allerdings noch nichts über die Verbindung zwischen den verschiedenen Integrationsebenen ausgesagt. Th. v. Uexküll und Wesiack (1986) bieten für dieses Problem folgende Lösung an: Das besondere Merkmal aller drei beschriebenen Ebenen war, daß die Prozesse, die auf ihnen ablaufen, Zeichenprozesse sind. Zeichen oder Zeichensy-

---

[15] Die Vorstellung des inneren Probehandelns ist in der Psychologie geläufig: vgl. z. B. Bruner und Postman (1949); Freud (1975); Groner (1978); Ueckert (1989). Vgl. hierzu auch Kapitel 2 und 3.

steme können, so Jakobson (1974), auf drei verschiedene Arten übersetzt werden: die innersprachliche, die zwischensprachliche und die intersemiotische Übersetzung.

1. Die innersprachliche Übersetzung oder *Umformulierung (rewording)* ist eine Wiedergabe sprachlicher Zeichen mittels anderer Zeichen derselben Sprache,
2. die zwischensprachliche Übersetzung oder *Übersetzung im eigentlichen Sinne* ist eine Wiedergabe sprachlicher Zeichen durch eine andere Sprache,
3. die intersemiotische Übersetzung oder *Transmutation* ist eine Wiedergabe sprachlicher Zeichen durch Zeichen nicht-sprachlicher Zeichensysteme. (Jakobson, 1974, S. 155; Hervorh. i. Orig.)

Auf der biologischen, der animalischen und der humanen Systemebene finden Zeichenprozesse in unterschiedlichen Zeichensystemen statt. Th. v. Uexküll und Wesiack (1986) postulieren nun, daß eine Verbindung zwischen den verschiedenen Ebenen durch Übersetzungen hergestellt wird. Eine intersemiotische Übersetzung wäre demnach beispielsweise eine Übersetzung der Zeichenprozesse der animalischen Ebene in Zeichenprozesse der Ebene des Humanen. Als empirischen Nachweis dafür, daß solche Transmutationen tatsächlich erfolgen, führen Th. v. Uexküll und Wesiack (1986) die Untersuchungen Pawlows zum bedingten Reflex an.[16]

Der Vorgang, den Pawlow als Bildung bedingter Reflexe beschrieben hat, ist nichts anderes als eine Übersetzung von Nachrichten aus einem psychischen Zeichensystem in Nachrichten eines Systems somatischer Zeichen und umgekehrt. (S. 17)

Die Übersetzung stellt eine Verbindung zwischen den Zeichensystemen her, die ohne die Übersetzung nicht vorhanden wäre. Durch die Verbindung entstehen *Bedeutungskopplungen*, bei denen z. B. Zeichen innerhalb des Organismus an Zeichen in der Umwelt des Organismus gekoppelt werden. Die Wirksamkeit einer Bedeutungskopplung hängt von der Empfänglichkeit des Organismus zum Zeitpunkt des Zusammentreffens der verschiedenen Prozesse ab. Die Entstehung der Verbindung zwischen Soma und Psyche muß daher unter einem genetischen Aspekt betrachtet werden. Dabei muß beachtet werden, daß das soziale System vor dem Individuum und die Einheit vor den Teilen existiert.

Die ontogenetische Entwicklung von Bedeutungskopplungen stellen Th. v. Uexküll und Wesiack (1986, S. 21) in einem symbiotischen Funktionskreis dar, der die Situation des Neugeborenen und seiner Mutter be-

---

[16] Diese Adaptation zeigt, wie wahr die Einschätzung Bühlers (1980, S. 27) ist, die Einführung des Zeichenbegriffs sei eine Entgleisung im behavioristischen Programm gewesen.

schreibt (Abbildung 1.3.4). In diesem Funktionskreis lernt das Neugeborene, die Signale seines inneren Zeichensystems und seiner Sinnesorgane in ein soziales Zeichensystem zu übersetzen.

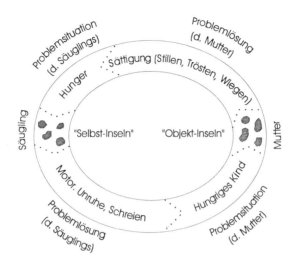

Abbildung 1.3.4: Symbiotischer Funktionskreis nach Th. v. Uexküll und Wesiack (1986, S. 21).

In der symbiotischen Dyade wird der Hunger vom Neugeborenen als Problemsituation erlebt, auf die es mit motorischer Unruhe und Schreien reagiert. Das hungrige Kind wird wiederum zur Problemsituation der Mutter, die das Schreien mit Stillen bzw. mit Sättigung beantwortet. Damit werden sowohl die Probleme der Mutter als auch die des Neugeborenen gelöst. Zu diesem frühen Zeitpunkt ist weder ein Ich noch ein Selbst für den Säugling vorhanden, er besteht aus "Selbst-Inseln", während die Mutter für ihn aus "Objekt-Inseln" besteht. Erst im Verlauf der fortschreitenden "psychischen Geburt" (Mahler, 1986; Mahler, Pine & Bergman, 1980), also der Bedeutungskoppelungen auf den verschiedenen Ebenen, entstehen sowohl ein Ich als auch ein äußeres Objekt und damit die emergente Eigenschaft der Stufe des Humanen, die Fähigkeit, aus Umwelt eine Wirklichkeit entstehen zu lassen. Für den Erwachsenen beschreibt dann der Situationskreis (Abbildung 1.3.3) die ontogenetisch entstandene, individuelle aber kulturspezifische Wirklichkeit des Menschen.

1.4 Zwischenergebnis

Ausgangspunkt dieses Kapitels war die Klärung der Begriffe Interaktion und Kommunikation. Soziale Interaktion wurde als Überbegriff angesehen und dieser analytisch unterschieden in (1) den Handlungsaspekt sozialer Interaktion und (2) den Kommunikations- oder Bedeutungsaspekt sozialer Interaktion. Beide Aspekte müssen bei der Betrachtung sozialer Situationen stets berücksichtigt werden, da Interaktion und Kommunikation eng miteinander verwoben sind.

Bei der Diskussion verschiedener Interaktions- und Kommunikationsmodelle hatte sich gezeigt, daß alle diese Modelle erhebliche Mängel aufweisen. Kritisiert wurde dabei insbesondere mangelnde Wechselseitigkeit, nicht zusammenpassende Menschen- und Umweltbilder, fehlende Dynamik sowie der fehlende Objektbezug. Dieser war lediglich in den Modellen von Newcomb (1953) und Fischer (1981) enthalten.

Der Entwurf eines dynamischen, nicht-reduktionistischen und dem *homo psychologicus* adäquaten Modells der Interaktion und Kommunikation erforderte zunächst eine Klärung der Grundlagen dieser Prozesse, nämlich die Untersuchung von Sprache, Zeichen und Zeichensystemen. Auch hier hatten sich einige Unzulänglichkeiten offenbart. Vor allem wurde die statische Konzeption des Zeichens kritisiert sowie der oft geforderte Primat der Semiotik, der die Semiotik als Grundlagenwissenschaft für alle anderen Wissenschaften verstanden haben möchte.

Der Zeichenbegriff J. v. Uexkülls, der im vorangegangenen Abschnitt referiert wurde, erfüllt alle zuvor gestellten Forderungen an den Zeichenbegriff. So wird die Forderung von Hörmann (1988) und die von Kanngießer und Kriz (1983) nach einer Semiotik resp. Sprachtheorie erfüllt, die sich mit den Funktionen und dem Gebrauch von Sprache beschäftigt. Der Funktionskreis J. v. Uexkülls beschreibt ja gerade die Funktionsweise von Zeichen, indem er die Beziehung zwischen dem Organismus und seiner Umwelt thematisiert. Zeichen resp. Bedeutung entsteht erst im Funktionskreis, in der Beziehung des Lebewesens zu seiner Umwelt. Dadurch ist dieses Zeichenkonzept nicht statisch und strukturbezogen, sondern funktional, dynamisch und interaktiv. Das Lebewesen prägt der Umwelt oder dem Gegengefüge die Bedeutungen auf, die seinen Sinnesorganen entsprechen, und es verwertet die Bedeutungen, die seiner Motorik entsprechen. Hier wird dem Lebewesen eine Umwelt gegenübergestellt, die perfekt auf dieses Lebewesen zugeschnitten ist. Damit ist aber auch Lauckens Forderung nach der Konstruktion zueinander passender Menschen- und Umweltbilder mit dem J. v. Uexküllschen Zeichenbegriff erfüllt worden. Der Situationskreis, in dem diese Inplikationen ebenfalls vorhanden sind, enthält darüber hinaus die obligatorische Zwischenschaltung der Vorstellung, die für die Stufe des Humanen

1.4 Zwischenergebnis

die emergente Eigenschaft und damit das Charakteristikum menschlichen Daseins darstellt. Daher wird der Situationskreis auf dem weiteren Weg zu dem gesuchten Modell der Interaktion beibehalten.[17] Und auch das Verständnis von Bedeutung, das sich bei J. v. Uexküll findet, soll hier weiter verwendet werden: *Bedeutung ist damit definiert als das Herstellen einer Beziehung zwischen einem Organismus und seiner Umwelt.*

Die Aufgabe eines sinnvollen Modells der Leib-Seele-Beziehung müßte nach Th. v. Uexküll und Wesiack (1986, S. 15f.) darin bestehen, die beiden folgenden Probleme zu lösen:
1. Das Problem der Beziehungen zwischen Organismus und Umgebung.
2. Das Problem der Beziehungen zwischen biologischen, psychischen und sozialen Vorgängen.

Das erste Problem ist mit Hilfe des Funktionskreises (Stufe des Animalischen) und des Situationskreises (Stufe des Humanen) gelöst worden. Beide beschreiben die Beziehung zwischen einem Individuum (oder Organismus) und seiner Umwelt oder genauer gesagt: Sie beschreiben, wie durch diese Beziehung für den Organismus aus Umgebung Umwelt entsteht.

Das zweite Problem lösen Th. v. Uexküll und Wesiack (1986) mit Hilfe des zeichentheoretischen Konzepts der Übersetzung, das sie anschaulich im symbiotischen Situationskreismodell beschreiben. Durch eine soziale, gesellschaftlich geprägte Antwort auf eine bestimmte innere Empfindung (Hunger und in der Folge motorische Unruhe) erfolgen Bedeutungskoppelungen, mit deren Hilfe ein Säugling die Übersetzung eines inneren, angeborenen Zeichensystems in ein soziales Zeichensystem erlernt.

Vergegenwärtigt man sich nun noch einmal Abbildung 1.3.1, die das Verhältnis von Fechners innerer und äußerer Psychophysik darstellte, so sollte folgendes deutlich werden: Bei dem ersten von Th. v. Uexküll und Wesiack (1986) formulierten Problem handelt es sich um nichts anderes als Fechners äußere Psychophysik, nämlich die Beziehung zwischen Organismus und Umgebung. Das zweite Problem betrifft Fechners innere Psychophysik, also die Beziehung der verschiedenen Integrationsebenen, bzw. bei Fechner das Verhältnis zwischen physiologischer Reizung und Sinnesempfindung.[18] Abbildung 1.4.1 enthält nun eine erweiterte Sichtweise dieser Zusammenhänge.

---

[17] Alfred Lang (Semiotiker und Psychologe) sieht allerdings den Funktionskreis als fruchtbarer für die Weiterentwicklung einer psychologischen Semiotik (oder einer semiotischen Psychologie) an (persönliche Mitteilung; vgl. auch Lang, 1992). M. E. ist aber gerade für die Beschreibung der Interaktion die Zwischenschaltung der Vorstellung sinnvoll und erforderlich.

[18] Diese Parallele beschränkt sich allerdings auf das Forschungsthema und bezieht sich nicht auf die Methode. Fechner ging es bei der Psychophysik um mathematisch formulierbare Gesetzmäßigkeiten, was bei den Uexkülls keinesfalls der Fall ist.

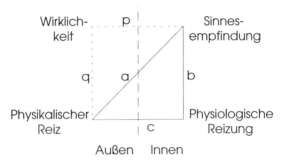

Abbildung 1.4.1: Erweitertes Modell der Fechnerschen inneren und äußeren Psychophysik. Die neue gepunktete Linie p bezeichnet eine phänographische Theorie, wie z. B. die psychologische Semantik Hörmanns oder die Umweltlehre J. v. Uexkülls. Die neue gepunktete Linie q bezeichnet die Sinnkonstitution, die mit Hilfe des Situationskreises und der Übersetzung der verschiedenen Zeichensysteme erfolgt.

In dem dargestellten Modell ist die ursprüngliche Dreiecksbeziehung zu einem Viereck vervollständigt worden. Hierbei nehme ich an, daß die von J. v. Uexküll sowie von Th. v. Uexküll und Wesiack (1986) postulierten Beziehungen (Funktionskreis, Situationskreis, symbiotischer Funktionskreis) zu eben dieser Vervollständigung führen, so daß der Innen-Seite eines Organismus auf der Außen-Seite nun nicht mehr Reize gegenüberstehen, sondern eine bedeutungshaltige Umwelt. Diese bedeutungshaltige Umwelt wird in Anlehnung an Th. v. Uexküll und Wesiack (1986) als Wirklichkeit bezeichnet, da das Entstehen von Wirklichkeit die emergente Eigenschaft auf der Ebene des Humanen darstellt.

Die Diagonale, also die von Fechner mit der äußeren Psychophysik angenommene 'direkte' Beziehung zwischen einem physikalischen Reiz und einer entsprechenden Sinnesempfindung, ist hier im Grunde obsolet, da Sinnkonstitution lediglich über das In-Beziehung-Setzen aller vier Seiten des Quadrats entstehen kann. Mit der Vervollständigung des Quadrats und dem Postulat der Sinnkonstitution wird aber auch hier das Prinzip Sinnkonstanz (Hörmann, 1988) zu einer *conditio sine qua non* der Mensch-Umwelt-Beziehung.

Laucken (1987) hatte ich dahingehend kritisiert, daß die von ihm postulierte Ermöglichungsbeziehung jegliche Wechselwirkungen zwischen Soma und Psyche leugnen oder ignorieren muß.[19] Die äußere Psycho-

---

[19] Auch für den Computer kann übrigens ein Leib-Seele- oder besser ein Hardware-Software-Problem formuliert werden. Und nicht einmal bei diesem reicht die reine Ermöglichungsbeziehung aus. Es muß von Verbindungen ausgegangen werden, die ebenfalls aus Übersetzungen eines Zeichensystems in ein anderes bestehen (von binärem Code in Maschinensprache in höhere Programmiersprachen bis hin zur natürlichen Sprache).

1.4 Zwischenergebnis

physik ist für ihn unzulässig, weil sie unzulässigerweise Systemebenen vermische. Nun hat sich aber gezeigt, daß Laucken auch den genetischen Aspekt ignoriert. Die bedeutungshaltige Umwelt, die er dem sinnverarbeitenden Menschen gegenüberstellen möchte (und darin, daß dies notwendig ist, pflichte ich ihm noch bei), kann unmöglich bereits bei der Geburt vorhanden sein, andernfalls wären z. B. Kinder nicht ein Jahr lang nach ihrer Geburt sprachlos. Auch der Bericht von Ackroyd, Humphrey und Warrington (1974) über eine mit drei Jahren erblindete, 27jährige Frau, die nach Wiederherstellung der optischen Voraussetzungen für eine normale Sehleistung einen Kreis nur mit Zufallswahrscheinlichkeit von einem Quadrat unterscheiden konnte, wäre unerklärlich, wenn nicht angenommen würde, daß bedeutungshaltige Umwelt erst in der Ontogenese entwickelt wird. Das Entstehen von Umwelt aus Reizen, also Sinnkonstitution, ist nur damit zu erklären, daß es Beziehungen zwischen der biologischen, der psychischen und der sozialen Ebene geben muß und daß diese Beziehungen ontogenetisch entstanden sind. Die psychosomatische Theorie von Th. v. Uexküll und Wesiack (1986) bietet einige Erklärungen für das Wie dieser Entstehung an.

Um die Lösung eines bestehenden Problems überhaupt zu ermöglichen, muß nach Th. v. Uexküll und Wesiack (1986) zuerst eine Übereinstimmung des Bildes dieses Problems bei zwei gemeinsam handelnden Personen gefunden werden. Allgemeiner könnte man sagen, um erfolgreich *kommunizieren* zu können, muß eine Übereinstimmung der Bilder oder der Sprachen erreicht werden. Ein zufriedenstellendes Modell der Kommunikation oder Interaktion bieten aber auch Th. v. Uexküll und Wesiack (1986) nicht an. Zwar wird vom Individuum in einer sozialen Situation Bedeutung erteilt und verwertet, jedoch ist der andere hier lediglich als Umwelt des Individuums gefaßt, nicht als ebenfalls Agierender, also Bedeutung Erteilender und Bedeutung Verwertender. Das Modell ist folglich noch zu individualistisch für ein Modell der Interaktion.

Bereits in Kapitel 1.1 hatte ich eine Theorie angesprochen, die Kaminskis Motto vom lebensfähigen *homo psychologicus* zu erfüllen in der Lage sei. Hinzu kommt, daß diese Theorie besonderen Wert darauf legen muß, daß Welt für Menschen bedeutsam und sinnhaftig ist. Der Symbolische Interaktionismus verspricht nicht nur von seinem Namen her, die gesuchte Theorie der Interaktion zu sein, die den Grundstock für das zu entwickelnde Modell zu Verfügung stellt.

2 Symbolischer Interaktionismus

Als Graumann (1979) vor mittlerweile 13 Jahren die "Scheu des Psychologen vor der Interaktion" beklagte, empfahl er als möglichen Ausweg aus der "irrationalen Dichotomie" (S. 300) zwischen der psychologischen und soziologischen Sozialpsychologie die Beschäftigung mit der Kleingruppenforschung. Diese, so meinte er, könne zur "Wiedergewinnung eines gemeinsamen Grundes" (S. 301) zwischen den beiden Sozialpsychologien führen.

Daß ein Anstieg der Kleingruppen-Forschung zu verzeichnen ist, darauf deutet eine Erhebung von Fisch, Daniel und Beck (1991) hin. Daß allerdings die Auflösung der "irrationalen Dichotomie" zwischen psychologischer und soziologischer Sozialpsychologie fortgeschritten ist, darf bezweifelt werden.

Graumanns wichtigster Vorwurf an die psychologische Sozialpsychologie ist ihr spätestens seit den sechziger Jahren zunehmender Individualismus (1979, S. 294f.). Die Interaktion wird dabei stets in den Zuständigkeitsbereich der Soziologie abgeschoben. So ist es wohl auch kaum ein Zufall, daß eine Interaktionstheorie, die Graumanns Forderungen erfüllt, sich in der Soziologie findet, und das obwohl ihr Begründer Philosoph und Psychologe war: der Symbolische Interaktionismus von G. H. Mead.

"Weder gibt es interaktionsfreie Individuen noch kontextfreie Interaktionen noch individuenfreie soziale Systeme." (Graumann, 1979, S. 297) Nimmt man Graumann ernst und weist der Interaktion die Bedeutung zu, die sie seiner (und meiner) Ansicht nach verdient, so muß diese Anleihe aus der Soziologie gemacht werden und der Symbolische Interaktionismus quasi in die Psychologie re-importiert werden.

2.1 Grundbegriffe des Symbolischen Interaktionismus

Zwar bezeichnet Blumer (1973) den Terminus "Symbolischer Interaktionismus" als "barbarischen Neologismus", jedoch kann der Begriff als durchaus programmatisch für die damit bezeichnete Theorie gewertet werden: Die Betonung liegt auf zwei zentralen Begriffen, nämlich *Symbol* und *Interaktion*. Der Terminus enthält damit bereits zwei der drei grundlegenden Prämissen, die Blumer (1973)[1] formuliert hat:

> Die erste Prämisse besagt, daß Menschen "Dingen" gegenüber auf der Grundlage der Bedeutungen handeln, die diese Dinge für sie besitzen. ... Die zweite Prämisse besagt, daß die Bedeutung solcher Dinge aus der sozialen Interaktion, die man mit seinen Mitmenschen eingeht, abgeleitet ist oder aus ihr entsteht. Die dritte Prämisse besagt, daß diese Bedeutungen in einem interpretativen Prozeß, den die Person in ihrer Auseinandersetzung mit den ihr begegnenden Dingen benutzt, gehandhabt und abgeändert werden. (S. 81)

Zu "Dingen" zählt Blumer dabei alles, was wahrgenommen werden kann, von physikalischen Gegenständen bis hin zu abstrakten Begriffen oder Ideen. Auch Handlungen anderer Personen oder Situationen, in denen sich das Individuum befindet, werden hierzu gerechnet. Auf die Bedeutungen dieser Dinge für Menschen legt der Symbolische Interaktionismus also besonderen Wert.

Die zweite Prämisse bezieht sich auf den Ursprung, die Entstehung dieser Bedeutungen. Diesen Ursprung sieht der Symbolische Interaktionismus im Interaktionsprozeß zwischen Personen. "Die Bedeutung eines Dings für eine Person ergibt sich aus der Art und Weise, in der andere Personen ihr gegenüber in bezug auf dieses Ding handeln. Ihre Handlungen dienen der Definition dieses Dings für diese Person. Für den Symbolischen Interaktionismus sind Bedeutungen daher soziale Produkte ..." (Blumer, 1973, S. 83)

Schließlich bezieht sich die dritte Prämisse auf den Gebrauch der Bedeutungen. Bedeutungen werden demnach nicht lediglich angewandt, sondern sie unterliegen einem ständigen Interpretationsprozeß durch den Akteur. Dabei zeigt er sich die Dinge zuerst an (*indicates to himself the things*). Er richtet seine Aufmerksamkeit auf diese Dinge und zwar im Rahmen eines "internalisierten sozialen Prozesses" (Blumer, 1973, S. 84).

---

[1] Wie Blumer selbst schreibt, existierte bis zur Erstveröffentlichung seines eigenen Aufsatzes *Symbolic Interactionism. Perspective and Method* im Jahre 1967 keine strukturierte Darstellung der inhaltlichen und methodologischen Position des Symbolischen Interaktionismus. Zwar hat Rose 1962 (hier: 1973) bereits eine "Systematische Zusammenfassung der Theorie der Symbolischen Interaktion" geliefert, es fehlt jedoch die von Blumer erarbeitete methodologische Position.

2.1 Grundbegriffe des Symbolischen Interaktionismus

Damit ist gemeint, daß das Individuum in einen Kommunikationsprozeß mit sich selbst tritt, der einem Kommunikationsprozeß mit einer anderen Person gleicht. Aus diesem Grunde wird aus der Interpretation ein *Handhaben von Bedeutungen*, das sowohl abhängig ist von der Situation, in der es stattfindet, als auch von den Zielen, die der Akteur mit seiner Handlung verfolgt. Die Interpretation, also der Gebrauch und die Veränderung von Bedeutungen ist unerläßlich für den Aufbau und die Steuerung von Handeln und spielt daher, vermittelt durch den Prozeß der Selbst-Interaktion, laut Blumer (1973, S. 84) eine wesentliche Rolle.

Durch diese Prämissen unterscheidet sich der Symbolische Interaktionismus erheblich von anderen Theorien oder Modellen der Sozialpsychologie. So wird einerseits großer Wert gelegt auf die interaktive Genese von Individualität und Selbst-Bewußtsein. Diese entstehen erst aus der Interaktion mit anderen Individuen. Andererseits geschieht dies nicht in einem umwelt- oder objektfreien Raum, also ohne Bezug auf die gegenständliche Wirklichkeit. In der Interaktion mit anderen wird immer auch auf Objekte rekurriert.

In der Form, die der Symbolische Interaktionismus beispielsweise bei McCall und Simmons (1966) angenommen hat, findet sich allerdings kein expliziter Objektbezug mehr. Hier beinhaltet Interaktion lediglich die Beziehung zwischen Personen, eine Außenwelt existiert höchstens noch in der Addition. So behandeln McCall und Simmons (1966) den Gegenstandsbereich in dem Abschnitt *Tasks and Interaction* (S. 146f.) nur hinsichtlich der Tatsache, daß das Aushandeln von Rollen und Identitäten die Erfüllung von Aufgaben z. B. in einer Arbeitsgruppe behindern kann. Die bei Mead (1988) und bei Blumer (1973) enthaltene Wechselseitigkeit ist verloren gegangen.

Das oben angeführte Zitat von Graumann (1979) wäre also Programm: "Weder gibt es interaktionsfreie Individuen noch kontextfreie Interaktionen noch individuenfreie soziale Systeme." (S. 297) Eine Theorie der sozialen Interaktion sollte nicht allein die Interaktion zwischen zwei oder mehr Personen behandeln, sondern darüber hinaus das Zusammenwirken von gegenständlicher *und* interpersoneller Orientierung thematisieren (vgl. Fischer, 1981). Auch dies leistet der Symbolische Interaktionismus. Daher handelt es sich hier nicht "nur" um eine Theorie der Interaktion, sondern um eine *umfassende Theorie der Konstruktion sozialer Realität*.[2]

Im folgenden möchte ich einige Auswirkungen der "Kernvorstellungen" (*root images*) des Symbolischen Interaktionismus auf verschiedene

---

[2] Damit ist auch der Symbolische Interaktionismus ein Theorie, die den Zusammenhang zwischen einem Außen und einem Innen bzw. zwischen Mensch und Umwelt thematisiert. Daß auch hier die Forderungen Lauckens (1987) erfüllt sind, wird in den weiteren Ausführungen noch deutlich werden.

"Tatbestände" erörtern. Hier folge ich im wesentlichen Blumer (1973) bzw. Blumer (1969), Mead (1980a, 1988) sowie McCall und Simmons (1966).

Die zu behandelnden Bereiche betreffen die menschliche Gesellschaft und das Leben in Gruppen, soziale Interaktion, Objekte, die Entwicklung der Ich-Identität, menschliches Handeln sowie gemeinsames Handeln. Intendiert ist damit die Beschreibung der Perspektive des Symbolischen Interaktionismus auf diese Tatbestände.

Menschliche Gesellschaft und menschliches Zusammenleben. Menschliche Gruppen oder Gesellschaften werden als aus handelnden Personen bestehend angesehen. Bei diesen Handlungen kann es sich um Aktivitäten verschiedenster Art handeln. Sie sind jedoch an Individuen gebunden und jeweils den Situationen angepaßt, in denen die Individuen handeln müssen. Blumer akzentuiert dies dahingehend, daß für ihn "menschliche Gruppen und Gesellschaften im Grunde nur in der Handlung bestehen und in Handlungskategorien erfaßt werden müssen" (Blumer, 1973, S. 85). Sowohl Kultur (Brauch, Tradition, Normen, Werte, Regeln) als auch soziale Struktur (soziale Position, Status, Rolle, Autorität, Prestige) bestehen aus Aktivitäten, aus Handlungen von Menschen. Sie sind abgeleitet aus Interaktionen zwischen Personen in verschiedenen Situationen.

> Das Leben in einer jeden menschlichen Gesellschaft besteht notwendigerweise in einem fortlaufenden Prozeß des Aufeinander-Abstimmens der Aktivitäten ihrer Mitglieder. Es ist die Gesamtheit einer ständigen Aktivität, die Struktur oder Organisation begründet oder kennzeichnet. (Blumer, 1973, S. 86)

Die Handlungen von Menschen konstituieren dieser Auffassung gemäß menschliche Gesellschaften und menschliches Zusammenleben. Interessanterweise stimmt diese Perspektive mit soziologischen Theorien wie der Luhmanns (1988) überein. Für ihn bestehen beispielsweise Organisationen aus Entscheidungen, wobei Luhmann wie Mead Entscheidungen (als Sonderfall von Handlungen) nicht psychologisch definiert, sondern interaktiv. Damit können

> ... organisierte Sozialsysteme begriffen werden als *Systeme, die aus Entscheidungen bestehen und die Entscheidungen, aus denen sie bestehen, durch die Entscheidungen, aus denen sie bestehen, selbst anfertigen.* Mit "Entscheidung" ist dabei nicht ein psychischer Vorgang gemeint, sondern eine Kommunikation; nicht ein psychisches Ereignis, eine bewußtseinsinterne Selbstfestlegung, sondern ein soziales Ereignis (Luhmann, 1988, S. 166; Hervorh. i. Orig.).

2.1 Grundbegriffe des Symbolischen Interaktionismus

Soziale Interaktion. Die Vorstellung, die Mead und Blumer von der sozialen Interaktion haben, ist aus naheliegenden Gründen für den vorliegenden Kontext von besonderer Bedeutung.

Soziale Interaktion wird als besonders charakteristisch für menschliche Gruppen oder Gesellschaften angesehen. Unter sozialer Interaktion wird dabei diejenige Interaktion verstanden, die zwischen zwei oder mehr Personen stattfindet. Blumer (1973, S. 87) grenzt sich deutlich von Ansätzen ab, die lediglich die Interaktion zwischen Faktoren, also z. B. Einstellungen von Personen betrachten. Darüber hinaus ist soziale Interaktion nicht ein Mittel, Verhalten zu äußern, sondern ist als Prozeß zu verstehen, der sowohl individuelles als auch kollektives Verhalten oder Handeln formt. Hierzu gehört auch eine wechselseitige Ausrichtung des Handelns interagierender Personen sowie der Versuch, das Handeln anderer zu verstehen.

Der Theorie der sozialen Interaktion von Mead liegt eine wichtige Unterscheidung zugrunde (vgl. u. a. Mead, 1980e, 1980f, 1988). In Anlehnung an Wundt übernimmt Mead den Begriff der Gebärde und differenziert zwischen nicht-signifikanter Gebärde und signifikantem Symbol.[3]

> Wenn nun eine solche [Gebärde] die dahinterstehende Idee ausdrückt und diese Idee im anderen Menschen auslöst, so haben wir ein signifikantes Symbol. ... im letzeren Fall erkennen wir ein Symbol, das einer Bedeutung in der Erfahrung des ersten Menschen entspricht und diese Bedeutung auch im zweiten Menschen hervorruft. An dem Punkt, an dem die [Gebärde] diesen Zustand erreicht, wird sie zu dem, was wir Sprache nennen. (Mead, 1988, S. 85)

Eine nicht-signifikante Gebärde löst eine unmittelbare, direkte Reaktion aus. Sie entspricht in etwa dem, was Eco "Reiz" nennt: "Ein Reiz ist ein Komplex von sensorischen Ereignissen, die eine bestimmte Reaktion hervorrufen." (1971, S. 22) Sobald die Reaktion jedoch keine direkte, sondern eine vermittelte ist, sind zwischen Reiz und Reaktion Zeichenprozesse getreten. Die Gebärde ist zu einem Symbol geworden und hat Bedeutung bekommen. Dazu Blumer:

> Die [Gebärde] hat also eine Bedeutung sowohl für die Person, die sie setzt, wie für die, an die sie gerichtet ist. Wenn die [Gebärde] für beide dieselbe Bedeutung hat, verstehen sich die beiden Beteiligten. (1973, S. 88)

Die Bedeutung wiederum gründet sich aus den grundlegenden Beziehungen "zwischen der [Gebärde] eines Individuums, einer Reaktion auf

---

[3] In den deutschsprachigen Übersetzungen von *Mind, Self, and Society* und von Blumers Aufsatz wird "Geste" statt "Gebärde" verwendet. Da Mead den Begriff jedoch von Wundt übernommen hat, folge ich der Terminologie von Joas (1980, S. 16f.). Auch in der weiteren Begriffswahl werde ich mich nach Joas richten.

diese [Gebärde] durch ein zweites Individuum und der Vollendung der jeweiligen gesellschaftlichen Handlung, die durch die [Gebärde] des ersten Individuums eingeleitet wurde" (Mead, 1988, S. 121).

Voraussetzung für diese Symbolische Interaktion ist allerdings die Fähigkeit, die Rolle eines anderen übernehmen zu können, das Handeln einer anderen Person zu verstehen. Erst diese Rollenübernahme ermöglicht Kommunikation und Interaktion. Im Zusammenhang mit der Entwicklung der Ich-Identität werde ich darauf noch näher eingehen.

Objekte. Objekte resp. die Bedeutungen dieser Objekte entstehen für den Symbolischen Interaktionismus als Produkt von Interaktionen. In Interaktionen beziehen sich Menschen auf ihre Umwelt, zeigen sich gegenseitig Objekte an. Was ein Objekt ist, wird ebenfalls durch das Anzeigen definiert: Alles, was angezeigt werden kann, moderner gesprochen, alles, was kognizierbar ist, ist ein Objekt. Blumer unterscheidet physikalische Objekte wie Tische oder Fahrräder, soziale Objekte wie Freunde, Mütter oder Doktoranden sowie abstrakte Objekte oder Ideen wie moralische Prinzipien, philosophische Lehrmeinungen, Gerechtigkeit oder Altruismus.

Ein Objekt (bzw. *the nature of an objekt*) besteht dabei für Blumer "aus der Bedeutung, die es für die Person hat, für die es das Objekt darstellt" (1973, S. 90f.). Diese Bedeutung generiert sich im Prozeß der Interaktion aus dem Handeln anderer Personen diesem Objekt gegenüber. Aus der Bedeutung leitet sich auch ab, wie die Person sich zu dem jeweiligen Objekt verhält, wie sie handelt in bezug auf dieses Objekt.

Bei McCall und Simmons (1966) heißt es: "Things take on meaning in relation to plans." Und: "We act towards things in terms of their meaning for our plan of action." (S. 60)[4] Dies bedeutet auch, daß Objekte für unterschiedliche Personen aufgrund unterschiedlicher Erfahrungen unterschiedliche Bedeutungen haben können. Ein Baum im tropischen Regenwald hat für einen Naturschützer eine andere Bedeutung als für einen Holzfäller. Hier findet sich das Konzept der sozialen Identität von Tajfel wieder, der diese soziale Identität aus dem Wissen um die Mitgliedschaft in einer sozialen Gruppe (1978d, S. 63) entstanden sieht (vgl. Kapitel 4). Zwar formuliert dies Blumer nicht explizit, jedoch ist das Konzept der sozialen Identität m. E. implizit im Symbolischen Interaktionismus enthalten. Daher kann dies durchaus als Konkretisierung verstanden werden (vgl. Kapitel 4).

---

4 Bei McCall und Simmons (1966, S. 60f.) gibt es "Dinge" ohne und mit Bedeutung. "Soziale Objekte" haben Bedeutung und sind Ergebnis gemeinsamen Handelns von Personen (z. B. ein Baseball-Spiel). Blumer (1973, S. 90) und Mead (1980c, S. 233) verwenden "soziales Objekt" für Personen. Trotz wechselseitiger Bezugnahme werden Begriffe leider sehr uneinheitlich verwendet.

2.1 Grundbegriffe des Symbolischen Interaktionismus

Objekte sind also stets "soziale Schöpfungen" (Blumer, 1973, S. 91), die durch ihre Bedeutungen den Charakter der Umwelt von Menschen bestimmen. Der Symbolische Interaktionismus geht, ähnlich wie der Radikale Konstruktivismus (vgl. z. B. Maturana, 1982; Varela, 1981; Watzlawick, 1981) oder auch Berger und Luckmann (1966) davon aus, daß Welt subjektiv konstruiert wird und für den Menschen lediglich subjektiv existiert. Dem Solipsismus entkommt diese Subjektivität durch das Korrektiv, das die Intersubjektivität darstellt: In der Interaktion zwischen Personen über ihre Konstruktionen werden die Konstruktionen intersubjektiv überprüft und gleichzeitig durch diese Konstruktionen konstruiert.

Ich-Identität. Voraussetzung für ein Wesen, das zur Interaktion in der beschriebenen Weise in der Lage ist, ist das Vorhandensein einer Ich-Identität. Mead unterscheidet hier in "Ich" ("I") und "Mich" ("Me").

> Die Identität, die als "Ich" auftritt, ist das Erscheinungsbild einer Identität, die auf sich selbst bezogen handelte, und es ist die gleiche Identität, die der Identität der anderen gegenüber handelt. Dagegen besteht der Stoff, aus dem das "Mich" gebildet wird, an das sich das "Ich" wendet und das es beobachtet, aus den Erfahrungen, die durch diese Handlungen des "Ich" herbeigeführt werden. (Mead, 1980d, S. 242)

Diese Unterscheidung zwischen "Ich" und "Mich" impliziert, daß das Individuum für sich selbst zum Objekt geworden ist und sich selbst gegenüber ebenso handeln kann wie anderen Personen oder Objekten gegenüber. "Die Identität, die der Identität anderer bewußt gegenübersteht, wird also ein Objekt, ein Anderer für sich selbst, allein durch die Tatsache, daß sie sich sprechen und antworten hört." (Mead, 1980d, S. 245) Die Person kann sich selbst thematisieren, über die Handlungen des "Ich" reflektieren. Introspektion basiert auf der Tatsache der Konstruktion dieser Ich-Identität im Meadschen Sinne.

Voraussetzung der Entwicklung sowohl eigener als auch der Identität anderer Personen und damit auch Voraussetzung für die Entstehung von Objekten ist die Tatsache, daß Menschen in der Lage sind, die Rollen anderer zu übernehmen, sich in andere Menschen hineinzuversetzen und deren Handeln auf diese Weise zu verstehen. Darüber hinaus können sie aus der Rolle anderer heraus ihr eigenes Handeln betrachten und beurteilen.

> Sich der Identität eines anderen als einer Identität bewußt zu sein, bedeutet, daß wir seine Rolle oder die eines anderen gespielt haben, mit dem wir ihn zu Zwecken des sozialen Umgangs identifiziert haben. ... Wir übernehmen die Rollen anderer uns selbst gegenüber nicht deshalb, weil wir einem bloßen Nachahmungstrieb unterliegen, sondern weil wir in Reaktion auf uns selbst nach Lage der

Dinge die Einstellung einer anderen Identität annehmen, als der direkt handelnden. (Mead, 1980d, S. 246)

Möglich sind drei verschieden Arten der Rollenübernahme: Übernahme der Rolle eines bestimmten Individuums ("play stage"), Übernahme der Rolle einer organisierten Gruppe, z. B. eines Fußballvereins ("game stage"), sowie die Übernahme der Rolle einer abstrakten Gemeinschaft ("generalized other"). Im Rahmen dieser drei möglichen Rollenübernahmen entwickeln sich personale und soziale Identität.

Der Symbolische Interaktionismus hat folglich die Vorstellung entwickelt, daß der Mensch ein handelnder Organismus ist, der ebenso mit sich selbst wie mit anderen in einen sozialen Prozeß, einen Interaktionsprozeß, treten kann. Handeln ist dabei ein aktiver Vorgang, der aus der Zuweisung von Bedeutung zu Objekten und deren Interpretation resultiert. Der Handelnde plant sein Handeln, formt Handlungslinien aus und agiert, anstatt lediglich zu re-agieren.

Menschliches Handeln. Die Vorstellung vom Menschen als Handelndem beinhaltet für diesen Handelnden einen besonderen Umgang mit Welt. Er muß versuchen, die Bedeutung des Handelns anderer Personen zu interpretieren und zu verstehen und sein eigenes Handeln an diesen Interpretationen auszurichten. Handhaben von Welt oder spezifischer: von Situationen und Handlungsplanung erfolgt durch den Prozeß der Interaktion des Individuums mit sich selbst.

Soziales Handeln resp. soziale Handlung definiert Mead (1980b) wie folgt:

> Eine soziale Handlung kann als eine Handlung definiert werden, bei der der Anlaß oder der Reiz, welcher einen Handlungsimpuls auslöst, in der Eigenart oder dem Verhalten eines Lebewesens zu suchen ist, welches zur spezifischen Umwelt des Lebewesens gehört, in dem dieser Handlungsimpuls ausgelöst wird. (S. 313)

Auch hier kommt das interaktive Prinzip deutlich zum Ausdruck: Eine Handlung ist erst dann eine soziale Handlung, wenn verschiedene Akteure ihr Handeln in einem Interpretationsprozeß wechselseitig aneinander anpassen. "Gemeinsames oder kollektives Handeln ist ein Ergebnis eines solchen Prozesses interpretierender Interaktion." (Blumer, 1973, S. 96)

Damit sich die interagierenden Handelnden auch gegenseitig verstehen, müssen ihre Interpretationen der Objekte oder der Situationen, in denen sie handeln, übereinstimmen. Ihre Bedeutungszuweisungen müssen kommensurabel sein, damit eine Interaktion oder ein Handlungsplan gelingen kann. Wegen der Zentralität dieser Problematik für den im folgenden noch zu behandelnden Gegenstand dazu - recht ausführlich - McCall und Simmons (1966):

2.1 Grundbegriffe des Symbolischen Interaktionismus

> *For social plans of action, these meanings* (der Objekte, E. B.) *must be consensual.* If a plan of action involves more than one person and we encounter a "thing" whose meaning for this plan of action is unclear - not consensual among those involved - the meaning must be hammered out by collective effort in the rhetoric of interaction. As the consummation of a social act, the resulting attributed meaning is a "social object". It is this process of arriving at a meaning for a problematic "thing", of structuring an unstructured situation, that lies at the core of that fascinating subject we call "collective behavior". This meaning will seldom be clear and identical in the minds of all concerned, yet it will still be consensual, in the pragmatic sense that the understanding will at least be sufficiently common to permit the apparent mutual adjustment of lines of action, whether in cooperation or in conflict. (S. 61; Hervorh. i. Orig.)

Elementar wichtig für gemeinsam handelnde, interagierende Personen ist also die *Übereinstimmung der Bedeutungszuweisungen bezüglich des betreffenden Gegenstandes oder der betreffenden Situation*. Stimmen diese Bedeutungszuweisungen nicht oder nur teilweise überein, dann ist gemeinsames Handeln nicht möglich. Die Übereinstimmung muß und kann allerdings nicht vollständig sein, aber sie kann ein pragmatisches Ausmaß erreichen, das den Betreffenden das Handeln ermöglicht.

Das *Aushandeln der Übereinstimmung* erfolgt in einem Prozeß, den McCall und Simmons "rhetoric of interaction" nennen. In den meisten Fällen, und insbesondere bei den für uns interessanten, wird es sich hierbei um *Prozesse sprachlicher Kommunikation*, also etwa um Diskussionen handeln.

Abschließend sei kurz das Ziel der Angleichung der Bedeutungszuweisungen, das gemeinsame Handeln, erörtert. Nach Blumer (1973, S. 97) ist gemeinsames Handeln weder das gleiche wie die individuellen Handlungen, aus denen es besteht, noch die Summe dieser individuellen Handlungen. Modern systemtheoretisch würde man formulieren: Gemeinsames Handeln enthält die emergente Eigenschaft der höheren Integrations- oder Systemebene. Dadurch erhält gemeinsames Handeln einen eigenständigen, aus den Einzelteilen nicht erklärbaren Charakter.

In unserer Gesellschaft ist gemeinsames Handeln von Menschen in weiteren Systemen zusammengefaßt. Diese Systeme sind z. B. Institutionen oder Organisationen jeglicher Art. Da diese Organisationen, wie anfangs behauptet, aus Interaktionen bestehen, welchen ein Interpretationsprozeß zugrunde liegt, wird "sowohl das Funktionieren wie die weitere Entwicklung von Institutionen ... durch diesen Interpretationsprozeß bestimmt, wie er zwischen den verschiedenen Gruppen von Teilnehmern stattfindet" (Blumer, 1973, S. 100). Die hier beschriebenen Prozesse sind also in hohem Maße relevant für Organisationen und das Handeln im organisationalen Kontext.

Und schließlich geschieht auch gemeinsames Handeln, das nicht auf festgelegten Regeln beruht, stets auf dem Hintergrund früherer Handlungen der Akteure. Sie "bringen zu jenem Prozeß immer die Welt von Objekten, die Sets von Bedeutungen und die Interpretationsentwürfe mit, die sie schon besitzen" (Blumer, 1973, S. 100). In jede aktuelle Situationsinterpretation gehen also alle früheren Interpretationen der Person ein. Diese Feststellung enthält gleich vier wichtige Aspekte:

(1) Interpretationen resp. Interpretationsentwürfe haben handlungsleitende Funktion.

(2) Die Gesamtheit der früheren Interpretationen bildet die soziale Identität einer Person, wie Tajfel sie definiert hat (s. o.).

(3) Frühere Interpretationsentwürfe müssen zu diesem früheren Zeitpunkt aktuelle Interpretationsentwürfe gewesen sein. Die aktuellen Interpretationen werden in mentalen Modellen einer Person repräsentiert.[5]

(4) Die früheren Interpretationen wirken sich auf die aktuellen Interpretationen aus und beeinflussen diese maßgeblich.

Diese vier Aspekte sowie die Tatsache, daß die Voraussetzung kollektiven Handelns die Übereinstimmung von Bedeutungszuweisungen ist, werde ich im *Zwischenergebnis* (Kapitel 2.4) wieder aufgreifen. Im folgenden möchte ich zunächst ein Modell vorstellen, das sowohl die eben beschriebenen Prozesse konkretisiert und als allgemeines Modell interpersonellen Verhaltens tragfähig ist, als auch aus der Sicht des Symbolischen Interaktionismus Kommunikation und damit den Prozeß beschreibt, der zum Zwecke der Angleichung von Bedeutung von den Akteuren durchlaufen werden muß. Da dieses Modell jedoch an zwei m. E. entscheidenden Punkten problematisch ist, werde ich gleichzeitig eine Erweiterung vorschlagen.

2.2 DIOR - Ein Interaktionsmodell

"We cannot yet say how a talker selects the content of his utterances." (Miller, Galanter & Pribram, 1960, S. 154) Möglicherweise war es unter anderem diese etwas resignierte Feststellung, die Hulett (1966) dazu veranlaßte, sich aus der Perspektive des Symbolischen Interaktionismus Gedanken über ein Kommunikationsmodell zu machen. Ein solches kann seiner Ansicht nach entwickelt werden, wenn ein geeignetes Modell vorliegt, das interpersonelles Verhalten adäquat abzubilden in der

---

[5] Daß dies hier tatsächlich potentiell enthalten ist, wird noch zu zeigen sein (vgl. Kapitel 2.2). Auch in der Kognitionspsychologie geht man davon aus, daß das mentale Modell *handlungsleitende* Funktion hat.

Lage ist. Daraus könne dann ein Modell des Sprachhandelns entwickelt werden, da Kommunikation als Sonderfall von Handlung gesehen werden kann (vgl. v. Cranach, 1986, S. 164; Hörmann, 1988, S. 46).

Ausgangspunkt ist für ihn die soziale Handlung, wie Mead sie definiert hat: als ein dynamisches Ganzes zwischen zwei oder mehr Personen, das nicht aus den Einzelteilen heraus erklärt werden kann, aus denen es besteht. Die soziale Handlung hat nach Mead (1988, S. 45f.) einen "inneren" und einen "äußeren" Aspekt, die beide untersucht werden müssen. Das bedeutet eine Abgrenzung vom Behaviorismus, der ja den inneren Aspekt ignoriert, und es bedeutet eine Akzentuierung dessen, was heute die Themen der kognitiven Psychologie sind. Voraussetzung dafür, daß eine soziale Handlung überhaupt möglich ist, sind die bereits oben (Kapitel 2.1) erwähnten Fähigkeiten und Fertigkeiten des Menschen: die Verwendung von Symbolen, die Fähigkeit, für sich selbst zum Objekt zu werden, sowie die Fähigkeit zur Empathie, also zur Übernahme der Rolle des anderen.

Hulett geht bei der Konstruktion seines Modells zunächst von einer einzelnen, isolierten sozialen Handlung in einer dyadischen Situation aus. Die teilhabenden Individuen sind hier als voneinander abhängig gedacht und können ihre Ziele nicht erreichen, ohne daß im oder durch den anderen eine angemessene Veränderung der Situation erfolgt resp. zumindest in der Wahrnehmung der Beteiligten erfolgt ist.[6] Huletts Grundlage ist das Modell von Sears (1951), in dem vier Phasen der Handlungssequenz postuliert sind: motivierender Stimulus, instrumenteller Akt, Umgebungsereignis und Zielreaktion. In Sears Modell enthalten ist dabei das Konzept einer antizipatorischen Zielreaktion. Damit ist die Tatsache gemeint, daß ein Individuum Erwartungen bezüglich der Reaktion seines Gegenüber in Form von Wahrscheinlichkeiten, jedoch nicht im Sinne von Handlungsplänen hat (vgl. Piontkowski, 1982, S. 41). Da Handlungspläne aber durch die Betonung innerer Aspekte im Symbolischen Interaktionismus ein wesentliches Charakteristikum für menschliches Verhalten darstellen, erweitert Hulett Sears Modell um eine zusätzliche Phase, die verdeckte Einübung (*covert rehearsal*), die zwischen den motivierenden Stimulus und den instrumentellen Akt tritt (vgl. Abbildung 2.2.1).

Die verdeckte Einübung enthält ein internes Feedback-Kontroll-System sowie einen strukturellen und prozessualen Aspekt, der der Interpretation der Handlungen anderer, der Mustererkennung und der Organisation des eigenen künftigen Handelns dient. Hier werden ver-

---

[6] Auch hier muß das Watzlawicksche "*Man kann nicht* nicht *kommunizieren*" gelten. Daher genügt im Grunde genommen bereits die Interpretation, daß eine Veränderung der Situation eingetreten sei (Watzlawick et al., 1969; vgl. Kapitel 1.1).

schiedene mögliche instrumentelle Akte vor der eigentlichen Ausführung durchgespielt. Struktur und Prozesse der verdeckten Einübung werde ich weiter unten noch genauer erläutern.

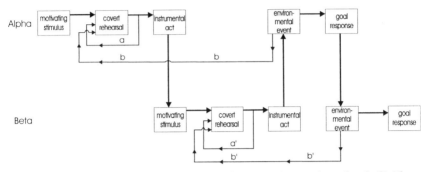

Abbildung 2.2.1: Handlungssequenz zwischen zwei interagierenden Individuen bei isolierter sozialer Handlung gemäß den Prinzipien des Symbolischen Interaktionismus nach Hulett (1966, S. 14). Fette Pfeile: Ereignissequenz im sozialen Akt; dünne Pfeile: intrapersonelle Rückmeldung (a, a') und interpersonelle Rückmeldung (b, b').

Die beiden Akteure *alpha* und *beta* durchlaufen die Sequenz nicht zeitgleich, sondern in einer Phasenverschiebung. Zunächst initiiert ein motivierender Stimulus die Handlungssequenz von *alpha*. Vor der Ausführung des instrumentellen Aktes werden verschiedene Varianten dieses Aktes kognitiv durchgespielt. Dann erfolgt der instrumentelle Akt, der für *beta* einen motivierenden Stimulus darstellt. Phase 3 (der instrumentelle Akt) für *alpha* entspricht Phase 1 (motivierender Stimulus) für *beta*. Der instrumentelle Akt von *beta* (Phase 3) fällt zusammen mit dem Umweltereignis (Phase 4) für *alpha*. Wenn *alpha* schließlich seine Zielreaktion durchführt, tritt vor der Zielreaktion für *beta* erst das Umweltereignis ein.

Zur Steuerung und Planung der Handlung geht Hulett von zwei Feedback-Schleifen aus. Eine intrapersonelle Feedback-Schleife läuft innerhalb der Grenzen der Person ab und spielt verschiedene mögliche Akte durch. Eine interpersonelle Feedback-Schleife korrigiert einen mißlungenen Akt, der aufgrund einer unerwarteten Reaktion von *beta alpha* nicht zum Ziel geführt hat. In diesem Fall kann *alpha* sein Verhalten korrigieren und einen weiteren instrumentellen Akt in der Phase der verdeckten Einübung planen und initiieren.

Erweitert werden kann das Modell laut Hulett (1966, S. 16) durch zusätzliche, an dem Prozeß teilhabende Individuen. Die sich durch viele weitere Personen ergebende Komplexität kann dadurch aufgefangen werden, daß Gruppen von Personen angenommen werden, die durch bestimmte Merkmale in Kategorien gefaßt werden können.

2.2 DIOR - Ein Interaktionsmodell

Für einen isolierten Verhaltens- oder Handlungsakt, der (ziemlich schnell) in einer Zielreaktion endet, ist das von Hulett entworfene Modell durchaus adäquat. Probleme ergeben sich erst, wenn nach einem Akt die Sequenz nicht abgeschlossen ist, sondern die beiden Personen (oder Gruppen von Personen) weiter interagieren. Nach Giddens (1986, S. 3) ist Handeln "a continuous flow of conduct" und nicht eine Menge einzelner isolierter Akte. Handlungen bzw. Kommunikation besteht folglich immer aus mehreren aufeinander folgenden und ineinander übergehenden Sequenzen. Wenn solch ein Handlungsfluß abgebildet werden soll, stößt man schnell an die Grenzen des Handlungsmodells von Hulett. Dadurch, daß der instrumentelle Akt von *beta* für *alpha* ein Umweltereignis ist, auf das bereits eine Zielreaktion von *alpha* erfolgt, ist *beta* in einer reaktiven Position und kann der Zielreaktion von *alpha* lediglich eine eigene Zielreaktion folgen lassen (als Reaktion auf das Umweltereignis '*alpha*s Zielreaktion'). Dadurch ergibt sich ein sehr statisches und für *beta* sehr reaktives Bild der Interaktionssequenz.

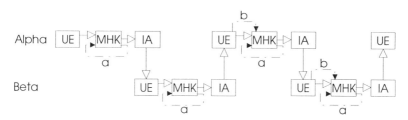

Abbildung 2.2.2: Dynamische Handlungssequenz zwischen zwei interagierenden Individuen unter der Annahme eines kontinuierlichen Handlungsflusses.

Will man das Modell nun dynamisieren, um einen fortlaufenden Handlungsfluß beschreiben zu können, müssen verschiedene Phasen der Sequenz modifiziert werden. Abbildung 2.2.2 veranschaulicht dieses erweiterte Modell. Dabei postuliere ich die verkürzte aber periodisch wiederkehrende Sequenz Umweltereignis (UE) (das zu Beginn der ersten Sequenz für den motivierenden Stimulus steht), verdeckte Einübung (VE), instrumenteller Akt (IA). Da der Begriff "verdeckte Einübung" starke lerntheoretische Konnotationen enthält, ersetze ich ihn durch den Begriff "mentale Handlungskontrolle (MHK)". Kontrolle ist hier nicht in dem im deutschen Sprachgebrauch üblichen (engeren) Verständnis von Überwachen gemeint, sondern im Sinne des angloamerikanischen Begriffs *control*, der sich sowohl auf Überwachung als auch auf Steuerung bezieht. Präzisieren werde ich die mentale Handlungskontrolle weiter unten in diesem Abschnitt sowie in Kapitel 3.5. Die Sequenz lautet damit also: Umweltereignis, mentale Handlungskontrolle, instrumenteller Akt.

In der ersten Sequenz beider Personen beschränkt sich das Feedback auf die intrapersonelle Feedback-Schleife (a, a'). Erst in der zweiten Handlungssequenz kann die interpersonelle Feedback-Schleife (b, b') steuernd und rückmeldend in Handlungspläne eingehen. Das Ende der Interaktionssequenz wird auch hier durch das Eintreten der Zielreaktion gekennzeichnet und entspricht damit der letzten Phase im Modell von Hulett.

Insbesondere dann, wenn das Modell einen Kommunikationsprozeß beschreiben soll, ist diese Modifikation unbedingt erforderlich, da eine kommunikative Sequenz (ebenso wie andere Handlungssequenzen) nur in sehr seltenen Fällen aus einem isolierten Akt besteht. Wenn zudem die Forderung erfüllt sein soll, daß Personen nach der Theorie der Symbolischen Interaktion nicht nur re-agieren, sondern auch und vor allem agieren, muß die Modifikation um der zweiten in der Interaktion auftauchenden Person *beta* willen erfolgen. Denn erst nach dem ersten Durchlauf von *beta*s Handlungssequenz ist beta mit *alpha* gleichberechtigt, da erst hier *alpha* sowohl agiert als auch, bedingt durch die interpersonelle Rückmeldung, auf *beta* re-agiert. In Folge der vorgenommenen Modifikation kann mit dem Modell nun eine dynamische, zwischen zwei oder mehr Personen gleichberechtigte Interaktionssequenz beschrieben werden.

Allerdings ist auch dieses Modell immer noch linear. Die Regelkreiskonzeption des Hulett-Modells ist dadurch verloren gegangen, daß nun nicht mehr isolierte Akte beschrieben werden, sondern ein Handlungsfluß. In Abschnitt 1.3 hatte ich außerdem gezeigt, daß der Regelkreis lediglich zur Beschreibung von Vorgängen auf der Ebene vegetativer, biologischer Systeme angemessen ist. Als adäquate Beschreibung von Vorgängen auf der Ebene sozialer Phänomene hatte ich den Situationskreis von Th. v. Uexküll vorgestellt. Dort hatte ich auch kritisiert, daß in dem Modell lediglich eine Person agiert und andere Personen nur als Umwelt auftreten. Eine Synthese beider Modelle, des Situationskreises und des modifizierten Hulett-Modells, ist jedoch in der Lage, die Defizite beider Modelle auszugleichen.

Die bei Th. v. Uexküll obligatorisch zwischengeschaltete Vorstellung ist in Abbildung 2.2.3 in das Individuum hineinverlegt und in der individuellen Sequenz Umweltereignis (UE), mentale Handlungskontrolle (MHK) und instrumenteller Akt (IA) enthalten. Die mentale Handlungskontrolle repräsentiert dabei die Vorstellung (s. u. und Kapitel 3.5). Das Umweltereignis gehört für das Individuum der "Merkwelt" an, der instrumentelle Akt der "Wirkwelt" (vgl. Kapitel 1.3). Dem Individuum *alpha* gegenübergestellt ist nun auch nicht mehr die Umwelt allgemein, sondern ein zweites Individuum *beta*. Die Wirkwelt *alphas* wird damit aber zur Merkwelt *betas* und die Wirkwelt *betas* wird zur Merkwelt *al-*

2.2 DIOR - Ein Interaktionsmodell

phas. Eine Trennung in rezeptorische Sphäre und effektorische Sphäre, wie dies beim Situationskreis der Fall ist, ist also nur auf der Ebene des Individuums möglich, im dynamischen Interaktionszirkel auf der Ebene der sozialen Beziehungen verschwimmen diese Abgrenzungen. Gerade dies macht aber den Gewinn des Modells aus: Erst unter der Annahme, daß die Bedeutungserteilung von *alpha* untrennbar verbunden ist mit der Bedeutungsverwertung von *beta* und umgekehrt, kann wirklich von Interaktion zwischen *alpha* und *beta* gesprochen werden. Interaktion ist damit auch definiert als *wechselseitige Bedeutungserteilung und Bedeutungsverwertung* zwischen Individuen.

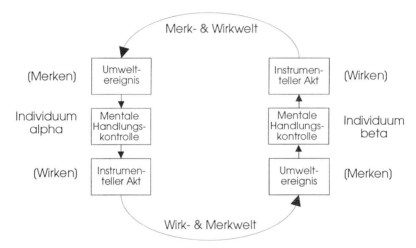

Abbildung 2.2.3: Dynamischer Handlungs- und Interaktionszirkel. Dyadisches Modell ohne Objektreferenz. Individuelle Sequenz: Umweltereignis (UE), mentale Handlungskontrolle (MHK) und instrumenteller Akt (IA).

Dieses Modell ist nun zirkulär, dynamisch und interaktiv, allerdings können sich *alpha* und *beta* bislang lediglich auf die Person des anderen beziehen, nicht auf eine äußere Gegenstandswelt wie z. B. ein Fahrrad, das repariert werden muß oder allgemein: ein Problem, das bearbeitet werden muß. Bereits im Kommunikationsmodell von Newcomb (1953) und in der Präzisierung durch Fischer (1981) war aber eine Gegenstandswelt vorhanden. Dies war in Kapitel 1.1 besonders hervorgehoben worden, da alle anderen referierten Kommunikations- und Interaktionsmodelle keine Referenz auf die gegenständliche Welt enthielten.

Die umweltpsychologischen Theorien von Brunswik, Lewin und Barker thematisierten zwar explizit die gegenständliche Welt und damit die Beziehung zwischen Mensch und Umwelt, nicht jedoch die Beziehung zur anderen Person als einer ebenfalls kognizierenden und handelnden.

Bei der Erörterung der Sprach- und Zeichentheorien war auch das Organon-Modell von Bühler (1982) behandelt worden. Die drei "Relationsfundamente" des Modells waren: Einer - dem anderen - über die Dinge, also gerade die Referenz auf die Gegenstandswelt einer anderen Person gegenüber.

Daß unser *homo psychologicus* aber wenig lebensfähig wäre, könnte er entweder nicht mit seinen Artgenossen oder nicht mit seiner Umwelt interagieren, ist wohl offensichtlich. Daher gilt es nun, die Gegenstandswelt auch in den dynamischen Handlungs- und Interaktionszirkel zu integrieren. Abbildung 2.2.4 enthält damit sowohl den Interaktionszirkel zwischen den Individuen als auch die Gegenstandswelt.

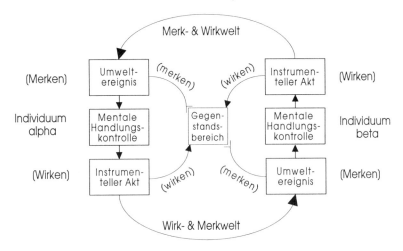

Abbildung 2.2.4: Dynamisches Interaktionsmodell mit Objektreferenz (DIOR). Dyadischer Interaktionszirkel mit individueller Sequenz: Umweltereignis (UE), mentale Handlungskontrolle (MHK) und instrumenteller Akt (IA).

Geblieben wie in Abbildung 2.2.3 ist die individuelle Sequenz UE, MHK und IA für beide Individuen sowie ihre jeweiligen Merk- und Wirkwelten. Hinzugekommen sind zwei kleinere Situationskreise, die die Wirk- und Merkwelt der Individuen bezüglich des Gegenstandsbereichs repräsentieren. Analog zur Bedeutungserteilung und Bedeutungsverwertung auf der Ebene der interpersonellen Beziehung wird nun Bedeutung in bezug auf den Gegenstandsbereich erteilt und verwertet. Diese Bedeutungserteilung und -verwertung auf der Gegenstandsebene wirkt sich über die individuelle Sequenz UE, MHK und IA aus auf die Bedeutungserteilung und -verwertung auf der interpersonellen Ebene und diese wirkt über die gleiche Sequenz wiederum zurück auf die Bedeutungserteilung und -verwertung auf der Gegenstandsebe-

2.2 DIOR - Ein Interaktionsmodell

ne. Damit beschreibt das Modell die Koorientierung an Gegenständen und anderen Personen, wie sie auch von Newcomb (1953) in seinem A-B-X-Modell beschrieben worden sind (vgl. Kapitel 1.1). Der Unterschied liegt allerdings darin, daß hier auch etwas über die *Prozesse* ausgesagt ist, innerhalb derer diese Koorientierungsleistungen überhaupt erst möglich werden.

Es liegt damit ein dynamisches, zirkuläres Modell vor, das dyadische Interaktion (resp. Bedeutungserteilung und Bedeutungsverwertung) zu beschreiben vermag und dabei sowohl auf die interpersonelle als auch auf die gegenständliche Ebene rekurriert. Dieses Modell möchte ich hier *Dynamisches Interaktionsmodell mit Objektreferenz (DIOR)* nennen. Aufbauend auf den Perspektiven des Symbolischen Interaktionismus und der Semiotik J. v. Uexkülls können mit diesem Modell Prozesse integrativ beschrieben werden, die von anderen Modellen der Interaktion lediglich fragmentarisch und isoliert behandelt werden (vgl. Kapitel 1.1).

Bezüglich des ursprünglichen Modells von Hulett (1966) steht noch die Präzisierung dessen aus, was Hulett *covert rehearsal*, verdeckte Einübung, genannt hat.[7] Bevor eine Person einen instrumentellen Akt überhaupt durchführen kann, muß dieser Akt geplant werden. Diese Planungsphase siedelt Hulett (1966) in der Phase der verdeckten Einübung an. Welche Strukturen und Prozesse für diese Phase postuliert werden, wird an Abbildung 2.2.5 deutlich.

Die verdeckte Einübung besteht demnach aus einer internen Informationsquelle (den 'Strukturen') und aus einem Verhaltensgenerierungsprozeß (den 'Prozessen').[8] Die interne Informationsquelle, die *"Cognitive Map"*[9], enthält Informationen über soziale Strukturen und Normen und über verschiedene Interaktionsprozesse, die in einer bestimmten Situation möglich und erlaubt sind. Das eigene Konzept der Ich-Identität, das (vermutete) des anderen (*Self-Concepts*), die eigene Rolle, die vermutete oder erwartete Rolle des anderen sowie den "generalisierten anderen" in Form allgemeiner sozialer Normen. Hierbei handelt es sich um "the internalized map or model of the environment that each socialized individual possesses" (Hulett, 1966, S. 17).

---

[7] Wenn im folgenden von Huletts Modell die Rede sein wird, werde ich weiterhin von verdeckter Einübung sprechen. Wenn ich mich auf mein Modell beziehe, werde ich von mentaler Handlungskontrolle sprechen.

[8] Auffällig ist hier die Unterscheidung von Informationsquelle und Prozessen. Ob die bereits 1949 von Ryle (1969) eingeführte und u. a. von Anderson (1983) vertretene Unterscheidung zwischen deklarativem und prozeduralem Wissen Hulett inspiriert hat, bleibt unklar.

[9] Zum Begriff *cognitive map* vgl. Kapitel 3.1. Ob Hulett sich mit diesem Begriff auf Tolman (1948) bezieht, wird aus seinen Ausführungen nicht deutlich.

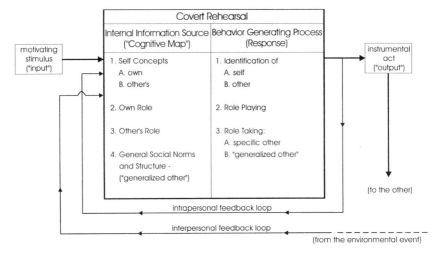

Abbildung 2.2.5: Verdeckte Einübung durch die Teilnehmer an einem Interaktionsprozeß nach Hulett (1966, S. 18).

Die Einübung besteht nun darin, daß diese *map* abgetastet, gescannt wird. Dies geschieht im Verlauf des Verhaltensgenerierungsprozesses. Dabei wird geprüft, ob bestehende Bedürfnisse von den in der Situation anwesenden Personen erfüllt werden können und wie vor allem ein instrumenteller Akt generiert werden kann, der dem Ziel des Individuums am nächsten kommt. Hier werden über die intrapersonelle Feedback-Schleife verschiedene Probeläufe absolviert im Sinne inneren Probehandelns, und hier finden auch die in Kapitel 2.1 beschriebenen Prozesse des Rollenspiels (eigene mögliche Handlungen) und der Rollenübernahme (mögliche Handlungen des anderen) statt. Dieses Durchspielen wird solange durchlaufen, bis das Ergebnis den Erwartungen und den Zielen des Individuums entspricht. Ob das Ergebnis auch adäquat und erfolgreich sein wird, hängt von verschiedenen Faktoren ab.

> The actual degree of success will depend upon the accuracy and completeness of the information stored in his [des Akteurs, E.B.] cognitive map of the environment, upon his awareness of the necessity of taking the role of the receiver and his ability to do this, and upon the general efficiency and accuracy of the intrapersonal feedback loop in supplying error-indicating and error-correcting information to control the entire process. (Hulett, 1966, S. 30)

Die interpersonelle Feedback-Schleife dient laut Hulett zur Korrektur von Fehlern, die erst aus der Reaktion des anderen deutlich werden (z. B. Zurechtweisung). Hierbei nimmt er aber lediglich an, daß die internen Scanning-Prozesse noch einmal ablaufen und nach dem Fehler suchen (Hulett, 1966, S. 208f.). M. E. kann darüber hinaus im Sinne des

Symbolischen Interaktionismus davon ausgegangen werden, daß bei der Entdeckung eines Fehlers und seines Ursprungs gegebenenfalls auch Korrekturen an der *cognitive map* vorgenommen werden können. Dies führt zu einer Veränderung und Anpassung der internen Informationsquelle, wie sie sowohl von Hulett selbst (1966, S. 22) als auch, wie ich oben gezeigt habe, von McCall und Simmons (1966, S. 61) angenommen wird. Bei dieser Rückmeldung handelt es sich auch um das, was Th. v. Uexküll und Wesiack (1986, S. 6) unter einem kommunikativen Realitätsprinzip verstehen. Diskrepanzen zwischen der *cognitive map* und der Rückmeldung können jedoch auch zu einer Beeinträchtigung des Selbstwertgefühls und damit wiederum zu Störungen der Kommunikation führen.

Wenn jedoch auch in der verdeckten Einübung bzw. der mentalen Handlungskontrolle alle in Kapitel 2.1 berichteten, vom Symbolischen Interaktionismus behandelten Aspekte enthalten sein sollen, so muß auch die mentale Handlungskontrolle ein wenig anders konzipiert werden, als Hulett dies vorgenommen hat. Für die Objektwelt, auf deren Bedeutung für die Theoriekonzeption ich oben hingewiesen habe und die Blumer (1973) als zentral für die Konstruktion von Realität ansieht, ist in Huletts Konzeption kein Platz vorgesehen. Enthalten sind in der *cognitive map* der mentalen Handlungskontrolle *lediglich soziale, interpersonelle Informationen, jedoch keine Informationen über die gegenständliche Welt.* Diese sind aber unabdingbar für den Umgang mit Welt und die Handhabung von Situationen. Aus diesem Grunde muß das Modell von Hulett (1966) auch an dieser Stelle erweitert werden.

Ferner wird in Huletts Modell lediglich die eigene Perspektive und die vermutete Perspektive des anderen repräsentiert. Ebenfalls von Bedeutung ist aber das vermutete Fremdbild, also mein Bild davon, was der andere über mich resp. über meine Vorstellung bezüglich eines bestimmten Gegenstandes denkt. Gerade diese ist elementar für die Koorientierung im Sinne Newcombs (1953) und Fischers (1981), weil erst aufgrund dieser Einschätzung die Koorientierungsleistung erfolgen kann. Die Einführung dieser Perspektive ermöglicht darüber hinaus die Integration verschiedener Diskrepanzdreiecke DD1 (Faßheber & Terjung, 1989) bzw. Interaktionsschemata (A. Müller, 1987; vgl. auch Kapitel 2.3) in die interne Informationsquelle. Ein Diskrepanzdreieck resultiert aus der Konstruktion einer Verbindung von Selbstbild, Fremdbild und vermutetem Fremdbild. Nach A. Müller (1987, S. 8) werden in einem Interaktionsschema die Kognitionen der verschiedenen Perspektiven auf einer höheren Stufe in einer hierarchischen Struktur integriert. Durch eine dyadische Erweiterung zum Dyadischen Interaktionsschema (Faßheber, Niemeyer & Kordowski, 1990, S. 64; A. Müller, 1987, S. 34ff.) können ferner Relationen zwischen Diskrepanzdreiecken verschiedener Personen problematisiert werden.

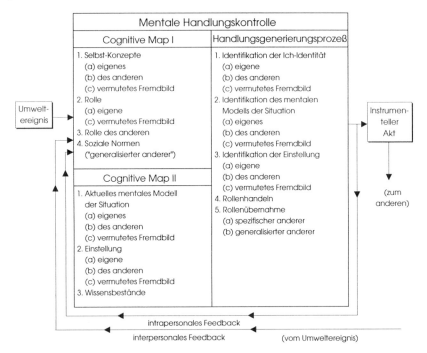

Abbildung 2.2.6: Mentale Handlungskontrolle; erweitert durch verschiedene vermutete Fremdbilder, die interne Repräsentation des Gegenstandsbereichs und Scanning-Prozesse zur Identifikation der inhaltlichen Repräsentation.

Abbildung 2.2.6 enthält die modifizierte Fassung der internen Informationsquelle, die nun zwei *cognitive maps* beinhaltet: (1) Eine *cognitive map* der interpersonellen Ebene mit den auch bei Hulett (1966) vorkommenden Selbst-Konzepten. Hinzu kommt hier das vermutete Fremdbild des anderen bezüglich des eigenen Selbst-Konzepts. Das Selbstbild der eigenen Rolle wird um das vermutete Fremdbild der eigenen Rolle ergänzt. Die Rolle des anderen sowie der "generalisierte andere" entsprechen wieder Hulett. Außerdem (2) enthält die Abbildung eine weitere *cognitive map*, die den Gegenstandsbereich in verschiedenen Facetten abbildet. Bei diesen Facetten handelt es sich um

- das eigene, aktuelle *mentale Modell* der Situation,
- das (vermutete) aktuelle mentale Modell des anderen,
- das vermutete Fremdbild des anderen bezüglich des eigenen mentalen Modells,

2.2 DIOR - Ein Interaktionsmodell

- die eigene *Einstellung* zu verschiedenen Inhaltsbereichen,
- die (vermutete) Einstellung des anderen zu diesen Gegenstandsbereichen,
- das vermutete Fremdbild des anderen bezüglich der eigenen Einstellung sowie
- allgemeine und spezifische *Wissensbestände*, aus denen sich die oben genannten Punkte zusammensetzen können.

Die *cognitive map* des Gegenstandsbereichs ist als komplementär zur *cognitive map* des interpersonellen Bereichs zu sehen. Die hier getrennt aufgeführten Punkte hängen in Wirklichkeit eng zusammen.

Den zweiten Teil der mentalen Handlungskontrolle habe ich Handlungsgenerierungsprozeß genannt, um ihn von Huletts (1966) Verhaltensgenerierungsprozeß zu unterscheiden. Denn es handelt sich hier zwar um einen Scanning-Prozeß wie bei Hulett, jedoch werden beide *maps* parallel gescannt, um dem Akteur ein "Bild" der Situation zu verschaffen, das sowohl *Beziehungs- als auch Inhaltsaspekte* enthält. Die Analogie zum Watzlawickschen zweiten Axiom der Kommunikation ist hier nicht ganz unbeabsichtigt.[10] Der Inhaltsaspekt, also der semantische Gehalt einer Mitteilung, wird vom Beziehungsaspekt beeinflußt, womit dieser eine Metakommunikation ist. In diesem Falle aber ist eine Kommunikation (und auch jeder andere soziale Akt) ohne Inhaltsaspekt gar nicht möglich und die vorgenommene Modifikation des Modells von Hulett somit zwingend erforderlich (vgl. Piontkowski, 1988, S. 19). Selbst-Konzept-Identifikation, Rollenspiel und Rollenübernahme können erst stattfinden, wenn der Handlungsakt einen gegenständlichen Referenzpunkt hat.

Zusätzlich postuliere ich hier daher noch zwei weitere Scanning-Prozesse (mit je drei Teilprozessen):

(1a) Identifikation des eigenen mentalen Modells der Situation,
(1b) Identifikation des mentalen Modells der Situation des anderen,
(1c) Identifikation des vermuteten Fremdbilds des anderen bezüglich des eigenen mentalen Modells der Situation,
(2a) Identifikation der eigenen Einstellung zu einem Gegenstandsbereich,
(2b) Identifikation der Einstellung des anderen zu diesem Gegenstandsbereich sowie
(2c) Identifikation des vermuteten Fremdbilds des anderen bezüglich der eigenen Einstellung zum Gegenstandsbereich.

---

[10] "Jede Kommunikation hat einen Inhalts- und einen Beziehungsaspekt, derart, daß letzterer den ersteren bestimmt und daher eine Metakommunikation ist." (Watzlawick et al., 1969, S. 56; vgl. Kapitel 1.1)

Mit diesen zusätzlichen Prozessen ist gewährleistet, daß ich in einer Situation, in der ich mit anderen Personen spreche oder gar eine Aufgabe oder ein Problem gemeinsam bearbeiten muß, mir nicht allein ein Bild davon mache, welche Rollen gespielt werden, sondern auch, welche Einstellungen oder spezifischen Vorstellungen meine Interaktionspartner von der Aufgabe haben. Selbst-Konzepte, Rollen und soziale Normen sind untrennbar mit inhaltlichen Positionen, also mentalen Modellen und Einstellungen der interagierenden Personen verbunden. In einem Modell, das beansprucht, Modell für soziale Handlungen zu sein, muß daher auch darauf Bezug genommen werden. Allerdings enthält Abbildung 2.2.4 bislang noch keine Angaben über den Prozeß, in dem die mentale Handlungskontrolle ablaufen kann. Eine weitere Präzisierung wird daher in Kapitel 3.5 erfolgen.

2.3 Ausgewählte empirische Analysen sozialer Interaktion

Unter den Begriffen Perspektivenübernahme (Eckensberger & Silbereisen, 1980; Geulen, 1982a) oder interpersonelle Wahrnehmung (Laing, Phillipson & Lee, 1973) liegen zahlreiche Untersuchungen vor, die sich (allerdings eher implizit) mit den in der Hulettschen verdeckten Einübung aufgeführten Prozessen resp. Konzepten beschäftigen. Insbesondere die Untersuchungen von Laing et al. (1973) mit Hilfe der *Interpersonal Perception Method* (IPM) waren exemplarisch für verschiedene Folgeuntersuchungen, die Methode ist jedoch auch kritisiert worden (vgl. Wurm, 1972).

In ihrer *Interpersonal Perception Method* (IPM) verwenden Laing et al. (1973) drei verschiedene Perspektiven zur Erhebung der interpersonellen Wahrnehmung in Dyaden: eine direkte Perspektive, eine Metaperspektive und eine Meta-metaperspektive. Die direkte Perspektive bezeichnet das Bild einer Person A von einer Sache (x) (bzw. eines Items des Fragebogens von Laing et al.), die Metaperspektive bezeichnet das Bild einer Person A des Bildes einer Person B von einer Sache (x). Die Meta-metaperspektive schließlich bezeichnet das Bild einer Person A des Bildes einer Person B des Bildes von A der Sache (x). Zu diesen Perspektiven wurden 720 Fragen entwickelt, die 60 Items enthalten. Aus verschiedenen Vergleichen der Perspektiven ermitteln Laing et al. die Übereinstimmung bzw. Nichtübereinstimmung der Perspektiven, Verstehen und Nichtverstehen in der Beziehung, das Gefühl, mißverstanden zu werden, sowie Realisation bzw. Ausbleiben der Realisation. Mit Hilfe der 720 Fragen werden dyadische Beziehungen bzw. gestörte und nicht-

2.3 Ausgewählte empirische Analysen sozialer Interaktion

gestörte Ehen untersucht. Die Ergebnisse zeigen, daß mit Hilfe der Methode gut zwischen gestörten und nicht gestörten Ehen unterschieden werden kann, daß also die Ehepartner in nicht gestörten Ehen in höherem Maße bezüglich ihrer Perspektiven übereinstimmen, sich wechselseitig besser verstehen und sich besser verstanden fühlen als Ehepartner in gestörten Ehen.

Mit Hilfe einer modifizierten Fassung der *Interpersonal Perception Method* (IPM) untersucht Klemenz (1986) das Beziehungsselbstkonzept von Heimerziehern von ihrer Beziehung zu Heimjugendlichen. Klemenz vermutet, daß das Auftreten von Erwartungsdiskrepanzen im Beziehungsselbstkonzept in schlechten Beziehungen wahrscheinlicher ist als das Auftreten von solchen Diskrepanzen in guten Beziehungen. Die Ergebnisse der Untersuchung zeigen, daß in Beziehungen, die vom Heimerzieher als schlechter beurteilt werden, Erwartungsdiskrepanzen häufiger auftreten als in Beziehungen, die der Heimerzieher als gut beurteilt. Damit werden solche Beziehungen als gut beurteilt, in denen der Heimerzieher sein Selbst-Konzept bzw. sein Beziehungsselbstkonzept bestätigt sieht. Beziehungen, in denen dieses nicht bestätigt wird, werden als schlecht eingestuft.

Damm (1988) untersucht interpersonelle Wahrnehmung bei partnerschaftszufriedenen, partnerschaftsunzufriedenen und getrennt lebenden Paaren anhand dreier verschiedener Modelle der interpersonellen Wahrnehmung. Er vermutet, daß Wahrnehmungsdiskrepanzen in der interpersonellen Beziehung bei partnerschaftszufriedenen Paaren geringer sind als bei partnerschaftsunzufriedenen bzw. getrennt lebenden Paaren. Die Ergebnisse der Untersuchung von 59 partnerschaftszufriedenen, 29 partnerschaftsunzufriedenen und 17 in Trennung lebenden Paaren zeigen, daß mit Hilfe aller drei Modelle signifikante Unterschiede zwischen partnerschaftszufriedenen und -unzufriedenen Paaren bezüglich der Wahrnehmungsdiskrepanzen im Sinne der Hypothesen gefunden werden konnten.

Faßheber (1976) untersucht interpersonelle Wahrnehmung und Wahrnehmungsdiskrepanzen bei Hautkranken, wobei ebenfalls verschiedene Sozialperspektiven erhoben werden. Faßheber nimmt bezüglich der Wahrnehmungsdiskrepanzen an, daß Hautkranke den "Störungswert" überschätzen, den ihre Hautkrankheit für andere Personen hat, daß sie selbst aber die Hautkrankheit als in geringerem Maße störend beurteilen. Außerdem wird davon ausgegangen, daß Hautgesunde aufgrund der geringeren Leistungsfähigkeit kranker Personen von diesen auch eher Genügsamkeit erwarten. Mit beiden Hypothesen wird ein Unterschied zwischen Selbstbild und Metaperspektive vorhergesagt, einmal bei den Hautkranken, einmal bei den Hautgesunden. Bezüglich der Hypothese, daß Hautkranke befürchten, Hautgesunde könnten größere Differenzierungen treffen zwischen Hautgesunden und Hautkranken, als sie selbst es tun, konnten statistisch signifikante Unterschiede zwischen den eigenen Beurteilungen, also dem Selbstbild, und der Vermutung bezüglich der Einschätzung des anderen, also der Metaperspektive, gefunden werden. Die Hypothese, daß von Kranken eher Genügsamkeit erwartet wird, konnte für Fragen, die sich direkt auf die Krankheit beziehen, und bezüglich Fragen, die Leistungseinschätzungen oder berufliche Einstufungen angehen, nicht bestätigt werden. Hinsichtlich ästhetischer Fragen sowie bezüglich erotisch-sexueller Beziehungen konnte die Hypothese bestätigt und damit Unterschiede zwischen Selbstbild und Metaperspektive gefunden werden. Die gefundenen Unterschiede deuten auf starke kognitive Dissonanz sowohl bei hautkranken als auch bei hautgesunden Personen hin. In der Folge leidet der Hautkranke "unter der Ghettosituation, zu der die Hautgesunden zwecks Reduzierung ihrer eigenen Dissonanz Zuflucht nehmen müssen, und zugleich akzeptiert er in überhöhter Form die kulturellen Normen, als deren Opfer er sich erleben muß" (Faßheber, 1976, S. 50).

Bales und Cohen (1982) entwickelten, ebenfalls zur Untersuchung interpersoneller Wahrnehmung und der Sozialperspektivität in sozialen Interaktionen, das Verfahren SYMLOG: "A *System* for the *Multiple Level Observation of Groups*" (S. 35; Hervorh. i. Orig.). Das Verfahren wird eingesetzt zur mehrstufigen Beobachtung und Untersuchung von Gruppen. Auch hierzu liegen verschiedene Untersuchungen vor (vgl. Faßheber et al., 1990).

A. Müller (1987) überprüft, ob sich Selbst-, Fremd- und Metaperspektive in einem Interaktionsschema organisieren lassen, das konsistenz- bzw. selbstwerttheoretischen Gesetzmäßigkeiten folgt. Ein Interaktionsschema definiert A. Müller als "eine aus subjektiven Theorien über die Beziehung gespeiste hierarchische Struktur, die die Kognitionen der drei Perspektiven als Teilschemata auf einer höheren Stufe integriert" (1987, S. 8). In einer *ex post* Analyse untersuchte A. Müller SYMLOG-Ratings der Göttinger SYMLOG-Bögen (GSB-3) und (GSB-4) von 142 Gruppen. Es konnte gezeigt werden, daß das Konsistenzstreben als kognitives Prinzip auch in der interpersonellen Wahrnehmung und Beurteilung von Bedeutung ist und daß sich Selbst-, Fremd- und Metaperspektive tatsächlich in der erwarteten Weise in ein Interaktionsschema integrieren lassen.

Faßheber und Terjung (1989) untersuchen die Prädiktivität der drei Sozialperspektiven (Selbst-, Fremd- und Metaperspektive) gegenüber externen Verhaltensbeurteilungen wie Beschreibungen des sozialen Verhaltens, Leistungseinschätzungen durch Tutoren sowie Benotungen von Studienleistungen. Es wurden Daten von insgesamt 127 Personen resp. 27 Gruppen erhoben. Die Vpn hatten den Göttinger SYMLOG-Bogen

(GSB-3) zu bearbeiten. Faßheber und Terjung konnten zeigen, daß die mit dem SYMLOG-Verfahren erhobenen Ratings durchaus Validität für Verhaltens- und Urteilskriterien außerhalb der Gruppensituation besitzen. Die besten Ergebnisse wurden dabei mit Hilfe der Metaperspektive, also des vermuteten Fremdbilds, erzielt. Dies erklären die Autoren damit, daß es dem Beurteiler unter dieser Metaperspektive gelingt, die Kenntnisse über sich selbst und über die Rolle des vorgestellten anderen zu integrieren und damit die soziale Situation als solche abzubilden und zu beurteilen.

Perspektivenübernahme aus ontogenetischer Sicht untersuchten beispielsweise Feffer und Gourevitch (1982). Sie untersuchten Kinder im Alter zwischen sechs und 13 Jahren. Dabei zeigten sich Unterschiede zwischen jüngeren und älteren Kindern sowohl bei der Bearbeitung unpersönlicher kognitiver Aufgaben, wie sie von Piaget zur Untersuchung der kognitiven Entwicklung verwendet worden sind, als auch bei Aufgaben sozialer Perspektivenübernahme. Die Ergebnisse können auf zweierlei Weise gedeutet werden. Einerseits könnte dies bedeuten, daß logisches Denken und die Fähigkeit, verschiedene Perspektiven einzunehmen, eng zusammenhängen. Andererseits könnte dies aber auch heißen, daß die Entwicklung des logischen Denkens Voraussetzung für die Fähigkeit zur Perspektivenübernahme ist. Um dies zu entscheiden, müßten jedoch nach Feffer und Gourevitch (1982) weitere Untersuchungen durchgeführt werden.

Alle referierten Untersuchungen verdeutlichen die Relevanz der Sozialperspektive und des Selbst-Konzepts für interpersonelle Beziehungen und damit für die Interaktion und Kommunikation zwischen Individuen. Allerdings hat diese Auswahl empirischer Arbeiten auch gezeigt, daß eine große Zahl von Untersuchungen zur *cognitive map* von Hulett (1966) (*cognitive map I* im DIOR-Modell) vorliegt. Die in der modifizierten Fassung, dem DIOR-Modell, in Abbildung 2.2.6 hinzugefügte *cognitive map II* und damit der Gegenstandsbereich wird in der Forschung nicht berücksichtigt. Klemenz (1986) weist zwar darauf hin, daß den Forderungen Fischers (1981) zufolge der Gegenstandsbereich bei der Untersuchung interpersoneller Interaktion und Kommunikation in Betracht gezogen werden muß, eine Berücksichtigung bei der empirischen Erhebung erfolgt aber auch hier nicht.

Interaktive Verständigung unter ausdrücklicher Berücksichtigung des Gegenstandsbereichs wird in den Klassifikationsstudien von Clark und Mitarbeitern thematisiert (z. B. Clark & Schaefer, 1989; Clark & Wilkes-Gibbs, 1986; Schober & Clark, 1989). Clark geht davon aus, daß der soziale Prozeß der Interaktion eine wesentliche Rolle im kognitiven Prozeß des Verstehens sprachlicher Mitteilungen spielt (Schober & Clark, 1989, S. 228). Sprachliche Kommunikation wird daher explizit unter dem

Aspekt der Koordination betrachtet: "How do the participants in a conversation coordinate on the content and timing of what is meant and understood?" (Clark & Wilkes-Gibbs, 1986, S. 2) Der Hörer wird daher auch nicht, wie in den meisten Kommunikations- oder Sprachverarbeitungstheorien üblich, als "autonom" angesehen, also unabhängig von Wechselwirkungen. Der Kommunikationsprozeß besteht, anders als z. B. im Modell von Shannon und Weaver (1949) oder auch in dem von Osgood und Sebeok (1967), nicht aus Worten, die gehört, dekodiert und interpretiert werden (vgl. Kapitel 1.1). Kommunikation wird hier verstanden als wechselseitiger Prozeß der Koordination und der ständigen Absicherung, daß der andere auch das verstanden hat, was der Sprecher gemeint hat (Schober & Clark, 1989). Ohne diese Koordination und Kollaboration würden Kommunikation und Verständigung erheblich erschwert.

The idea is that the participants in a conversation try to establish the mutual belief that the listeners have understood what the speaker meant to a criterion sufficient for current purposes. This is a collaborative process, called *grounding*, that requires actions by both speakers and their addressees. (Schober & Clark, 1989, S. 213)

Grounding bezeichnen die Autoren als "really an opportunistic process" (ebd., S. 229). Sobald der Hörer signalisiert, daß er verstanden hat, was gemeint ist, wird der Interaktionsprozeß fortgesetzt. Dabei wird die erstbeste Perspektive von beiden Personen akzeptiert, bei der Übereinstimmung erzielt werden kann.

Für den Verlauf dieses Koordinationsprozesses nehmen Schober und Clark (1989) drei maßgebliche Zeitpunkte an:
(1) Ein Start-Punkt, an dem der Sprecher einen Sprechakt initiiert,
(2) einen 'Vollständigkeits'-Punkt, an dem beide, Sprecher und Hörer, das *grounding* des Sprechakts für vollständig halten und
(3) einen 'Erkenntnis'-Punkt, an dem der Hörer glaubt erfaßt zu haben, was der Sprecher meint. Dieser Punkt fällt wohl in den meisten Fällen mit Punkt (2) zusammen.

Für die Untersuchung dieser Koordinationsleistungen verwenden Clark und Mitarbeiter (z. B. Clark & Wilkes-Gibbs, 1986) eine besondere Versuchsanordnung. An einem Tisch, der durch eine undurchsichtige Scheibe in der Mitte geteilt wird, sitzen zwei Vpn. Vor beiden Vpn liegen zwölf Tangram-Figuren, vor der einen Vp in einer bestimmten Reihenfolge, vor der anderen Vp in zufälliger Reihenfolge. Die Aufgabe beider Vpn ist nun, die in zufälliger Reihenfolge liegenden Karten gemäß der korrekten Folge zu sortieren. Dabei dirigiert die Vp mit korrekter Folge den Prozeß durch Beschreibung der jeweiligen Figur. Die andere Vp bringt ihre Figuren aufgrund dieser sprachlichen Anweisung in die richtige Reihenfolge. Ein Team durchläuft insgesamt sechs Durchgänge.

2.3 Ausgewählte empirische Analysen sozialer Interaktion

Die Ergebnisse zeigen, daß die Vpn im Verlauf der Wiederholung des Prozesses immer weniger Zeit und Worte zur Beschreibung der Figuren und damit zur Koordination des Sortiervorgangs benötigen. In einer Feinanalyse der Äußerungen der Vpn wird darüber hinaus nach bestimmten Gesetzmäßigkeiten der Koordination gesucht. Nach Clark und Wilkes-Gibbs (1986, S. 3) ist nicht allein die Bestätigung, daß diese Prozesse ablaufen von Bedeutung, sondern auch das Verständnis dessen, wie die Koordination erfolgt.

In einer weiteren Untersuchung wollten Schober und Clark (1989) prüfen, ob sich das Verständnis solcher Anweisungen bei Adressaten der Mitteilung und bei Zuhörern des Gesprächs unterscheidet. Es wurde die gleiche Versuchsanordnung gewählt wie in der ersten Untersuchung. Die Ergebnisse zeigen deutliche Unterschiede zwischen Adressaten und Zuhörern. Darüber hinaus wurden auch Unterschiede zwischen Zuhörern, die das Gespräch von Beginn an mitverfolgten, und solchen, die erst ab dem dritten Durchgang mithörten, gefunden. Die Unterschiede führen Schober und Clark (1989) darauf zurück, daß der 'Erkenntnis'-Punkt des Zuhörers nicht unbedingt zusammenfällt mit dem des Hörers oder Adressaten. Wenn der Adressat signalisiert, daß er verstanden hat, fährt der Sprecher mit der nächsten Figur fort. Wenn der Zuhörer nun vor dem Adressaten das richtige Objekt identifiziert hat, kann er sämtliche weiteren Informationen nutzen, um diese Vermutung abzusichern. Identifiziert der Zuhörer aber erst nach dem Adressaten die richtige Figur oder ist sich bezüglich der Identifikation unsicher, so muß die letzte Äußerung des Sprechers noch verarbeitet werden, während die nächste bereits begonnen hat. Dies führt dann zu Fehlern bei der Identifikation der Objekte und zu schlechterem Abschneiden den direkten Adressaten gegenüber.

Diese Untersuchungen zeigen, daß selbst der elementare Prozeß, in dem Objekte klassifiziert und identifiziert werden, erhebliche wechselseitige, soziale Abstimmungs- und Koordinierungsprozesse erforderlich macht. Diese wiederum sind für den kognitiven Prozeß des Verstehens von Äußerungen von großer Bedeutung. Daß auch bei dieser Koordinierung die Perspektivenübernahme eine Rolle spielt, steht außer Frage. Allerdings wird sie in den Untersuchungen nicht thematisiert.

Bei den von Clark und Mitarbeitern untersuchten Gegenstandsbereichen handelt es sich, vermutlich vor allem zur Reduktion der Komplexität der untersuchten Prozesse, um sehr einfache und gut strukturierte Sachverhalte. Die Ergebnisse geben zwar Aufschluß über den elementaren Prozeß, jedoch weist die Versuchsanordnung recht geringe ökologische Validität auf. Eine Erweiterung der Arbeiten auf komplexere Gegenstandsbereiche wäre daher wünschenswert.

2.4 Zwischenergebnis

Im vorliegenden Kapitel wurde der Symbolische Interaktionismus als eine Theorie beschrieben, die Interaktionsprozesse zwischen Personen thematisiert und damit im Graumannschen Sinne eine sozialpsychologische Theorie ist, die in der Lage wäre, die "irrationale Dichotomie" (Graumann, 1979, S. 300) zwischen der soziologischen und der psychologischen Sozialpsychologie zu überwinden. Kernideen des Symbolischen Interaktionismus sind die Vorstellungen, daß Menschen auf der Grundlage von Bedeutungen von Dingen handeln, daß diese Bedeutungen aus Interaktionen mit anderen Menschen entstehen und daß diese Bedeutungen darüber hinaus im Gebrauch auch interpretiert und verändert werden. Diese Kernideen wirken sich auf das Verständnis von verschiedenen "Tatbeständen" wie der menschlichen Gesellschaft, sozialer Interaktion, Objekten oder sozialer Handlungen aus.

Die soziale Handlung (im Meadschen Sinne) ist ein gemeinsamer Akt von zwei oder mehr Personen, die ihr Handeln in einem Interpretationsprozeß wechselseitig aneinander anpassen müssen. Bei McCall und Simmons (1966, S. 61) ist dieser Interpretations- und Anpassungsprozeß elementar wichtig für das Gelingen gemeinsamer Handlungen, da erst die Übereinstimmung von Bedeutungszuweisungen bezüglich eines Gegenstandes oder einer Situation ein gemeinsames Grundverständnis ermöglicht. Die Aushandlung erfolgt bei den uns interessierenden Situationen (beispielsweise Diskussionen) im Verlauf von Prozessen sowohl sprachlicher als auch nicht-sprachlicher Kommunikation.[11]

Zur adäquaten Beschreibung dieses Aushandlungsprozesses hatte ich eine Synthese zwischen dem Modell des interpersonellen Handlungsakts von Hulett und dem Situationskreis von Th. v. Uexküll vorgenommen. Das Ergebnis hatte ich Dynamisches Interaktionsmodell mit Objektreferenz (DIOR) genannt. In diesem Modell wird eine dyadische Interaktionssituation beschrieben, in der die interagierenden Personen sowohl auf die interpersonelle wie auch auf die gegenständliche Ebene rekurrieren können. Dabei ist, wie bereits erwähnt, beispielsweise das A-B-X-System von Newcomb (1953) im DIOR-Modell enthalten. DIOR beschreibt aber darüber hinaus detailliert die zur Koorientierung erforderlichen Abstimmungsprozesse. Auch die von Fischer (1981) in das Newcomb-Modell eingebrachten Sozialperspektiven sind im DIOR-Modell repräsentiert. Verglichen mit den Kontingenzformen von Jones und Gerard (1967) werden bei DIOR allerdings aufgrund des Bezugs auf den Bedeutungsaspekt eher Mikroanalysen des Interaktionsprozesses vorgenom-

---

[11] Darüber hinaus sind natürlich aber auch Faktoren des materiellen Umfelds wie z. B. die Sitzordnung von Bedeutung (vgl. z. B. Ittelson et al., 1977; Leawitt, 1951).

2.4 Zwischenergebnis

men. Betrachtet man beispielsweise die asymmetrische Kontingenzform nicht allein auf der Ebene des Handlungsaspekts, sondern hinsichtlich des Bedeutungsaspekts, so muß angenommen werden, daß auch die scheinbar sozial unbeeinflußte und scheinbar ausschließlich dem eigenen Handlungsplan folgende Person A durch Person B beeinflußt wird und sei es lediglich in der Stärkung der eigenen dominanten Position. Auch bei Pseudokontingenz und bei reaktiver Kontingenz können solche Wechselseitigkeiten auf der Ebene von Kommunikation oder Bedeutung nicht ausgeschlossen werden. Daher stellt auch bezüglich der Kontingenzformen DIOR eine Erweiterung der Perspektive dar.

Die Auswahl empirischer Analysen hat nun gezeigt, daß die *cognitive map* des Hulett-Modells bzw. die *cognitive map I* der mentalen Handlungskontrolle in zahlreichen Studien erhoben und untersucht worden ist. Hierfür liegen verschiedene Ergebnisse vor, die die Bedeutsamkeit der Sozialperspektiven sowie die Relevanz interpersoneller Beurteilungen für die Beziehung und das wechselseitige Verständnis zwischen Individuen herausstreichen. Zwar liegen bezüglich der *cognitive map II* zur interaktiven Koordination Untersuchungen vor, diese berücksichtigen jedoch lediglich einfache, gut strukturierte Gegenstandsbereiche, bei denen insbesondere die sprachliche Koordinierung interessiert. Wünschenswert wären aber darüber hinaus Untersuchungen komplexer Gegenstandsbereiche.

Bereits hier können einige Fragen aufgeworfen werden, die später (Kapitel 3.6 und 4.4) noch zu präzisieren sein werden: Kann der Prozeß des Aushandelns von Übereinstimmung bezüglich der Interpretation einer (komplexen) Situation (also der Bedeutungsangleichung) empirisch überprüft und nachvollzogen werden? Und weiter: Führt ein Diskussionsprozeß zwischen verschiedenen Personen "whether in cooperation or in conflict" (McCall & Simmons, 1966, S. 61) tatsächlich zu einer solchen Angleichung? Wenn die Angleichung in einer Kooperationssituation noch wahrscheinlicher ist, wird sie auch noch in einer potentiell konfliktträchtigen weil kontroversen Situation erfolgen oder muß hier mit Kontrasteffekten, also mit Polarisierung gerechnet werden?

Zu solchen gemeinsamen Handlungen bringen Menschen immer "die Sets von Bedeutungen und die Interpretationsentwürfe mit, die sie schon besitzen" (Blumer, 1973, S. 100). Aus dieser Feststellung hatte ich vier Aspekte entwickelt, die ich hier wegen ihrer Relevanz wiederholen möchte:

(1) Interpretationen resp. Interpretationsentwürfe haben handlungsleitende Funktion.
(2) Die Gesamtheit früherer Interpretationen bildet die soziale Identität einer Person, wie Tajfel sie definiert hat.

(3) Frühere Interpretationsentwürfe müssen zu diesem früheren Zeitpunkt aktuelle Interpretationsentwürfe gewesen sein. Die aktuellen Interpretationen werden in mentalen Modellen einer Person repräsentiert.[12]

(4) Die früheren Interpretationen wirken sich auf die aktuellen Interpretationen aus und beeinflussen diese maßgeblich.

Mit der Modifizierung des Modells des sozialen Aktes von Hulett (1966) habe ich eine Konkretisierung der theoretischen Kernaussagen des Symbolischen Interaktionismus vorgestellt, mit deren Hilfe die Prozesse der Interpretation und der Angleichung beschrieben werden können. Auch hier spielt die mentale Repräsentation einer Person eine wesentliche Rolle und erfährt in der vorgeschlagenen Erweiterung von Huletts Modell darüber hinaus eine Präzisierung hinsichtlich der Repräsentation des Gegenstandsbereichs.

Wenn nun die oben gestellten Fragen bezüglich der Angleichung von Bedeutungszuweisungen empirisch behandelt werden sollen, so bestünde eine Möglichkeit darin, die mentalen Repräsentationen von Individuen zu untersuchen, die unterschiedliche soziale Identitäten haben und daher bezüglich dieser Repräsentationen wenig übereinstimmen. Damit könnte die Angleichung unter der erschwerenden Bedingung der kontroversen und daher eher konfliktträchtigen Situation untersucht werden. Gleichzeitig würde aber eine "dyadische Verdopplung" der Handelnden auch die Untersuchung des erleichterten Prozesses ermöglichen: Zwei Individuen mit sehr ähnlicher sozialer Identität interagieren dann mit zwei Individuen mit stark abweichender sozialer Identität.

Eine weitere Möglichkeit ist mit der Untersuchung des zweiten von mir postulierten Punkts in der *cognitive map II* gegeben: Über eine Erhebung der Einstellungen dieser Personen können weitere Informationen über diese *map* gewonnen werden, die zwar nicht den Detailliertheitsgrad der mentalen Modelle aufweisen, jedoch ebenfalls Indikatoren für Veränderungen in der *cognitive map II* anbieten können.

Vorläufig wäre damit ein Bild, allerdings ein recht unvollständiges, von der noch zu beschreibenden, von mir durchgeführten Untersuchung gezeichnet. Zwei Fragen müssen allerdings noch weiter spezifiziert werden:

(1) Was versteht die kognitive Psychologie unter einem *mentalen Modell*?

(2) Wie definiert Tajfel im einzelnen die *soziale Identität* einer Person?

Zwar sind beide Begriffe bisher bereits mehrfach verwendet, aber nicht ausreichend bestimmt worden. Um mit ihnen auch empirisch ar-

---

[12] In den nachfolgenden Abschnitten werden mentale Modelle ausführlicher behandelt.

2.4 Zwischenergebnis

beiten zu können, werde ich die mentalen Modelle in Kapitel 3 und die soziale Identität in Kapitel 4 präzisieren. In Kapitel 3.5 wird darüber hinaus im Anschluß an die Erörterung mentaler Modelle eine weitere Präzisierung der DIOR-Modells erfolgen müssen.

3 Mentale Modelle

3.1 Formen von Wissensrepräsentationen

Mentale Modelle sind eines der in der Wissenspsychologie diskutierten Modelle der Repräsentation von Wissen. Wie schwierig bereits der Begriff Repräsentation zu handhaben ist, zeigt die von Engelkamp und Pechmann (1988) initiierte Diskussion zu mentalen Repräsentationen, in deren Rahmen zahlreiche Beiträge zu recht unterschiedlichen Formen der Repräsentation erschienen (vgl. u. a. Glaser, 1991; Herrmann, 1988; Hoffmann, 1988; Kluwe & Haider, 1990; Le Ny, 1988; Pechmann & Engelkamp, 1992; Tergan, 1989; Zimmer, 1992). Die Rezeption dieser Diskussion läßt leicht den Eindruck eines wenig einheitlichen Sprachgebrauchs entstehen. Um im folgenden Begriffsverwirrungen zu vermeiden, möchte ich zunächst eine Positionsbestimmung vornehmen.

Voraussetzung der Klärung der Repräsentation von Wissen ist eine Bestimmung des Begriffs Wissen selbst. Opwis und Lüer (in Druck) unterscheiden vier verschiedene Arten von Wissen bzw. Wissensinhalten:
- Sprachlich-begriffliches Wissen (Sprechen und Sprachverstehen),
- episodisches Wissen (Summe erlebter Erfahrungen),
- prozedurales Wissen (operative Fertigkeiten) und
- bildhaft-anschauliches Wissen (S. 14).

Die Repräsentation von Wissen ist im wesentlichen auf drei verschiedene Arten möglich:

Propositionale Repräsentationen (Opwis & Lüer, in Druck) resp. semantische Raum-Modelle (Tergan, 1986) resp. Schemata (Mandl, Friedrich & Hron, 1988). Hiermit sind alle Arten von Netzwerkansätzen, Schematheorien sowie die Konzepte der Frames und Skripte gemeint. Repräsentiert wird bei diesen Modellen semantisches und episodisches Wissen

(Opwis & Lüer, in Druck) bzw. deklaratives Wissen unter dem Aspekt der semantischen Bedeutung (Tergan, 1986).
Regelbasierte Repräsentationssysteme (Opwis & Lüer, in Druck) resp. Produktionssysteme (Mandl et al. 1988; Opwis, 1988; Tergan, 1986). Hierbei geht es um die Erfassung dynamischer Strukturen, prozeduralen Wissens (im Sinne Andersons, 1983). Hierfür werden computersimulierte Regel- bzw. Produktionssysteme konstruiert.
Analoge Repräsentationssysteme (Opwis & Lüer, in Druck; Tergan, 1986) resp. mentale Modelle (Mandl et al. 1988). Zu analogen Repräsentationen gehören Vorstellungen (Opwis & Lüer, in Druck; Tergan, 1986), mentale Modelle (Dörr, Seel & Strittmatter, 1986; Mandl et al., 1988; Seel, 1991; Steiner, 1988; Tergan, 1986), kognitive Karten[1] und ikonische Repräsentationen (Steiner, 1988).

An der unterschiedlichen Art der Zuordnung von Begriffen zu Repräsentationssystemen wird hier offensichtlich, daß die Terminologie nicht sehr einheitlich verwendet wird, weitestgehend sind jedoch die gleichen Sachverhalte gemeint. Am wenigsten Einigkeit besteht leider bei der Einordnung der mentalen Modelle. Während Kluwe (1990b) die Begriffe mentales Modell und subjektive oder naive Theorie synomym verwendet, siedelt Tergan (1986) die subjektiven Theorien (Dann, Humpert, Krause & Tennstädt, 1982; Groeben & Scheele, 1977; Scheele, 1992) bei den semantischen Raum-Modellen und die mentalen Modelle bei den analogen Repräsentationssystemen an (s. u.). Kluwe und Haider (1990) legen sich nicht fest, ob dem mentalen Modell eine analoge oder eine propositionale Repräsentation zugrunde liegt. Für Opwis (1990) sowie Lüer und Spada (1990) steht mentales Modell scheinbar synonym für mentale Repräsentation schlechthin. Opwis und Lüer (in Druck, S. 5) verstehen unter dem Begriff "spezielle informationsverarbeitende Systeme". Im Abschnitt über analoge Repräsentationen taucht der Begriff mentales Modell nicht auf.

Zwei prinzipielle Möglichkeiten des Verständnisses dessen, was mentale Modelle sind, kommen in diesen Begriffsbestimmungen zum Ausdruck. Erstens die Auffassung, daß der Begriff mentales Modell keine spezifische Art der Repräsentation meint, sondern einfach ein anderer Begriff für mentale Repräsentation ist. Zweitens die Auffassung, daß es sich bei mentalen Modellen um eine spezifische Form der mentalen Re-

---

[1] Hier sind kognitive Karten im Sinne von Downs und Stea (1982), zurückgehend auf Tolman (1948) gemeint, nicht im Sinne des in Kapitel 5 noch zu erörternden *cognitive mapping*, das auf Axelrod (1976c) zurückgeht. Das *cognitive mapping* ist eine Methode zur Untersuchung von sprachlichen Äußerungen und trifft keinerlei Aussagen bezüglich der Art der mentalen Repräsentation. Hinsichtlich der *Auswertung und Darstellung* der *cognitive maps* (als Rekonstruktionen) finden sich allerdings Parallelen zu den oben beschriebenen propositionalen Ansätzen.

3.1 Formen von Wissensrepräsentationen

präsentation handelt. Für diese zweite Auffassung stehen wiederum zwei Formen der Repräsentation zur Verfügung: die analoge Repräsentation von Wissen und die propositionale Repräsentation von Wissen.

Um den Unterschied zwischen beiden Repräsentationsformen zu verdeutlichen, zieht Schnotz (1988) einen Vergleich zu analoger und digitaler Darstellung in der Steuer- und Regelungstechnik. In der Digitaltechnik werden die jeweiligen Größen mit Hilfe einer bestimmten Zeichen- oder Ziffernfolge aus einem endlichen Zeichenvorrat dargestellt. Als Beispiel nennt Schnotz die Kilometeranzeige in einem Kraftfahrzeug. Die Analogtechnik verwendet physikalische Größen zur Repräsentation. So wird beispielsweise die Geschwindigkeit eines Fahrzeugs mit Hilfe einer Tachometernadel dargestellt, die beliebige Zwischenwerte annehmen kann. Die analoge Darstellung erfolgt mit Hilfe stetiger Größen, digitale erfolgt mit Hilfe diskreter Größen. Bei einer Analogiebeziehung können die Analogien zwischen der Repräsentation und dem zu repäsentierenden Gegenstand sowohl auf Struktur- als auch auf Funktionsähnlichkeiten beruhen. Von Bedeutung ist lediglich, daß bestimmte Merkmale des Gegenstandes mit Merkmalen der Repräsentation übereinstimmen.

Entsprechend ist auch der Unterschied zwischen analoger und propositionaler Repräsentation zu sehen. Propositionale Repräsentationen bestehen aus "diskreten Sinneinheiten, die ihrerseits wieder aus Konzepten aufgebaut sind" (Schnotz, 1988, S. 310). Diese wiederum beruhen auf Symbolen und sind daher diskrete Einheiten.

Da diese internen Symbole entsprechend einer bestimmten Syntax zu bedeutungshaltigen komplexeren Strukturen zusammengefügt werden, kann man eine propositionale Repräsentation als eine innere mentale Sprache ansehen, die den gemeinten Sachverhalt beschreibt. (Schnotz, 1988, S. 310)

Eine analoge Repräsentation hingegen ist eine Art "innerer Gegenstand", der dem zu repräsentierenden Gegenstand in struktureller, funktionaler oder verhaltensmäßiger Hinsicht ähnelt oder entspricht und mit dessen Hilfe Aufgaben oder Probleme auf der Basis der Analogie gelöst werden können. Der Unterschied zwischen beiden Repräsentationsformen entspricht nach Schnotz (1988, S. 311) dem Unterschied zwischen einer Beschreibung eines Sachverhalts und dem beschriebenen Sachverhalt selbst resp. einem Analogmodell dieses Sachverhalts. Ein Beispiel wäre die Beschreibung einer Landschaft (propositional) und im Unterschied dazu einem Bild oder einer Photographie dieser Landschaft (analog). Die Beschreibung ist dabei nicht vollständig determinierend, d. h. sie enthält Freiheitsgrade bei der Bestimmung des Sachverhalts. Der semantische Gehalt einer propositionalen Repräsentation kann durch eine große Zahl analoger Repräsentationen dargestellt werden, wobei alle analogen Repräsentationen mit der propositonalen Repräsentation übereinstimmen können. Eine analoge Repräsentation hat daher nach Schnotz (1988) auch stets einen gewissen "Imaginationsgehalt", während propositonale Repräsentationen vergleichsweise abstrakt sind.

In Anlehnung an Johnson-Laird (1983, 1989), Gentner und Stevens (1983) sowie Seel (1991) möchte ich hier mentale Modelle als *analoge Repräsentationen* von bestimmten Gegenstandsbereichen oder Sachverhalten auffassen. Dies bedeutet jedoch nicht, daß die Repräsentation von Wissen schlechthin ausschließlich auf analoger Basis beruht. Vorstellbar ist vielmehr eine Mischform, wie sie von Kosslyn (1980) vorgeschlagen wird. Demnach gibt es eine Oberflächenrepräsentation, die analoge Repräsentationen und damit mentale Modelle enthält, und eine Tiefenrepräsentation, die propositionale Repräsentationen enthält.

Eine Parallele hierzu findet sich m. E. in der Unterscheidung von Typ- und Token-Repräsentationen (Le Ny, 1988; Tergan, 1989, in Anlehnung an Herrmann, 1988).[2] Demnach handelt es sich bei mentalen Repräsentationen, hier im Sinne mentaler Modelle, "um einzelne Repräsentationsereignisse von begrenzter zeitlicher Dauer, die als Grundlage und als Ergebnisse der kognitiven Aktivitäten einzelner Individuen zur Bewältigung einer aktuellen Anforderungssituation verstanden werden" (Tergan, 1989, S. 158). Dies nennt Herrmann (1988, S. 168) "Repräsentat-Token" (resp. "Token-Repräsentationen" nach Tergan, 1989), Le Ny (1988, S. 116) spricht von einem "singulären Repräsentationsereignis". Davon unterschieden werden "Typ-Repräsentationen" als mentale Strukturen, "in denen typische Relationen von Token-Repräsentationen repräsentiert sind" (Tergan, 1989, S. 158). Hierzu gehören die oben unter den propositionalen Repräsentationen erwähnten Schemata, Skripte und auch subjektive Theorien. Es handelt sich dabei um zeitlich kaum begrenzte, prototypische Repräsentationen. Darüber hinaus können Typ-Repräsentationen verallgemeinernd auf eine Gruppe von Individuen bezogen werden, wenn die Mitglieder der Gruppe einen Sachverhalt mental ähnlich repräsentieren (Le Ny, 1988, 116f.). Le Ny nennt dies eine "differentielle Repräsentationspsychologie" (S. 117), die jedoch noch keinen eigenen Forschungszweig darstelle. Abbildung 3.1.1 verdeutlicht die Vorstellung von Typ- und Token-Repräsentationen.

Im Gegensatz zu Token-Repräsentationen sind Typ-Repräsentationen dem bewußten Erleben nicht zugänglich. Token-Repräsentationen haben hingegen "mentalen Realitätscharakter" und "werden vom Informationsverarbeiter nach Maßgabe der wahrgenommenen situativen Bedingungen der jeweiligen Anforderungssituation konstruiert" (Tergan, 1989, S. 159). In die aktuelle Token-Repräsentation geht immer auch Information aus der Typ-Repräsentation ein, so daß beide nur in ihrer Interaktion

---

[2] Vgl. Peirce (1931, 1958) und Kapitel 1.2.

wirksam werden. Mentale Modelle wären demnach Token-Repräsentationen und damit aktuelle, zeitlich begrenzte analoge Repräsentationen.

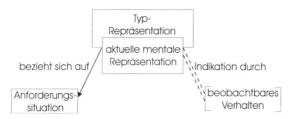

Abbildung 3.1.1: Typ- und Token-Repräsentation im Zusammenhang mit der Anforderungssituation und dem beobachtbaren Verhalten nach Tergan (1989, S. 159).

Darüber hinaus handelt es sich nach Johnson-Laird (1983) bei mentalen Modellen um holistische Repräsentationen eines Gegenstandsbereichs. Sie werden erstellt, um individuelles Wissen zu organisieren und die Erscheinungen der äußeren Welt, die nicht auf Anhieb plausibel sind, subjektiv erklärbar zu machen (Seel, 1991). Dies geschieht durch Inferenzenbildung und durch Bildung von Analogien. Als Leitprinzip für beide kann aber sicherlich auch hier das Prinzip Sinnkonstanz angesehen werden (Hörmann, 1988; vgl. Kapitel 1.2). Die in den nächsten Abschnitten zu behandelnden Fragen, welche Inhalte in mentalen Modellen repräsentiert werden und wozu diese Repräsentation dient, sollen den Begriff mentales Modell noch genauer bestimmen.

3.2 Inhalte mentaler Modelle

Wovon kann nun solch ein mentales Modell erstellt werden? Oder anders gefragt: *Was* wird in mentalen Modellen repräsentiert?

Bei Tergan (1989) sind es Anforderungssituationen, wie das Verstehen einer Textaussage oder das Lösen eines physikalischen Problems. Nach Kluwe (1989) wird der Begriff "vor allem zur Umschreibung individueller Sichtweisen bezüglich komplexer, wenig transparenter Systeme verwendet" (S. 126). Statt Systemen können es aber auch Sachverhalte oder Vorgänge sein (Kluwe, 1990b). Für Seel (1991) wird in mentalen Modellen Weltwissen repräsentiert. Bei Norman (1983) klingt es noch etwas großzügiger: "In interacting with the environment, with others, and with the artifacts of technology, people form internal, mental models of themselves and of the things with which they are interacting" (S. 7).

Offenbar kann von allem, was in irgendeiner Weise wahrnehmbar ist, ein mentales Modell erstellt werden.[3] Hierzu gehören alle Ereignisse der Außenwelt, die über einen oder mehrere Sinne erfaßt werden können. Analog ist eine solche Repräsentation dann, wenn bestimmte Merkmale oder Eigenschaften des Gegenstandsbereichs in der Repräsentation erhalten bleiben. Relationen zwischen Objekten, die real vorhanden sind, werden in der Repräsentation beibehalten. Hierbei können sowohl elementare Relationen, wie Nachbarschaft von Objekten, als auch komplexere, wie Proportionen oder Winkel, abgebildet werden (Steiner, 1988). Der Gegenstandsbereich einer analogen Repräsentation kann dabei sowohl figural als auch nicht-figural sein, muß jedoch in figurale Form transformiert werden können. In diesen Fällen können "typische Merkmale" in analoger Weise repräsentiert werden. Typisch wären nach Steiner (1988) Merkmale wie "*räumliche Ausdehnung, figurale Anordnungen, Kombinationen oder Orientierungen von Elementen,* dann aber auch *Farbe, Kontrast, Textur*" (S. 101; Hervorh. im Orig.).

Untersucht wurden analoge Repräsentationen beispielsweise anhand von mentalen Rotationen, wobei die Vpn zwei Abbildungen von Figuren oder Buchstaben vergleichen sollten, die sie zum Zwecke dieses Vergleichs mental rotieren mußten. Aus der Zeit, die für die Entscheidung über die Gleichheit der Figuren benötigt wurde, kann geschlossen werden, daß bis zum Fällen der Entscheidung tatsächlich eine mentale Rotation erfolgt sein muß (vgl. z. B. Lüer, 1988).

Die begrenzten kognitiven Kapazitäten des Menschen legen nahe, daß auch die Möglichkeiten, analoge Repräsentationen aufzubauen, begrenzt sind. Bei einfachen Sachverhalten, wie der Rotation der erwähnten Figuren oder Buchstaben, ist eine vollständige Repräsentation noch gut möglich. Bei komplexeren Sachverhalten wird aufgrund der kognitiven Begrenzungen die Repräsentation unvollständig und unter Umständen auch fehlerhaft sein: "Die Zahl der Informationsitems ist begrenzt, und je mehr Details eine Teilstruktur enthält, desto weniger solche Teilstrukturen können auf einmal repräsentiert werden" (Steiner, 1988, S. 109). Einen komplexen, realitätsnahen Sachverhalt korrekt und eindeutig in einem mentalen Modell zu repräsentieren, ist folglich nicht möglich.

Ein Großteil der Forschung im Bereich mentaler Modelle beschäftigt sich aber mit eben solchen komplexen Sachverhalten. Zu nennen wären hier insbesondere Gentner und Stevens (1983) bzw. die darin erschienenen Veröffentlichungen zur qualitativen Physik, zur Elektrizität oder auch zur mikronesischen Navigation (de Kleer & Brown, 1983; Gentner

---

3 Johnson-Laird (1983, S. 422ff.) geht in seiner "Typologie mentaler Modelle" noch weiter und läßt auch abstrakte Modelle zu, die nicht auf der Wahrnehmung, sondern auf Kognitionen beruhen.

3.2 Inhalte mentaler Modelle

& Gentner, 1983; Hutchins, 1983). Meist handelt es sich dabei um Gegenstandsbereiche, die zwar sehr komplex sind und daher nicht vollständig abgebildet werden können, die jedoch sehr gut anhand *objektiver Modelle* dargestellt werden können, da sie gleichzeitig *sehr gut strukturiert* sind. In den letzten Jahren wurden mentale Modelle vermehrt an komplexen computersimulierten Szenarien untersucht. Dörner, Kreuzig, Reither und Stäudel (1983) gaben mit *Lohhausen* den Anstoß für zahlreiche Folgeuntersuchungen im Bereich der Problemlösepsychologie. Auch bei diesen Szenarien wird versucht, objektive, d. h. in der Regel mathematisch quantifizierte Modelle über den Gegenstandsbereich zu konstruieren.

Solch ein objektiv konstruierbares Modell nennt Norman (1983, S. 11) ein "conceptual model of the system" C(t). Das mentale Modell eines Individuums, das mit dem System (*target*) umgehen muß, nennt er M(t). Davon kann wiederum die Konzeptualisierung dieses mentalen Modells durch den Forscher C(M(t)) unterschieden werden. Kluwe und Haider (1990, S. 175) sprechen vom objektiven Modell eines Systems OM(S), dem mentalen Modell einer Person von diesem System MM(S), einem psychologischen Modell der individuellen mentalen Modelle PM(MM(S)) und dem Design- und Instruktionsmodell DIM(S) (z. B. Handbücher zur Beschreibung eines Systems).

Daß es hier noch erheblich mehr Möglichkeiten gibt, zeigt Funke (1985, S. 124f.). Nicht nur die Vp hat ein mentales Modell eines Realitätsbereichs, sondern auch der Forscher verfügt über ein solches Modell. Auf der Basis seines eigenen mentalen Modells erstellt der Forscher ein Simulationsmodell des Realitätsbereichs. Die Vp wiederum entwickelt beim Umgang mit dem Simulationsmodell ein mentales Modell des Simulationsmodells des Forschers über den Realitätsbereich. Darüber hinaus hat der Forscher ein mentales Modell des mentalen Modells der Vp über den Realitätsbereich sowie ein mentales Modell des mentalen Modells der Vp über das Simulationsmodell des Forschers über den Realitätsbereich. Die Verschachtelungstiefe dieser Modell-Modelle ist, wie Funke (1985, S. 125) meint, unbekannt. Obwohl von Funke als Frage formuliert, erachte ich eine weitere Verschachtelung aufgrund ihrer Übereinstimmung mit der Meta-Perspektive des Symbolischen Interaktionismus als besonders wichtig: Es handelt sich um das mentale Modell der Vp über das mentale Modell des Forschers über das mentale Modell der Vp über den Realitätsbereich. Betrachte ich den Forscher und seine Vp als zwei interagierende Personen, so beruht auch diese Interaktion auf den Prozessen, die ich oben (Kapitel 2) beschrieben habe. Die Existenz und zumindest zeitlich begrenzte Wirksamkeit solcher Verschachtelungen kann weder angezweifelt noch darf sie unterschätzt werden. Darauf werde ich in Kapitel 3.5 noch detaillierter eingehen.

Über einen Vergleich der verschiedenen (einfacheren) Modelle und Konzeptualisierungen kann beurteilt werden, inwieweit das mentale Modell einer Person mit dem Sachverhalt selbst (bzw. mit seiner Konzeptualisierung durch den Wissenschaftler) übereinstimmt und diesem gerecht wird. Je exakter ein konzeptuelles Modell formuliert werden kann, um so besser kann ein Vergleich mit dem mentalen Modell einer Person erfolgen. Dies gilt, wenn der Gegenstandsbereich gut strukturiert und definiert ist.[4] Bei Problemsituationen, wie sie beispielsweise im Alltag von Führungskräften in Wirtschafts- und Verwaltungsorganisationen auftreten, kann hingegen nur in seltenen Fällen von gut strukturierten Problemen ausgegangen werden (vgl. Kapitel 1). Ein Vergleich des mentalen Modells mit einem konzeptuellen Modell ist in diesem Bereich nur schwer möglich. Vermutlich werden aus diesem Grunde in der Forschung zu mentalen Modellen schlecht definierte und schlecht strukturierte Probleme kaum untersucht (vgl z. B. Voss, 1990; Voss, Tyler & Yengo, 1983).

Wie in der Einleitung gezeigt wurde, bestehen gerade Management-Tätigkeiten in Organisationen zu einem großen Teil aus Kommunikation mit anderen Personen. Indikatoren für Probleme lassen sich zum größten Teil in der informellen Kommunikation finden. Analogien für diesen Sachverhalt in der kognitionspsychologischen Forschung sind m. E. allenfalls in der Forschung zum Textverstehen zu finden, wo es ebenfalls um den Aufbau mentaler Modelle beim Verstehen von Sprache geht (vgl. Bower & Morrow, 1990; Dutke, 1993; Glenberg, Meyer & Lindem, 1987; Mani & Johnson-Laird, 1982; Schnotz, 1987, 1988). Allerdings finden sich die meisten Arbeiten hierzu im Bereich der Linguistik. Es wäre daher wünschenswert, den Untersuchungen zum Textverstehen auch komplexere und umfangreichere Sachverhalte zugrunde zu legen.

In ihrer Diskussion der Schematheorien, der Produktionssysteme und der mentalen Modelle weisen Mandl et al. (1988) darauf hin, daß der Ansatz der mentalen Modelle im Gegensatz zu den beiden anderen Repräsentationsformen sowohl strukturelle als auch prozessuale Aspekte berücksichtigt. Daher sei hier am ehesten die Möglichkeit einer *Integration* dieser verschiedenen Ansätze gegeben.

---

[4] M. E. ist dies meist dann der Fall, wenn, wie bei allen computersimulierten Szenarien oder Planspielen, die Entscheidungsvariablen vorgegeben sind und ihre Anzahl begrenzt ist.

3.3 Funktion mentaler Modelle

Hinsichtlich der Funktion mentaler Modelle findet man in der Literatur einen breiten Konsens vor: Mit Hilfe mentaler Modelle wird Wissen strukturiert und organisiert, um bestimmte Erscheinungen oder Sachverhalte subjektiv erklärbar zu machen (Seel, 1991). Mentale Modelle sind funktional, indem sie das Verständnis von Sachverhalten anleiten und den Umgang mit ihnen bestimmen (Kluwe, 1990a). Sie ermöglichen es außerdem, Hypothesen abzuleiten sowie Vorhersagen oder Entscheidungen zu treffen. Mit Hilfe eines mentalen Modells können Pläne für Handlungen gemacht werden, wobei Vorgänge der realen Welt an dem Modell "vor dem geistigen Auge" simuliert werden können (Mandl et al., 1988, S. 146). Für den praktischen Nutzen eines mentalen Modells entscheidend ist seine Funktionalität bei der Erklärung und Vorhersage von Sachverhalten (Tergan, 1986).

Hier können m. E. drei Aspekte unterschieden werden: Erstens haben mentale Modelle für ein Individuum eine *heuristische Funktion*. Ein mentales Modell kann erstellt werden, auch wenn das Wissen über einen Sachverhalt nicht vollständig ist. Das Modell dient dann als Grundlage zur Erweiterung und zur Integration weiteren Wissens, z. B. im weiteren Umgang mit einem System. Zweitens haben mentale Modelle eine *Simulationsfunktion* (Ueckert, 1989), indem sie dem Individuum erlauben, an dem Modell Prozesse zu simulieren, die es sonst in Versuch-Irrtum-Verhalten zuweilen unter erheblichem Risiko in der Realität ausführen müßte. Es erfolgt damit ein inneres Probehandeln, das als Voraussetzung für Planungen angesehen werden kann (vgl. Hacker, 1986). Drittens haben mentale Modelle eine *pragmatische Funktion* im übertragenen Sinne gemäß Lewins Diktum, nichts sei praktischer als eine gute Theorie. Sie sind für ein Individuum handlungsleitend und bestimmen damit nicht nur das Verständnis, sondern auch den Umgang mit der Welt.

An diesen drei Funktionen mentaler Modelle können drei Richtungen der Forschung in diesem Bereich verdeutlicht werden. So kann erstens die Entstehung und Weiterentwicklung mentaler Modelle untersucht werden (z. B. de Kleer & Brown, 1983). Zweitens kann die Simulation äußerer Ereignisse an mentalen Modellen untersucht werden, indem die mentale Simulation in Form interaktiver Simulationsmodelle externalisiert wird (Ueckert, 1989). Drittens kann die handlungsleitende Funktion mentaler Modelle anhand der Auswirkungen der Modelle auf den praktischen Umgang mit Sachverhalten oder Systemen untersucht werden (Gentner & Gentner, 1983). Auch die in Kapitel 5 noch vorzustellende Untersuchung siedelt sich in dieser dritten Forschungsrichtung an.

Die drei genannten Aspekte können sich m. E. aber auch auf die Entwicklung von Theorien auswirken, die nicht lediglich Aufzählungen von

Phänomenen beinhalten: Eine Theorie mentaler Modelle sollte (mindestens) diese drei Aspekte berücksichtigen, wenn sie, wieder im Sinne Lewins, praktisch sein will. In Kluwe und Haiders (1990) Modell der "flexiblen Repräsentation" finden sich (*cum grano salis*) Ansätze hierzu.

Wenn Seel (1991, S. 9) konstatiert, "daß nur wenig Übereinstimmung darin besteht, was mentale Modelle sind", so hoffe ich hier zumindest deutlich gemacht zu haben, was im Sinne dieser Studie unter einem mentalen Modell zu verstehen ist.

3.4 Erhebung mentaler Modelle

Auf welche Weise können mentale Modelle komplexer Sachverhalte nun untersucht werden?

Die Diagnostik eines mentalen Modells erweist sich als nicht unproblematisch. Nach Kluwe (1988) beruhen die meisten Methoden der Wissenspsychologie, außer der Analyse von Blickbewegungen, auf verbalen Daten. Er führt hier die Methode des lauten Denkens, Befragungen, die Methode des Kategorisierens und die freie Reproduktion an. Auch die Struktur-Lege-Technik (Groeben & Scheele, 1977; Scheele, 1992) eignet sich, obwohl sie für die Rekonstruktion subjektiver Theorien entwickelt worden ist, für die Erhebung mentaler Modelle.

Die Methode des lauten Denkens wird insbesondere bei der Untersuchung von Problemlöseprozessen angewendet, um Informationen über das Wissen einer Person und dessen Veränderung zu erhalten. Die Methode geht auf Claparède (1969; erstmals 1917), die Würzburger Schule und Duncker (1935) zurück, jedoch finden sich Hinweise darauf schon bei Kleist (1984) in dem vermutlich zu Beginn des 19. Jahrhunderts entstandenen Brief "Über die allmähliche Verfertigung der Gedanken beim Reden". Als erster hat Lüer (1973) das laute Denken als Methode zur Untersuchung von Problemlöseprozessen wiederentdeckt. Auch Dörner et al. (1983) sowie Voss et al. (1983) erheben Protokolle lauten Denkens.

Neben vielen Vorteilen, wie z. B. der Bereitstellung umfangreichen Datenmaterials, hat die Methode auch einige Nachteile. So ist beispielsweise umstritten, ob die Verbalisierung der Gedanken zur Veränderung der kognitiven Prozesse führt. Ericsson und Simon (1984) vertreten die Ansicht, daß das laute Denken die kognitiven Prozesse nicht verändert, da die Inhalte des Kurzzeitgedächtnisses (KZG), die beim lauten Denken geäußert werden und die bei Lernprozessen von Bedeutung sind, sowohl prinzipiell bewußtseinsfähig sind als auch verbal vorliegen. Dies wird u. a. von Lüer, Lass und Ruhlender (1989) bezweifelt. Die Autoren verweisen auf verschiedene Untersuchungen, in denen gezeigt werden konnte, daß die Verbalisierung und damit die bewußte Verarbeitung der Inhalte zu Verbesserungen der Problemlöseleistungen führt (vgl. z. B. Hussy, 1987). Darüber hinaus ist fraglich, ob ein Protokoll lauten Denkens vollständig und zuverlässig ist (vgl. Kluwe, 1988; Nisbett & Wilson, 1977; Weidle & Wagner, 1982). Dennoch gilt die Methode für bestimmte Erhebungszwecke als brauchbar.

> Es steht außer Frage, daß Protokolle lauten Denkens zu den bedeutungsvollen und unverzichtbaren Datenquellen in der kognitiven Psychologie zu rechnen sind. Sie sind besonders für Untersuchungen unersetzbar, in denen es um allgemeines und um Weltwissen geht. Ihre Verwendung zur Erforschung höherer geistiger Prozesse unterliegt jedoch Einschränkungen ... (Lüer et al., 1989)

In der vorliegenden Studie soll weder ein vollständiges mentales Modell erhoben, noch höhere geistige Prozesse untersucht werden, so daß die Vorteile der Methode des lauten Denkens in diesem Fall überwiegen. Da die Methode verbale Daten liefert, sind die Protokolle lauten Denkens direkt mit den Diskussionsprotokollen vergleichbar, die im Zusammenhang mit der in Kapitel 5 beschriebenen Untersuchung ebenfalls erhoben wurden. Alle diese Methoden sind zwar eher als "weich" zu bezeichnen, es gibt aber derzeit keine "harten" Alternativen.

> ... as scientists who are interested in studying people's mental models, we must develop appropriate experimental methods and discard our hopes of finding neat, elegant mental models, but instead learn to understand the messy, sloppy, incomplete, and indistinct structures that people actually have. (Norman, 1983, S. 14)

3.5 Der Prozeß der mentalen Handlungskontrolle im DIOR-Modell

Mentale Modelle habe ich oben als aktuelle, zeitlich begrenzte, analoge Token-Repräsentationen von Gegenstandsbereichen definiert, die für ein Individuum heuristische, simulative und pragmatische Funktionen haben. Sie werden gemäß dem Prinzip der Sinnkonstanz (Hörmann, 1988) konstruiert, um dem Individuum ein holistisches Bild der Erscheinungen der äußeren Welt zu vermitteln und diese damit subjektiv erklärbar zu machen. Mentale Modelle sind daher grundlegend für den menschlichen Umgang mit Welt.

Besieht man sich das Verhältnis zwischen Typ- und Token-Repräsentation genauer, so entdeckt man Parallelen und Anknüpfungspunkte zu den Konzepten der aktuellen und früheren Interpretationsentwürfe von

Blumer (1973), die ich in Kapitel 2 vorgestellt hatte. Auch in die aktuellen Interpretationsentwürfe gehen, wie bei den Token-Repräsentationen, immer Information aus den früheren Entwürfen (bzw. Typ-Repräsentationen) ein. Le Ny (1988, S. 117) hatte von einer "differentiellen Repräsentationspsychologie" gesprochen, bei der Gruppen von Individuen mit ähnlichen Typ-Repräsentationen untersucht werden. Hierbei könnte es sich beispielsweise um Personen mit ähnlicher sozialer Identität handeln. In gewisser Weise kann der von mir verfolgte Ansatz als ein Versuch in dieser Richtung gewertet werden. Sowohl der Symbolische Interaktionismus als auch (wie ich noch zeigen werde) Tajfel (1978b) in seiner Theorie der sozialen Identität gehen von unterschiedlichen Hintergründen verschiedener Menschen aus. Obwohl weder Blumer noch Tajfel an mentalen Modellen interessiert sind, sehe ich hier eine direkte Relation zwischen den drei Theorieansätzen.

Eine weitere Parallele zwischen dem Symbolischen Interaktionismus und dem Konzept mentaler Modelle fällt auf: Hier wie dort wird von Probehandeln gesprochen. Inneres Probehandeln ist sowohl in einem mentalen Modell als auch in der verdeckten Einübung möglich. In meiner Erweiterung der verdeckten Einübung zur mentalen Handlungskontrolle in Abbildung 2.2.6 hatte ich bereits den Begriff mentales Modell eingeführt. Dort hatte ich auch darauf hingewiesen, daß die beiden *cognitive maps* über die Prozesse der intra- und der interpersonellen Rückmeldung modifiziert werden können. Ein Probehandeln an mentalen Modellen wäre damit eingebettet in einen Prozeß des Probehandelns im Rahmen der mentalen Handlungskontrolle und damit im Rahmen eines umfassenderen Handlungsaktes. Die Modifikation des mentalen Modells kann dann nicht allein, wie in der Kognitionspsychologie (implizit) angenommen, über die weitere Beschäftigung mit einem Sachverhalt oder einem Simulationsmodell erfolgen, sondern erfolgt darüber hinaus in der interpersonellen Kommunikation und Interaktion.

Um die Funktionsweise dieses Wechselspiels zu verdeutlichen, ist es erforderlich, die Phase der mentalen Handlungskontrolle weiter zu spezifizieren. Zu diesem Zweck sei zunächst noch einmal an die Meadsche Bestimmung der Begriffe "Ich" ("I") und "Mich" ("Me") erinnert (vgl. Kapitel 2.1). Diese waren die Grundlage der Ich-Identität eines Menschen und Voraussetzung dafür, daß Interaktion mit anderen Personen möglich ist. Das "Ich" ist diejenige Identität, die der Identität anderer bewußt gegenüber steht, während beim "Mich" das Individuum für sich selbst zum Objekt geworden ist und somit die eigene Person thematisieren kann (Mead, 1980d). Eben dies ist es aber auch, was Th. v. Uexküll und Wesiack (1986) anhand des symbiotischen Funktionskreises und des Situationskreises verdeutlicht haben. Innerhalb dieser Zirkel entsteht erst das, was Mead dann "Ich" und "Mich" nennt. Nun hat Mead auch eine

3.5 Der Prozeß der mentalen Handlungskontrolle im DIOR-Modell

Vorstellung davon, auf welche Weise sich die Ich-Identiät entwickelt. Dies geschieht dadurch, daß das Individuum sich in die Rollen anderer versetzt und deren Rollen probeweise übernimmt und durchspielt. Auf diese Weise wird es sich sowohl der Identität anderer als auch der eigenen Identität bewußt. Dies ist zwar bei Th. v. Uexküll und Wesiack (1986) nicht enthalten, widerspricht aber deren psychosomatischer Theorie keineswegs. Der Situationskreis und die Meadsche Vorstellung von der Entstehung der Ich-Identität können daher zur Synthese gebracht werden.

Die Modifikation der mentalen Handlungskontrolle, die ich in Abbildung 2.2.6 vorgenommen hatte, enthält immer noch die regelkreishafte Konzeption Huletts. Diese kann nun aufgegeben werden, indem zur Verdeutlichung der bei der mentalen Handlungskontrolle ablaufenden Prozesse das Konzept des Situationskreises angewendet wird. Gleichzeitig können aufgrund der in diesem Kapitel (Kapitel 3) erzielten Ergebnisse die beiden *cognitive maps* präzisiert werden. Abbildung 3.5.1 enthält die Formalisierung der mentalen Handlungskontrolle im Rahmen des in Kapitel 2.2 beschriebenen DIOR-Modells.

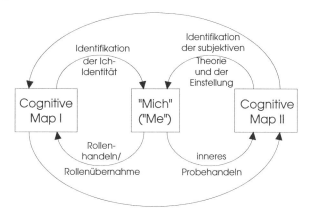

Abbildung 3.5.1: Formales Modell der mentalen Handlungskontrolle resp. des Meadschen "Ich" ("I"). Das "Mich" ("Me") im Zentrum durchläuft die beiden inneren Zirkel parallel. Darüber hinaus beeinflussen und verändern sich die beiden cognitive maps über den äußeren Zirkel wechselseitig.

Bei dieser Formalisierung handelt es sich gleichzeitig auch um ein formales Modell des Meadschen "Ich". Das "Mich" wird durch das Kästchen in der Mitte der Abbildung repräsentiert, die beiden *cognitive maps* durch die beiden äußeren Kästchen. Die Scanning-Prozesse, die in Abbildung 2.2.6 noch als (ein) Handlungsgenerierungsprozeß definiert worden sind, laufen jetzt innerhalb der beiden inneren Zirkel ab. Das "Mich" scannt analog zu den J. v. Uexküllschen Prozessen "Merken" und

"Wirken" bzw. Bedeutungserteilung und Bedeutungsverwertung mit der *cognitive map I* Aspekte der eigenen und der Identität des anderen und mit der *cognitive map II* Aspekte des Gegenstandsbereichs. Spezifika der beiden *maps* werden dabei identifiziert und durch Rollenhandeln und Rollenübernahme bzw. durch inneres Probehandeln mental erprobt. Über den äußeren Zirkel können die beiden *maps* modifiziert werden und sich wechselseitig beeinflussen.

Nun hatte ich im vorliegenden Abschnitt unterschieden zwischen Typ- und Token-Repräsentationen. Typ-Repräsentationen sind zeitlich überdauernde mentale Strukturen, die dem bewußten Erleben nicht zugänglich sind. Token-Repräsentationen haben mentalen Realitätscharakter und werden aktuell in einer bestimmten Situation aus den Typ-Repräsentationen und den für das Individuum relevanten Situationsmerkmalen konstruiert.

Auch bei den beiden *cognitive maps* der mentalen Handlungskontrolle müssen Typ- und Token-Repräsentationen differenziert werden. In Abbildung 3.5.2 sind die beiden *maps* und ihre Inhalte dargestellt. Die *cognitive map I* enthält nun Selbst-Konzepte (mit den entsprechenden Sozialperspektiven), Rollen (mit Sozialperspektiven) sowie soziale Normen. Sie sind als überdauernde mentale Strukturen repräsentiert und nicht direkt dem bewußten Erleben zugänglich.

Cognitive Map I	Cognitive Map II
1. Selbst-Konzepte (a) eigenes (b) des anderen (c) vermutetes Fremdbild	1. Subjektive Theorie (a) eigene (b) des anderen (c) vermutetes Fremdbild
2. Rolle (a) eigene (b) des anderen (c) vermutetes Fremdbild	2. Einstellung (a) eigene (b) des anderen (c) vermutetes Fremdbild
3. Soziale Normen ("generalisierter anderer")	3. Wissensbestände

Abbildung 3.5.2: Cognitive map I und cognitive map II, verstanden als Typ-Repräsentationen, die bei der mentalen Handlungskontrolle durch die Prozesse Identifikation - Rollenhandeln/Rollenübernahme bzw. Identifikation - inneres Probehandeln gescannt werden.

Mentale Modelle hatte ich als aktuelle, zeitlich begrenzte Token-Repräsentationen definiert. Daher enthält die *cognitive map II* nun nicht mehr das mentale Modell, wie in Abbildung 2.2.6, sondern sozusagen das Typ-Äquivalent dazu, nämlich die subjektive Theorie zu einem bestimmten Sachverhalt. Subjektive Theorien (Dann, Humpert, Krause & Tennstädt, 1982; Groeben & Scheele, 1977; Laucken, 1974; Scheele, 1992) sind propositional repräsentiert und beinhalten die subjektive Sicht sowie Erklärungen und Argumentationsstrukturen einer Person zu einem bestimmten Sachverhalt. Außer der eigenen subjektiven Theorie sind auch hier wieder die verschiedenen Sozialperspektiven repräsentiert. Außerdem besteht die *cognitive map II* aus den Einstellungen einer Person zu einem Gegenstandsbereich (mit Sozialperspektiven) und aus Wissensbeständen, die für die subjektive Theorie und die Einstellungen konstitutiv sind.

Während der mentalen Handlungskontrolle werden beide *maps* wie oben beschrieben in den internalisierten Zirkeln gescannt, d. h. bezüglich der Beziehungsebene werden die Prozesse Identifikation der Ich-Identität und Rollenhandeln/Rollenübernahme erprobt, bezüglich der Sachoder Objektebene erfolgt die Erprobung der Prozesse Identifikation der subjektiven Theorie und der Einstellung und inneres Probehandeln. Erst im Verlauf dieses Scannings werden Token-Repräsentationen resp. mentale Modelle generiert, und zwar sowohl ein mentales Modell der Beziehungsebene der sozialen Situation als auch ein mentales Modell der Sachebene, also des Gegenstandsbereichs. Zwischen beiden gibt es Abhängigkeiten und Wechselbeziehungen, sie existieren jedoch getrennt voneinander und können insbesondere bei empirischen Untersuchungen problemlos gesondert behandelt werden.[5] Die mentale Handlungskontrolle kann also als Prozeß verstanden werden, in dem das "Ich" bzw. das "Mich" mentale Modelle und damit das Verständnis von Welt generiert. Daß auch hierbei nach dem Prinzip Sinnkonstanz (Hörmann, 1988) zu verfahren ist, erscheint an dieser Stelle beinahe trivial.

3.6 Zwischenergebnis

Mit Hilfe des Wissens über mentale Repräsentationen und insbesondere über mentale Modelle, das die kognitive Psychologie zur Verfügung stellt, konnte hier in Kapitel 3.5 eine Spezifikation des im DIOR-Modell (vgl. Kapitel 2.2) konzipierten Prozesses der mentalen Handlungskontrolle erfolgen. Im Verlauf der mentalen Handlungskontrolle entstehen demnach mentale Modelle sowohl der Beziehungs- als auch der Sach-

---

[5] Daß beide zu trennen sind, signalisiert allein schon der Sprachgebrauch: Es wird von der Beziehungsebene auf die Sachebene *gesprungen*. Zu empirischen Untersuchungen der *cognitive map I* bzw. des dazugehörigen mentalen Modells vgl. Kapitel 2.3.

ebene. Durch die Einbettung der mentalen Handlungskontrolle in den Interaktionsprozeß, der im DIOR-Modell dargestellt ist, werden mentale Modelle, vermittelt über diese aber auch subjektive Theorien, Einstellungen und Wissensbestände sowie Selbst-Konzepte, Rollen und soziale Normen, beeinflußt und verändert. DIOR und die mentale Handlungskontrolle stellen diese Prozesse anschaulich dar.

Bei einer empirischen Untersuchung dieser Prozesse erweist es sich aus verschiedenen Gründen als sinnvoll, verbale Daten zu erheben. Zunächst ist die Sprache dasjenige Instrument der Kommunikation, das uns am besten in die Lage versetzt, mit komplexen Realitätsbereichen umzugehen und darüber zu kommunizieren. Bei der Untersuchung mentaler Modelle dürften außerdem andere Ebenen kommunikativen Verhaltens höchstens fragmentarische Informationen über das mentale Modell liefern, zumal dieses ja auch kommuniziert werden muß. Schließlich stehen sehr brauchbare Verfahren zur Auswertung sprachlichen Materials zur Verfügung, die bei der Aufbereitung der Daten genutzt werden können.

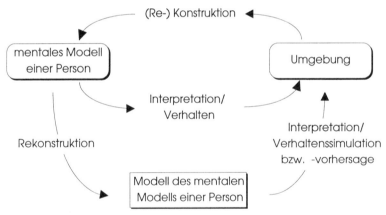

Abbildung 3.6.1: Repräsentation als (re-) konstruktive Modellbildung (Opwis & Lüer, in Druck, Abb. 1).

In verbalen Daten wird sich also das mentale Modell wiederfinden lassen und in diesen Daten werden auch Veränderungen des mentalen Modells erkennbar sein. Dabei kommt es mir nicht darauf an, das mentale Modell vollständig zu erheben. Wie bereits erwähnt, möchte ich die handlungsleitende Funktion der mentalen Modelle untersuchen. Die in Kapitel 2.3 gestellten Fragen bezüglich der Angleichung von Bedeutungszuweisungen können hier präzisiert werden: Werden sich die mentalen Modelle verschiedener Personen von einem bestimmten Sachver-

3.6 Zwischenergebnis

halt im Verlauf eines Interaktionsprozesses angleichen? Das methodische Vorgehen verdeutlicht Abbildung 3.6.1.

Das mentale Modell einer Person wird als (Re-) Konstruktion der Umgebung (oder Umwelt) verstanden. Den Begriff (Re-) Konstruktion verwenden Opwis und Lüer (in Druck) stellvertretend für den Begriff Repräsentation oder Abbildung, da er ihrer Ansicht nach den Vorgang der Modellbildung präziser beschreibt. Erschließbar ist das mentale Modell lediglich aus Verhaltensdaten, es ist nicht direkt beobachtbar. Im vorliegenden Fall handelt es sich dabei um *kommunikatives Verhalten*. Der Forscher (re-) konstruiert aus diesen Verhaltensdaten das mentale Modell einer Person in einem Modell. Da mir als Forscherin verbale Daten vorliegen, (re-) konstruiere ich ein sprachlich-propositionales Modell des (analogen) Modells der Person. Obwohl der zugrundeliegende Gegenstandsbereich ebenfalls in sprachlich-propositionaler Form vorliegt, bleibt der Vergleich schwierig. Verglichen werden können stattdessen die sprachlich-propositionalen (Re-) Konstruktionen verschiedener Personen. Bei zwei Personen mit ähnlichen Typ-Repräsentationen, d. h. ähnlichen Einstellungen und Rollenidentifikationen, wären ähnliche (Re-) Konstruktionen des mentalen Modells des Objektbereichs zu erwarten. Bei zwei Personen, deren Typ-Repräsentationen von den ersten beiden abweichen, wären auch abweichende (Re-) Konstruktionen des mentalen Modells des Objektbereichs zu erwarten.

Nachdem nun in Kapitel 2 zum ersten Mal mit den "früheren Interpretationen" und in diesem Kapitel zum zweiten Mal mit den Typ-Repräsentationen eine Entsprechung zu Tajfels Konzept der sozialen Identität vorgestellt wurde, möchte ich dieses Konzept endlich präzisieren, um damit den letzten Grundstein für die durchgeführte Untersuchung zu legen.

4 Soziale Identität

4.1 Kurze Entwicklungsgeschichte

Die Urspünge der Theorie der sozialen Identität von Tajfel (z. B. 1978c, 1982b, 1982c) finden sich in einem seit einigen Jahren vernachlässigten Bereich der Sozialpsychologie: der aus der Hypothesentheorie der Wahrnehmung (Bruner & Goodman, 1947; Bruner & Postman, 1947, 1949, 1951) entstandenen Theorie der sozialen Akzentuierung. Wahrnehmung wird in der Hypothesentheorie als hypothesengeleiteter Prozeß aufgefaßt und nicht als isomorphe Abbildung der Reizumwelt. In verschiedenen Untersuchungen hatten Bruner und Goodman (1947) sowie Bruner und Postman (1947, 1948) festgestellt, daß wertbehaftete Objekte bezüglich ihrer Größe überschätzt, also akzentuiert wurden. Häufigstes Untersuchungsobjekt waren Münzserien der jeweils landesüblichen Währung. In den Folgeuntersuchungen konnten die Ergebnisse der ersten Untersuchungen, nach Ausräumung der schwerwiegendsten Mängel der Versuchsanordnungen, teilweise repliziert werden (vgl. Lilli, 1975).

Aus einer Metaanalyse der vorangegangenen Untersuchungen entwickelte Tajfel (1957) die Theorie der *Differenzenakzentuierung*. Diese Theorie besagt zunächst, daß nicht jeder einzelne Reiz über- oder unterschätzt wird, sondern daß die *Unterschiede zwischen Reizen* betont werden. Voraussetzung dafür sind Reizserien, in denen quantitative und qualitative Dimensionen kovariieren. So muß beispielsweise mit der Größe einer Münze auch ihr Wert steigen. Als Maß für die Akzentuierung einer Serie von Reizen wählte Tajfel den *range* zwischen der Schätzung der kleinsten und der Schätzung der größten Münze. Diese Betonung von Unterschieden zwischen verschiedenen Objekten bezeichnete

Tajfel als Ausdruck menschlichen Strebens nach Differenzierung der Umwelt.[1]

In der Ausarbeitung dieser Idee der Reiz*differenzierung* entwickelte Tajfel (1959; Tajfel & Wilkes, 1963) komplementär dazu die Theorie der Reiz*klassifikation*. Diese geht davon aus, daß zur Bewältigung der Komplexität der Umwelt Reize klassifiziert und in Kategorien eingeteilt werden müssen. Urteilsbildung geschieht dabei immer auf der Basis eines Reizvergleichs, der zur Klassifikation des Reizes aufgrund der Betonung der *Ähnlichkeit zwischen Reizen* führt. Ähnliche Reize werden in Gruppen zusammengefaßt. In der Folge werden nicht mehr die Reize oder Objekte unterschieden, sondern es werden nur noch Gruppen oder Klassen von Objekten unterschieden. Des weiteren werden die Unterschiede zwischen Objekten *einer* Klasse verringert und die Unterschiede zwischen *verschiedenen* Klassen vergrößert. Die Verringerung der Unterschiede innerhalb einer Klasse wird *intraclass-effect* oder Intraklassendifferenz genannt, die Akzentuierung der Unterschiede zwischen verschiedenen Gruppen wird *interclass-effect* genannt (Lilli, 1975, S. 69).

Tajfel (1975) unterscheidet zwischen nichtsozialem und sozialem Kategorisieren. Beim nichtsozialen Kategorisieren werden beispielsweise Linien in Klassen von größeren oder kleineren unterteilt (Tajfel, 1963), während beim sozialen Kategorisieren soziale Objekte, beispielsweise Personen, sozialen Kategorien, beispielsweise einer Nationalität oder dem sozioökonomischen Status, zugeordnet werden. Diese Zuordnung von Personen zu Klassen und damit die Bildung von Stereotypen bezeichnet Tajfel (1975) als "sozialpsychologische Parallele" zur Kategorisierung von Linien. Diese Annahmen führten Tajfel in der Folge konsequenterweise sowohl zu seiner Theorie der Stereotypenbildung (1981, 1982a) als auch zur Theorie des Intergruppenverhaltens und der sozialen Identität (1982b, 1982c). Bedeutsam ist hier, daß allen von Tajfel entwickelten Theorien menschlichem Umgang mit Welt im wesentlichen zwei Tendenzen zugrunde liegen: Die Tendenz zur Differenzierung zwischen Reizen (oder Objekten oder Personen oder Gruppen von Personen) sowie die Tendenz zur Klassifikation von Reizen (oder Objekten oder Personen) zu Gruppen. Diese Tendenzen können als Prinzipien bezeichnet werden, die zur Herausbildung der sozialen Identität einer Person führen und gleichzeitig ihre Abgrenzung von Personen mit andersartiger sozialer Identität begünstigen.

---

[1] Eine alternative Erklärung bieten Orth (1988) sowie Brauner (1990) mit dem Ansatz der Verhältnisakzentuierung. Hier wird als Maß für die Akzentuierung der Exponent der Stevensschen psychophysischen Funktion vorgeschlagen.

4.2 Paradigma der minimalen Gruppen

Die "sozialpsychologische Parallele" zur Klassifikationsstudie von Tajfel und Wilkes (1963) war beeinflußt von den von Sherif und Mitarbeitern durchgeführten Ferienlagerstudien und der Theorie des "realistischen Gruppenkonflikts" (vgl. Sherif, Harvey, White, Hood & Sherif, 1961; Sherif & Sherif, 1953, 1969). In ihrer Studie wollten Tajfel, Billig, Bundy & Flament (1971) die minimalen Bedingungen für die Abgrenzung zwischen Gruppen, d. h. für die Bevorzugung der eigenen (*in-group*) und die Benachteiligung der anderen Gruppe (*out-group*) erforschen. Zu diesen minimalen Bedingungen gehörte insbesondere die Tatsache, daß weder zwischen den jeweiligen Gruppenmitgliedern noch zwischen den beiden Gruppen Interaktion stattfand.

> Es handelt sich um eine 'leere' und beinahe kafkaeske Versuchsbedingung, der die Probanden - wie in fast allen Versuchsbedingungen - irgendeine Art von Bedeutung beilegen mußten. Diese Bedeutung fanden sie darin, daß sie eine Handlungsstrategie wählten, die darauf beruhte, daß sie durch Handeln eine Besonderheit zwischen ihrer eigenen 'Gruppe' und der anderen *herstellten*, d. h. zwischen zwei sozialen Kategorien in einem wahrhaft minimalen 'sozialen System'. Die Unterscheidung gegenüber der 'anderen' Kategorie ergab *ipso facto* eine Identität für ihre eigene Gruppe und daher eine Art Sinn in einer ansonsten leeren Versuchssituation. Es ist daher zu erwarten, daß diese Herstellung eines Sinns durch die Entwicklung einer besonderen sozialen Identität im Rahmen einer sozialen Kategorisierung in realen sozialen Situationen noch wesentlich größeren Einfluß hat. (Tajfel, 1975, S. 376; Hervorh. i. Orig.)

In einem ersten Experiment sollten Vpn (Schüler im Alter zwischen 14 und 15 Jahren) zunächst die Anzahl ihnen dargebotener Punkte schätzen. Es wurde ihnen mitgeteilt, daß sie je nach Schätzung in zwei Gruppen eingeteilt würden. Dabei gab es eine neutrale und eine Wert-Bedingung. In der Wert-Bedingung lautete die Bezeichnung der Gruppen hohe vs. geringe Genauigkeit, in der neutralen Bedingung wurden lediglich Über- und Unterschätzer unterschieden. Daraufhin sollten die Vpn den Mitgliedern der eigenen und der anderen Gruppe (nicht allerdings sich selbst) anhand verschiedener Matrizen (vgl. Abbildung 4.2.1) Geldbeträge zuweisen. Es stellte sich heraus, daß unter *beiden* Bedingungen die Vpn den Mitgliedern der eigenen Gruppe höhere Geldbeträge zuwiesen als den Mitgliedern der anderen Gruppe.

In einem zweiten Experiment sollten verschiedene Strategien der Zuteilung der Geldbeträge überprüft werden. Hier wurden die Vpn je nach Präferenz für ästhetische Strukturen (Klee vs. Kandinsky) in zwei Gruppen unterteilt und sollten abermals sowohl Mitgliedern der eigenen als auch Mitgliedern der anderen Gruppe Geldbeträge zuweisen, die anhand von Matrizen ausgewählt werden sollten. Diese Matrizen enthielten paarweise Auflistungen der jeweiligen Beträge, wobei die Paare in unterschiedlichen Matrizen so kombiniert worden waren, daß verschiedene Strategien der Zuweisung gewählt und experimentell überprüft werden können. Hier konnte differenziert werden zwischen der Maximierung gemeinsamen Nutzens, der Maximierung des Nutzens der eigenen Gruppe und der Maximierung der Differenz zwischen den Gruppen. Abbildung 4.2.1 enthält eine Matrix, aus der ein Mitglied der Gruppe Klee die Beträge für je ein Mitglied der eigenen und ein Mitglied der anderen Gruppe zuweisen sollte. Die Mitglieder wurden lediglich anhand der Zahlen identifiziert.

Booklet for group preferring Klee

These numbers are rewards for:

Member no. 74 of Klee group	25	23	21	19	17	15	13	11	9	7	5	3	1
Member no. 44 of Kandinsky group	19	18	17	16	15	14	13	12	11	10	9	8	7

Please fill in below details
of the box you have just chosen:

	Amount
Reward for member no. 74 of Klee group	21
Reward for member no. 44 of Kandinsky group	17

Abbildung 4.2.1: Matrix für die Zuweisung von Geldbeträgen durch ein Mitglied der Gruppe Klee (Tajfel, 1978b, S. 79).

Hier zeigte sich, daß nur wenige Vpn die Maximierung des gemeinsamen Nutzens anstrebten. Häufiger war schon die Strategie der Maximierung des Nutzens der eigenen Gruppe, am häufigsten wurde jedoch versucht, die Differenz zwischen der eigenen und der anderen Gruppe zu maximieren. Damit ist beabsichtigt, die eigene Gruppe durch die Zuweisung höherer Geldbeträge von der anderen Gruppe positiv abzugrenzen.

Beck (1992) relativiert diese Interpretation von Tajfel et al. (1971), indem er die tatsächlichen Unterschiede in den Zuweisungen genauer analysiert. Hierbei zeigt sich, daß zumindest bei einer der Matrizen die der eigenen und der anderen Gruppe zugewiesenen Geldbeträge sehr nah am Fairneßpunkt liegen. Er modifiziert die Interpretation von Tajfel et al. (1971) dahingehend, daß die Vpn lediglich bestrebt sind, ihren Gruppenmitgliedern nicht geringere Beträge zuzuweisen. Eine Differenz zwischen der eigenen und der anderen Gruppe wird also angestrebt, nicht jedoch die Maximierung dieser Differenz.

An dem grundsätzlichen Befund, daß bereits aufgrund minimaler, arbiträrer Gruppendifferenzierungen die eigene Gruppe positiv akzentuiert wird, ändert diese Relativierung m. E. jedoch nichts. Wie Mummendey (1985, S. 190) berichtet, waren Tajfel und seine Mitarbeiter selbst überrascht, daß so deutliche Diskriminierungen unter diesen minimalen Bedingungen auftraten. Bei Unterschieden zwischen Gruppen, die für die jeweiligen Mitglieder aufgrund der Identifikation mit der Gruppe persönlich bedeutsamer sind (z. B. Fans verschiedener Fußballvereine), sind daher noch stärkere Differenzierungen und Diskriminierungen zu erwarten. Die Zugehörigkeit zu einer solchen Gruppe, bzw. das Bewußtsein um diese Zugehörigkeit, hat Tajfel die soziale Identität eines Menschen genannt. Im folgenden sollen nun die Implikationen der Theorie der sozialen Identität erörtert werden.

4.3 Theorie der sozialen Identität

Das Selbst-Konzept einer Person ist nach Brown und Turner (1981) eine handlungsleitende kognitive Struktur, die als aus zwei Subsystemen bestehend definiert wird: der personalen und der sozialen Identität einer Person. Die personale Identität besteht aus Selbstbeschreibungen mit Hilfe persönlicher oder idiosynkratischer Begriffe, wie Persönlichkeit oder physikalischer oder intellektueller Eigenschaften. Die soziale Identität besteht aus Selbstbeschreibungen anhand der Mitgliedschaft in bestimmten sozialen Gruppen, wie Nationalität oder Geschlecht. Tajfel selbst definiert soziale Identität folgendermaßen:

> ... social identity will be understood as that *part* of an individual's self-concept which derives from his knowledge of his membership of a social group (or groups) together with the value and emotional significance attached to that membership. (Tajfel, 1978a, S. 63; Hervorh. i. Orig.)

Soziale Identität ist also das Wissen einer Person um die Angehörigkeit zu einer oder mehreren sozialen Gruppen. Mit diesem Wissen verbunden ist die emotionale und wertmäßige Bedeutung, die diese Gruppenmitgliedschaft für die Person hat, wobei in komplexen Gesellschaften eine Person zahlreichen sozialen Gruppen angehören kann (vgl. Tajfel, 1975, S. 369).

Mit dieser Definition beansprucht Tajfel nicht, die soziale Identität eines Menschen restlos geklärt zu haben. Vielmehr sei die soziale Identität erheblich komplexer und von anderen Faktoren mitbestimmt. Diese Definition ermögliche jedoch den Umgang mit diesem Konzept: "'Social identity' as defined here is thus best considered as a shorthand term used to describe (1) limited aspects of the concept of self which are (2) relevant to certain limited aspects of social behaviour" (Tajfel, 1978a, S. 63). Auch die soziale Identität als Teil des Selbst-Konzepts ist nach Tajfel also relevant für bestimmte Aspekte des Verhaltens einer Person.

Die Theorie der sozialen Identität geht von folgenden Grundannahmen bezüglich motivationaler und kognitiver Prozesse beim Menschen aus (vgl. Tajfel & Turner, 1979, S. 40):

(1) Menschen versuchen stets, ein positives Selbst-Konzept aufrechtzuerhalten und streben nach positiver sozialer Identität.

(2) Die Mitgliedschaft in sozialen Gruppen ist mit positiven oder negativen Konnotationen verknüpft. Soziale Identität resultiert aus sozialen Vergleichen zwischen *in-group* und *out-group*, wobei die *in-group* positiv von der *out-group* abgegrenzt wird.

(3) Die Bewertung der eigenen Gruppe erfolgt durch den Vergleich der eigenen mit anderen Gruppen. Hohes Ansehen für die eigene Gruppe resultiert aus positiver Diskrepanz zur anderen Gruppe, geringes Ansehen resultiert aus negativer Diskrepanz zur anderen Gruppe. Ist die soziale Identität unbefriedigend, versucht die Person, entweder die Gruppe zu verlassen oder, falls dies nicht möglich ist, die bestehende Gruppe positiver hervorzuheben.

Zwei besonders wichtige Komponenten sind hier enthalten: Einerseits sind es kognitive Prozesse, die zur Kategorisierung der Umwelt beitragen, andererseits sind es motivationale Prozesse, die die Herausbildung des Selbst-Konzeptes durch Streben nach positiver sozialer Identität begünstigen.

Der "funktionale Kern" (Mummendey, 1985) der Theorie der sozialen Identität besteht aus vier miteinander verbundenen Konzepten resp. psychologischen Prozessen: soziale Kategorisierung, soziale Identität, sozialer Vergleich und psychologische Distinktheit von Gruppen. Soziale Kategorisierung hat in erster Linie Ordnungsfunktion, die soziale Umwelt wird in einer Weise geordnet und kategorisiert, die für das Individuum sinnvoll ist (vgl. Kapitel 4.1). Dadurch wird auch zwischen Gruppen oder Kategorien, denen man selbst angehört, und solchen, denen man selbst nicht angehört, differenziert, also zwischen *in-group* und *out-group*.

Tajfel unterscheidet einen induktiven und einen deduktiven Aspekt des Kategorisierens. Beim induktiven Aspekt wird ein Objekt aufgrund bestimmter Merkmale einer Kategorie zugeordnet. Beim deduktiven Aspekt werden einem Objekt aufgrund des Wissens um seine Zugehörigkeit zu einer Kategorie bestimmte Merkmale oder Eigenschaften zugeschrieben, ohne dies genauer zu überprüfen. Um die beiden Aspekte zu verdeutlichen, schreibt Tajfel: "Diese beiden kognitiven Tätigkeiten, die dem Prozeß der Vereinfachung zugrunde liegen, kann man mit den

4.3 Theorie der sozialen Identität

zwei Arten der Sünde vergleichen, mit der Unterlassung und der bösen Tat. Entweder bestehen sie darin, bestimmte Aspekte der Information auszuwählen (und daher definitionsgemäß andere Aspekte auszulassen), oder darin, einige Aspekte so zu verändern, daß sie besser in eine Kategorie 'hineinpassen'." (Tajfel, 1975, S. 348)

Indem im Prozeß des sozialen Kategorisierens nicht nur andere Personen kategorisiert und gruppiert werden, sondern auch die eigene Position anhand der Zugehörigkeit zu einer Gruppe bestimmt wird, bildet sich nach Tajfel die soziale Identität einer Person aus. Über den sozialen Vergleich wird die soziale Identität näher bestimmt. Das Konzept des sozialen Vergleichs stammt aus der Theorie sozialer Vergleichsprozesse zwischen Individuen von Festinger (1954). Tajfel überträgt allerdings das Konzept auf den sozialen Vergleich zwischen Gruppen. Gemäß den Grundannahmen der Theorie der sozialen Identität erfolgt die Bewertung der eigenen Gruppe durch den Vergleich mit anderen Gruppen. Besonders wichtig in diesem Zusammenhang sind der Aspekt, der verglichen werden soll, sowie die prinzipielle Vergleichbarkeit der beiden Gruppen. Je bedeutsamer diese beiden Aspekte sind, um so wichtiger wird der Vergleich und die psychologische Distinktheit der anderen Gruppe für die soziale Identität einer Person. In Folge des Strebens nach positiver sozialer Identität wird versucht, die eigene Gruppe positiv von der anderen Gruppe abzugrenzen.

Diese Abgrenzungen sind jedoch nicht stabil, d. h. sie werden nicht ein für alle Mal getroffen, sondern sie werden im Verhalten zwischen Personen und/oder zwischen Gruppen ständig verändert und erneuert. Tajfel (1978d) unterscheidet dabei zwischen interpersonellem und Intergruppen-Verhalten. Hierfür postuliert er ein Kontinuum, dessen Enden, also 'reines' interpersonelles Verhalten bzw. 'reines' Intergruppen-Verhalten, in der Realität nicht vorzufinden sind (vgl. Tajfel, 1978d, S. 43). Möglich ist lediglich eine stärkere oder schwächere Ausprägung des jeweiligen Verhaltens. Wenn nun eine Situation stärker interpersonell interpretiert wird, wird eher die personale Identität einer Person handlungsrelevant. Wird die Situation stärker intergruppenbezogen interpretiert, so wird die soziale Identität einer Person handlungsrelevant. Beispiel hierfür wäre eine Begegnung zweier Fans verschiedener Fußballvereine im Urlaub auf Mallorca bzw. im Fußballstadion bei der Austragung eines Spiels der beiden Mannschaften.[2] Die soziale Identität ist folglich die Voraussetzung dafür, daß Verhalten zwischen Gruppen überhaupt möglich ist (vgl. Mummendey, 1985; Turner, 1982, 1987).

---

[2] Je nach Eifer der beiden Fans könnte allerdings das Bekanntwerden der jeweiligen sozialen Identität auch auf Mallorca leicht zu Intergruppen-Verhalten führen.

4.4 Zwischenergebnis

Das Konzept der sozialen Identität wurde nach Hogg und McGarty (1992) ursprünglich von Tajfel (1975) entwickelt, um theoretisch zwischen interpersonellem und Intergruppen-Verhalten differenzieren zu können, ohne eine reduktionistische Perspektive für die Erklärung von Intergruppenbeziehungen und Gruppenprozessen einnehmen zu müssen.

Mummendey (1985, S. 211) bezeichnet die Theorie der sozialen Identität als "eine sozialpsychologische im eigentlichen Sinn des Wortes". Die entwickelten Konzepte betreffen sowohl den sozialen Kontext als auch individuelle Aspekte und verknüpfen beide.

... Gegenstand der theoretischen Modellbildung sind eben diese Verknüpfungen, sozusagen die Nahtstellen zwischen sozialem Umfeld und Individuum. Die Theorie bleibt dabei eine sozial*psychologische*, weil ihre Konzepte immer auf die Beschreibung individueller Kognitionen und Verhaltensweisen zielen. Sie ist aber eine *sozial*psychologische, weil diese individuellen Kognitionen und Verhaltensweisen als Elemente sozialer Phänomene interessieren. (Mummendey, 1985, S. 211; Hervorh. i. Orig.)

Damit erfüllt auch die Theorie der sozialen Identität die anfangs (Kapitel 2) mit Graumann (1979) gestellten Forderungen nach einer originären Berücksichtigung sozialer Phänomene speziell der Interaktion in der Sozialpsychologie. Sie geht aber auch einen Schritt weiter, indem sie, ausgehend von diesen sozialen Phänomenen, deren Entstehung in den Elementen, den Individuen und ihren kognitiven und motivationalen Prozessen, sucht und diese explizit in die Betrachtung der Dynamik sozialer Prozesse integriert.

Bereits im Zusammenhang mit der Definition von Objekten im Symbolischen Interaktionismus war das Konzept soziale Identität zur Sprache gekommen. Dort hieß es, daß Objekte für unterschiedliche Personen aufgrund unterschiedlicher Erfahrungen unterschiedliche Bedeutungen haben können. Als Beispiel wurde die Bedeutung eines Baumes im tropischen Regenwald für einen Naturschützer und für einen Holzfäller angeführt. Nun kann mit Hilfe der Theorie der sozialen Identität diese Auffassung erweitert und konkretisiert werden: Unterschiedliche Erfahrungen und unterschiedliche Bedeutungen entstehen *auch*, wenn nicht zu einem wesentlichen Teil, aus unterschiedlichen sozialen Identitäten verschiedener Personen. Bezogen auf das Beispiel im tropischen Regenwald ist die Ursache für die unterschiedlichen Bedeutungen, die der Baum für die beiden Personen hat, in der jeweiligen sozialen Identität der Personen zu suchen.

4.4 Zwischenergebnis

Die *Differenz* ist dabei sowohl im Symbolischen Interaktionismus als auch in der Theorie der sozialen Identität eine wesentliche Voraussetzung für die Entwicklung des Selbst-Konzepts resp. der Ich-Identität. In der Differenz und der Differenzierung zum anderen, zu sich selbst bzw. zur anderen Gruppe entsteht Identität. Darüber hinaus ist die Differenz aber auch für kognitive Informationsverarbeitungsprozesse elementar. Wenn man mit Bateson (1988, S. 488 u. S. 582) Information als Unterschied, der einen Unterschied ausmacht, definiert, so ist eben dieser Unterschied als Grundlage dafür anzusehen, daß Informationsverarbeitung überhaupt möglich ist.

Was wir tatsächlich mit Information meinen - die elementare Informationseinheit -, ist ein *Unterschied, der einen Unterschied ausmacht*, und er kann einen Unterschied ausmachen, weil die Nervenbahnen, auf denen er reist und kontinuierlich transformiert wird, ihrerseits mit Energie versorgt werden. (Bateson, 1988, S. 582; Hervorh. i. Orig.)

Charakteristikum für "Geist" ist für Bateson unter anderem, daß ein System auf der Grundlage von Unterschieden arbeitet und aus "geschlossenen Schleifen oder Netzen von Bahnen" besteht. Auf diesen Bahnen werden dann Unterschiede und Umwandlungen von Unterschieden übertragen. "Was durch ein Neuron übertragen wird, ist nicht ein Impuls, sondern die Nachricht von einem Unterschied." (Bateson, 1988, S. 619) Erst aufgrund dieser Unterschiede können mentale Modelle über einen Gegenstandsbereich heraus*differenziert* werden.

Aber auch bezüglich des zweiten Prinzips der Theorie der sozialen Identität, der Klassifikation, finden sich Parallelen zum Symbolischen Interaktionismus. Als Klassifikation können auch die Rollen (oder Perspektiven) verstanden werden, die sich ontogenetisch herausbilden und im Symbolischen Interaktionismus von grundlegender Bedeutung für die Entwicklung der Ich-Identität sind: Indem Rollen übernommen und gespielt, erprobt werden, entwickelt sich die Differenzierung von "Ich" und "Mich". Um aber das Konzept "Rolle" entwickeln zu können, muß aber zweifellos zunächst klassifiziert werden.

Mit dem Konzept der sozialen Identität kann aber auch erklärt werden, wie verschiedene Typ-Repräsentationen zustande kommen und worauf sich eine "differentielle Repräsentationspsychologie" (Le Ny, 1988) gründen könnte: In den Typ-Repräsentationen ist auch die soziale Identität einer Person repräsentiert und über die Typ-Repräsentationen wirkt sich diese soziale Identität auf die Token-Repräsentation, also auf das aktuelle mentale Modell einer Person aus. Für die Sozialpsychologie spricht Moscovici (1972) von einer *differentiellen Sozialpsychologie*, deren Ziel es ist, Unterschiede im sozialen Verhalten von Individuen oder Gruppen zu beschreiben. Diese darf sich jedoch, so Tajfel (1975), nicht mit Typologien zufrieden geben, sondern sollte sich ebenfalls mit allgemeinen Funktionen und den Auswirkungen dieser Unterschiede auf das soziale Verhalten befassen.

Die soziale Identität ist, ebenso wie die Interpretationsentwürfe im Symbolischen Interaktionismus und wie die mentalen Modelle in der kognitiven Psychologie, *handlungsleitend*. Sie beeinflußt das soziale Verhalten und den Umgang mit Welt vorwiegend in Situationen, die eher zu Intergruppen-Verhalten Anlaß geben und die Differenzierungen zwischen der eigenen und der anderen Gruppe erforderlich machen. Die soziale Identität wird sich daher ebenfalls in der mentalen Handlungskontrolle bzw. in den *cognitive maps* niederschlagen, und zwar sowohl in den Selbst-Konzepten, Rollen und sozialen Normen der *cognitive map I* als auch in den subjektiven Theorien, den Einstellungen und den Wissensbeständen der *cognitive map II*. Damit spiegelt sich die soziale Identität in den Typ-Repräsentationen wider. Je nach sozialer Identität des anderen werden die Fremdbilder mehr oder weniger stark von den Selbstbildern abweichen bzw. durch Akzentuierung der differenzierenden Merkmale von den Selbstbildern abgegrenzt werden. Die vermuteten Fremdbilder werden infolge der Abgrenzungsbestrebungen wiederum stark von den Fremdbildern abweichen. Über den Handlungsgenerierungsprozeß in der mentalen Handlungskontrolle wird sich die soziale Identität dann auf das Handeln und die Interaktion auswirken. Für den Fall, daß unterschiedliche soziale Identitäten aufeinander treffen, können mit Hilfe des DIOR-Modells bestimmte Vorhersagen getroffen werden, die im folgenden erörtert werden sollen.

In den Zwischenergebnissen des zweiten und des dritten Kapitels (Kapitel 2.3 und Kapitel 3.6) waren bereits Fragen für die Untersuchung der hier vorgestellten Aspekte menschlichen Handelns formuliert worden. Mit der Theorie der sozialen Identität sind die für den Aufbau der durchgeführten Untersuchung benötigten Bausteine vollständig, so daß hier eine weitere Präzisierung erfolgen kann.

Im Zwischenergebnis des zweiten Kapitels wurde die Frage aufgeworfen, ob der Prozeß des Aushandelns der Interpretationen einer Situation, der auch im DIOR-Modell beschrieben wird, empirisch überprüft und nachvollzogen werden kann und ob es tatsächlich zu einer Angleichung der Interpretationen kommt, selbst wenn die jeweiligen Interpretationen stark divergieren. Als aus den theoretischen Konzepten deduzierter und nun empirisch zu prüfender Sachverhalt stellt sich nunmehr die Aufgabe, die Angleichung der Interpretationen von vier verschiedenen Personen zu untersuchen, von denen jeweils zwei Personen sehr ähnliche, die beiden Dyaden jedoch sehr unterschiedliche soziale Identitäten haben. Damit sind in jeder Dyade zwei Personen vertreten, die ähnliche *cogni-*

4.4 Zwischenergebnis

tive maps besitzen, die *cognitive maps* beider Dyaden unterscheiden sich jedoch deutlich.

Im Zwischergebnis des dritten Kapitels wurde dies dahingehend präzisiert, daß es sich bei den zu untersuchenden Interpretationen um die mentalen Modelle der vier Personen handeln sollte und daß diesbezüglich insbesondere die handlungsleitende Funktion dieser mentalen Modelle untersucht werden soll. Dem DIOR-Modell zufolge wird die wechselseitige Bedeutungserteilung und Bedeutungsverwertung, die im Interaktionsprozeß zwischen den Personen stattfindet und aufgrund derer eine gemeinsame Wirklichkeit entsteht, dazu führen, daß die mentalen Modelle im Verlauf des Prozesses modifiziert werden. Auf diese Weise wird in beiden *cognitive maps* Übereinstimmung oder zumindest Kommensurabilität zwischen den Selbst-, Fremd- und den vermuteten Fremdbildern erzielt. Da die sprachliche Kommunikation zwischen den Personen untersucht werden soll, müßten sowohl die Unterschiede als auch die Übereinstimmungen an den Äußerungen der Personen ablesbar sein. Aus den verbal vorliegenden Daten können zum Zwecke des Vergleichs folglich die sprachlich-propositionalen Modelle der vier mentalen Modelle der Personen (re-) konstruiert werden.

Hier im Zwischenergebnis des vierten Kapitels ist das Konzept der sozialen Identität verfügbar. Darüber kann nun auch eine Präzisierung der Identität der vier Personen erfolgen, die an dem Interaktionsprozeß teilhaben sollen. Jeweils zwei der Personen sollten aus der gleichen sozialen Gruppe stammen, die beiden Teams jedoch aus sehr unterschiedlichen sozialen Gruppen, damit eine möglichst große Differenz zwischen den sozialen Identitäten bzw. den mentalen Modellen gewährleistet ist. Gleichzeitig müssen die beiden Gruppen oder Dyaden sowohl prinzipiell als auch auf der gleichen Dimension vergleichbar sein, damit eine Abgrenzung zwischen ihnen erfolgen kann. Das bedeutet, daß der Anspruch beider Gruppen auf Kompetenz in dem jeweiligen Gegenstandsbereich in irgend einer Weise gerechtfertigt sein muß und von der jeweils anderen Gruppe akzeptiert wird. Im organisationalen Kontext handelt es sich bei solchen unterschiedlichen sozialen Identitäten vorwiegend um Angehörige verschiedener Abteilungen oder auch unterschiedlicher Fachrichtungen, die gemeinsam ein Problem zu lösen haben. Die Einführung eines Personalinformationssystems wäre beispielsweise solch ein Problem, das von der EDV-Abteilung und der Personalabteilung gemeinsam zu lösen wäre. Daher sollen auch für den vorliegenden Zweck Angehörige verschiedener Fachrichtungen in einen Interaktionsprozeß treten, wobei jeweils zwei Personen ein Team bilden. Das gemeinsam zu lösende Problem wäre dann gleichzeitig ein "übergeordnetes Ziel" im Sinne Sherifs, das die Konvergenz der mentalen Modelle ermöglichen hilft.

Der Gegenstandsbereich, über den interagiert werden soll, sollte möglichst anwendungsbezogen und praxisnah gestaltet sein. Hierfür bietet sich ein Planspiel an, dem ein sehr komplexes, wenig strukturiertes und nicht-computersimuliertes Problem zugrunde liegt. Um ein solches Planspiel handelt es sich bei dem verwendeten und in Kapitel 5 beschriebenen Planspiel "Modell-Stadt", das von Beck (1986b) entwickelt worden ist.

Die zu untersuchenden Hypothesen lassen sich zunächst in allgemeiner Form folgendermaßen formulieren:

H_1 Die mentalen Modelle der beiden Teams (bzw. Personen) werden sich bei der Bearbeitung des Problems des Planspiels "Modell-Stadt" in Abhängigkeit von der jeweiligen sozialen Identität unterscheiden.

H_2 Im Verlauf des Interaktionsprozesses werden sich die mentalen Modelle der beiden Teams (bzw. Personen) gemäß den Vorhersagen des DIOR-Modells einander angleichen.

Von der Bestätigung der ersten Hypothese hängt dabei ab, ob die Überprüfung der zweiten Hypothese überhaupt sinnvoll ist, da bei fehlendem Unterschied zwischen den Teams auch keine Angleichung möglich ist.

Diese beiden allgemeinen Hypothesen können in Abhängigkeit von der verwendeten Erhebungs- resp. Auswertungsmethode spezifiziert werden. Hierzu stehen verschiedene Methoden zur Verfügung. Bereits erwähnt wurde ein Verfahren, bei dem die verbale Kommunikation, d. h. die Diskussionen selbst erhoben und ausgewertet werden. Dieses Verfahren, das *cognitive mapping*, geht auf Axelrod (1976c) zurück, der damit Entscheidungsprozesse in Organisationen untersucht hat. Das Verfahren wurde von Boos (1993) sowie Fisch et al. (1989) weiterentwickelt und ermöglicht eine sehr detailgenaue Analyse der zu untersuchenden Prozesse. Da das *cognitive mapping* jedoch sehr zeitintensiv ist, kann damit lediglich aus dem Datenmaterial einer Planspielsitzung eine detaillierte Analyse im Sinne einer Fallstudie angefertigt werden.

Um darüber hinaus auch Aussagen über eine größere Stichprobe machen zu können, ist es sinnvoll, über einen Fragebogen zu dem betreffenden Gegenstandsbereich (hier: Stadtplanung) wenn nicht die mentalen Modelle, so doch die Einstellungen der Personen zu erheben. Diese sind, wie in Kapitel 2.2 und 3.5 beschrieben, Teil der *cognitive map II* und können ebenfalls Indikatoren für ihre Veränderung zur Verfügung stellen sowie Anhaltspunkte dafür liefern, inwieweit die Befunde der Fallstudie verallgemeinert werden können.

In diesem Zusammenhang können zwei weitere Fragen und Teilhypothesen formuliert werden. Die erste Frage stellt sich bezüglich des Zusammenhangs zwischen dem Interaktionsprozeß und dem in der Inter-

4.4 Zwischenergebnis

aktion erarbeiteten Ergebnis. Eine Vermutung wäre, daß bei höherer Zufriedenheit mit dem Prozeß die (wahrgenommene) Qualität des Ergebnisses steigt. Diejenigen Personen, die also mit der Interaktion und ihrem Team zufriedener sind und sich diesem Team eher zugehörig fühlen, werden ihre Ergebnisse eher als besser einschätzen als Personen, die eher unzufrieden sind und sich ihrem Team nicht zugehörig fühlen.

Die zweite Frage betrifft die unterschiedlichen Erwartungen der Personen bezüglich der Zusammenarbeit innerhalb des Teams bzw. zwischen den beiden Teams. Gemäß der Theorie der sozialen Identität müßten bei erfolgter Intergruppen-Abgrenzung die Vpn erwarten, daß die Zusammenarbeit im Team leichter sein wird als zwischen den Teams.

Die beiden unterschiedlichen Herangehensweisen (Fragebogen und Prozeßanalyse) werden hier also aus zwei Gründen gewählt. Zum einen soll mit Hilfe der unterschiedlichen Methoden eine mehrdimensionale Perspektive auf den Forschungsgegenstand eingenommen werden. Zum anderen soll anhand des Vergleichs der beiden Methoden die Möglichkeit geprüft werden, die Ergebnisse der Fallstudie auf eine größere Stichprobe zu verallgemeinern. Damit wird hier ein Methodenpluralismus verfolgt, der m. E. insbesondere für Fragestellungen in der Gruppenforschung, aber auch für andere Bereiche der Psychologie sinnvoll ist: Einer eher "quantitativen" Analyse wird eine eher "qualitative" Analyse zur Seite gestellt. Erst die Integration beider ermöglicht dann Aussagen über methodenunabhägige Phänomene.[3]

In der Gruppenforschung werden Fragestellungen wie diese noch recht selten untersucht. Teilweise wird zwar, wie bei Beck (1992), auf inhaltliche Aspekte Bezug genommen, jedoch lediglich im Sinne der Identifikation der Funktion der Äußerungen im Interaktionsprozeß, wie ich sie im Rahmen dieser Untersuchung für die Strukturkodierung (Kapitel 5.6.3) definiert habe. Parallelen zur vorliegenden Untersuchung finden sich am ehesten bei der Arbeitsgruppe um R. Fisch in Konstanz (vgl. u. a. Boos, 1993; Boos, Morguet, Meier & Fisch, 1990; Boos & Scharpf, 1990; Boos, Scharpf & Fisch, 1991; Fisch & Boos, 1990; Scharpf & Fisch, 1989). In diesen Untersuchungen wird der Inhaltsaspekt von Gruppenprozessen vorrangig untersucht, allerdings fehlt hierbei noch der explizite Bezug auf kognitionspsychologische Konzepte.

Die Fragestellung, das Konzept sowie das Procedere der im folgenden darzustellenden Untersuchung tragen sicherlich das Risiko innovativer Vorgehensweisen, welches jedoch für den Bereich der Gruppenforschung als notwendig gelten darf. Aus diesem Grunde hat die Untersu-

---

[3] Die exakte Unterscheidung zwischen qualitativer und quantitativer Forschung ist m. E. recht problematisch, da die Grenzen zwischen den Methoden fließend sind. Durch eine exakte Operationalisierung wird auch eine Inhaltsanalyse zu einer Messung im Sinne eines psychologischen Meßbegriffs (vgl. z. B. Orth, 1974).

chung nicht allein hypothesentestenden, sondern darüber hinaus auch explorativen Charakter.

Im folgenden Kapitel 5 werden die hier zunächst allgemein formulierten Hypothesen für die beiden Untersuchungsformen (Fragebogen zur Einstellung und Inhaltsanalyse verbaler Daten) präzisiert. Das Planspiel "Modell-Stadt", das die Grundlage der Gruppendiskussionen bildete, der Ablauf der Untersuchung sowie die Erhebungs- und die Auswertungsinstrumente werden beschrieben. Abschließend wird auf die Vor- und die Kontrolluntersuchung sowie auf einige methodische Aspekte von Fallstudien eingegangen.

5 Die Modifikation mentaler Modelle im Interaktionsprozeß: Eine empirische Untersuchung

5.1 Hypothesen und Operationalisierungen

Die Fragestellung soll, wie bereits beschrieben, mit Hilfe von zwei verschiedenen Herangehensweisen untersucht werden: über einen Fragebogen, anhand dessen die Einstellungen der Vpn erhoben werden sollen, sowie über eine Prozeßanalyse der Diskussionen einer Planspielgruppe (vgl. Kapitel 4.4). Diese beiden Untersuchungsmethoden erfordern unterschiedliche Hypothesenformulierungen, daher werden Fragestellung und Hypothesen zunächst für die beiden Methoden getrennt behandelt. Da die Planspielgruppe für die exemplarische Prozeßuntersuchung aus der Stichprobe für die Fragebogenuntersuchung ausgewählt worden ist, gelten die Abhandlungen über den Ablauf und die Erhebungs- und Auswertungsinstrumente jedoch für beide Untersuchungen.

5.1.1 Die Fragebogenuntersuchung

Mit Hilfe des Fragebogens sollte untersucht werden, ob sich die Einstellungen der beiden Teams vor der Interaktion mit dem Team mit anderer sozialer Identität unterscheiden und ob sich diese Unterschiede nach der Interaktion verringert haben oder womöglich kaum noch vorhanden sind. Folgende Hypothesen (H) können für diesen Fragebogen (F) formuliert werden:

H_{F1}: Die Einstellungen bezüglich des Gegenstandsbereichs der Mitglieder der beiden Teams werden sich vor der Interaktion statistisch signifikant unterscheiden.

H_{F2}: Die Interaktion führt zu einer Nivellierung der Einstellungen bezüglich des Gegenstandsbereichs. Nach der Interaktion werden sich die Mitglieder der beiden Teams bezüglich ihrer Einstellungen nicht mehr statistisch signifikant unterscheiden.

Formuliert man diese Hypothesen statistisch, so gilt die H_{F1} dann als bestätigt, wenn die der statistischen Hypothese H_1 entsprechende H_0 (kein Unterschied zwischen den Teams) abgelehnt wird. Für die H_{F2} gilt hingegen, daß diese Hypothese dann als bestätigt gelten muß, wenn die statistische Hypothese H_1 (es besteht ein Unterschied) *verworfen* und die entsprechende H_0 *angenommen* wird.[1]

Bezüglich des Interaktionsprozesses kann des weiteren die Frage formuliert werden, ob sich das Zugehörigkeitsgefühl zum eigenen Team auf die von den Vpn beurteilte und wahrgenommene Qualität der im Team bzw. in der Gruppe erarbeiteten Lösung auswirkt. Dazu lautet die Hypothese:

H_{F3}: Hohe Teamzugehörigkeit korreliert hoch mit hoher Lösungsqualität, geringe Teamzugehörigkeit korreliert hoch mit niedriger Lösungsqualität.

Diese Hypothese kann darüber hinaus für unterschiedliche Sozialperspektiven untersucht werden. So können die Fragen bezüglich der Teamzugehörigkeit und der Lösungsqualität aus der Eigen-Perspektive beurteilt werden. Außerdem kann die Einschätzung des Mitspieler bzw. aller Mitspieler (Fremd-Perspektive) sowie die vermutete Sicht der Mitspieler bezüglich der eigenen Einschätzung (Meta-Perspektive) beurteilt werden. Hypothese H_{F3} soll für alle Perspektiven überprüft werden.

Gemäß den Aussagen der Theorie der sozialen Identität werden sich die beiden Teams voneinander abgrenzen. Falls diese Abgrenzung tatsächlich erfolgt, werden die Vpn sowohl vor Beginn der Interaktion als auch nach der Interaktion die Zusammenarbeit im Team als leichter einschätzen als die Zusammenarbeit in der Gruppe.

H_{F4}: Die Zusammenarbeit im Team wird statistisch signifikant als einfacher eingeschätzt als die Zusammenarbeit zwischen den Teams.

H_{F5}: Die tatsächliche Zusammenarbeit im Team wird statistisch signifikant als einfacher beurteilt als die Zusammenarbeit zwischen den Teams.

---

[1] Entsprechendes gilt auch für die in Kapitel 5.1.2 formulierten Hypothesen zum Prozeß.

5.1 Hypothesen und Operationalisierungen

Diese Hypothesen sollen über einen weiteren Fragebogen zu bestimmten Aspekten der Interaktion zwischen den Personen und den Teams überprüft werden (vgl. Kapitel 5.5.2 und Anhang B).

5.1.2 Die Prozeßuntersuchung

Anhand der inhalts- und interaktionsanalytischen Untersuchung des Interaktionsprozesses soll der Prozeß der Angleichung der mentalen Modelle der vier Mitglieder einer ausgewählten Planspielgruppe analysiert werden. Da aufgrund der präziseren Meßinstrumente in der Prozeßuntersuchung der gesamte Verlauf analysiert werden kann, können hier vier Phasen der Untersuchung verglichen werden. In der ersten Phase interagieren die Vpn noch nicht (Phase des lauten Denkens); in der zweiten Phase interagieren die Teams (Team-Phase); in der dritten Phase interagieren die Gruppen, ohne eine Entscheidung treffen zu müssen (Kommissions-Phase I); in der vierten Phase interagieren die Gruppen unter Einigungszwang (Kommissions-Phase II) (vgl. Kapitel 5.3). Entsprechend können hier folgende Hypothesen (H) für den Prozeß (P) über die Phasen formuliert werden:

H_{P1}: Die mentalen Modelle der Mitglieder der jeweiligen Teams bezüglich des Gegenstandsbereichs unterscheiden sich vor der Interaktion in der Phase des lauten Denkens statistisch signifikant.

H_{P2}: Die mentalen Modelle der Mitglieder der jeweiligen Teams unterscheiden sich in der Team-Phase statistisch signifikant.

H_{P3}: Die mentalen Modelle der Mitglieder der jeweiligen Teams unterscheiden sich in der Kommissions-Phase I nicht statistisch signifikant.

H_{P4}: Die mentalen Modelle der Mitglieder der jeweiligen Teams unterscheiden sich in der Kommissions-Phase II nicht statistisch signifikant.

Diese Hypothesen sollen anhand des in Kapitel 5.6.2 beschriebenen Verfahrens *cognitive mapping* überprüft werden. Für die Überprüfung der Hypothesen gilt auch hier (vgl. Kapitel 5.1.1), daß die ersten beiden Hypothesen dann als bestätigt gelten können, wenn die (statistische) Hypothese H_0 verworfen wird. Die beiden letzten Hypothesen hingegen gelten dann als bestätigt, wenn die H_1 verworfen und die H_0 angenommen wird.

5.1.3 Operationalisierung der unabhängigen und abhängigen Variablen

Unabhängige Variablen sind die Teamzugehörigkeit und die Interaktion zwischen den Personen. Da die Vpn den beiden Stufen der Variablen

Teamzugehörigkeit (Team A vs. Team B) nicht zufällig zugeordnet werden, handelt es sich hier um eine quasiexperimentelle Laboruntersuchung. In sämtlichen erhobenen Gruppen waren die Teams folglich gleich besetzt. Die Variation der Interaktion erfolgte über Meßwiederholungen, so daß bei der Fragebogenuntersuchung der erste Meßzeitpunkt vor der Interaktion (nach der ersten Auseinandersetzung mit dem Problem) lag und der zweite Meßzeitpunkt nach der Interaktion bzw. nach dem Treffen einer Entscheidung durch die gesamte Gruppe. Bei der Prozeßuntersuchung wurden vier Phasen des Interaktionsprozesses erhoben (vgl. Kapitel 5.3; Abbildung 5.3.2).[2]

Abhängige Variable ist in der Fragebogenuntersuchung die über die Beantwortung der Items eines eigens entwickelten und inhaltlich an die Untersuchung angepaßten Fragebogens erfaßte Einstellung der Vpn (vgl. Kapitel 5.5.1 und Anhang B). Die Einstellung wurde jeweils vor und nach der Interaktion erhoben. Die abhängige Variable in der Prozeßuntersuchung ist das mentale Modell einer Vp über den Gegenstandsbereich.

Die soziale Identität resp. die Teamzugehörigkeit einer Person wird über die Studienrichtung der Vp operationalisiert. Beck (1988, 1992) konnte in seiner Untersuchung zeigen, daß die Studienrichtung (Verwaltungswissenschaftler vs. Psychologen) zu deutlichen Abgrenzungsbestrebungen zwischen den Teams führt. Da im Planspiel "Modell-Stadt" ein Planungsteam Wirtschaft und ein Planungsteam Umwelt & Soziales vorgesehen sind, sollten die Vpn der Teams Wirtschaft eines der wirtschaftswissenschaftlichen Fächer Betriebswirtschaftslehre, Volkswirtschaftslehre oder Wirtschaftspädagogik studieren. Die Vpn der Teams Umwelt & Soziales sollten eines der sozialwissenschaftlichen Fächer Psychologie, Pädagogik oder Soziologie studieren.

Zur zusätzlichen Akzentuierung der jeweiligen sozialen Identität erhielten die Vpn vor der Problembeschreibung Texte zur Stadtökonomie (Team Wirtschaft) resp. zum Thema Stadtentwicklung und Wohnen (Team Umwelt & Soziales). Mit diesen Texten sollte ein *priming* erreicht werden, das die soziale Identität unterstützen sollte (vgl. Stroebe, Hewstone, Codol & Stephenson, 1990, S. 479).

Das mentale Modell wird zum Zwecke der Hypothesenprüfung über die Häufigkeit der Nennung verschiedener Inhaltsbereiche im Verlauf der Interaktionen (bzw. des lauten Denkens) operationalisiert. Der Inhaltsbereich wird in jeweils zwei Inhaltskategorien erfaßt, die den beiden sozialen Identitäten zuzuordnen sind. Die Kategorien werden im Abschnitt über das Verfahren *cognitive mapping* in Kapitel 5.6.2 genauer

---

[2] Die Kontrollbedingung "keine Interaktion" wurde in einer Kontrolluntersuchung gesondert erhoben (vgl. Kapitel 5.8).

beschrieben. Die Definitionen und Operationalisierungen der Kategorien befinden sich im Anhang C.

Anstelle dieser quantitativen Operationalisierung der mentalen Modelle wäre auch eine qualitative Operationalisierung möglich gewesen. So könnten aus den Kodierungen mit Hilfe des *cognitive mapping* entsprechende *maps* für jede Person und für jede Phase der Untersuchung gezeichnet werden. Ein Vergleich dieser *maps* ist dann jedoch lediglich deskriptiv möglich. Das Vorgehen wäre plastischer und dem Gegenstand sicherlich näher. Aufgrund der hohen Komplexität der *maps* ist der Vergleich jedoch schwierig und eine Überprüfung von Hypothesen nicht möglich.

Eine qualitative Operationalisierung und damit ein eher qualitativer Vergleich zwischen den Personen und den Phasen erfolgt anhand der mit der Monotonen Netzwerkanalyse (MONA) erstellten Graphen (vgl. Kapitel 5.6.4 und 6.3). Dabei werden die mentalen Modelle der Vpn über die MONA-Graphen operationalisiert. Da MONA eine starke Reduktion des Datenmaterials vornimmt, ist der Vergleich der MONA-Graphen erheblich einfacher als in den vollständig rekonstruierten *cognitive maps*. Allerdings ist eine inferenzstatistische Überprüfung der Hypothesen auf diese Weise nicht möglich.

5.2 Das Planspiel "Modell-Stadt"

Für die Untersuchung der beschriebenen Fragestellung ergeben sich verschiedene Anforderungen an die experimentell vorzugebende Interaktionssituation. Es sollte sich hierbei um eine schlecht strukturierte Entscheidungssituation handeln, die von den betreffenden Personen bearbeitet und in der eine Entscheidung getroffen werden muß. Solche Entscheidungssituationen finden sich in Planspielen, denen unterschiedlichste Gegenstandsbereiche zugrunde liegen können. Für den vorliegenden Zweck ist es erforderlich, daß es sich dabei um eine Aushandlungs- und Kooperationssituation handelt, in der sehr gegensätzliche Positionen vertreten werden können. Das zur Bearbeitung erforderliche Wissen sollte zum größten Teil aus Alltagswissen und nicht aus Fachwissen bestehen. Der Gegenstandsbereich sollte darüber hinaus für die Vpn persönliche Relevanz und möglichst hohe ökologische Validität besitzen.

Da gemäß der Fragestellung die Veränderung der mentalen Modelle durch die Interaktion und nicht durch wiederholtes Spielen mehrerer Entscheidungsperioden untersucht werden soll, eignet sich für die Durchführung lediglich ein Ein-Perioden-Spiel. Eine Simulation der Entscheidungssituation über einen Computer ist daher nicht erforderlich.

Ferner sollte das Problem von zwei Teams à zwei Personen bewältigt werden können.

Das für die Untersuchung ausgewählte Planspiel "Modell-Stadt" erfüllt diese Anforderungen. Es ist von Beck (1986b) am Sonderforschungsbereich 221 "Verwaltung im Wandel" an der Universität Konstanz zur sozialpsychologischen Untersuchung von Kooperationsprozessen zwischen Gruppen entwickelt worden. Das Planspiel ist für zwei Teams zu zwei bis drei Personen vorgesehen. Bearbeitet wird ein Problem der Stadtplanung, für welches keine eindeutige oder beste Lösung existiert.[3] Die beiden Teams erhalten die Bezeichnungen Planungsteam Wirtschaft und Planungsteam Umwelt & Soziales sowie dementsprechend unterschiedliche Planungsaufgaben. Das Team Wirtschaft hat die Aufgabe, insbesondere betriebs- und gesamtwirtschaftliche Aspekte der Stadtplanung zu berücksichtigen, das Team Umwelt & Soziales soll in erster Linie ökologisch-soziale Aspekte der Planung berücksichtigen. Durch das in der Instruktion vorgegebene übergeordnete Ziel, für einen fiktiven Ausschreibungswettbewerb gemeinsam einen neuen Stadtentwicklungsplan für die "Modell-Stadt" zu erarbeiten, sind die Teams zur Kooperation angehalten.

Das Planspiel selbst besteht aus den Planspielunterlagen mit einer Einführung, den Spielregeln und der Problembeschreibung, einem Modell der Stadt, das aus Bauklötzen auf einer Spielmatte aufgebaut ist, sowie jeweils einem Baukasten pro Team mit zusätzlichen Bauklötzen und Schildern zur Beschriftung von neuen Gebäuden oder Stadtteilen. Im Spiel vorgesehen ist auch die Umsetzung der von der Gruppe getroffenen Entscheidung an dem Modell der Stadt.

Das zu lösende Problem der "Modell-Stadt" sowie der Stadtplan und die historische Entwicklung der Stadt sind typisch für viele ältere deutsche Industriestädte. Das Hauptproblem stellt eine Fabrik dar, die die wirtschaftliche Lage der Stadt beherrscht und die aufgrund geänderter gesetzlicher Bestimmungen gezwungen ist, umfangreiche Maßnahmen zur Reduktion ihrer Emissionen zu ergreifen. Die Leitung der Fabrik ist nicht zur Umrüstung der Anlagen bereit, da am derzeitigen Standort keine weiteren Produktionsanlagen mehr errichtet werden dürfen und mit der Umrüstung sehr hohe Kosten verbunden sind. Da die Fabrik der Hauptarbeitgeber der Stadt ist, ist die Stadtverwaltung bestrebt, eine gütliche Einigung zu finden. Bürger der Stadt haben sich in je einer Bürgerinitiative gegen die Fabrik und einer zur Rettung der Fabrik zusammengeschlossen. Da die Stadtverwaltung den Kern des Problems in der

---

[3] In der vorliegenden Untersuchung ist die Beurteilung der Güte der Problemlösung nicht beabsichtigt, so daß sich dieser Umstand nicht nachteilig auswirkt. Von Vorteil ist vielmehr die auch daraus resultierende Realitätsnähe des Problems.

"unglücklichen" Nutzung der Stadtfläche sieht, hat sie die Ausschreibung von 100.000 DM für den besten Flächennutzungsplan beschlossen (vgl. Problembeschreibung in Anhang A). Die beiden Planungsteams nehmen als interdisziplinäre Planungskommission an dieser Ausschreibung teil.

5.3 Ablauf einer Planspielsitzung

Die Untersuchung wurde im Gruppenlabor des Instituts für Wirtschafts- und Sozialpsychologie der Georg-August-Universität Göttingen sowie in zwei kleineren, benachbarten Räumen durchgeführt. In der Mitte des Gruppenlabors, im Blickfeld der Vpn, war das Modell der Stadt aufgebaut (Abbildung 5.3.1). Den Teammitgliedern wurden fiktive Namen zugeordnet, die mit der Bezeichnung des Planungsteams auf dem Tisch vor den Teilnehmern standen. Diese Namen hatten den Vorteil, daß bei den Teilnehmern der Eindruck eines Rollenspiels trotz fehlender Rollenvorgaben entstehen konnte und die Spieler sich gegenseitig mit diesen Namen ansprechen konnten. Ein weiterer Vorteil ergab sich durch die feste Sitzordnung für die Auswertung der Videoaufnahmen, mit deren Hilfe die jeweiligen Teammitglieder bei jeder Planspielgruppe eindeutig bestimmt werden konnten.

Abbildung 5.3.1: Versuchsanordnung im Gruppenlabor des Instituts für Wirtschafts- und Sozialpsychologie der Georg-August-Universität Göttingen.

Für die Teilnehmer betrug die Gesamtdauer der Untersuchung ca. vier Stunden. Da vor der Interaktion mit den anderen Spielern die mentalen Modelle der Einzelpersonen erhoben werden sollten und eine parallele Durchführung bei nur einer Versuchsleiterin nicht möglich war, mußten mit jeder Vp zwei Termine an einem Tag verabredet werden. Jede Planspielsitzung besteht aus vier Phasen: der Phase des lauten Denkens, der Team-Phase, der Kommissions-Phase I und der Kommissions-Phase II. Der Zeitplan sah daher folgendermaßen aus:

Zeit	Vpn: Phase
9.00-11.00	Vp1: Lautes Denken
11.00-13.00	Vp2: Lautes Denken
13.00-15.00	Vp3: Lautes Denken
15.00-17.00	Vp4: Lautes Denken
17.00-17.30	Beide Teams: Team-Phase
17.45-18.15	Kommission: Kommissions-Phase I
18.30-19.00	Kommission: Kommissions-Phase II

Vor Beginn der Phase des lauten Denkens erhielten die Vpn zunächst allgemeine Informationen über den Zweck und den Ablauf der Untersuchung. Es wurde ihnen mitgeteilt, daß sie Mitglied eines Planungsteams sind und daß sie die Aufgabe haben, gemeinsam mit dem anderen Planungsteam einen Stadtentwicklungsplan für die "Modell-Stadt" zu erarbeiten. Danach hatten sie ca. 15 Minuten Zeit, die Spielregeln und den Priming-Text zu lesen, wobei sie darauf hingewiesen wurden, jederzeit Fragen stellen zu können. Im Anschluß daran erfolgte eine mündliche Instruktion des lauten Denkens (vgl. Kapitel 5.5.3). Die Vpn hatten hier die Aufgabe, zunächst einen eigenen Vorschlag für einen neuen Stadtentwicklungsplan zu erarbeiten. Diese Phase dauerte je nach Vp 60 bis 100 Minuten. Das laute Denken der Vpn wurde mit einem Kassettenrecorder aufgenommen. Danach erhielten die Vpn den Erhebungsbogen A (Anhang B) für die Beurteilung des Inhaltsbereichs und zur Einschätzung der Erwartungen bezüglich der Interaktion.

Zur Team-Phase trafen sich beide Teams zunächst im Gruppenlabor, die Teilnehmer wurden einander vorgestellt und es wurden Informationen zum weiteren Verlauf gegeben. Um wechselseitige Beeinflussung bei der Erarbeitung einer gemeinsamen Teamlösung zu vermeiden, fanden die Team-Gespräche in zwei angrenzenden Räumen statt. Für die Gespräche war eine Dauer von 30 Minuten vorgesehen. Sie wurden ebenfalls mit Kassettenrecordern aufgezeichnet.

Nach der Team-Phase kamen die Vpn wieder im Gruppenlabor zusammen. Zur Beurteilung der Interaktion in der Team-Phase erhielten sie hier den Erhebungsbogen B (Anhang B).

5.3 Ablauf einer Planspielsitzung

In der Kommissions-Phase I hatten die beiden Teams 30 Minuten Zeit, ihre im Team erarbeiteten Lösungsvorschläge zu diskutieren, ohne bereits eine Entscheidung treffen zu müssen. Erst in der Kommissions-Phase II sollte dann ebenfalls innerhalb von 30 Minuten eine Entscheidung getroffen werden. Zwischen beiden Phasen erhielten die Vpn einen weiteren Fragebogen, der lediglich den Zweck einer Zäsur zwischen den beiden Phasen erfüllen und nicht ausgewertet werden sollte.[4]

Die beiden letzten Phasen wurden zusätzlich zum Kassettenrecorder mit einer Videokamera aufgezeichnet, um bei der Transkription der Gespräche die Sprecher eindeutig bestimmen zu können.[5] Im Anschluß an die Kommissions-Phase II erhielten die Vpn den Erhebungsbogen D zur Beurteilung (Anhang B). Eine schematische Darstellung des Ablaufs einer Planspielsitzung enthält Abbildung 5.3.2.

	Lautes Denken	Team-Phase	Kommission I	Kommission II
Aufgabe	Lesen der Instruktion, individuelle Entscheidung	Entscheidung im Team	Diskussion der Vorschläge in der Kommission	Entscheidung in der Kommission
on-line Datenerhebung	Lautes Denken auf Audio-Kassette	Diskussion auf Audio-Kassette	Diskussion auf Video- & Audio-Kassette	Diskussion auf Video- & Audio-Kassette
Datenerhebung im Anschluß an die Phase	Beurteilungsbogen zur Stadtplanung, erwartete Interaktion	Beurteilung der Interaktion in der Team-Phase	Allgemeines Technik- und Weltbild (J. Huber, 1987)	Beurteilungsbogen zur Stadtplanung, Stadtplan nach dem Umbau, Beurteilung der Konsensfindung, der Rolle und der Interaktion

Abbildung 5.3.2: Schematische Darstellung der vier Phasen der Untersuchung.

---

[4] Die Fragen sind J. Huber (1987) entnommen und beinhalten verschiedene Items zur Beurteilung verschiedener Gegenstandsbereiche. Ziel der Konstruktion und der Erhebung von J. Huber (1987) war die Erfassung der Technik- und Weltbilder verschiedener Berufsgruppen. Diese Fragen waren wegen ihrer strukturellen Ähnlichkeit mit den Fragen zum Inhaltsbereich ausgewählt worden.

[5] Für die freundliche Unterstützung in allen technischen Angelegenheiten danke ich dem Leiter der Elektronikwerkstatt des Instituts für Wirtschafts- und Sozialpsychologie, Rundfunk- und Fernsehtechniker-Meister W. Gries.

Abschließend wurde den Gruppen je nach Interesse eine kurze Rückmeldung über den Verlauf der Diskussionen gegeben und Fragen bezüglich des Untersuchungsziels beantwortet.

5.4 Versuchspersonen

An der Hauptuntersuchung nahmen 72 Studentinnen und Studenten der Georg-August-Universität Göttingen teil. Eine Hälfte der Vpn waren Studierende der Psychologie oder der Sozialwissenschaften. Bei der anderen Hälfte handelte es sich um Studierende der Betriebs-, Volkswirtschaftslehre oder der Wirtschaftspädagogik. Je nach Studienfach wurden die Vpn dem Team Wirtschaft oder dem Team Umwelt & Soziales zugeordnet. Im übrigen erfolgte die Gruppenbildung nach dem Zufallsprinzip. Insgesamt nahmen 18 Gruppen à zwei Teams à zwei Personen an den Planspielen teil.

Die Anwerbung der Vpn erfolgte im Falle der Psychologen und Sozialwissenschaftler über Aushänge. Der Gruppe der Psychologen wurde die Anrechnung von Vpn-Stunden angeboten. Im Falle der Ökonomen wurde die Untersuchung zu Beginn einer Vorlesung angekündigt, die Teilnehmer hatten während der Vorlesung Gelegenheit, sich in Listen einzutragen. Die weitere Terminabsprache erfolgte telefonisch.

Die Untersuchung wurde in der Zeit vom 13. April 1992 bis 8. Mai 1992 durchgeführt. Auf Wunsch der Gruppen wurde ein weiterer Termin zum Anschauen der Viedeoaufzeichnungen nach Abschluß der Datenerhebungsphase vereinbart. Der überwiegende Teil der Vpn äußerte sich nach dem Planspiel spontan sehr positiv über das Spiel. Das Interesse an der Fragestellung und den Untersuchungshypothesen war groß, die Zufriedenheit insgesamt sehr hoch.

5.5 Erhebungsinstrumente

5.5.1 Fragebogen zum Inhaltsbereich

Da für die Erhebung der Einstellung zu wirtschaftlichen und ökologisch-sozialen Aspekten der Stadtplanung kein standardisiertes Instrument zur Verfügung steht, mußte eine auf diesen Gegenstandsbereich zugeschnittene Itemliste entwickelt werden. Hierbei wurde nach den Richtlinien für die Konstruktion von Likert-Skalen vorgegangen (Bortz, 1984;

Gigerenzer, 1981), obwohl eine Bestimmung von Testwerten über alle Items nicht beabsichtigt war.

Aus der Literatur zu den Bereichen Stadtökonomie und -ökologie, Stadt- und Siedlungssoziologie, Sozialökologie und Umweltpsychologie (vgl. u. a. Andritzky & Selle, 1979; Carlberg, 1978; Flade, 1987; Friedrichs, 1980; Hamm, 1982; Ittelson et al., 1977; Lynch, 1965; Mitscherlich, 1965; Schramke & Strassel, 1979) wurden insgesamt 25 Items gesammelt, die Behauptungen oder Statements über den Gegenstandsbereich enthielten und anhand von Rating-Skalen beurteilt werden sollten. Die Statements bestanden aus verschiedene Aussagen, die entweder die wirtschaftlichen oder die ökologisch-sozialen Aspekte der Stadtplanung befürworteten.

Diese Statements wurden insgesamt zehn Personen zur Beurteilung vorgelegt, von denen jeweils die Hälfte Diplom-Betriebs- oder Volkswirte und Diplom-Psychologen oder Diplom-Sozialwissenschaftler waren. Damit waren die beiden sozialen Identitäten der Hauptuntersuchung in dieser "Eichstichprobe" ebenfalls vertreten. Die trennscharfen Items wurden aufgrund des Grades der übereinstimmenden Beurteilung zwischen den Beurteilern mit gleicher sozialer Identität ausgewählt. In der Voruntersuchung (Kapitel 5.7) wurde aufgrund des Umfangs des gesamten Fragenkatalogs die Zahl der Statements auf insgesamt 14 reduziert, wobei sieben dieser Statements betriebs- und gesamtwirtschaftliche Aspekte befürworten und sieben der Statements ökologisch-soziale Aspekte befürworten. Der Fragebogen ist in Anhang B (Erhebungsbogen A) abgedruckt.

5.5.2 Fragebogen zur Interaktion

Der Fragebogen zur Interaktion wurde von Beck (1986a) für die Erfassung verschiedener Dimensionen des Interaktionsprozesses entwickelt. Für die vorliegende Untersuchung wurde dieser Fragebogen in mehrfacher Hinsicht erweitert. Ziel war es, Beurteilungen der Interaktion durch die Vpn nach jeder Interaktionsphase zu erheben. Nach der Phase des lauten Denkens sollten die Vpn außerdem beurteilen, welche Erwartungen sie bezüglich der Interaktion innerhalb des eigenen Teams und der Interaktion zwischen den Teams hatten. Die Fragen zur Interaktion sollten außerdem aus verschiedenen Sozialperspektiven heraus beurteilt werden. Die Interaktion in der Team-Phase sollte folglich nicht nur aus der eigenen Perspektive ("Wie beurteilen Sie selbst den jeweiligen Sachverhalt?"), sondern auch aus der Fremdperspektive für den Mitspieler ("Wie beurteilt Ihrer Ansicht nach der Mitspieler Ihres Teams diesen gleichen Sachverhalt?") sowie aus der Metaperspektive des Mitspielers über sich selbst ("Wie würde Ihr Mitspieler Ihrer Ansicht nach wiederum Ihre Einschätzung dieses Sachverhalts beurteilen?") betrachtet werden.

Die Fragen zur Interaktion betrafen die Zufriedenheit mit dem Problemlöseprozeß, die Einschätzung der eigenen Problemlösefertigkeiten und derjenigen der anderen Mitspieler, die persönliche Stellung zum eigenen Team und die Zufriedenheit mit diesem Team sowie eine Beurteilung des Problemlösevorschlags. Im Anschluß an die Kommissions-Phase II sollten darüber hinaus auch die Güte der Konsensfindung und die Identifikation mit der Rolle als Mitglied des jeweiligen Planungsteams beurteilt werden. Hier erfolgte auch die Einschätzung der Beziehung zwischen den beiden Teams und des Anteils jedes Teams am erarbeiteten Lösungsvorschlag. Eine Personenstatistik wurde hier erhoben sowie die Möglichkeit geboten, Kritik an dem Spiel oder an der Durchführung zu üben.

5.5.3 Lautes Denken

Zur Erhebung der mentalen Modelle der Vpn vor der Interaktion mit den anderen Mitspielern wurde die Methode des lauten Denkens eingesetzt. Der Vorteil dieser Methode für die vorliegende Untersuchung liegt darin, daß die Daten über das mentale Modell in verbaler Form vorliegen und daher direkt mit den Diskussionsprotokollen verglichen werden können. Dieser Umstand ermöglicht auch eine explorative vergleichende Analyse der Unterschiede zwischen lautem Denken und Gesprächen mit anderen Personen.

Das laute Denken wurde mündlich folgendermaßen instruiert:

> Du bekommst gleich eine Darstellung der Probleme der "Modell-Stadt". Deine Aufgabe ist, einen eigenen Stadtentwicklungsplan aufzustellen. Du sollst während der gesamten Zeit laut denken, das heißt alles sagen, was Dir beim Lesen des Textes und beim Durchdenken und Lösen des Problems durch den Kopf geht. Während Du laut denkst, läuft ein Kassettenrecorder mit. Bei dieser Methode der Datenerhebung kommt es sehr auf Deine Mitarbeit an. Es funktioniert nur, wenn Du wirklich spontan alles sagst, was Dir in den Sinn kommt.

Da die Vpn sehr unterschiedlich auf die Methode reagieren, wurde bei Bedarf diese Instruktion präzisiert. Da das eigentliche Problem in sprachlicher Form vorlag, mußte die Vp bereits während des Lesens mit dem lauten Denken beginnen. Dies ist etwas problematisch, da üblicherweise nach 10 bis 20 Sekunden des Schweigens die Vp dazu aufgefordert werden sollte zu sagen, was sie denkt. Bei einer sprachlich vorliegenden Problemstellung ist dies nicht möglich, da für die Vl kaum entscheidbar ist, ob die Vp denkt oder den Text liest. Eine Aufforderung zum lauten Denken würde im Falle des Lesens Verwunderung und unter Umständen Reaktanz seitens der Vp auslösen mit möglicherweise negativen Konsequenzen für die weitere Versuchsdurchführung. In Anbetracht dessen wurde die Vp lediglich in offensichtlichen Fällen (z. B. Betrachtung des Stadtplans oder des Modells) dazu aufgefordert, laut zu denken. Da für den vorliegenden Zweck eine vollständige Erfassung des mentalen Modells nicht erforderlich war, ist dies jedoch kein bedeutender Nachteil.

5.5.4 Gruppendiskussion

Die Gruppendiskussion wird in der Literatur zur qualitativen Sozialforschung als Verfahren zur Untersuchung von Meinungen und Einstellungen einzelner Personen oder einer Gruppe von Personen, zur Erfassung der diesen Meinungen und Einstellungen zugrundeliegenden Bewußtseinsstrukturen sowie zur Erfassung von Gruppenprozessen, die diese Meinungen und Einstellungen bilden oder verändern, eingesetzt (vgl. Dreher & Dreher, 1982; Lamnek, 1989). Die Gruppendiskussion wird hier offenbar (vor allem im kommerziellen Bereich) als Verfahren eingesetzt, um Informationen *über* Meinungen oder Einstellungen zu sammeln, wobei Emergenzerscheinungen durch die Gruppenbildung vernachlässigt werden. Gleichzeitig wird das Verfahren aber stark vom Experiment abgegrenzt, da insbesondere die Interaktion zwischen den Teilnehmern eine experimentelle Kontrolle von unabhängigen, abhängigen und intervenierenden Variablen unmöglich mache (Lamnek, 1989, S. 132). Ergebnisse von Gruppendiskussionen seien daher nur schwerlich reproduzierbar und nicht standardisierbar.

Hier wird m. E. das Kind mit dem Bade ausgeschüttet: Unter Berücksichtigung der Tatsache, daß Gruppen als Systeme zu betrachten sind, die aus Subsystemen (den Gruppenmitgliedern) bestehen und die durch die höhere Systemebene im Vergleich zu den Subsystemen eine emergente Eigenschaft, eben den Gruppen*prozeß*, aufweisen, sind obige Abgrenzungen, allerdings teilweise auch die Forschungsinteressen, hinfällig.

In der Gruppenforschung ist gerade dieser "Störfaktor" Interaktion von besonderem Interesse. Sicherlich ist aufgrund zahlreicher, schwer kontrollierbarer Einflußfaktoren ein streng kontrolliertes experimentelles Vorgehen, wie dies beispielsweise in der Kognitionsforschung möglich ist, erschwert. Dem Experiment (oder gar der Gruppenforschung) aus diesem Grunde eine Absage zu erteilen, wäre m. E. jedoch unsinnig.

In der vorliegenden Untersuchung wird die Interaktion zwischen den Gruppenmitgliedern als unabhängige Variable behandelt (vgl. Kapitel 5.1.3), die bei der durchgeführten Prozeßanalyse in vier Stufen variiert wird: keine Interaktion (Phase des lauten Denkens), Interaktion im Team (Team-Phase), Interaktion in der Gruppe ohne Konsenszwang (Kommissions-Phase I) und Interaktion in der Gruppe mit dem Ziel, eine gemeinsame Entscheidung zu treffen (Kommissions-Phase II). Die verbalen Daten, die hierbei anfallen, bilden die Basis zur Erforschung oder besser (Re-) Konstruktion der abhängigen Variablen, der mentalen Modelle.

5.6 Auswertungsinstrumente

5.6.1 Quantitative Auswertung der Fragebögen

Da die Beurteilungen der Statements und des Interaktionsprozesses auf Ratingskalen erfolgten, liegen ordinalskalierte Daten vor. Zur Überprüfung von Unterschieden zwischen den Teams oder den Beurteilungen vor und nach der Interaktion werden daher nicht-parametrische Testverfahren herangezogen (vgl. z. B. Bortz, 1989; Bortz, Lienert & Boehnke, 1990; Lienert, 1973).

Für unabhängige Stichproben wird der Mann-Whitney U-Test berechnet, für abhängige Stichproben wird der Vorzeichen-Rang-Test (Wilcoxon) gewählt. Des weiteren werden 4-Felder-Kontingenztafeln berechnet, als Zusammenhangsmaß wird der Phi-Koeffizient gewählt. Das Signifikanzniveau wird für alle Tests auf $p = 0,05$ festgesetzt. Insbesondere die Fragebögen zur Interaktion werden weitgehend deskriptiv ausgewertet.

Sämtliche Berechnungen erfolgen mit Hilfe des Statistik-Programm-Pakets für Personal-Computer SPSSPC+ (vgl. z. B. Brosius, 1988).

5.6.2 *Cognitive Mapping*

Das Verfahren *cognitve mapping* wurde von Axelrod (1976c) zur Analyse außenpolitischer Entscheidungen und Entscheidungsprozesse entwickelt. Ziel war es, eine nicht-reaktive, valide und reliable Methode zu entwickeln, die keine *a priori* Annahmen des Forschers an die Daten heranträgt und die zur Evaluation von Entscheidungen verwandt werden kann (Axelrod, 1976b).

Grundlage des Verfahrens ist die Erfassung von Konzepten, die von einer Person verwendet werden, und die Bestimmung von Relationen zwischen diesen Konzepten. Dargestellt werden die Konzepte als Knoten und die Relationen zwischen ihnen als Kanten in einem Graphen. Da

5.6 Auswertungsinstrumente

für Axelrod vor allem kausale Relationen zwischen Konzepten interessant sind, handelt es sich bei den verwendeten Graphen um gerichtete und signierte Graphen. Axelrod (1976a, S. 68f.) verzichtet bewußt auf eine Gewichtung der Graphen bzw. auf die Bestimmung funktionaler Zusammenhänge zwischen den Konzepten, da diese Zusammenhänge von Personen, die eine Entscheidung zu treffen haben, höchstens als *mehr oder weniger* oder *steigt oder sinkt* wahrgenommen werden, nicht jedoch in der ganzen Komplexität ihrer Wirkungen.

Eine *cognitive map* definiert Axelrod (1976a) folgendermaßen:

> In our case, the cognitive map is a mathematical model of a belief system. It does not try to capture every aspect of a person's belief system. That would be a hopeless, and even a worthless, task since it would leave us with something just as complicated as the original object. *A cognitive map is designed to capture the structure of the causal assertion of a person with respect to a particular policy domain, and generate the consequences that follow from this structure.* (S. 58; Hervorh. i. Orig.)

Die *cognitive map* soll folglich nicht eine vollständige Struktur des Wissens und der Überzeugungen einer Person abbilden, sondern ein gegenstandsbezogenes, aktualgenetisches Bild der Behauptungen liefern. Dabei wird jedoch nichts über die Form der mentalen Repräsentation ausgesagt (vgl. Kapitel 3.1), es geht hier lediglich um die strukturierte Erfassung sprachlicher Äußerungen. Das Verfahren *cognitive mapping* bildet diese Struktur als signierten Digraphen ab.

Boos (1993) entwickelt das *cognitive mapping* weiter und kombiniert es mit der Konferenzkodierung von Fisch (1989). Sie verwendet das Verfahren zur Auswertung von Planspielsitzungen resp. zur Untersuchung von Planungs- und Entscheidungsprozessen in Konferenzen oder Arbeitsbesprechungen und zur Erfassung verschiedener inhaltsbezogener Aspekte des Problemlöseprozesses. Dabei können unter anderem folgende Fragen mit Hilfe des Verfahrens beantwortet werden:

> Wurde die Komplexität des Problems erkannt? Wurden genügend Aspekte differenziert und gegeneinander abgewogen? Gelang es, diese Aspekte im Endergebnis zu integrieren? Wie unterscheiden sich die individuellen (ressort- oder fachbezogenen) Problemsichten? Wo bestehen Gemeinsamkeiten? Wie verändern sich die individuellen / die kollektiven Problemsichten im Verlaufe des Problemlösungsprozesses? Wie unterscheiden sich Gruppen, die für ihr Problemlösungsverhalten unterschiedlich instruiert wurden (quasi-experimentelles Design), hinsichtlich ihrer Aktivität und Kreativität sowie in der Qualität der Problemlösung? (Fisch, Morguet & Boos, 1989, S. 1)

Bei der Kodierung eines Textes mittels *cognitive mapping* werden "sinntragende, in sich geschlossene Aussagen in Form eines oder mehrerer Sätze, die sich auf die vorgegebene Problemsituation beziehen" (Fisch et al., 1989, S. 2) zugrunde gelegt. Konzepte resp. Problemelemente (Boos, 1993; Fisch et al., 1989) werden aus diesen Kodiereinheiten ermittelt sowie die Relation bestimmt, in der die Problemelemente zueinander stehen. Den Problemelementen werden darüber hinaus inhaltliche Kategorien zugeordnet. Fisch et al. (1989) unterscheiden ökonomische, ökologische, rechtliche und verfahrensmäßige Problemelemente. Die Definition der Inhaltskategorien ist jedoch vom Gegenstandsbereich und von der Fragestellung abhängig.

Aufgrund der hohen Reliabilität, die das Verfahren durch langjährige Erprobung aufweist, sowie aufgrund der Konzeption als Instrument zur Erforschung und Evaluation von Planungs- und Entscheidungsprozessen, eignet sich das *cognitive mapping* auch zur Erforschung der hier vorliegenden Fragestellung.[6]

Eine Modifikation des Verfahrens ist dabei lediglich in bezug auf die Definition der Inhaltskategorien erforderlich. Aufgrund der unterschiedlichen sozialen Identitäten sowie der verschiedenen, für die Problemstellung relevanten Perspektiven, ist es sinnvoll, auch entsprechende Inhaltskategorien zu unterscheiden. Darüber hinaus sollten jedoch auch alle im Bereich der Stadtplanung auftretenden Inhaltsbereiche, wie beispielsweise infrastrukturelle Aspekte oder rein ortsbezogene Aspekte, in den Kodierungen berücksichtigt und repräsentiert werden. Daher werden für diese Untersuchung folgende Inhaltskategorien definiert:
- gesamtwirtschaftliche (*makro*),
- betriebswirtschaftliche (*mikro*),
- ökologische (*ökol*),
- soziale (*soz*),
- verfahrensmäßige (*verf*),
- ortsbezogene (*loc*) und
- infrastrukturelle (*infra*) Problemelemente.

Die Kategorien *makro* und *mikro* werden dem Planungsteam Wirtschaft zugeordnet, die Kategorien *ökol* und *soz* dem Planungsteam Um-

---

[6] Szyperski, Müller-Silva und Bechtolsheim (1984) verwenden das Verfahren *cognitive mapping* zur computergestützten Konstruktion eines synthetischen Kollektivmodells aus verschiedenen Individualmodellen, in der Hoffnung, damit den durch gruppendynamische Effekte "dysfunktionale Abweichungen" (S. 17) produzierenden Interaktionsprozeß zu vermeiden. Dabei werden verschiedene, von einzelnen Personen entwickelte Modelle in den Computer eingelesen und künstlich zu einem Kollektivmodell verschmolzen. Daß Interaktionsprozesse in erster Linie *funktional für die Verständigung* zwischen Personen und damit für die Angleichung der Bedeutungen und die Konstruktion von Realität unabdingbar sind, wird dabei völlig übersehen. Es wäre interessant zu untersuchen, wie viele Mißverständnisse bei diesem simulierten Ersatz für Interaktion zwischen den Personen entstehen und erhalten bleiben.

welt & Soziales (zur Operationalisierung der Kategorien vgl. Anhang C). Die übrigen Kategorien werden bei den Auswertungen mit Hilfe der Monotonen Netzwerkanalyse verwendet.

Die Auswertung der Kodierungen erfolgt zur Beschreibung des Problemlöseprozesses in erster Linie deskriptiv über Häufigkeitsauswertungen. Zur Ermittlung von Unterschieden zwischen den Teams werden 4-Felder-Kontingenztafeln berechnet, wobei als Zusammenhangsmaß auch hier der Phi-Koeffizient gewählt wird. Das Signifikanzniveau wird auf $p = 0{,}05$ festgesetzt. Die Berechnungen erfolgen ebenfalls mit Hilfe des Statistik-Programm-Pakets für Personal-Computer SPSSPC+ (vgl. z. B. Brosius, 1988).

5.6.3 Strukturkodierung

Die Strukturkodierung wurde aus der Konferenzkodierung von Fisch (1989) heraus entwickelt. Der Konferenzkodierung liegt die Unterscheidung der drei Hauptkategorien Steuerungsbeiträge (S), inhaltsbezogene Beiträge (I) und sozio-emotionale Beiträge (E) zugrunde. Diese Unterscheidung wählte Fisch aufgrund empirischer Beobachtungen "kritischer Ereignisse" in verschiedenen Sitzungen und Konferenzen (Fisch, 1989, S. 4 und S. 9f.), nicht aufgrund einer Theorie der Interaktion in Gruppen.

Der Nachteil dieser drei Hauptkategorien liegt darin, daß sie nicht trennscharf sind und daher häufig Mehrfachkodierungen vorgenommen werden müssen. Da jedoch bei jeder Mehrfachkodierung die gleiche Aussage doppelt oder dreifach repräsentiert ist, führen Mehrfachkodierungen zu Verfälschungen der übrigen Ergebnisse. Sie sind daher nach Möglichkeit zu vermeiden.

Trennscharfe Hauptkategorien resultieren jedoch bereits aus der Differenzierung zwischen der *Funktion* einer Äußerung und der *Relation* des Sprechers zu dieser Äußerung. Dabei bleiben alle Unterkategorien von Fisch (1989) erhalten, lediglich die Hauptkategorien unterscheiden sich.

Die Kodierung der Funktion eines Beitrags und der Relation des Sprechers zu diesem Beitrag möchte ich hier in Abgrenzung zur Konferenzkodierung als *Strukturkodierung* bezeichnen. Die Struktur einer Äußerung besteht dabei einerseits aus ihrer *Funktion im Interaktionsprozeß oder im kognitiven Prozeß des Sprechers,* andererseits aus der sich in der Äußerung manifestierenden *Relation des Sprechers zum Inhalt der Äußerung oder zum Hörer.*

Hierbei gehe ich davon aus, daß eine Äußerung zunächst eine Funktion innerhalb des Interaktionsprozesses haben kann. So gehören hierzu beispielsweise sowohl inhaltliche als auch verfahrensmäßige Steuerungsbeiträge, Lösungsvorschläge, Zielsetzungen oder Feststellungen und Behauptungen. Des weiteren kann eine Äußerung eine Funktion innerhalb des kognitiven Prozesses des Sprechers haben. Hierzu gehören Metakognitionen, direkte Reaktionen auf Äußerungen anderer oder die Modifikation eigener Beiträge.

Aus einem Teil der Äußerungen läßt sich darüber hinaus erkennen, in welcher Beziehung der Sprecher zu seiner Äußerung steht. So kann diese eine positive oder eine negative Meinungsäußerung sein, der Sprecher kann die Wichtigkeit oder Unwichtigkeit von Problemelementen betonen oder der Äußerung des Vorredners zustimmen oder diese ablehnen. Die Äußerung kann ferner eine Unbestimmtheit oder Unsicherheit enthalten. Außerdem läßt sich an der Äußerung (unter Umständen) die Relation des Sprechers zum Hörer erkennen. Hierzu gehören insbesondere sozio-emotionale Beiträge wie die positive oder negative Bewertung von Personen.

Durch diese in der Strukturkodierung erfolgte Modifikation wird die Kodierung von Planspielsitzungen oder auch von Konferenzen m. E. besser handhabbar und ermöglicht durch die sich auf die Struktur der Äußerungen gründende Systematik eine systematische Perspektive auf den Verlauf von Interaktionsprozessen (zur Operationalisierung der von der Konferenzkodierung abweichenden Kategorien vgl. Anhang C). Der von Fisch (1989, S. 10) angesprochenen, noch zu entwicklenden Theorie der Gruppeninteraktion, die auf den drei kritischen Ereignissen beruhen könnte, steht diese Modifikation m. E. nicht im Wege.

Die Auswertungen der Daten der Strukturkodierung erfolgen hier aufgrund der andersartigen Fragestellung der Untersuchung zunächst lediglich deskriptiv. In Kapitel 7 sollen jedoch Möglichkeiten der weiteren Auswertung solcher Daten aufgezeigt werden.

5.6.4 Monotone Netzwerkanalyse (MONA)

Die Monotone Netzwerkanalyse (MONA) ist ein von Orth (1989a, 1989b, 1992) entwickeltes Verfahren zur graphentheoretischen Repräsentation von Ähnlichkeitsdaten. Zur Berechnung eines ungerichteten, gewichteten Graphen benötigt MONA ordinale Ähnlichkeitsdaten, beispielsweise in Form einer Rangordnung mehrerer, auf einer Dimension vergleichbarer Elemente resp. empirischer Objekte. Diese Rangordnung kann aus einer Ähnlichkeitsmatrix ermittelt werden, in der die Ähnlichkeiten oder Distanzen zwischen verschiedenen empirischen Objekten repräsentiert sind. Bei den von MONA errechneten Graphen werden sowohl die Zahl der Kanten als auch die Kantengewichte minimiert. Die derzeit maximale Anzahl zu verarbeitender Objekte in einem MONA-Graphen beträgt 25.

Bei empirischen Daten kann nun nicht immer davon ausgegangen werden, daß die Daten absolut fehlerfrei sind. Dies bedeutet, daß davon

5.6 Auswertungsinstrumente

ausgegangen werden muß, daß in der Rangordnung nahe beieinander liegende Objekte unter Umständen vertauscht sind. Für diesen Fall geht MONA von einem Fehlerkriterium e_{max} aus:

> With respect to an empirical rank ordering it seems fair to assume that errors occur most likely between those objects which are closely together in the ranking. To put it differently, it may be safe to assume that errors most likely would lead to reversals between adjacent objects. This is the basic idea behind the error criterion used by MONA. It is called e_{max}, and it is defined as the maximal number of adjacent pairwise reversals in the rank ordering which the user is willing to accept. (Orth, 1992, S. 10)

Für $e_{max} = 0$ bedeutet dies, daß keine Ränge vertauscht werden dürfen. Bei $e_{max} = 1$ dürfen lediglich benachbarte Ränge, also beispielsweise Rangplatz 1 mit Rangplatz 2 oder Rangplatz 2 mit Rangplatz 3, vertauscht werden. Für $e_{max} = 2$ dürfen darüber hinaus auch nicht direkt benachbarte Ränge vertauscht werden, so z. B. Rangplatz 1 und Rangplatz 3. Das Fehlerkriterium e_{max} bezeichnet jeweils die Differenz der maximal zu vertauschenden Rangplätze. Charakteristisches Merkmal dieses Fehlerkriteriums ist, daß nicht versucht wird, für fehlerbehaftete Daten eine möglichst optimale Anpassung zu finden, sondern daß zunächst ein fehlerfreier Datensatz erstellt wird, für den dann eine exakte Repräsentation bestimmt wird. "It should finally be noted that the error criterion e_{max} should therefore not be considered as a goodness of fit criterion. Rather it corresponds to what might be called a 'badness of data' criterion." (Orth, 1992, S. 13)

Derzeit ist das Computerprogramm für die Monotone Netzwerkanalyse noch nicht verfügbar, soll jedoch in nächster Zeit fertiggestellt werden. Eine detaillierte Darstellung der Methode findet sich bei Orth (1992) (vgl. auch Brauner & Orth, in Druck; Orth & Brauner, 1988).

Für die Berechnung von MONA-Graphen aus dem vorliegenden Datenmaterial werden die Inhaltskategorien und die Relationen zwischen Problemelementen (resp. den Inhaltskategorien) der Kodierungen des *cognitive mapping* zugrunde gelegt. Da MONA ungerichtete Graphen errechnet, werden alle Relationen zwischen Inhaltskategorien gleich behandelt. Zur Berechnung der Ähnlichkeitsmatrix werden zunächst die Häufigkeiten der Verknüpfung zwischen zwei Inhaltskategorien pro Person und Phase der Datenerhebung ausgezählt. Anhand dieser Häufigkeiten wird dann eine Rangordnung zwischen den Inhaltskategorien erstellt. Aus dieser Rangordnung errechnet MONA die jeweiligen Graphen.

Zum besseren Vergleich der Personen und der Phasen werden pro Phase für jede Person, für jedes Team und für die Kommission je ein

Graph errechnet. Insbesondere in der Phase des Lauten Denkens und in der Team-Phase ist dieses Vorgehen strenggenommen nicht korrekt, da die Personen hier noch nicht oder nur teilweise miteinander kommuniziert haben. Da die Phasen auf diese Weise jedoch erheblich besser vergleichbar sind, wird auf diese Darstellung nicht verzichtet.

Die Graphen, die MONA liefert, können als stark reduzierte mentale Modelle oder *cognitive maps* bezeichnet werden. Durch die Reduktion auf die sieben Inhaltskategorien und deren Ähnlichkeiten können die einzelnen mentalen Modelle leichter und besser verglichen werden, als wenn die vollständigen *cognitive maps* bei Verwendung der Problemelemente selbst und sämtlicher zwischen ihnen möglicher Relationen gezeichnet werden. Durch den qualitativen Vergleich der Graphen können folglich weitere Informationen über die Struktur der mentalen Modelle ermittelt werden.

5.7 Voruntersuchung

Im Rahmen einer Voruntersuchung (Simberger, 1992) wurden sämtliche Fragebögen vor Beginn der Hauptuntersuchung an einer Stichprobe von 20 Vpn getestet. Da sich dabei herausstellte, daß die Beantwortung der Fragen sehr viel Zeit in Anspruch nahm, wurden die Erhebungsbögen in einigen Passagen etwas gekürzt. So wurde der Beurteilungsbogen zur Stadtplanung auf 14 Statements reduziert. Die ursprünglich geplante Erhebung von Interaktionsdaten nach jeder Interaktionsphase erwies sich als nicht durchführbar, so daß der Fragebogen zur Interaktion nach der Kommissions-Phase I ersatzlos gestrichen wurde.

Des weiteren wurde in der Voruntersuchung geprüft, ob der vorgesehene Ablauf der Planspielsitzungen realisierbar war, oder ob die geplante Dauer der Untersuchung zu einer Überforderung der Vpn führen würde. Es waren jedoch lediglich geringfügige Änderungen an der Planung erforderlich, so daß der ursprüngliche Untersuchungsplan weitestgehend beibehalten werden konnte.

5.8 Kontrolluntersuchung

Im Rahmen einer Kontrolluntersuchung (Reinecke, 1992) wurde an einer Stichprobe von 15 Vpn überprüft, ob bereits die Auseinandersetzung mit einer schriftlich vorliegenden Diskussion über den Gegenstandsbereich ohne Interaktion mit anderen Personen zu einer Veränderung eines mentalen Modells führt.

Hierzu wurde zunächst aus einer Planspielsitzung der Hauptuntersuchung eine kontroverse Diskussion über das Problem der "Modell-Stadt" rekonstruiert. Die erste Phase der Kontrolluntersuchung entsprach der ersten Phase der Hauptuntersuchung. In der zweiten Phase erhielten die Vpn die Diskussion mit der Instruktion, auch hier wieder laut zu denken.

Aufgrund begrenzter Zeitressourcen konnten nicht die gleichen Auswertungsmethoden angewendet werden wie in der Hauptuntersuchung. Daher sind die Ergebnisse nicht direkt vergleichbar. Dennoch zeichnet sich in den Ergebnissen ab, daß eine Veränderung zwar stattfindet, jedoch nicht in der für die Hauptuntersuchung vermuteten Richtung.

5.9 Methodische Aspekte

Die vorliegende Untersuchung hat sowohl hypothesentestenden als auch explorativen Charakter. Der Fragebogen zum Inhaltsbereich, Teile der Interaktionsfragebögen sowie die Inhaltskategorien des *cognitive mapping* werden zur Überprüfung der in Kapitel 5.1 dargestellten Hypothesen verwendet. Insbesondere die Ergebnisse der Strukturkodierung, aber auch Teile des *cognitive mapping* sollen lediglich deskriptiv dargestellt werden. In Kapitel 7.5.5 sollen jedoch weitere Möglichkeiten der Auswertung diskutiert werden, die an dieser Stelle, auch aufgrund der andersartigen Fragestellung, noch nicht verwirklicht werden können. Damit gehört die Untersuchung nach der Typologie von Boos (1992, S. 8f.) sowohl in die Kategorie der heuristischen Fallstudien als auch in die Kategorie der Falsifikation von Hypothesen an typischen Fällen (vgl. Foppa, 1986). Die Schwierigkeit bei der letzten Kategorie besteht nach Boos (1992) darin, tatsächlich einen typischen Fall für die Fallstudie auszuwählen. Im Extremfall könne es sich nach Foppa (1986, S. 159) im Sinne der Typikalitätslogik herausstellen, daß eine Hypothese für genau ein Individuum bzw. hier eine Planspielgruppe gilt. Um die Wahrscheinlichkeit für dieses Ereignis zu reduzieren, werden in dieser Untersuchung zwei Wege begangen. Zum einen werden die Hypothesen quasi auf einer Makro-Ebene anhand der Einstellungen der Personen zu dem Gegenstandsbereich über alle erhobenen 18 Gruppen überprüft (vgl. Kapitel 6.1), damit auch Aussagen über eine größere Stichprobe gemacht werden können. Zum anderen soll als wichtigstes Kriterium für die Auswahl der Fallstudie aus den vorliegenden 18 Planspielen die Kontroversität der Diskussion bestimmt werden. Im Sinne eines Extremfalls kann bei erfolgter Angleichung der mentalen Modelle dann eher davon ausgegangen werden, daß eine Angleichung auch in weniger kontroversen Fällen erfolgen wird. Sicherheit darüber kann jedoch erst erlangt werden, wenn zusätzlich weitere, möglicherweise weniger oder gar nicht kontroverse Fälle ausgewertet werden (vgl. hierzu u. a. Dörner, 1989a; Petermann, 1981; Petermann & Hehl, 1979).

Die strikte Trennung von Ergebnissen und der Interpretation dieser Ergebnisse ist in wissenschaftlichen Arbeiten in der Psychologie Usus und sinnvoll. Leider läßt sich eine solche strikte Trennung bei der Darstellung der Ergebnisse von Einzelfallstudien, die auch explorativen Charakter haben, nicht durchhalten. Teilweise werden daher in den Zwischenergebnissen zu den Prozeßanalysen vorläufige Zusammenfassungen der Ergebnisse gegeben, die nicht immer ganz von Interpretationen frei sein können.

6 Ergebnisse

6.1 Analyse der Fragebogendaten

Das Planspiel "Modell-Stadt" wurde mit insgesamt 18 Gruppen à vier Personen durchgeführt. In die Auswertung der Fragebögen gingen die Daten aller 18 Gruppen ein. Die Gesamtstichprobe belief sich somit auf 72 Personen. Da die Hälfte der Vpn jeweils dem Team Wirtschaft bzw. dem Team Umwelt & Soziales angehörte, bestanden die Gruppen beim Gruppenvergleich aus jeweils 36 Personen. Die Daten wurden sowohl deskriptiv als auch inferenzstatistisch ausgewertet.

6.1.1 Beurteilung des Inhaltsbereichs

Die Untersuchung des Inhaltsbereichs erfolgte anhand des Erhebungsbogens zur Stadtplanung (vgl. Erhebungsbogen A im Anhang B). Die erhobenen Statements bezogen sich auf verschiedene inhaltliche stadtplanerische Problembereiche, die aus der Literatur zur Stadtplanung und zur Stadtökonomie entwickelt worden waren. Sie repräsentierten z. T. sehr gegensätzliche Einstellungen zur Berücksichtigung wirtschaftlicher Interessen und zur Berücksichtigung der Interessen von Bewohnern. Dieser Erhebungsbogen wurde den Vpn zu zwei Meßzeitpunkten vorgelegt: das erste Mal nach der Phase des lauten Denkens und das zweite Mal nach der Kommissions-Phase II.

Die Vpn hatten bei diesem Erhebungsbogen Beurteilungen verschiedener Statements auf siebenstufigen Ratingskalen abzugeben. (Zur Bezeichnung der Stufen s. Fragebogen 1 im Anhang.)

Zur näheren Beschreibung des Datenmaterials werden zunächst einige deskriptive Statistiken herangezogen. Sodann werden die Ergebnisse des

Vergleichs der beiden Teams und der beiden Meßzeitpunkte im einzelnen dargestellt.

6.1.1.1 Deskriptive Statistiken

Für beide Planungsteams ("Wirtschaft" und "Umwelt & Soziales") und für jedes der sieben wirtschaftlich orientierten und der sieben ökologisch-sozial orientierten Statements wurden die Mediane der Verteilungen berechnet.

Abbildung 6.1.1 enthält die Mediane der wirtschaftlich orientierten Statements, Abbildung 6.1.2 die der ökologisch-sozial orientierten vor der Interaktion.[1] Die Verteilung der Mediane der Planungsteams Wirtschaft liegt in Abbildung 6.1.1 deutlich oberhalb der Verteilung für die Planungsteams Umwelt & Soziales. Die Teams Wirtschaft stimmen folglich den wirtschaftlichen Statements zu, während die Teams Umwelt & Soziales diese Statements ablehnen. In Abbildung 6.1.2 liegen die Mediane der Teams Umwelt & Soziales höher als die der Teams Wirtschaft. Den ökologisch-sozialen Statements stimmen also die Teams Umwelt & Soziales zu, während die Teams Wirtschaft diese Statements eher ablehnen. Zusammenfassend kann gesagt werden, daß die Teams Wirtschaft eher den wirtschaftlich orientierten Statements und die Teams Umwelt & Soziales eher den ökologisch-sozial orientierten Statements zustimmen.

Bei einem Vergleich der beiden Abbildungen wird allerdings auch deutlich, daß die ökologisch-sozialen Statements von beiden Teams eher zustimmend beurteilt werden als die wirtschaftlich orientierten Statements.

Die Abbildungen 6.1.3 und 6.1.4 bilden die Beurteilungen der Statements durch beide Teams nach der Interaktion ab. Auch hier stimmen die Teams Wirtschaft eher den wirtschaftlich orientierten Statements zu und die Team Umwelt & Soziales eher den ökologisch-sozial orientierten Statements. Allerdings scheinen die Beurteilungen nach der Interaktion zumindest bei einigen Statements nicht mehr ganz so stark voneinander abzuweichen.

---

[1] Aus Gründen der Anschaulichkeit wurden für alle Grafiken Linien als Darstellungsform gewählt, obwohl die Abszisse lediglich diskrete Daten enthält.

6.1 Analyse der Fragebogendaten

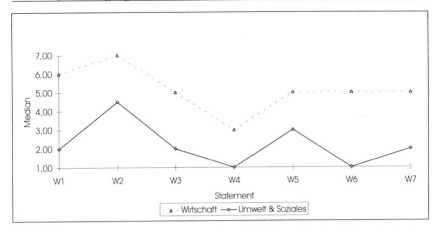

Abbildung 6.1.1: Vergleich der Teams bezüglich der wirtschaftlich orientierten Statements vor der Interaktion. (W1 - W7: Nr. des Statements). Stichprobenmediane der Teams Wirtschaft und der Teams Umwelt & Soziales. N = 72.

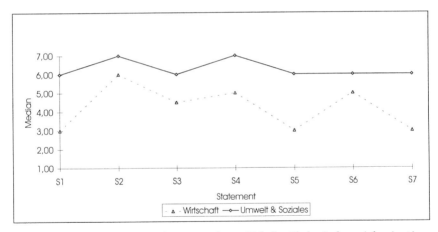

Abbildung 6.1.2: Vergleich der Teams bezüglich der ökologisch-sozial orientierten Statements vor der Interaktion. (S1 - S7: Nr. des Statements). Stichprobenmediane der Teams Wirtschaft und der Teams Umwelt & Soziales. N = 72.

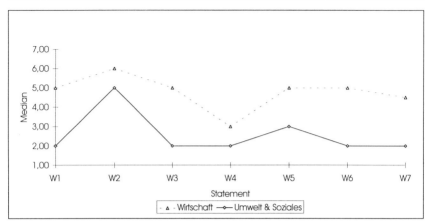

Abbildung 6.1.3: Vergleich der Teams bezüglich der wirtschaftlich orientierten Statements nach der Interaktion. (W1 - W7: Nr. des Statements). Stichprobenmediane der Teams Wirtschaft und der Teams Umwelt & Soziales. N = 72.

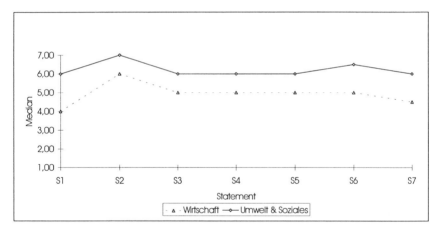

Abbildung 6.1.4: Vergleich der Teams bezüglich der ökologisch-sozial orientierten Statements nach der Interaktion. (S1 - S7: Nr. des Statements). Stichprobenmediane der Teams Wirtschaft und der Teams Umwelt & Soziales. N = 72.

6.1 Analyse der Fragebogendaten   151

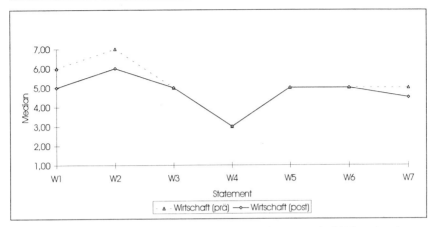

Abbildung 6.1.5: Vergleich der Beurteilungen der wirtschaftlich orientierten Statements durch die Teams Wirtschaft vor und nach der Interaktion. (W1 - W7: Nr. des Statements). Stichprobenmediane der Teams Wirtschaft vor und nach der Interaktion. N = 72.

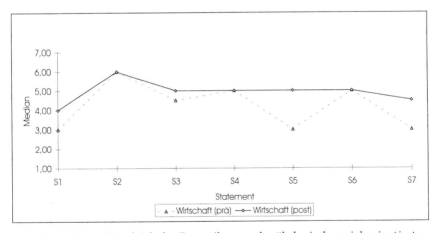

Abbildung 6.1.6: Vergleich der Beurteilungen der ökologisch-sozial orientierten Statements durch die Teams Wirtschaft vor und nach der Interaktion. (S1 - S7: Nr. des Statements). Stichprobenmediane der Teams Wirtschaft vor und nach der Interaktion. N = 72.

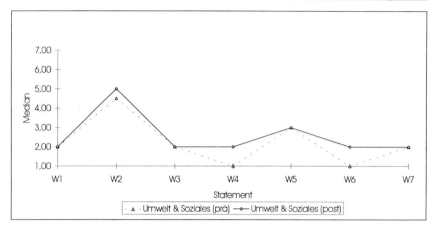

Abbildung 6.1.7: Vergleich der Beurteilungen der wirtschaftlich orientierten Statements durch die Teams Umwelt & Soziales vor und nach der Interaktion. (W1 - W7: Nr. des Statemenls). Stichprobenmediane der Teams Umwelt & Soziales vor und nach der Interaktion. N = 72.

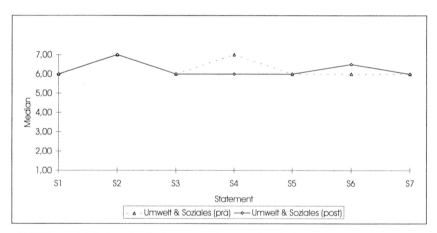

Abbildung 6.1.8: Vergleich der Beurteilungen der ökologisch-sozial orientierten Statements durch die Teams Umwelt & Soziales vor und nach der Interaktion. (S1 - S7: Nr. des Statements). Stichprobenmediane der Teams Umwelt & Soziales vor und nach der Interaktion. N = 72.

Ein Unterschied zwischen den beiden Meßzeitpunkten zeigt sich auch im Vergleich der Beurteilungen der Statements vor und nach der Interaktion, wenn sie getrennt für beide Teams betrachtet werden. Dieser Vergleich der Stichprobenmediane der Teams Wirtschaft vor der Interaktion und nach der Interaktion in Abbildung 6.1.5 und Abbildung 6.1.6

deutet auf eine Veränderung der Beurteilungen hin. Die Vpn der Teams Wirtschaft stimmen den wirtschaftlich orientierten Statements nach der Interaktion in Team und Kommission tendenziell weniger zu als vor der Interaktion. Auch bei den ökologisch-sozial orientierten Statements ist eine Veränderung zu erkennen. Ihnen stimmen die Vpn nach der Interaktion mehr zu als zuvor.

Bei den Vpn der Teams Umwelt & Soziales hat ebenfalls eine Veränderung stattgefunden. Diese Vpn stimmen nach Abbildung 6.1.7 den wirtschaftlich orientierten Statements nach der Interaktion tendenziell eher zu als vor der Interaktion. Abbildung 6.1.8 zeigt schließlich, daß die Teams Umwelt & Soziales zwei der ökologisch-sozial orientierten Statements nach der Interaktion tendenziell weniger zustimmen.

Insgesamt hat in der Zeit zwischen den beiden Meßzeitpunkten eine Angleichung der Standpunkte stattgefunden. Beide Teams tendieren mit ihren Urteilen etwas stärker zur Mitte der Skala (4 = teils/teils). Das bedeutet, daß die Fragen nach der Interaktion weniger extrem beantwortet werden als noch vor der Interaktion. Im folgenden soll nun eine inferenzstatistische Prüfung der Unterschiede zwischen beiden Meßzeitpunkten ergeben, ob die Unterschiede statistisch signifikant sind.

6.1.1.2 Unterschiede zwischen den Teams vor und nach der Interaktion

Für die inferenzstatistische Überprüfung der Unterschiede zwischen den Teams wurde aufgrund des Skalenniveaus der Daten ein verteilungsfreies Testverfahren gewählt. Mit Hilfe des U-Tests von Mann-Whitney für unabhängige Stichproben (vgl. Bortz, 1989, S. 178ff.; Lienert, 1973, S. 213ff.) wurden die Lokationsunterschiede zwischen beiden Planungsteams auf Signifikanz überprüft. Das Signifikanzniveau war für alle Tests auf $p = 0,05$ festgelegt worden.

Wie die Tabellen 6.1.1 und 6.1.2 zeigen, sind bei allen 14 Fragen die Unterschiede zwischen den Beurteilungen beider Teams statistisch signifikant. Darüber hinaus zeigen die beiden Tabellen 6.1.3 und 6.1.4, daß auch nach der Interaktion die Unterschiede zwischen den beiden Planungsteams bei der Beurteilung aller Statements statistisch signifikant sind.

| | Mittlerer Rangplatz | | Z-Wert | Signifikanz- |
	Team Wirtschaft	Team Umwelt & Soziales		niveau
W1	53,42	19,58	-7,1490	0,0000*
W2	49,25	23,75	-5,3008	0,0000*
W3	50,00	23,00	-5,5555	0,0000*
W4	50,54	22,46	-5,8525	0,0000*
W5	48,31	24,69	-4,8696	0,0000*
W6	48,43	24,57	-5,0333	0,0000*
W7	47,42	25,58	-4,5052	0,0000*

Tabelle 6.1.1: Mann-Whitney U-Test für Lokationsunterschiede zwischen den Planungsteams vor der Interaktion bei der Beurteilung der wirtschaftlich orientierten Statements. N = 72.

| | Mittlerer Rangplatz | | Z-Wert | Signifikanz- |
	Team Wirtschaft	Team Umwelt & Soziales		niveau
S1	26,22	46,78	-4,2548	0,0000*
S2	28,38	44,63	-3,7118	0,0002*
S3	28,10	44,90	-3,4996	0,0005*
S4	24,57	48,43	-5,0514	0,0000*
S5	22,96	50,04	-5,6150	0,0000*
S6	25,18	47,82	-4,7320	0,0000*
S7	24,13	48,88	-5,1154	0,0000*

Tabelle 6.1.2: Mann-Whitney U-Test für Lokationsunterschiede zwischen den Planungsteams vor der Interaktion bei der Beurteilung der ökologisch-sozial orientierten Statements. N = 72.

| | Mittlerer Rangplatz | | Z-Wert | Signifikanz- |
	Team Wirtschaft	Team Umwelt & Soziales		niveau
W1	50,75	22,25	-5,8983	0,0000*
W2	48,75	24,25	-5,1303	0,0000*
W3	50,56	22,44	-5,8492	0,0000*
W4	48,75	24,25	-5,0980	0,0000*
W5	48,42	24,58	-4,9641	0,0000*
W6	48,72	24,28	-5,0604	0,0000*
W7	48,61	24,39	-5,0902	0,0000*

Tabelle 6.1.3: Mann-Whitney U-Test für Lokationsunterschiede zwischen den Planungsteams nach der Interaktion bei der Beurteilung der wirtschaftlich orientierten Statements. N = 72.

6.1 Analyse der Fragebogendaten

	Mittlerer Rangplatz		Z-Wert	Signifikanz-niveau
	Team Wirtschaft	Team Umwelt & Soziales		
S1	28,11	44,89	-3,4927	0,0005*
S2	27,26	45,74	-3,9472	0,0001*
S3	28,10	44,90	-3,4958	0,0005*
S4	24,86	48,14	-4,8959	0,0000*
S5	24,88	48,13	-4,8377	0,0000*
S6	25,83	47,17	-4,4979	0,0000*
S7	23,93	49,07	-5,2386	0,0000*

Tabelle 6.1.4: Mann-Whitney U-Test für Lokationsunterschiede zwischen den Planungsteams nach der Interaktion bei der Beurteilung der ökologisch-sozial orientierten Statements. N = 72.

6.1.1.3 Vergleich der Beurteilungen vor und nach der Interaktion

Zur Überprüfung des Unterschieds zwischen den Beurteilungen vor und nach der Interaktion wurde der Vorzeichen-Rang-Test (Wilcoxon-Test) bei einseitiger Fragestellung berechnet (vgl. Bortz, 1989, 183ff.; Lienert, 1973, 322ff.). Auch hier wurde aufgrund des Skalenniveaus der Daten ein verteilungsfreies Testverfahren gewählt.

Statistisch signifikante Unterschiede ergaben sich beim Planungsteam Wirtschaft für die Fragen W1, W2, S2, S5 und S6 (vgl. die Tabellen 6.1.5 und 6.1.6). Beim Planungsteam Umwelt & Soziales sind die Unterschiede zwischen beiden Meßzeitpunkten bei den Fragen W1, W4, W6, S2 und S4 (vgl. die Tabellen 6.1.7 und 6.1.8) statistisch signifikant.

	Mittlerer Rangplatz		Z-Wert	Signifikanz-niveau
	W (prä)	W (post)		
W1	9,38	15,25	-2,5956	0,0047*
W2	7,54	7,00	-2,8563	0,0021*
W3	10,31	9,77	-0,5030	0,3075
W4	11,94	10,42	-0,6952	0,2435
W5	8,10	10,29	-0,2130	0,4157
W6	8,57	10,09	-1,1105	0,1334
W7	12,50	11,35	-0,7452	0,2281

Tabelle 6.1.5: Vorzeichen-Rang-Test (Wilcoxon) für Lokationsunterschiede zwischen erster und zweiter Datenerhebung für Teams Wirtschaft bei der Beurteilung der wirtschaftlich orientierten Statements. N = 72.

	Mittlerer Rangplatz		Z-	Signifikanz-
	W (prä)	W (post)	Wert	niveau
S1	7,64	9,95	-1,0888	0,1382
S2	10,57	10,33	-1,6053	0,0542*
S3	8,67	11,20	-0,6841	0,2470
S4	13,25	8,95	-0,5909	0,2773
S5	10,00	13,07	-1,7641	0,0389*
S6	8,93	12,04	-1,8422	0,0328*
S7	8,64	10,79	-1,3884	0,0825

Tabelle 6.1.6: Vorzeichen-Rang-Test (Wilcoxon) für Lokationsunterschiede zwischen erster und zweiter Datenerhebung für Teams Wirtschaft bei der Beurteilung der ökologisch-sozial orientierten Statements. N = 72.

	Mittlerer Rangplatz		Z-	Signifikanz-
	U & S (prä)	U & S (post)	Wert	niveau
W1	7,00	11,38	-2,8746	0,0021*
W2	8,56	10,25	-0,7404	0,2296
W3	10,00	10,00	-0,2012	0,4203
W4	8,33	7,92	-1,9879	0,0234*
W5	10,83	13,37	-0,2433	0,4039
W6	5,50	8,30	-1,9147	0,0278*
W7	12,36	10,64	-0,3084	0,3789

Tabelle 6.1.7: Vorzeichen-Rang-Test (Wilcoxon) für Lokationsunterschiede zwischen erster und zweiter Datenerhebung für Teams Umwelt & Soziales bei der Beurteilung der wirtschaftlich orientierten Statements. N = 72.

	Mittlerer Rangplatz		Z-	Signifikanz-
	U & S (prä)	U & S (post)	Wert	niveau
S1	6,50	8,13	-0,9085	0,1818
S2	7,27	5,50	-2,4111	0,0080*
S3	8,28	8,79	-0,3361	0,3684
S4	9,50	9,50	-2,4824	0,0066*
S5	10,08	9,86	-1,0463	0,1477
S6	10,30	9,19	-1,4807	0,0694
S7	11,22	9,91	-0,1493	0,4407

Tabelle 6.1.8: Vorzeichen-Rang-Test (Wilcoxon) für Lokationsunterschiede zwischen erster und zweiter Datenerhebung für Teams Umwelt & Soziales bei der Beurteilung der ökologisch-sozial orientierten Statements. N = 72.

6.1.2 Beurteilung der Interaktion

Die Interaktion wurde von den Vpn zu drei Zeitpunkten beurteilt. Nach der Individual-Phase wurden die Vpn nach ihren Erwartungen bezüg-

6.1 Analyse der Fragebogendaten

lich der Zusammenarbeit im Team und in der Kommission befragt. Nach der Intra-Gruppen-Phase sollten sie verschiedene Fragen zur Interaktion im Team beantworten und nach der Inter-Gruppen-Phase wurden ihnen entsprechende Fragen zur Zusammenarbeit in der Kommission gestellt. Darüber hinaus sollten die Rollen-Identifikation und die Güte der Konsensfindung beurteilt werden.

6.1.2.1 Beurteilung der Rolle

Zur Überprüfung der Identifikation mit der im Planspiel übernommenen Rolle sollten die Vpn nach dem Ende der Kommissions-Phase II anhand von sieben Fragen auf siebenstufigen Ratingskalen diese Identifikation beurteilen. Dabei wurde nicht allein auf die Identifikation selbst eingegangen, sondern auch auf Schwierigkeiten bei der Suche nach Argumenten oder der Zielfindung. Darüber hinaus sollte aus der Meta-Perspektive beurteilt werden, ob die Vp glaubte, für ihre Mitspieler überzeugend gewesen zu sein, sowie ob die einzelnen Mitspieler für die Vp überzeugend waren. Der vollständige Fragebogen (Fragebogen D Teil IV) befindet sich im Anhang B.

	-3	-2	-1	0	1	2	3
Rollen-Identifikation	2,80	8,30	4,20	1,40	13,90	47,20	22,20
Argumente finden probl.	1,40	6,90	9,70	1,40	22,20	36,10	22,20
Ziele festlegen probl.	1,40	5,60	12,50	1,40	19,40	41,70	18,10
selbst überzeugend	0,00	8,30	8,30	6,90	38,90	31,90	5,60
Teamkollege überz.	4,20	1,40	11,10	1,40	29,20	43,10	9,70
A (anderes Team) überz.	1,40	8,30	9,70	5,60	27,80	40,30	6,90
B (anderes Team) überz.	1,40	5,60	13,90	8,30	30,60	27,80	12,50

Tabelle 6.1.9: Beurteilung der Rolle im Planspiel. Prozentuale Antworthäufigkeiten auf einer siebenstufigen Ratingskala (-3 = eher schlecht; 3 = eher gut). N = 72.

Wie Tabelle 6.1.9 zeigt, antworteten insgesamt 69,40% der Vpn auf die Frage nach der Identifikation mit der Rolle, sie hätten sich eher gut mit der Rolle identifizieren können. Nur 8,30% gaben an, daß es ihnen eher schwer gefallen sei, in den Diskussionen Argumente zu finden und 7,00% hatten Probleme, Ziele für ihre Planung festzulegen. 37,50% fanden sich selbst eher überzeugend in ihrer Rolle und 52,80% fanden auch ihre Teamkollegen überzeugend. Die Spieler des jeweils anderen Teams fanden 47,20% bzw. 40,30% der Vpn überzeugend.

Tabelle 6.1.10 enthält die prozentualen Antworthäufigkeiten auf eine weitere Frage, die Aufschluß über die Identifikation mit der Rolle gibt. (Anhang B, Fragebogen D Teil V: Beurteilung der Interaktion.) Hier ging es speziell um die Beurteilung der Zugehörigkeit zum Team. Auf diese Frage antworteten insgesamt 85,90% der Vpn, daß sie sich zu ihrem

Team eher zugehörig oder zugehörig fühlten. Nur knapp 10% fühlten sich nicht sehr bzw. nicht zugehörig zu ihrem Team.

	-2	-1	0	1	2
Zugehörigkeit zum Team	2,80	7,00	4,20	47,90	38,00

Tabelle 6.1.10: Beurteilung der Teamzugehörigkeit. Prozentuale Antworthäufigkeiten auf einer fünfstufigen Ratingskala (-2 = nicht zugehörig; 2 = zugehörig). N = 71.

Insgesamt war die Identifikation mit der Rolle sehr hoch. Der überwiegende Teil der Vpn konnte sich gut oder sehr gut in die Rolle einfinden. Nur wenige hatten offenbar Schwierigkeiten, sich als Vertreter der jeweiligen Fachrichtung zu verstehen.

6.1.2.2 Beurteilung der Team-Phase

Nach Abschluß der Team-Phase wurde den Vpn ein Fragebogen zur Beurteilung der Interaktion vorgelegt (Fragebogen B in Anhang B). Die Zusammenarbeit in der Team-Phase sollte auf zwei Ebenen beurteilt werden: Einerseits sollten die Vpn angeben, wie zufrieden sie mit dem Problemlöseprozeß und mit ihrem Team waren. Andererseits sollten die Problemlösefertigkeiten und die Qualität der Lösung eingeschätzt werden. Damit können Erkenntnisse sowohl über emotional-motivationale Aspekte als auch über inhaltliche Aspekte gewonnen werden.

	-3	-2	-1	1	2	3
Zufr. mit PL-Prozeß	0,00	1,40	4,20	9,70	48,60	36,10
Zufr. mit Team	0,00	1,40	2,80	19,40	34,70	41,70

Tabelle 6.1.11: Zufriedenheit mit dem Problemlöseprozeß und Zufriedenheit mit dem Team nach der Team-Phase. Prozentuale Antworthäufigkeiten auf einer sechsstufigen Ratingskala (-3 = sehr unzufrieden; 3 = sehr zufrieden). N = 72.

Wie Tabelle 6.1.11 zeigt, ist die Zufriedenheit sowohl mit dem Problemlöseprozeß als auch mit dem Team sehr hoch. Sehr unzufrieden ist keine Vp, ziemlich unzufrieden ist lediglich jeweils eine Vp (= 1,40%). 84,70% der Vpn sind ziemlich bis sehr zufrieden mit dem Problemlöseprozeß und 76,40% sind ziemlich bis sehr zufrieden mit ihrem Team.

	-2	-1	0	1	2
Problemlösefertigkeiten	1,40	1,40	18,10	50,00	29,20
Qualität der Lösung	2,80	4,20	23,60	47,20	22,20

Tabelle 6.1.12: Beurteilung der Problemlösefertigkeiten und der Qualität der Lösung nach der Team-Phase. Prozentuale Antworthäufigkeiten auf einer fünfstufigen Ratingskala (-2 = gering; 2 = gut). N = 72.

Tabelle 6.1.12 enthält die prozentualen Antworthäufigkeiten auf die Fragen nach den Problemlösefertigkeiten und der Beurteilung der Qualität des im Team erarbeiteten Lösungsvorschlags. Die Problemlösefertigkeiten ihres Teams beurteilen 79,20% der Vpn mit eher gut bis gut. Lediglich 2 Vpn (2,80%) schätzen ihr Team diesbezüglich eher schlecht bis schlecht ein. Immerhin finden 18,10% ihr Team durchschnittlich.

Die Qualität der Lösung beurteilen die Vpn nicht ganz so gut. 69,40% finden den gemeinsamen Lösungsvorschlag ihres Teams eher gut bis gut, 23,60% finden ihn durchschnittlich und 7,00% schätzen ihn als eher schlecht ein.

Insgesamt wurde die Team-Phase eher positiv bewertet. Die Zufriedenheit sowohl mit dem Problemlöseprozeß als auch mit dem eigenen Team war recht hoch. Auch die Problemlösefertigkeiten sowie die erarbeitete Lösung wurden von den meisten Vpn sehr positiv bewertet.

6.1.2.3 Beurteilung der Kommissions-Phase

Im Anschluß an die zweite Kommissions-Phase, d. h. nach der Entscheidung und der Umsetzung der Entscheidung am Planspiel-Modell, wurde den Vpn ein weiterer Fragebogen zur Interaktion vorgelegt. Beurteilt werden sollten die gleichen Fragen wie nach der Team-Phase, diesmal jedoch bezogen auf beide Teams, d. h. auf die Zusammenarbeit in der Kommission.

Nach den Diskussionen in der Kommission sinkt die Zufriedenheit der Vpn stark ab. Nach Tabelle 6.1.13 sind jetzt nur noch 59,70% ziemlich bis sehr zufrieden mit dem Problemlöseprozeß (gegenüber 84,70% nach der Team-Phase) und noch 66,70% sind ziemlich bis sehr zufrieden mit ihrem Team (gegenüber 76,40% nach der Team-Phase). Gestiegen ist der Anteil der Vpn, die eher zufrieden (1) bzw. eher unzufrieden (-1) sind mit dem Problemlöseprozeß resp. mit der Teamarbeit.

	-3	-2	-1	1	2	3
Zufr. mit PL-Prozeß	0,00	2,80	11,10	26,40	38,90	20,80
Zufr. mit Team	2,80	1,40	11,10	18,10	41,70	25,00

Tabelle 6.1.13. Zufriedenheit mit dem Problemlöseprozeß und Zufriedenheit mit dem Team nach der Kommissions-Phase II. Prozentuale Antworthäufigkeiten auf einer sechsstufigen Ratingskala (-3 = sehr unzufrieden; 3 = sehr zufrieden). N = 72.

Auch die Beurteilung der Problemlösefertigkeiten (Tabelle 6.1.14) hat sich im Vergleich zur Team-Phase verschlechtert. Jetzt schätzen 15,30% der Vpn die Problemlösefertigkeiten des eigenen Teams als eher schlecht bis schlecht ein. 75,00% finden sie noch eher gut bis gut. Die Problemlösefertigkeiten des anderen Teams schätzen 19,50% als eher schlecht ein.

Eher gut bis sehr gut finden sie 70,80%. Das eigene Team wird also eher als besser eingeschätzt als das andere Team.

Die Beurteilung der Qualität der in der Kommission erarbeiteten Lösung ist gleichwohl eher gestiegen als gesunken. 35,30% finden den Lösungsvorschlag jetzt eher gut, 32,40% schätzen ihn als gut ein. Obwohl die Problemlösefertigkeiten also insgesamt eher schlechter eingeschätzt werden, wird der erarbeitete Lösungsvorschlag besser als zuvor eingeschätzt. Dieser Befund ist sowohl bemerkenswert als auch klärungsbedürftig.

	-2	-1	0	1	2
PL-fert. eigenes Team	2,80	12,50	9,70	43,10	31,90
PL-fert. anderes Team	1,40	18,10	9,70	56,90	13,90
Qualität der Lösung	1,50	7,40	23,50	35,30	32,40

Tabelle 6.1.14: Beurteilung der Problemlösefertigkeiten des eigenen und des anderen Teams und der Qualität der Lösung nach der Kommissions-Phase II. Prozentuale Antworthäufigkeiten auf einer fünfstufigen Ratingskala (-2 = gering; 2 = gut). N = 72.

	-2	-1	0	1	2
Beziehung zw. den Teams	1,40	8,30	18,10	54,20	18,10

Tabelle 6.1.15: Beurteilung der Beziehung zwischen den Teams nach der Kommissions-Phase II. Prozentuale Antworthäufigkeiten auf einer fünfstufigen Ratingskala (-2 = schlecht; 2 = gut). N = 72.

Tabelle 6.1.15 schließlich enthält die prozentualen Antworthäufigkeiten auf die Frage nach der Beziehung zwischen den Teams während der Kommissionsarbeit. 72,30% fanden die Beziehung zwischen den Teams eher gut bis gut, 18,10% fanden sie durchschnittlich. Das Klima bei den Diskussionen wurde also, trotz konträrer Ausgangspositionen, im wesentlichen als sehr gut eingeschätzt.

6.1.2.4 Erwartete und tatsächliche Zusammenarbeit

Nach der Phase des lauten Denkens sollten die Vpn auf einer fünfstufigen Ratingskala beurteilen, wie sie sich die Zusammenarbeit mit den Mitspielern und Mitspielerinnen vorstellten. Die Fragebögen A Teil II, B sowie D Teil III in Anhang B enthalten die betreffenden Fragen. Zur Überprüfung des Lokationsunterschieds zwischen der erwarteten Kommissionsarbeit und der erwarteten Teamarbeit wurde der Vorzeichen-Rang-Test (Wilcoxon) für abhängige Stichproben berechnet.

Die Erwartungen bezüglich Kommissionsarbeit und Teamarbeit unterscheiden sich, wie Tabelle 6.1.16 zeigt, bei allen Vpn und bei beiden

Teams statistisch signifikant. Die Vpn erwarten, daß die Zusammenarbeit in der Kommission schwieriger sein wird als im Team.

	Mittlerer Rangplatz Erwartete Zsarbeit		Z-Wert	Signifikanz-niveau
	Kommission	Team		
Beide Teams	29,00	26,96	-6,0774	0,0000*
Team W	17,00	12,30	-3,8000	0,0000*
Team U & S	0,00	15,00	-4,7030	0,0000*

Tabelle 6.1.16: Erwartete Zusammenarbeit (Beurteilung vor der Interaktion). Vorzeichen-Rang-Test (Wilcoxon). N = 72.

	Mittlerer Rangplatz Tatsächl. Zsarbeit		Z-Wert	Signifikanz-niveau
	Kommission	Team		
Beide Teams	15,04	25,36	-3,1697	0,0008*
Team W	5,50	10,84	-3,1590	0,0008*
Team U & S	9,55	15,00	-1,2857	0,0993

Tabelle 6.1.17: Tatsächliche Zusammenarbeit (Beurteilung nach der Interaktion). Vorzeichen-Rang-Test (Wilcoxon). N = 72.

Bei der abschließenden Beurteilung der Konsensfindung nach der Kommissions-Phase II wird die Zusammenarbeit im Team und in der Kommission von den Teams "Wirtschaft" immer noch statistisch signifikant als unterschiedlich beurteilt, von den Teams "Umwelt & Soziales" jedoch nicht mehr (vgl. Tabelle 6.1.17).

6.1.2.5 Teamzugehörigkeit und Lösungsqualität

Im Anschluß an die Kommissions-Phase II wurden die Teamzugehörigkeit und die Qualität der erarbeiteten Lösung von den Vpn eingeschätzt. Zur Überprüfung des Zusammenhangs zwischen Teamzugehörigkeit und Lösungsqualität wurden 4-Felder-Kontingenztafeln[2] berechnet. Die Vpn sollten dabei nicht allein aus ihrer eigenen Perspektive urteilen, sondern darüber hinaus auch aus der Fremdperspektive und der Metaperspektive für den Mitspieler des eigenen Teams sowie für die beiden

---

[2] Da die Zellbesetzungen bei einer (allerdings korrekteren) Berechnung von 5x5-Felder-Tafeln und auch bei der reduzierten Version von 3x3-Felder-Tafeln noch geringer als ohnehin ausgefallen wären, wurde das Design auf 2x2-Felder reduziert. Zusammengefaßt wurden die Skalenpunkte (-2) bis (0) zu (1 = niedrig/mittel) sowie (1) und (2) zu (2 = hoch). Gleichwohl liegen auch bei diesem Vorgehen in 25% bis 50% der Zellen die Erwartungshäufigkeiten unter fünf. Die Ergebnisse sind daher nur unter Vorbehalt zu interpretieren.

Spieler des anderen Teams. Die Fragen sowie die Erläuterungen zu ihrer Beantwortung sind im Fragebogen D Teil V in Anhang B enthalten.

Tabelle 6.1.18 zeigt die Phi-Koeffizienten und das Signifikanzniveau für die Eigenperspektive und die drei Fremd- und Metaperspektiven. Demnach ist der Zusammenhang zwischen der Teamzugehörigkeit und der Beurteilung der Lösungsqualität signifikant bei der Beurteilung der Eigenperspektive. Diejenigen Vpn, die ihre eigene Teamzugehörigkeit als gering einstufen, beurteilen also signifikant häufiger auch die Qualität des Lösungsvorschlags als gering. Ferner schätzen diejenigen Vpn, die sich ihrem Team sehr zugehörig fühlen, auch die Qualität der erarbeiteten Lösung signifikant häufiger als höher ein.

	Phi-Koeffizient	Signifikanzniveau
Eigen-Perspektive	0,33415	0,00586*
Fremd-Persp. (Mitsp.)	0,09430	0,43677
Meta-Persp. (Mitsp.)	0,36150	0,00287*
Fremd-Persp. (A)	0,21514	0,07605
Meta-Persp. (A)	0,05739	0,63602
Fremd-Persp. (B)	0,15496	0,20132
Meta-Persp. (B)	0,19371	0,11018

Tabelle 6.1.18: Der Zusammenhang von Teamzugehörigkeit und Lösungsqualität. Vergleich der verschiedenen Beurteilungsperspektiven für den Mitspieler des eigenen Teams sowie Spieler A und B des anderen Teams. Phi-Koeffizienten und Signifikanzniveau für 4-Felder-Kontingenztafeln. N = 72.

Bei den übrigen Beurteilungen aus den Fremd- und Metaperspektiven wird lediglich der Zusammenhang zwischen Teamzugehörigkeit und Lösungsqualität aus der Metaperspektive des Mitspielers des eigenen Teams signifikant. Metaperspektive bezeichnet die vermutete Einschätzung des Mitspielers bezüglich der eigenen Einschätzung. Bei einer geringen bis mittleren meta-perspektivischen Einschätzung der Teamzugehörigkeit wird signifikant häufiger auch angenommen, daß der Mitspieler den Lösungsvorschlag als schlechter beurteilt, während bei höherer vermuteter Teamzugehörigkeit die Beurteilung des Lösungsvorschlags signifikant häufiger als besser eingeschätzt wird.

Die hier beschriebenen Zusammenhänge sind jedoch aus methodischen Gründen nur unter Vorbehalt zu interpretieren, da die erwarteten Häufigkeiten, die kleiner als fünf sind, trotz des reduzierten Designs bei 25% bis 50% liegen (vgl. Fußnote 2). Um zuverlässigere Ergebnisse zu erzielen, wären weitere Untersuchungen erforderlich.

6.2 Prozeßanalysen der verbalen Daten

6.2.1 Komplexität des Planungs- und Entscheidungsprozesses

Den folgenden Ergebnissen liegen die Verbalprotokolle des lauten Denkens und der Diskussionen einer Planspielgruppe à vier Personen zugrunde. Bevor die inhaltliche Analyse des Planungs- und Entscheidungsprozesses anhand der im *cognitive mapping* enthaltenen Inhaltskategorien (vgl. Kapitel 5.6.2) erfolgt, soll die Komplexität des Prozesses auf aggregiertem Niveau beschrieben werden. Die Komplexität dieses Prozesses resultiert aus folgenden Merkmalen (vgl. Boos et al., 1990):

(1) Anzahl der insgesamt geäußerten Problemelemente (Produktivität),
(2) Anzahl der unterschiedlichen Problemelemente (Differenziertheit),
(3) Anzahl der mehrfach geäußerten Problemelemente (Redundanz),
(4) Quotient aus den unterschiedlichen und den insgesamt genannten Problemelementen (Kreativität),
(5) Anzahl der Verknüpfungen zwischen Problemelementen (Integration),
(6) Quotient aus der Anzahl der verknüpften Problemelemente und der insgesamt genannten Problemelemente (relative Integration).

Die Auswertungen erfolgten sowohl auf Individualebene als auch auf Team- bzw. Kommissionsebene, um den Vergleich der vier Erhebungsphasen zu ermöglichen.[3] Dabei wurden in der Team-Phase und in den beiden Kommissions-Phasen die Häufigkeiten der Problemelemente sowohl auf Team- bzw. Kommissions-Niveau als auch auf individuellem Niveau ausgezählt. Bei dieser Vorgehensweise ist zu berücksichtigen, daß alle von einem Akteur geäußerten Problemelemente gewertet werden, gleichgültig, ob ein anderer Akteur eines oder mehrere dieser Problemelemente bereits genannt hat oder nicht.

Die (fiktiven) Namen der Akteure sind folgendermaßen den Teams zuzuordnen:
- Eilers & Hoffmann - Team Wirtschaft;
- Schütte & Weber - Team Umwelt & Soziales.

---

[3] Dieser Vergleich erfolgt lediglich auf deskriptiver Ebene, Aussagen über inferenzstatistische Unterschiede zwischen den Personen, Teams oder Phasen sollen an dieser Stelle noch nicht getroffen werden.

6.2.1.1 Lautes Denken

In der Phase des lauten Denkens zeigen sich deutliche Unterschiede zwischen den beiden Teams (Tabelle 6.2.1). Das Team Wirtschaft zeichnet sich durch geringere Produktivität, geringere Differenziertheit und höhere Redundanz aus. Folglich ist auch die Kreativität geringer als beim Team Umwelt & Soziales. Auch bezüglich der Integration finden sich deutliche Abweichungen, wobei jedoch die Werte aufgrund der unterschiedlichen Anzahl insgesamt geäußerter Problemelemente nicht direkt vergleichbar sind. Erst die relative Integration ermöglicht einen direkten Vergleich, da der Wert an der Anzahl der gesamten Problemelemente standardisiert wurde.

	Prod.	Diff.	Red.	Kreat.	Integr.	rel. Int.
Eilers	97	47	50	0,48	37	0,76
Hoffmann	62	27	35	0,44	30	0,97
Schütte	142	74	68	0,52	71	1,00
Weber	122	72	45	0,54	59	0,97

Tabelle 6.2.1: Komplexität des Planungs- & Entscheidungsprozesses in der Phase des lauten Denkens auf Individualebene.

Die höchste relative Integration weist Schütte auf. Der Quotient von 1.00 besagt, daß stets (mindestens) zwei Problemelemente miteinander verknüpft worden sind und kein einziges Problemelement geäußert wurde, das nicht in Relation zu einem anderen stand. Auch Weber und Hoffmann haben sehr hohe relative Integrationswerte. Bei Eilers hingegen ist die relative Integration deutlich geringer als bei den anderen Akteuren.

6.2.1.2 Team-Diskussion

In der Team-Phase (Tabelle 6.2.2) sinkt Hoffmanns Produktivität im Vergleich zu der der anderen Akteure ab, der Kreativitätswert liegt jedoch sowohl höher als bei den anderen als auch höher als (Hoffmanns) in der Phase des lauten Denkens. Bezüglich der relativen Integration liegen Hoffmanns Äußerungen allerdings wieder deutlich unter dem Durchschnitt der übrigen Spieler.

Weber weist mit Abstand die höchste Produktivität auf, wobei die Differenziertheit verhältnismäßig gering und die Redundanz folglich verhältnismäßig hoch ist. Die Kreativität der Äußerungen ist im Vergleich zu Hoffmann gering, jedoch noch immer höher als bei Eilers und Schütte.

Im Vergleich zur Phase des lauten Denkens sinkt die Kreativität von Eilers und steigt diejenige von Hoffmann, während die relative Integration bei Eilers steigt und bei Hoffmann sinkt.

6.2 Prozeßanalysen der verbalen Daten

	Prod.	Diff.	Red.	Kreat.	Integr.	rel. Int.
Eilers	274	104	170	0,38	116	0,85
Hoffmann	139	66	73	0,47	53	0,76
Schütte	298	116	182	0,39	130	0,87
Weber	356	151	205	0,42	152	0,85

Tabelle 6.2.2: Komplexität des Planungs- & Entscheidungsprozesses in der Team-Phase auf Individualebene.

	Prod.	Diff.	Red.	Kreat.	Integr.	rel. Int.
Team W	413	124	289	0,30	169	0,82
Team U & S	654	195	459	0,30	282	0,86

Tabelle 6.2.3: Komplexität des Planungs- & Entscheidungsprozesses in der Team-Phase auf Teamebene.

Beim Team Umwelt & Soziales sinken dagegen sowohl Kreativität als auch relative Integration im Verhältnis zur Phase des lauten Denkens.

Vergleicht man die über die Teams aggregierten Werte (Tabelle 6.2.3), werden die Unterschiede zwischen den beiden Teams hinsichtlich der Produktivität deutlicher, während sie sich in der Kreativität überhaupt nicht und in der relativen Integration nur geringfügig unterscheiden.

Die Differenziertheit der Äußerungen beider Teams ist gering und die Redundanz sehr hoch. Auffallend ist, daß die Werte für die Kreativität der Äußerungen auf Teamebene deutlich unter denen auf Individualebene liegen und insbesondere erheblich niedriger sind als in der Phase des lauten Denkens.

6.2.1.3 Kommissions-Diskussion I

Die individuell ausgewerteten Komplexitätsmerkmale für den ersten Teil der beiden Kommissions-Phasen (Tabelle 6.2.4) weisen deutliche Unterschiede innerhalb der beiden Teams auf. Während Eilers und Weber sehr hohe Produktivität zeigen, produzieren Hoffmann und Schütte merklich weniger. Insbesondere die Produktivität von Schütte sinkt im Vergleich zu den vorhergehenden Phasen deutlich ab.

	Prod.	Diff.	Red.	Kreat.	Integr.	rel. Int.
Eilers	274	123	151	0,45	121	0,88
Hoffmann	50	38	12	0,76	18	0,72
Schütte	96	57	39	0,59	38	0,79
Weber	223	127	96	0,57	97	0,87

Tabelle 6.2.4: Komplexität des Planungs- & Entscheidungsprozesses in der Kommissions-Phase I auf Individualebene.

	Prod.	Diff.	Red.	Kreat.	Integr.	rel. Int.
Team W	324	136	188	0,42	139	0,86
Team U & S	319	162	157	0,51	135	0,85

Tabelle 6.2.5: Komplexität des Planungs- & Entscheidungsprozesses in der Kommissions-Phase I auf Teamebene.

Trotz gesunkener Produktivität steigt die Kreativität von Hoffmann auch in dieser Phase wieder, während sie bei den anderen drei Akteuren weiter sinkt. Die relative Integration steigt bei Eilers und sinkt tendenziell bei den übrigen.

Die für die Teams aggregierten Werte (Tabelle 6.2.5) nivellieren die Unterschiede in der Produktivität innerhalb jedes Teams, beide Teams erscheinen etwa gleich produktiv. Auch der Wert für die relative Integration ist ähnlich. Allerdings unterscheiden sich die Teams nun im Ausmaß an Kreativität der Äußerungen, verglichen mit der Team-Phase steigt die Kreativität jedoch bei beiden Teams merklich an.

	Prod.	Diff.	Red.	Kreat.	Integr.	rel. Int.
Inter I	643	226	417	0,35	274	0,85

Tabelle 6.2.6: Komplexität des Planungs- & Entscheidungsprozesses in der Kommissions-Phase I auf Kommissionsebene.

Schließlich können in dieser Phase auch die Komplexitätsmerkmale über beide Teams aggregiert werden, da hier erstmals alle vier Personen interagieren (Tabelle 6.2.6).

Produktivität aber auch Redundanz sind hier sehr hoch, die Differenziertheit jedoch vergleichsweise gering. Auch der Kreativitätswert sinkt wieder ab, allerdings nicht ganz auf das Niveau der Team-Phase (vgl. Tabelle 6.2.3). Die relative Integration liegt in dieser Phase auf der Gruppenebene etwa gleich hoch wie auf Teamebene.

6.2.1.4 Kommissions-Diskussion II

Im zweiten Teil der Kommissions-Phase (Tabelle 6.2.7) weisen Eilers und Weber wieder die höchste Produktivität auf, Hoffmann die geringste. Im Vergleich zur ersten Hälfte der Kommissions-Phase ist die Produktivität insbesondere von Schütte und Weber stark gestiegen. Die Produktivität von Hoffmann ist zwar ebenfalls gestiegen, liegt jedoch noch immer deutlich unter derjenigen der anderen Akteure. Der Kreativitätswert von Eilers ist etwa gleich geblieben, der von Hoffmann stark gesunken. Auch die Kreativitätswerte von Schütte und Weber sind im Vergleich zur ersten Hälfte der Gruppenphase gesunken.

Die relative Integration ist bei Eilers und Weber gesunken, bei Hoffmann gestiegen und bei Schütte gleich geblieben.

	Prod.	Diff.	Red.	Kreat.	Integr.	rel. Int.
Eilers	284	124	160	0,44	114	0,80
Hoffmann	86	49	37	0,57	34	0,79
Schütte	194	81	113	0,42	77	0,79
Weber	301	151	150	0,50	125	0,83

Tabelle 6.2.7: Komplexität des Planungs- & Entscheidungsprozesses in der Kommissions-Phase II auf Individualebene.

	Prod.	Diff.	Red.	Kreat.	Integr.	rel. Int.
Team W	370	151	219	0,41	148	0,80
Team U & S	495	186	309	0,38	202	0,82

Tabelle 6.2.8: Komplexität des Planungs- & Entscheidungsprozesses in der Kommissions-Phase II auf Teamebene.

Auf der Teamebene (Tabelle 6.2.8) zeigen sich hier deutlichere Unterschiede zwischen den beiden Teams als in der vorangegangenen Phase. Das Team Umwelt & Soziales ist erheblich produktiver als das Team Wirtschaft. Dafür liegt die Differenziertheit der Äußerungen beim Team Umwelt & Soziales nicht proportional höher. Folglich ist auch der Kreativitätswert etwas niedriger als beim Team Wirtschaft.

Im Vergleich zur Kommissions-Phase I sind sowohl Kreativität als auch relative Integration gesunken. Insbesondere beim Team Umwelt & Soziales ist der Anstieg der Produktivität und das Absinken der Kreativität bemerkenswert.

	Prod.	Diff.	Red.	Kreat.	Integr.	rel. Int.
Inter II	867	249	618	0,29	350	0,81

Tabelle 6.2.9: Komplexität des Planungs- & Entscheidungsprozesses in der Kommissions-Phase II auf Kommissionsebene.

Auf der Ebene der Kommission (Tabelle 6.2.9) ist die Produktivität sehr hoch und die Differenziertheit sehr gering. Die Kreativität sinkt hier auf den tiefsten Wert, wobei die relative Integration noch verhältnismäßig hoch ist.

6.2.1.5 Zwischenergebnis

Die Merkmale der Komplexität des Planungs- und Entscheidungsprozesses geben, wenn sie in der oben dargestellten Weise analysiert werden, Aufschluß über den Verlauf der verschiedenen Erhebungsphasen. Im folgenden soll mit Hilfe dieser Daten ein vorläufiges Bild des Planungs- und Entscheidungsprozesses gezeichnet werden, das als eine Art Leitbild für die weiteren Auswertungen gelten soll. Damit kann ein vorläufiges Grundmuster des Planungs- und Entscheidungsprozesses gezeichnet werden, das im folgenden ergänzt und vervollständigt wird.

In der Phase des lauten Denkens haben sich auffällige Unterschiede zwischen den vier Akteuren resp. den beiden Teams gezeigt. Schütte und Weber aus dem Team Umwelt & Soziales sind bereits hier erheblich produktiver als Eilers und Hoffmann aus dem Team Wirtschaft. Die Äußerungen sind differenzierter und kreativer sowie weniger redundant. Außer bei Eilers, der auffallend abweicht von den anderen Akteuren, zeichnet sich das laute Denken aus durch hohe relative Integration. Allgemein auffällig ist die geringe Produktivität sowie die hohe Kreativität der Prozesse aller vier Akteure während des lauten Denkens.

Auch in der Team-Phase bleiben die Unterschiede hinsichtlich der Produktivität der beiden Teams bestehen. Zwar hat sich die Produktivität von Eilers fast verdreifacht und die von Hoffmann sich verdoppelt, doch vergrößert sich der Unterschied zwischen den Teams durch die Verdreifachung der Produktivität bei Weber und die Verdopplung bei Schütte weiter.

Ferner zeigt sich bereits hier, daß sich offenbar Eilers im Team Wirtschaft und Weber im Team Umwelt & Soziales durch höhere Produktivität und damit durch Dominanz auszeichnen. Dies setzt sich auch in den späteren Phasen fort.

Auffallend abgesunken im Zeitverlauf sind die Werte für die Kreativität. Soll der Wert über die verschiedenen Phasen verglichen werden, müssen den Teamwerten der Team-Phase die Individualwerte der Phase des lauten Denkens gegenübergestellt werden, wenn nur die absolute Zahl der neuen Problemelemente zugrunde gelegt werden soll. Betrug die durchschnittliche Kreativität der Äußerungen beim lauten Denken noch ca. 0,5, so beträgt sie in der Team-Phase lediglich 0,3. Diesbezüglich unterscheidet sich das laute Denken auch von der Kommissions-Phase I (0,35) und von der Kommissions-Phase II (0,29).

In der ersten Kommissions-Phase gibt es sehr große Unterschiede innerhalb der Teams zwischen Eilers und Hoffmann einerseits und Schütte und Weber andererseits. Hoffmann und Schütte beteiligen sich verhältnismäßig wenig an der Kommissions-Diskussion. In der zweiten Kommissions-Phase beteiligen sich beide zwar mehr, jedoch haben Eilers und Weber auch hier noch einen erheblich höheren Anteil an der Produktivität.

Hauptergebnisse dieser Auswertungsphase sind:
(1) Das Team Umwelt & Soziales erscheint insgesamt aktiver als das Team Wirtschaft.

(2) Eilers (Team Wirtschaft) und Weber (Team Umwelt & Soziales) sind erheblich produktiver als ihre jeweiligen Teamkollegen.[4]
(3) Die Kreativität der Äußerungen aller vier Akteure ist in der Phase des lauten Denkens deutlich höher als in den Interaktionsphasen.

6.2.2 Verlaufsanalyse: Inhaltliche Aspekte

Im folgenden sollen die Interaktionsprozesse und das laute Denken zunächst auf inhaltlicher Ebene einer Feinanalyse unterzogen werden. Diese Feinanalyse basiert auf den Kodierungen der in 6.2.1 bereits hinsichtlich der Komplexität des Prozesses analysierten Planspielsitzung mit Hilfe des Verfahren des *cognitive mapping* (vgl. Kapitel 5.6.2).

6.2.2.1 Inhalte der Äußerungen

Die Problemelemente, die auch den Komplexitätsanalysen im vorangegangenen Abschnitt zugrunde liegen, wurden inhaltlich anhand von sieben Inhaltskategorien kodiert. Die folgenden Auswertungen basieren auf den Häufigkeiten der Nennung dieser Inhaltskategorien im Verlauf der vier erhobenen Planspiel-Phasen. Da sich das Hauptaugenmerk auf die Unterschiede zwischen den beiden interagierenden Teams richtet, wurden auch aus Gründen der Überschaubarkeit lediglich die beiden ökonomischen Kategorien *makro* und *mikro* (zusammengefaßt zu 'Ökonomische Kategorien') und die beiden ökologisch-sozialen Kategorien *ökol* und *soz* (zusammengefaßt zu 'Umwelt-/soziale Kategorien') in die Auswertung einbezogen.[5]

Lautes Denken
Abbildung 6.2.1 enthält die Nennhäufigkeiten der beiden (resp. vier) Kategorien durch das Team Wirtschaft und das Team Umwelt & Soziales in der Phase des lauten Denkens. Wie in Kapitel 6.2.1 gezeigt werden konnte, gibt es teilweise bedeutende Unterschiede zwischen den Teams bezüglich der Anzahl der genannten Problemelemente. Zur Relativierung dieser Unterschiede wurde eine prozentuale Darstellungsform gewählt.

---

[4] Dies stimmt auch mit der Beobachtung überein, daß Eilers und Weber ihre Mitspieler häufiger unterbrechen und nicht ausreden lassen. Dies wurde jedoch nicht systematisch erfaßt oder überprüft.
[5] Für die Auswertungen im Rahmen der Monotonen Netzwerkanalyse werden alle sieben Kategorien ausgewertet (vgl. Kapitel 2.3).

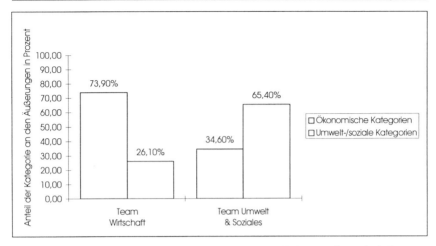

Abbildung 6.2.1: Prozentuale Verteilung der Häufigkeiten der Inhaltskategorien bei beiden Teams in der Phase des lauten Denkens.

Wie die Abbildung zeigt, liegt beim Team Wirtschaft der Anteil der ökonomischen Kategorien bei 73,90%, während der Anteil der Umwelt-/sozialen Kategorien lediglich bei 26,10% liegt. Beim Team Umwelt & Soziales hingegen liegt der Anteil an ökonomischen Kategorien bei nur 34,60%, der Anteil der Umwelt-/sozialen Kategorien aber bei 65,40%.

Die Akteure des Teams Wirtschaft thematisieren folglich beim lauten Denken mehr wirtschaftliche Aspekte des zu behandelnden Problems, während die Akteure des Teams Umwelt & Soziales weit stärker Umwelt-/soziale Aspekte des Problems thematisieren.

Gleichzeitig läßt die Abbildung jedoch auch erkennen, daß das Team Umwelt & Soziales die ökonomischen Aspekte stärker berücksichtigt als das Team Wirtschaft die Umwelt-/sozialen Aspekte berücksichtigt.

Team-Diskussion

Auch in der Team-Phase (Abbildung 6.2.2) finden sich bedeutende Unterschiede zwischen den Teams. Beim Team Wirtschaft hat sich der Unterschied in der Nennung ökonomischer und Umwelt-/sozialer Problemelemente leicht, beim Team Umwelt & Soziales etwas stärker vermindert. So ist beim Team Wirtschaft der Anteil der ökonomischen Kategorien auf 72,00% gesunken, beim Team Umwelt & Soziales ist dieser Anteil auf 38,40% gestiegen. Dennoch ist noch immer ein deutlicher Unterschied zwischen den beiden Teams zu erkennen.

6.2 Prozeßanalysen der verbalen Daten

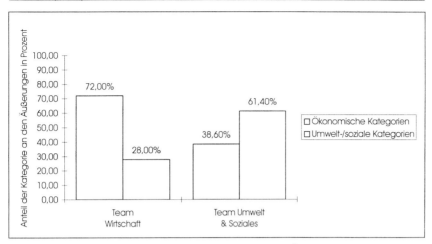

Abbildung 6.2.2: Prozentuale Verteilung der Häufigkeiten der Inhaltskategorien bei beiden Teams in der Team-Phase.

Kommissions-Diskussion I

In der Kommissions-Phase I (Abbildung 6.2.3), der ersten Phase, in der alle vier Akteure aufeinandertreffen, findet eine bemerkenswerte Veränderung der diskutierten Aspekte statt. Der Anteil der ökonomischen Kategorien an den Äußerungen des Teams Wirtschaft ist so stark gesunken, daß auch bei diesem Team die ökologisch-sozialen Problemelemente nun überwiegen.

Das Team Umwelt & Soziales erörtert hier noch stärker als zuvor die ökologisch-sozialen Problemelemente, dafür jedoch weniger ökonomische Problemelemente. Die Teams unterscheiden sich daher auch in dieser Phase noch recht deutlich, legen aber beide mehr Wert auf ökologisch-soziale Aspekte.

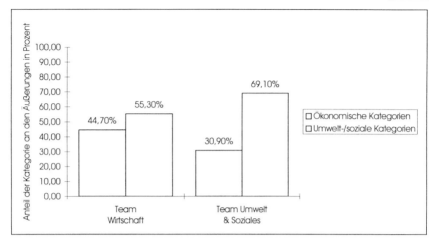

Abbildung 6.2.3: Prozentuale Verteilung der Häufigkeiten der Inhaltskategorien bei beiden Teams in der Kommissions-Phase I.

Kommissions-Diskussion II

In der zweiten Kommissions-Phase schließlich findet abermals eine beachtenswerte Veränderung statt: Der Anteil an ökonomischen und an ökologisch-sozialen Äußerungen beider Teams ist nun etwa gleich stark, wobei bei beiden Teams die ökonomischen Aspekte größeres Gewicht erlangen.

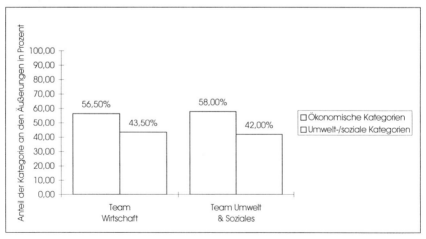

Abbildung 6.2.4: Prozentuale Verteilung der Häufigkeiten der Inhaltskategorien bei beiden Teams in der Kommissions-Phase II.

6.2.2.2 Unterschiede zwischen den Teams

Zur Überprüfung der oben beschriebenen Unterschiede zwischen den beiden Planungsteams hinsichtlich der Nennung der Inhaltskategorien wurden 4-Felder-Kontingenztafeln berechnet. Wie in Kapitel 6.2.2.1 wurden auch hier die beiden Kategorien *makro* und *mikro* zu einer 'ökonomischen Kategorie' und die Kategorien *ökol* und *soz* zu einer 'Umwelt-/sozialen Kategorie' zusammengefaßt. Tabelle 6.2.10 enthält für jede Untersuchungsphase die Phi-Koeffizienten und das Signifikanzniveau über die Abhängigkeit der Merkmale Teamzugehörigkeit und Inhalt der Äußerungen.

In der Phase des lauten Denkens besteht ein signifikanter Zusammenhang zwischen der Teamzugehörigkeit und den vorzugsweise genannten Inhaltskategorien. Das bedeutet, daß das Team Wirtschaft signifikant häufiger die ökonomischen Kategorien und das Team Umwelt & Soziales signifikant häufiger die Umwelt-/sozialen Kategorien thematisiert.

	Phi-Koeffizient	Signifikanzniveau
Lautes Denken	0,38035	0,0000*
Team-Phase	0,32435	0,0000*
Kommissions-Phase I	0,14206	0,0032*
Kommissions-Phase II	0,01423	0,7383

Tabelle 6.2.10: Der Zusammenhang von Teamzugehörigkeit und Inhalt der Äußerungen. Vergleich über die vier Untersuchungsphasen. Phi-Koeffizienten und Signifikanzniveau für 4-Felder-Kontingenztafeln. N = 72.

In der Team-Phase unterscheiden sich die beiden Teams ebenfalls noch signifikant. Auch hier beziehen sich also mehr Äußerungen des Teams Wirtschaft auf ökonomische Aspekte und mehr Äußerungen des Teams Umwelt & Soziales auf ökologisch-soziale Aspekte.

In der Kommissions-Phase I, der ersten Phase, in der beide Teams aufeinandertreffen, sinkt der Phi-Koeffizient und das Signifikanzniveau liegt nun bei 0,0032. Es besteht damit zwar noch immer ein signifikanter Zusammenhang zwischen Teamzugehörigkeit und Nennung der Inhaltskategorien, jedoch ist dieser nicht mehr so eindeutig wie in den beiden ersten Untersuchungsphasen.

In der Kommissions-Phase II schließlich findet sich kein signifikanter Zusammenhang mehr zwischen Teamzugehörigkeit und Inhaltskategorien. Der Phi-Koeffizient ist hier sehr klein und die Wahrscheinlichkeit einer fälschlichen Ablehnung der Null-Hypothese sehr hoch.

6.2.2.3 Zwischenergebnis

Die sehr bedeutenden Unterschiede zwischen den Teams scheinen sich, wie bereits in den Abbildungen 6.2.1 bis 6.2.4 zu sehen war, auf der inhaltlichen Ebene im Verlauf der vier Untersuchungsphasen tatsächlich zu nivellieren. Dabei scheint in der Kommissions-Phase I das Team Umwelt & Soziales mit der Betonung ökologisch-sozialer Aspekte sehr präsent, während in der Kommissions-Phase II die ökonomischen Kategorien überwiegen und scheinbar das Team Wirtschaft die Diskussion stärker bestimmt.

Die Ergebnisse der 4-Felder-Kontingenztafeln weisen die Unterschiede zwischen den beiden Teams in den ersten drei Phasen als signifikant aus. In der vierten Phase unterscheiden sich die beiden Teams nicht mehr. Hieraus kann tatsächlich auf eine Angleichung der beiden Teams im Verlauf der Interaktionen geschlossen werden.

6.2.3 Verlaufsanalyse: Strukturelle Aspekte

Im folgenden werden die Ergebnisse der in Kapitel 5.6.3 beschriebenen Strukturkodierung dargestellt. Die Analyse der Struktur der Äußerungen gibt Aufschluß über intentionale Aspekte der Interaktionen.

Es werden zunächst die Funktionen der Äußerungen in der Interaktion, sodann die Relationen der Sprecher zu ihren Äußerungen im Verlauf der vier Untersuchungsphasen auf individueller Ebene beschrieben. Dadurch soll ein erweiterter Einblick in das Interaktionsgeschehen erreicht werden, eine inferenzstatistische Prüfung ist wegen des explorativen Charakters dieser Aspekte der Erhebung nicht vorgesehen.

Funktion und Relation der Äußerung sind, wie bereits in Kapitel 5.6.3 beschrieben, nicht gleich zu behandeln. Während jeder Äußerung eine Funktion zugeordnet werden kann, ist ihr nicht zwangsläufig die Relation zu entnehmen, die der Sprecher zu ihr hat. Daher sind in den Tabellen 6.2.15 bis 6.2.18 auch die Häufigkeiten derjenigen Äußerungen enthalten, bei denen keine Relation kodiert werden konnte.[6]

6.2.3.1 Funktionen der Äußerungen

In der Phase des lauten Denkens entfallen bei der Kodierung sowohl inhaltliche als auch verfahrensmäßige Steuerungsbeiträge.

Tabelle 6.2.11 zeigt die prozentualen Häufigkeiten der Funktionen der Äußerungen in der Phase des lauten Denkens.[7] Bei allen vier Personen

---

[6] Die Abkürzungen in den folgenden Tabellen bedeuten: Sv - Vorschlag zur Verfahrenssteuerung; Si - inhaltliche Steuerung; Wdh - Wiederholung; L - Lösungsvorschlag; Z - Zielformulierung; F - Feststellung; meta - metaperspektivische Äußerung (vgl. Anhang C.5).

[7] Aus Gründen der Übersichtlichkeit werden in den folgenden Tabellen lediglich prozentuale Häufigkeiten referiert, die an der Gesamtzahl der Äußerungen relativiert worden sind (Spaltenprozente). Wollte man vollständige Information, so müß-

machen die Lösungsvorschläge fast die Hälfte der gesamten Äußerungen aus. Weber trifft fast ebenso viele Feststellungen, während bei Eilers der Anteil der Feststellungen relativ gering ist. Alle vier Akteure formulieren nur sehr wenige Ziele, wobei Eilers (6 Ziele) und Schütte (6 Ziele) absolut gesehen mehr Ziele nennen als Hoffmann (3 Ziele) und Weber (3 Ziele).

Bemerkenswert ist der hohe Anteil, den die Metakognitionen bei Eilers ausmachen.

	Eilers	Hoffmann	Schütte	Weber
Wdh	6,67	3,13	4,23	0,00
L	48,33	50,00	45,07	46,03
Z	10,00	9,38	8,45	4,76
F	26,67	37,50	39,44	44,44
meta	13,33	0,00	2,81	4,76
Äuß. absol.	(60)	(32)	(71)	(63)

Tabelle 6.2.11: Lautes Denken. Prozentuale Häufigkeiten der Funktionen der Äußerungen im Prozeß des lauten Denkens im kognitiven Prozeß des Sprechers. Die letzte Zeile enthält die absoluten Häufigkeiten der Äußerungen (Interakte).

In der Team-Phase (Tabelle 6.2.12) ist der Anteil der Feststellungen an der Zahl der Gesamtäußerungen erheblich höher als der Anteil der Lösungsvorschläge. Bei Eilers und Weber handelt es sich bei fast der Hälfte der Äußerungen um Feststellungen. Ziele werden auch hier weit weniger formuliert, allerdings absolut gesehen mehr als doppelt so viele wie in der Vorphase.

Sehr hoch liegt bei Hoffmann der Anteil der inhaltlichen Steuerungen, wobei jedoch absolut gesehen Schütte etwa gleich viel inhaltlich zu steuern versucht. Zahlenmäßig gleich verhält es sich bei beiden Akteuren mit der Kategorie *meta*, wobei die Häufigkeiten in dieser Kategorie absolut gesehen bei Weber am höchsten sind.

In der Kommissions-Phase I erhöht sich der Anteil an Feststellungen weiter (Tabelle 6.2.13). Bei drei der vier Akteure sind mindestens 50% der Äußerungen Feststellungen. Eilers bietet mit beinahe 30% die meisten Lösungsvorschläge an. Hoffmann macht nur einen Lösungsvorschlag, dafür sind ein großer Teil seiner Äußerungen Metakognitionen. Die stärkste inhaltliche Steuerung geht von Schütte aus. Ziele werden in

---

ten nicht nur die absoluten Häufigkeiten, sondern auch die Zeilenprozente dokumentiert werden, also der Anteil, den ein Akteur an der Gesamtzahl der geäußerten Lösungsvorschläge, Zielsetzungen etc. hat. An denjenigen Stellen, an denen die prozentualen Häufigkeiten irreführend sind, werden im Text die absoluten Häufigkeiten genannt. Im übrigen kann mit Hilfe der absoluten Häufigkeiten der Äußerungen auch die absolute Häufigkeit für jede Zelle berechnet werden.

dieser Phase wieder erheblich weniger formuliert als in der vorangegangen.

	Eilers	Hoffmann	Schütte	Weber
Sv	3,66	3,37	1,18	1,06
Si	4,88	17,98	8,82	6,38
Wdh	3,05	4,49	1,18	2,18
L	28,66	23,69	33,53	25,53
Z	4,27	1,12	3,53	12,77
F	48,78	31,46	42,94	48,94
meta	6,71	17,98	8,82	12,77
Äuß. absol.	(164)	(89)	(170)	(188)

Tabelle 6.2.12: Team-Phase. Prozentuale Häufigkeiten der Funktionen der Äußerungen im Interaktionsprozeß resp. im kognitiven Prozeß des Sprechers. Die letzte Zeile enthält die absoluten Häufigkeiten der Äußerungen (Interakte).

	Eilers	Hoffmann	Schütte	Weber
Sv	3,16	5,88	1,69	3,82
Si	5,06	14,71	27,12	3,82
Wdh	1,27	8,82	0,00	2,29
L	29,75	2,94	15,25	22,90
Z	1,90	0,00	6,78	6,87
F	55,70	50,00	47,46	54,96
meta	3,16	17,65	1,69	5,34
Äuß. absol.	(158)	(34)	(59)	(131)

Tabelle 6.2.13: Kommissions-Phase I. Prozentuale Häufigkeiten der Funktionen der Äußerungen im Interaktionsprozeß resp. im kognitiven Prozeß des Sprechers. Die letzte Zeile enthält die absoluten Häufigkeiten der Äußerungen (Interakte).

	Eilers	Hoffmann	Schütte	Weber
Sv	9,09	14,75	7,87	13,73
Si	12,30	11,48	10,24	6,37
Wdh	0,53	0,00	0,79	0,98
L	8,56	13,11	27,56	24,51
Z	3,21	0,00	3,94	3,92
F	62,57	59,02	48,03	49,51
meta	3,74	1,64	1,57	0,98
Äuß. absol.	(187)	(61)	(127)	(204)

Tabelle 6.2.14: Kommissions-Phase II. Prozentuale Häufigkeiten der Funktionen der Äußerungen im Interaktionsprozeß resp. im kognitiven Prozeß des Sprechers. Die letzte Zeile enthält die absoluten Häufigkeiten der Äußerungen (Interakte).

6.2 Prozeßanalysen der verbalen Daten

In der Kommissions-Phase II (Tabelle 6.2.14) ist der Anteil an Feststellungen abermals gestiegen. Eilers äußert hier erheblich weniger Lösungsvorschläge als zuvor, bei Schütte und Weber machen die Lösungsvorschläge immerhin noch ca. ein Viertel der Äußerungen aus, wobei allein Weber absolut betrachtet etwa die Hälfte aller Lösungsvorschläge einbringt.

Ziele werden hier noch etwa gleich viele wie in der Vorphase formuliert. Der Anteil der Metakognitionen an den Äußerungen ist jedoch bei allen Akteuren gesunken. Besonders hoch liegt in dieser Phase erstmals die absolute Häufigkeit an Verfahrenssteuerungen (insgesamt 66; vorher max. 13). Weber steuert dabei am häufigsten (28 mal), gefolgt von Eilers (17 mal), Schütte (10 mal) und Hoffmann (9 mal).

6.2.3.2 Relationen der Sprecher zu den Äußerungen

Beim lauten Denken (Tabelle 6.2.15) entfallen bei der Kodierung Zustimmung, Ablehnung, Scherze sowie emotionale Bewertungen von Personen.[8]

Die Zahl der Äußerungen, bei denen keine Relation kodiert werden konnte, ist in der Phase des lauten Denkens besonders bei Hoffmann und Schütte sehr hoch. Bei Weber finden sich auffallend häufiger als bei den anderen Akteuren positive Meinungsäußerungen. Bei Eilers ist der Anteil der unsicheren, hypothetischen Äußerungen erheblich höher als bei den übrigen.

In der Team-Phase (Tabelle 6.2.16) erhöht sich der Anteil an positiven Meinungsäußerungen bei Eilers und Schütte drastisch. Bei Weber sinken zwar die prozentualen Häufigkeiten, die absoluten steigen jedoch um ca. 30%. Bei Hoffmann steigt die absolute Häufigkeit geringfügig.

Der Anteil an unsicheren und hypothetischen Äußerungen ist bei Eilers von insgesamt über 60% auf unter 20% gesunken. Bei seinem Teamkollegen Hoffmann hat sich der Anteil an unsicheren Äußerungen verdreifacht.

Neu sind hier die Kategorien Zustimmung, Ablehnung, Scherze sowie positive und negative Bewertungen von Personen. Einen relativ hohen Anteil an Zustimmung weisen Hoffmann und Weber auf. Die Kategorie Ablehnung ist bei allen vier Akteuren nicht sehr ausgeprägt. Zu Scher-

---

[8] Die Abkürzungen in den folgenden Tabellen bedeuten: pro - positive Meinungsäußerung; con - negative Meinungsäußerung; w+ - hohe Wichtigkeit von Problemelementen; w- - geringe Wichtigkeit von Problemelementen; Zu - Zustimmung; Ab - Ablehnung; us - Unsicherheit; us+ - Unsicherheit positive Äußerung; us- - Unsicherheit negative Äußerung; e0 - Scherze; e+ - positive Bewertung von Personen; e- - negative Bewertung von Personen.

zen aufgelegt ist offenbar nur das Team Umwelt & Soziales. Positive oder negative Bewertungen von Personen gibt es keine.

	Eilers	Hoffmann	Schütte	Weber
pro	3,33	9,38	8,45	46,03
con	1,67	0,00	7,04	4,76
w+	0,00	3,13	4,23	3,17
w-	0,00	0,00	0,00	0,00
us	15,00	4,88	4,23	1,59
us+	46,67	0,00	1,41	3,17
us-	0,00	0,00	1,41	0,00
ohne Relat.	33,33	82,61	73,23	41,28
Äuß. absol.	(60)	(32)	(71)	(63)

Tabelle 6.2.15: *Lautes Denken. Prozentuale Häufigkeiten der Relationen der Sprecher zu den Äußerungen resp. zum Hörer. Die letzte Zeile enthält die absoluten Häufigkeiten der Äußerungen (Interakte).*

	Eilers	Hoffmann	Schütte	Weber
pro	18,29	5,62	27,65	22,34
con	4,88	3,37	4,71	8,51
w+	1,83	0,00	0,59	2,66
w-	0,00	0,00	0,59	1,06
Zu	4,27	14,61	4,12	14,36
Ab	1,22	3,37	7,06	3,19
us	7,32	10,11	0,59	4,26
us+	9,76	4,49	0,00	0,00
us-	1,83	1,12	0,00	0,00
e0	0,00	0,00	1,18	2,66
e+	0,00	0,00	0,00	0,00
e-	0,00	0,00	0,00	0,00
ohne Relat.	50,60	57,31	53,51	40,96
Äuß. absol.	(164)	(89)	(170)	(188)

Tabelle 6.2.16: *Team-Phase. Prozentuale Häufigkeiten der Relationen der Sprecher zu den Äußerungen resp. zum Hörer. Die letzte Zeile enthält die absoluten Häufigkeiten der Äußerungen (Interakte).*

Äußerungen, die ohne Relation kodiert worden sind, treten bei Eilers häufiger, bei Hoffmann und Schütte seltener auf als in der Phase des lauten Denkens. Bei Weber ist der Anteil etwa gleich hoch wie zuvor.

In der Kommissions-Phase I (Tabelle 6.2.17) steigt der Anteil an Äußerungen ohne Relation bei Schütte und Weber stark an. Eilers äußert viele positive Meinungen, dafür ist der Anteil seiner unsicheren Aussagen gesunken. Hoffmann gibt sehr viele zustimmende Äußerungen ab.

In der Kommissions-Phase II (Tabelle 6.2.18) ist nun der Anteil an negativen Meinungsäußerungen (außer bei Weber) sehr gestiegen. Bei Eilers ist darüber hinaus auch die Ablehnung von Äußerungen anderer häufiger geworden. Dafür sind die Kategorien *us*, *us+* und *us-* weder bei Eilers noch bei den anderen Spielern besetzt. Erstmals tritt hier eine negative Bewertung einer Person durch Weber (gegen Eilers gerichtet) auf.

	Eilers	Hoffmann	Schütte	Weber
pro	19,62	5,88	11,86	8,40
con	3,80	0,00	5,08	4,58
w+	1,27	5,88	5,08	3,05
w-	1,27	0,00	0,00	2,29
Zu	8,86	17,65	1,69	6,87
Ab	2,53	5,88	3,39	3,82
us	2,53	2,94	0,00	1,53
us+	4,43	0,00	0,00	0,00
us-	0,63	2,94	0,00	0,00
e0	0,63	0,00	1,69	0,00
e+	0,00	0,00	0,00	0,00
e-	0,00	0,00	0,00	0,00
ohne Relat.	54,43	58,83	71,21	69,46
Äuß. absol.	(158)	(34)	(59)	(131)

Tabelle 6.2.17: Kommissions-Phase I. Prozentuale Häufigkeiten der Relationen der Sprecher zu den Äußerungen resp. zum Hörer. Die letzte Zeile enthält die absoluten Häufigkeiten der Äußerungen (Interakte).

	Eilers	Hoffmann	Schütte	Weber
pro	14,97	9,84	21,26	9,80
con	6,42	11,48	7,87	0,49
w+	3,21	0,00	0,79	1,96
w-	1,07	0,00	0,79	2,45
Zu	10,70	9,84	3,14	5,39
Ab	8,56	0,00	3,94	2,94
us	0,00	0,00	0,00	0,00
us+	0,00	0,00	0,00	0,00
us-	0,00	0,00	0,00	0,00
e0	1,60	0,00	0,00	1,47
e+	0,00	0,00	0,00	0,00
e-	0,00	0,00	0,00	0,49
ohne Relat.	53,47	68,84	62,21	75,06
Äuß. absol.	(187)	(61)	(127)	(204)

Tabelle 6.2.18: Kommissions-Phase II. Prozentuale Häufigkeiten der Relationen der Sprecher zu den Äußerungen resp. zum Hörer. Die letzte Zeile enthält die absoluten Häufigkeiten der Äußerungen (Interakte).

6.2.3.3 Zwischenergebnis

Bezüglich der strukturellen Aspekte der Interaktionen unterscheidet sich die Phase des lauten Denkens sowohl hinsichtlich der Funktionen der Äußerungen als auch hinsichtlich der Relationen der Äußerungen (außer bei Weber) deutlich von den Interaktionssituationen. Während des lauten Denkens werden mehr Lösungen vorgeschlagen als Feststellungen getroffen. In den anderen Phasen verhält es sich umgekehrt. Des weiteren treten beim lauten Denken seltener positive Meinungsäußerungen auf als in den anderen Phasen. Eine Ausnahme stellt zweifellos Weber dar. Hier sind die Strukturen der unterschiedlichen Phasen eher ähnlich.

Interpretiert werden kann dieser Befund damit, daß in Interaktionssituationen eher Position (Relationen der Sprecher zu den Äußerungen) bezogen werden muß und daß diese Position auch untermauert werden muß (Funktionen der Äußerungen). In einer Situation wie dem lauten Denken kann hingegen mehr Zeit für Lösungen aufgebracht werden, die man vor sich selbst nicht unbedingt zu begründen hat.

Ziele werden lediglich in der Team-Phase gehäuft formuliert. Dies kann als Zeichen für die Suche nach einer Team-Identität und als Strategieentwicklung gewertet werden. Zu erwarten wäre allerdings gewesen, daß auch zu Anfang der ersten Kommissions-Phase vermehrt Ziele formuliert werden. Dies ist jedoch nicht der Fall.

Auffällig bei Eilers ist die höhere Besetzung der Kategorie *meta* beim lauten Denken. Auch der sehr starke Anteil an unsicheren oder hypothetischen Äußerungen ist bemerkenswert. Im Verlauf der Interaktionen sinkt diese Unsicherheit jedoch auf Null ab. Hier hat offenbar ein Problemlöse- und Entscheidungsprozeß stattgefunden, der zu immer größerer Sicherheit bezüglich der eigenen Position geführt hat.

Hoffmann bezieht sehr wenig Stellung im Verlauf der vier Phasen. Auffallend ist hier der erhöhte Anteil an unsicheren Äußerungen in der Team-Phase sowie der hohe Anteil an zustimmenden Äußerungen bei wenigen eigenen positiven oder negativen Meinungsäußerungen.

Das Team Umwelt & Soziales zeigt, abgesehen von den strukturellen Ähnlichkeiten zwischen lautem Denken und Interaktionssituationen bei Weber, keine Auffälligkeiten.

Bemerkenswert ist, daß in der Kommissions-Phase II die verfahrensmäßige Steuerung außerordentlich zunimmt. Eine Interpretation dafür kann nur im Zusammenhang mit weiteren Informationen über den Verlauf des Entscheidungsprozesses geleistet werden. Wie bereits erwähnt, ist die Diskussion in der Kommission sehr konträr und konfliktreich. Die verstärkte Verfahrenssteuerung ist als Zeichen für den Versuch zu werten, eine drohende Eskalation zu verhindern.

6.3 Monotone Netzwerkanalyse (MONA)

Die Monotone Netzwerkanalyse (MONA) ist ein graphentheoretisches Verfahren zur Darstellung von Ähnlichkeitsdaten (vgl. Kapitel 5.6.4). Mit Hilfe dieses Verfahrens können Daten wie die hier vorliegenden auf in ihnen enthaltene Strukturen hin untersucht werden, die mit anderen Methoden nicht oder nicht in annähernd exakter Weise ermittelt werden können.

Im folgenden werden die durch MONA errechneten Graphen für alle vier Phasen dargestellt. Für jede dieser Phasen können sieben Graphen ermittelt werden: Für jeden Akteur (= 4), für beide Teams (= 2) und für die Kommission (= 1). In der Phase des lauten Denkens müssen zu diesem Zweck die Matrizen der Individuen zusammengelegt werden, um die Graphen für die Teams und die Kommission berechnen zu können, in der Team-Phase müssen die Matrizen der beiden Teams zusammengelegt werden, um den Graphen für die Kommission zu berechnen. Dieses Vorgehen ist strenggenommen nicht korrekt, da die Personen in den jeweiligen Phasen nicht oder nur teilweise miteinander kommuniziert haben und daher keine gemeinsame Datenbasis existiert. Da der Anschauungswert der Darstellung jedoch sehr hoch ist, werden diese Graphen unter Vorbehalt auch dargestellt. Für jeden Graphen werden außerdem die e_{max}-Werte sowie der Kendallsche Korrelationskoeffizient τ angegeben, der die Anpassung an die empirischen Daten beschreibt.

6.3.1 Lautes Denken

Die Grundstruktur aller Graphen besteht aus der pentagonalen Anordnung der Kategorien *mikro*, *makro*, *loc*, *soz* und *ökol*, wobei diese Kategorien die Knoten oder Ecken im Graphen darstellen. Die Position der beiden Kategorien/Knoten *infra* und *verf* ist variabel, da MONA nur in einem Fall mehr als eine Kante zu einem anderen Knoten ermitteln konnte.

Die Graphen 6.3.1 und 6.3.2 repräsentieren den Prozeß des lauten Denkens bei Eilers und Hoffmann vom Team Wirtschaft. Der Graph 6.3.3 stellt die Zusammenlegung von Eilers und Hoffmann als Team dar. Des weiteren enthalten die Graphen 6.3.4 und 6.3.5 die MONA-Repräsentationen für die beiden Spieler des Teams Umwelt & Soziales, Schütte und Weber. Graph 6.3.6 ist wiederum die MONA-Lösung für die Zusammenlegung der Daten von Schütte und Weber. Der Graph 6.3.7 schließlich ist eine Repräsentation der Zusammenlegung der Daten von Eilers, Hoffmann, Schütte und Weber.

Charakteristisch für die Graphen des Teams Wirtschaft ist die Kante *makro - ökol* resp. *mikro - ökol*. Die Kategorie *ökol* wird hier stärker mit den beiden ökonomischen Kategorien verknüpft als mit den übrigen Kategorien. Beim Team Umwelt & Soziales hingegen findet sich eine Kante zwischen den Kategorien *loc* und *ökol*. Hier werden ökologische mit ortsbezogenen Problemelementen veknüpft.

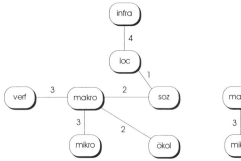

Graph 6.3.1: Eilers, lautes Denken; $e_{max} = 1$; $\tau \geq 0{,}66$.

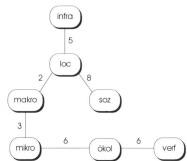

Graph 6.3.2: Hoffmann, lautes Denken; $e_{max} = 0$; $\tau \geq 0{,}80$.

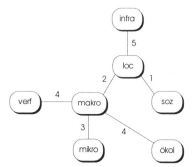

Graph 6.3.3: Eilers und Hoffmann, lautes Denken; $e_{max} = 1$; $\tau \geq 0{,}73$.

Die beiden Graphen des Teams Wirtschaft stimmen des weiteren bezüglich der Kante *infra - loc* überein. *Verf* ist bei Eilers mit *makro* verknüpft, während es bei Hoffmann mit *ökol* verknüpft ist. Beim Team Umwelt & Soziales konnte MONA die gemeinsamen Kanten *verf - makro* und *infra - soz* ermitteln. Die beiden Graphen unterscheiden sich bezüglich der von dem Knoten *makro* ausgehenden Kanten. Bei Schütte weist die Repräsentation eine Kante zwischen *makro* und *soz* auf, bei Weber eine Kante zwischen *makro* und *loc*.

Auch die MONA-Lösungen für die Teams spiegeln die Charakteristika der individuellen Graphen wider. Der Graph von Eilers und Hoffmann (Graph 6.3.3) weist Kanten zwischen den Knoten *verf* und *makro* sowie *loc* und *infra* auf. Die Struktur kann als zusammengesetzt aus den beiden ursprünglichen Graphen angesehen werden. Die Kante *makro -*

6.3 Monotone Netzwerkanalyse (MONA)

ökol ist von Eilers übernommen, ebenso die Kanten *verf - makro* und *infra - loc*. Die Kante *makro - loc* hingegen ist von Hoffmann übernommen.

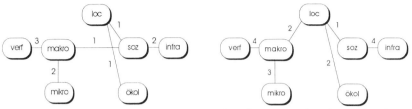

Graph 6.3.4: Schütte, lautes Denken; $e_{max} = 2$; $\tau \geq 0{,}59$.

Graph 6.3.5: Weber, lautes Denken; $e_{max} = 1$; $\tau \geq 0{,}79$.

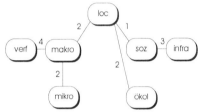

Graph 6.3.6: Schütte und Weber, lautes Denken; $e_{max} = 2$; $\tau \geq 0{,}63$.

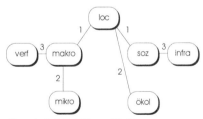

Graph 6.3.7: Eilers, Hoffmann, Schütte und Weber, lautes Denken; $e_{max} = 2$; $\tau \geq 0{,}75$.

Der Graph des Teams Umwelt & Soziales (Graph 6.3.6) enthält bis auf *makro - soz* die gleichen Kanten wie die beiden einzelnen Graphen, im Vergleich zum Graphen von Weber stimmen teilweise sogar die Kantengewichte überein.

Auch die MONA-Repräsentation für alle vier Personen zusammen (Graph 6.3.7) stimmt bis auf die Kantengewichte mit der Repräsentation für das Team Umwelt & Soziales überein. Insbesondere die für dieses Team charakteristischen Kanten *infra - soz* und *loc - ökol* sind in diesem Graphen enthalten.

In der Phase des lauten Denkens sind die Graphen der Einzelpersonen zwar individuell verschieden, jedoch auch aufgrund bestimmter Charakteristika dem jeweiligen Team zuzuordnen. Ökologische Problemelemente werden in dieser Phase vom Team Wirtschaft am stärksten mit ökonomischen Problemelementen in Verbindung gebracht, vom Team Umwelt & Soziales dagegen am stärksten mit ortsbezogenen Problemelementen. Infrastrukturelle Aspekte werden unter Umwelt-/sozialen Gesichtspunkten eher im Zusammenhang mit sozialen Problemelementen gesehen, während sie unter ökonomischen Gesichtspunkten eher mit ortsbezogenen Problemelementen verknüpft werden. Deutlich im Mittelpunkt steht beim Team Wirtschaft die Kategorie *makro*, beim Team Umwelt & Soziales die Kategorie *loc*.

6.3.2 Team-Diskussion

Die Graphen 6.3.8 bis 6.3.14 enthalten die durch MONA errechneten Lösungen für die Team-Phase in der gleichen Reihenfolge wie im vorangegangenen Abschnitt. Alle Graphen unterscheiden sich wesentlich von denjenigen der Vorphase. Auch individuell gibt es bedeutende Unterschiede.

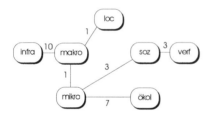

Graph 6.3.8: Eilers, Team-Phase; $e_{max} = 1$; $\tau \geq 0{,}90$.

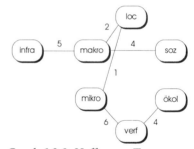

Graph 6.3.9: Hoffmann, Team-Phase; $e_{max} = 1$; $\tau \geq 0{,}62$.

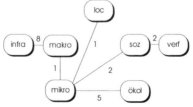

Graph 6.3.10: Team Wirtschaft, Team-Phase; $e_{max} = 2$; $\tau \geq 0{,}86$.

6.3 Monotone Netzwerkanalyse (MONA)

Die Charakteristika der Vorphase, die ökonomisch-ökologische und die infrastrukturell-lokale Relation beim Team Wirtschaft sowie die ökologisch-lokale und die infrastrukturell-soziale Relation beim Team Umwelt & Soziales finden sich hier nicht wieder. Vielmehr scheint es hier keine teamspezifischen Kanten mehr zu geben.

Gemeinsam ist allen vier individuellen Graphen lediglich die Kante *infra - makro*. Eilers, Hoffmann und Weber stimmen bezüglich der Kante *makro - loc* überein, Hoffmann Schütte und Weber bezüglich der Kante *makro - soz*. Bei Schütte und Weber findet sich ferner eine gemeinsame Kante zwischen *verf* und *infra* und bei Hoffmann und Weber eine Kante zwischen *mikro* und *loc*. Innerhalb des Teams Wirtschaft gibt es also lediglich zwei und innerhalb des Teams Umwelt & Soziales drei gemeinsame Kanten. Im übrigen unterscheiden sich die Graphen vollständig.

Die MONA-Repräsentationen für die Teams (Graph 6.3.10 und 6.3.13) konstituieren sich abermals aus den individuellen Repräsentationen. Allerdings gehen in den Graphen des Teams Wirtschaft von Hoffmann lediglich die Kanten *mikro - loc* und *infra - makro* ein, die übrigen sind im individuellen Graphen von Hoffmann nicht enthalten. In dieser gemeinsamen Repräsentation nimmt die Kategorie *mikro* eine zentrale Stellung ein.

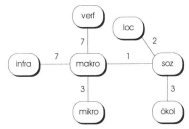 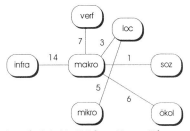

Graph 6.3.11: Schütte, Team-Phase; $e_{max} = 2$; $\tau \geq 0{,}77$.

Graph 6.3.12: Weber, Team-Phase; $e_{max} = 2$; $\tau \geq 0{,}77$.

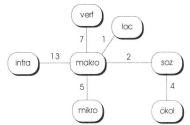

Graph 6.3.13: Team Umwelt & Soziales, Team-Phase; $e_{max} = 2$; $\tau \geq 0{,}81$.

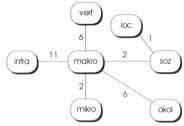

Graph 6.3.14: Team Wirtschaft und Team Umwelt & Soziales, Team-Phase; $e_{max} = 2$; $\tau \geq 0,86$.

Die Repräsentation des Teams Umwelt & Soziales entspricht, bis auf die Kante *makro - loc* und das Fehlen der Kante *loc - soz*, dem individuellen Graphen von Schütte. Gleichwohl stimmen vier der insgesamt sechs Kanten auch mit dem Graphen von Weber überein. Hier kann die Kategorie *makro* als zentral angesehen werden.

Die gemeinsame MONA-Repräsentation der beiden Teams schließlich entspricht eher dem Graphen des Teams Umwelt & Soziales als demjenigen des Teams Wirtschaft. Auch hier ist die Kategorie *makro* zentral, lediglich eine der sechs möglichen Kanten geht nicht von *makro* aus. Dies bedeutet, daß sich das Gespräch in beiden Teams (in dieser Phase noch unabhängig voneinander) in erster Linie um ökonomische resp. makro- oder mikroökonomische Inhalte drehte, die bezüglich ihrer Relationen zu den übrigen Inhaltsbereichen diskutiert wurden.

6.3.3 Kommissions-Diskussion I

Die Graphen 6.3.15 bis 6.3.21 bilden die MONA-Lösungen für die Kommissions-Phase I ab. Sämtliche MONA-Repräsentationen dieser Phase enthalten die Kante *infra - loc*, obwohl diese bislang lediglich in der Phase des lauten Denkens beim Team Wirtschaft vorkam.

Charakteristisch für das Team Wirtschaft scheinen hier die Kanten *makro - loc* und *mikro - loc* zu sein, während für das Team Umwelt & Soziales eher die Kanten *soz - loc* und *ökol - loc* bezeichnend sind. Dies ist teilweise aus den individuellen, teilweise aus den Team-Graphen zu ersehen. Ferner ist die Kategorie *loc* beim Team Wirtschaft sehr zentral, beim Team Umwelt & Soziales sind es die Kategorien *loc* und *soz*.

6.3 Monotone Netzwerkanalyse (MONA)

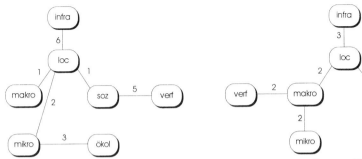

Graph 6.3.15: Eilers, Kommissions-Phase I; $e_{max} = 2$; $\tau \geq 0{,}79$.

Graph 6.3.16: Hoffmann, Kommissions-Phase I; $e_{max} = 0$; $\tau \geq 0{,}78$.

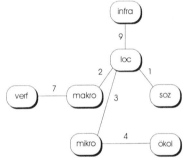

Graph 6.3.17: Team Wirtschaft, Kommissions-Phase I; $e_{max} = 2$; $\tau \geq 0{,}82$.

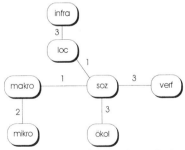
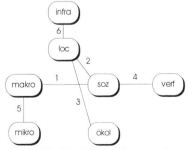

Graph 6.3.18: Schütte, Kommissions-Phase I; $e_{max} = 1$; $\tau \geq 0{,}61$.

Graph 6.3.19: Weber, Kommissions-Phase I; $e_{max} = 2$; $\tau \geq 0{,}68$.

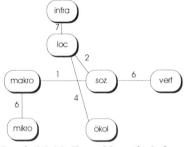

Graph 6.3.20: Team Umwelt & Soziales, Kommissions-Phase I; $e_{max} = 2$; $\tau \geq 0{,}72$.

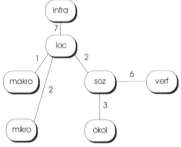

Graph 6.3.21: Kommission, Kommissions-Phase I; $e_{max} = 3$; $\tau \geq 0{,}74$.

Die Unterschiede zwischen den beiden Teams scheinen also hinsichtlich der Struktur der Diskussion in dieser Phase größer zu sein als in der vorangegangenen. Während das Team Wirtschaft offenbar häufiger ökonomische Aspekte in Zusammenhang mit ortsbezogenen Aspekten thematisiert, rekurriert das Team Umwelt & Soziales häufiger auf Zusammenhänge zwischen Umwelt-/sozialen und ortsbezogenen Inhalten. Im gemeinsamen Graphen der Kommission nehmen die Kategorien *loc* und *soz* die zentrale Position ein. Die Strukturen der Graphen sind hier immer noch sehr unterschiedlich.

6.3.4 Kommissions-Diskussion II

In der Kommissions-Phase II (Graphen 6.3.22 bis 6.3.28) unterscheidet sich lediglich Eilers noch merklich von der Team- resp. Kommissions-Lösung. Schüttes Graph unterscheidet sich bezüglich einer Kante (*mikro - loc*) von Hoffmann und Weber. Deren MONA-Repräsentationen entspre-

6.3 Monotone Netzwerkanalyse (MONA)

chen bis auf die Kantengewichte den Repräsentationen für die Teams und die Kommission.

Zentrale Position hat hier, außer bei Eilers, eindeutig die Kategorie *makro*. Zentral bei Eilers sind, wie in der Kommissions-Lösung der vorhergehenden Phase, die Kategorien *loc* und *soz*.

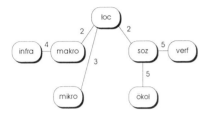

Graph 6.3.22: Eilers, Kommissions-Phase II; $e_{max} = 2$; $\tau \geq 0{,}83$.

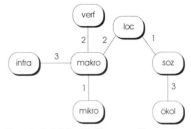

Graph 6.3.23: Hoffmann, Kommissions-Phase II; $e_{max} = 1$; $\tau \geq 0{,}57$.

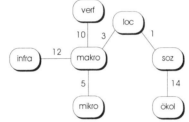

Graph 6.3.24: Team Wirtschaft, Kommissions-Phase II; $e_{max} = 2$; $\tau \geq 0{,}77$.

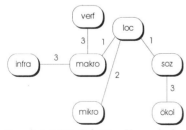

Graph 6.3.25: Schütte, Kommissions-Phase II; $e_{max} = 2$; $\tau \geq 0{,}64$.

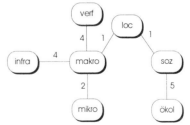

Graph 6.3.26: Weber, Kommissions-Phase II; $e_{max} = 2$; $\tau \geq 0{,}66$.

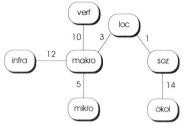

Graph 6.3.27: Team Umwelt & Soziales, Kommissions-Phase II; $e_{max} = 3$; $\tau \geq 0{,}68$.

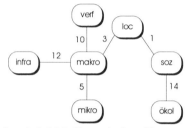

Graph 6.3.28: Kommission, Kommissions-Phase II; $e_{max} = 3$; $\tau \geq 0{,}69$.

In der Kommissions-Phase II sind die in den Vorphasen gefundenen Unterschiede zwischen den MONA-Repräsentationen der Akteure und der Teams zweifellos nivelliert worden. Die in der Diskussion thematisierten Inhaltsbereiche, die sich anfangs noch sehr unterschieden, haben sich in dieser letzten Diskussionsphase, in der auch eine Entscheidung getroffen werden mußte, aneinander angeglichen.

7 Diskussion

Im Zwischenergebnis des vierten Kapitels wurden zunächst die Hypothesen dieser Untersuchung in allgemeiner Form formuliert und dann in Kapitel 5.1 bezogen auf die beiden Untersuchungsmethoden präzisiert. Anhand eines Fragebogens sollten in einer quasiexperimentellen Gruppenuntersuchung die Einstellungen der Vpn vor und nach der Interaktion in der Gruppe im Rahmen eines Planspiels erhoben werden. Des weiteren sollte von einer der Planspielgruppen eine Prozeßanalyse zur Erhebung der mentalen Modelle der Vpn angefertigt werden. Mit Hilfe beider Methoden sollte überprüft werden, ob die Einstellungen resp. mentalen Modelle verschiedener sozialer Identitäten sich zu Beginn der Planspielsitzung unterscheiden und ob sie sich im Verlauf der Untersuchung einander angleichen werden. Bei der Auswertung wurden einerseits nichtparametrische Verfahren eingesetzt, andererseits eine graphentheoretische Methode zur Abbildung von Ähnlichkeitsdaten, die Monotone Netzwerkanalyse (MONA).

Im folgenden sollen nun zunächst die beiden Untersuchungsmethoden und die zugehörigen Ergebnisse im Zusammenhang mit den spezifischen Hypothesen interpretiert und diskutiert werden. Anschließend werde ich die Ergebnisse der Monotonen Netzwerkanalyse sowie die explorativen Aspekte der beiden Untersuchungen interpretieren und diskutieren. In Kapitel 7.5 sollen dann Schlüsse gezogen werden, die sich auf fünf für diese Untersuchung besonders wichtige Aspekte beziehen. In diesem Zusammenhang werden auch die allgemeinen Hypothesen noch einmal thematisiert.

7.1 Fragebogenuntersuchung

Die erste für die Fragebogenuntersuchung postulierte Hypothese H_{F1} besagte, daß sich die Einstellungen der beiden Teams zu Beginn der Untersuchung und vor der Interaktion mit dem anderen Team statistisch signifikant unterscheiden werden. Die in Kapitel 6.1.1 dargestellten Ergebnisse zeigen, daß diese Hypothese als bestätigt gelten kann. In der Beurteilung aller 14 Statements unterscheiden sich die Spieler der beiden Teams statistisch signifikant. Damit konnte gezeigt werden, daß die soziale Identität einer Person einen starken Einfluß auf die Beurteilung eines Gegenstandsbereichs und damit auf die Einstellung der Person hat.

Die zweite für die Fragebogenuntersuchung postulierte Hypothese H_{F2} besagte, daß die Interaktion zwischen den Teams zu einer Nivellierung der Beurteilungen und einer Angleichung der Einstellungen führen würde, und daß sich die Teams nach der Interaktion bezüglich ihrer Einstellungen nicht mehr statistisch signifikant unterscheiden werden. Diese Hypothese konnte nicht bestätigt werden. Die beiden Teams unterscheiden sich auch nach der Interaktion noch statistisch signifikant. Allerdings läßt sich aus dem direkten Vergleich der Beurteilungen vor und nach der Interaktion ersehen, daß zumindest die Tendenz zu einer Angleichung der Einstellungen erkennbar ist: Die Teams beurteilen einige der Statements nach der Interaktion weniger extrem als noch vor der Interaktion. Darüber hinaus wird lediglich eines der Statements nach der Interaktion stärker befürwortet (resp. abgelehnt) als vor der Interaktion, wobei dieser Unterschied nicht statistisch signifikant ist. Alle übrigen Beurteilungen haben sich auch nicht in der Hypothese entgegengesetzter Weise verändert.

Daß hier lediglich eine leichte Tendenz zu einer Angleichung der Teams vorgefunden werden konnte, liegt m. E. in der Natur der erhobenen Daten begründet. Ziel war es hierbei, die *Einstellungen* der Vpn zu erheben. Wie aber bereits in Kapitel 3.5 und im Zwischenergebnis zu Kapitel 4 beschrieben, handelt es sich bei Einstellungen um überdauernde Repräsentationen, die im Langzeitgedächtnis als Typ-Repräsentationen abgespeichert sind. Aus diesem Grunde ist eine massive Veränderung, wie die Hypothese H_{F2} sie vorhergesagt hatte, in der kurzen Zeit, die die Interaktion in der Kommission gedauert hatte, nicht zu erwarten. Vielmehr deuten bereits die leichten Tendenzen zur Veränderung in die vorhergesagte Richtung darauf hin, daß es hier tatsächlich zu Angleichungen gekommen ist, wenn auch nicht zu einer (überdauernden) Angleichung der Einstellungen (vgl. Kapitel 7.5.3).

Hinsichtlich des Interaktionsprozesses war des weiteren mit der Hypothese H_{F3} vermutet worden, daß ein hohes Zugehörigkeitsgefühl zum eigenen Team hoch mit der positiven Beurteilung der erarbeiteten Lösung korreliert sein wird und daß umgekehrt ein geringes Zugehörigkeitsgefühl hoch mit der negativen Beurteilung der erarbeiteten Lösung korreliert sein wird. Diese Hypothese konnte für die Eigen-Perspektive und für die Meta-Perspektive (aus der Sicht des Teampartners) bestätigt

7.1 Fragebogenuntersuchung

werden. Für alle übrigen Perspektiven konnte die Hypothese nicht bestätigt werden. Dies könnte bedeuten, daß die Einschätzung des eigenen Zugehörigkeitsgefühls zum Team wie auch die vermutete Einschätzung dieser Zugehörigkeit durch den Teampartner sehr wohl in einem Zusammenhang mit der Beurteilung der Problemlösung steht. Das Zugehörigkeitsgefühl des Teampartners sowie der Mitspieler des anderen Teams steht hingegen in keinem Zusammenhang zur Beurteilung der Problemlösung. Da die Ergebnisse jedoch aufgrund der geringen Zellbesetzungen in den Kontingenztafeln nicht zuverlässig sind, sind zur verläßlichen Überprüfung dieser Hypothese weitere Untersuchungen erforderlich.

Zwei weitere für die Fragebogenuntersuchung postulierte Hypothesen betreffen die Auswirkungen der unterschiedlichen sozialen Identitäten und die Abgrenzungsbestrebungen der Akteure auf die Erwartungen bezüglich der Zusammenarbeit und auf die tatsächliche Zusammenarbeit im Team und in der Kommission. Hypothese H_{F4} besagte, daß die Zusammenarbeit im Team noch vor der Interaktion als einfacher eingeschätzt werden wird als die Zusammenarbeit in der Kommission. Diese Hypothese konnte bestätigt werden. Beide Teams erwarten, daß die Teamarbeit einfacher sein wird als die Kommissionsarbeit. Damit kann auch für diese Untersuchung die anhand des Paradigmas der minimalen Gruppen gefundene Intergruppenabgrenzung bestätigt werden. Die Bedingungen, unter denen die Akteure hier die Teamarbeit beurteilen, entsprechen zumindest teilweise den Bedingungen der Tajfelschen Untersuchungen. Auch hier hatte zum Zeitpunkt der Beurteilungen noch keine Interaktion stattgefunden. Die Akteure kannten die anderen Spieler noch nicht, sie wußten lediglich, daß es ein zweites Team gibt und kannten die Bezeichnung der Teams (Wirtschaft oder Umwelt & Soziales). Sie wußten nicht, daß die Akteure des anderen Teams ein anderes Fach studieren und daß sie selbst aufgrund ihres Studienfachs ihrem Team angehören. Der wesentliche Unterschied zu den minimalen Bedingungen in Tajfels Untersuchungen ist allerdings der, daß die Unterscheidung Wirtschaft vs. Umwelt & Soziales sehr wohl eine Bedeutung für die Akteure hat, während die Unterscheidung Klee vs. Kandinsky lediglich marginale Bedeutung besitzt.

Mit der Hypothese H_{F5} wurde vermutet, daß auch die tatsächliche Zusammenarbeit im Team im Anschluß an die Interaktion als einfacher als die Zusammenarbeit in der Kommission eingeschätzt wird. Lediglich für beide Teams gemeinsam sowie bei den Teams Wirtschaft finden sich signifikante Unterschiede in der Beurteilung der Zusammenarbeit im Team und in der Kommission. Allerdings deuten die mittleren Rangplätze darauf hin, daß nun die Kommissionsarbeit im Durchschnitt als einfacher beurteilt wird. Die Teams Umwelt & Soziales beurteilen im

Nachhinein die Teamarbeit nicht mehr statistisch signifikant als einfacher (oder schwerer). Hypothese H_{F5} konnte folglich nicht bestätigt werden. Eine Interpretation des Befunds aus den vorliegenden Daten gestaltet sich schwierig. Die Beurteilungen der Teams Umwelt & Soziales sind dabei noch einfacher zu erklären: Im Verlauf der Kommissionsarbeit könnte es sich herausgestellt haben, daß die Kooperationsbereitschaft bei allen Beteiligten aufgrund des übergeordneten Ziels sehr hoch ist. Im Anschluß an die Kommissions-Phase wird dann die Zusammenarbeit im Team als etwa gleich schwierig (oder einfach) beurteilt. Warum sich der Effekt bei den Teams Wirtschaft umkehrt, ließe sich auf zwei verschiedene Arten erklären. Erstens als ein gleichartiger, jedoch stärkerer Effekt als bei den Teams Umwelt & Soziales: In der Erwartung der Teams Wirtschaft könnte die Zusammenarbeit in der Kommission als besonders schwierig antizipiert worden sein, so daß die erfolgte gegenteilige Erfahrung zu einer positiven Akzentuierung geführt haben könnte und daher die Kommissionsarbeit als einfacher beurteilt wird. Zweitens könnte es sich hier um eine Art *recency*-Effekt handeln, der bewirkt, daß das weiter Zurückliegende als schwieriger wahrgenommen wird als das gerade Erlebte.

Die Schwierigkeit der Interpretation der Befunde liegt sicherlich auch in der *ex post*-Beurteilung der Sachverhalte durch die Vpn begründet. Sinnvoller und ergiebiger wäre daher auch hier ein prozeßanalytisches Vorgehen.

7.2 Prozeßuntersuchung

Für die vier Phasen der Prozeßuntersuchung waren in Kapitel 5.1.2 folgende vier Hypothesen über die Unterschiede zwischen den mentalen Modellen der Teams und die Angleichung der mentalen Modelle postuliert worden:

H_{P1}: Die mentalen Modelle der Mitglieder der jeweiligen Teams bezüglich des Gegenstandsbereichs unterscheiden sich vor der Interaktion in der Phase des lauten Denkens statistisch signifikant.

H_{P2}: Die mentalen Modelle der Mitglieder der jeweiligen Teams unterscheiden sich in der Team-Phase statistisch signifikant.

H_{P3}: Die mentalen Modelle der Mitglieder der jeweiligen Teams unterscheiden sich in der Kommissions-Phase I nicht mehr statistisch signifikant.

H_{P4}: Die mentalen Modelle der Mitglieder der jeweiligen Teams unterscheiden sich in der Kommissions-Phase II nicht mehr statistisch signifikant.

7.2 Prozeßuntersuchung

Hypothese H_{P1} wurde bestätigt. Die beiden Teams unterscheiden sich bezüglich ihrer mentalen Modelle resp. bezüglich der Nennung der ökonomischen und ökologisch-sozialen Inhaltskategorien in der Phase des lauten Denkens signifikant. Auch Hypothese H_{P2} über die Unterschiede zwischen den mentalen Modellen in der Team-Phase konnte bestätigt werden.

Dagegen wurde Hypothese H_{P3} nicht bestätigt. Auch in der Kommissions-Phase I bestehen noch signifikante Unterschiede zwischen den mentalen Modellen der Teams, wobei allerdings ein geringerer Phi-Koeffizient und ein etwas höheres Signifikanzniveau im Vergleich zu den vorangegangenen Phasen auf eine Veränderung hindeuten. Hypothese H_{P4} kann aufgrund der Daten wieder bestätigt werden: zwischen den mentalen Modellen der Teams besteht in der Kommissions-Phase II kein statistisch signifikanter Unterschied mehr.

Daß die für die Kommissions-Phase I postulierte Angleichung der mentalen Modelle nicht erfolgt ist, kann damit erklärt werden, daß die verfügbare Zeit (30 Minuten) für die Modifikation der mentalen Modelle noch nicht ausreichend war. Diese Angleichung erfolgte dann erst in der Kommissions-Phase II. Anhand einer weiteren Analyse der Daten könnte nun der Zeitpunkt ermittelt werden, zu dem der Inhalt der Äußerungen einen z. B. über das Signifikanzniveau festgelegten kritischen Wert überschreitet und der beispielsweise als *Zeitpunkt des minimalen Konsenses* der Teams bezeichnet werden könnte. Dieser Zeitpunkt könnte dann als Indikator für die einsetzende Angleichung der mentalen Modelle verwendet werden. In einem weiteren Schritt könnte dann untersucht werden, in welcher Weise dieser Zeitpunkt mit der Einigung über die Entscheidung zusammenhängt. Hierbei könnte auch der äußere Druck, insbesondere der Zeitdruck, eine Rolle spielen. In der Kommissions-Phase I war der Entscheidungsdruck für die Akteure erheblich geringer als in der Kommissions-Phase II. Hier könnte die Frage untersucht werden, welche Auswirkungen dieser Druck auf den Zeitpunkt des minimalen Konsens haben wird. Aufgrund des erheblichen Aufwands, der mit der Bestimmung des Zeitpunkts verbunden ist, kann diese Analyse nicht im Rahmen dieser Studie erfolgen.

Insgesamt kann angenommen werden, daß die Hypothesen der Prozeßanalysen bestätigt worden sind und daß die empirischen Daten für die vorhergesagte Angleichung der mentalen Modelle der unterschiedlichen sozialen Identitäten sprechen.

7.3 Monotone Netzwerkanalyse (MONA)

Mit Hilfe der Monotonen Netzwerkanalyse sollten über eine qualitative Operationalisierung der mentalen Modelle einer ausgewählten Gruppe weitere Informationen über die Bestätigung oder Ablehnung der Hypothesen der Untersuchung erlangt werden, obwohl eine inferenzstatistische Überprüfung anhand der graphentheoretischen Repräsentationen nicht möglich ist.

In der Phase des lauten Denkens können die Personen anhand der Graphen, also der reduzierten mentalen Modelle, sehr gut zu ihrem Team zugeordnet werden. Beim Team Wirtschaft steht dabei die Kategorie *makro* stark im Vordergrund, beim Team Umwelt & Soziales steht die Kategorie *loc* im Vordergrund. In der Team-Phase lassen sich dagegen die Teammitglieder nicht mehr anhand ihrer Graphen zu ihrem Team zuordnen, die Charakteristika der Phase des lauten Denkens sind hier nicht mehr so deutlich. Das Team Umwelt & Soziales wechselt vom lauten Denken zur Team-Phase die Themen resp. Inhaltsbereiche. Hier erfolgt vermutlich die Einstellung auf die Kommissions-Phase und die Antizipation der Argumentationen des Teams Wirtschaft. In der Kommissions-Phase I zeigen sich wieder deutliche Unterschiede zwischen den mentalen Modellen der Teams. Das Team Wirtschaft bezieht sich in der Diskussion stärker auf ökonomische Inhalte, während das Team Umwelt & Soziales stärker ökologisch-soziale Inhalte thematisiert. Schließlich steht für alle Akteure (außer Eilers) in der Kommissions-Phase II die Kategorie *makro* im Mittelpunkt. Offenbar haben sich hier die mentalen Modelle der Akteure einander angeglichen, so daß auch von einer qualitativen Bestätigung der Hypothesen gesprochen werden kann.

Darüber hinaus kann aber auch versucht werden, aufgrund eines Vergleichs der MONA-Repräsentationen für die einzelnen Phasen Charakteristka für jede Phase zu finden, um Aussagen über den gesamten Prozeß machen zu können.

Bei genauerer, vergleichender Betrachtung der Phasen scheint es sich bei der Team-Phase eher um eine Phase des Suchens gehandelt zu haben, in der Unterschiedlichstes auf unterschiedlichste Weise diskutiert wurde. Während in der Phase des lauten Denkens mehr charakteristische Kanten gefunden werden konnten, gibt es in der Team-Phase wenig Gemeinsamkeiten. Das laute Denken scheint also eher eine ***programmatische Phase*** gewesen zu sein, in der die eigene Position festgelegt wird, während die Team-Phase eine ***explorative Phase*** war, die sicherlich durch Intra-Gruppen-Kooperation erleichtert und ermöglicht wurde. Die Kommissions-Phase I kann dem gegenüber als eine ***Polarisationsphase*** angesehen werden, in der die Positionen der Teams auch aufgrund der

Inter-Gruppen-Abgrenzung herausgestellt werden und besonders deutlich in den Graphen erkennbar sind. Diese Polarisation konnte mit den anderen verwendeten Methoden nicht entdeckt werden. Erst mit Hilfe der Monotonen Netzwerkanalyse konnte sie diagnostiziert werden. Die Kommissions-Phase II schließlich kann als *Integrationsphase* bezeichnet werden. Hier konnten sich die Akteure einigen und hier wurde schließlich, trotz aller vorangegangenen Kontroversen, über die gleiche Sache gesprochen.

Der gesamte (Interaktions-) Prozeß der vier Akteure, der beiden Teams und der Kommission kann folglich mit Hilfe der vier Phasen *Programm*, *Exploration*, *Polarisation* und *Integration* adäquat beschrieben werden. Dieses Phasenmodell hat in erster Linie für das dyadisch-interdyadische Untersuchungsmodell Gültigkeit und wird daher in Kapitel 7.5.2 im Zusammenhang mit dem DIOR-Modell diskutiert werden.

7.4 Explorative Aspekte der Untersuchung

7.4.1 Fragebogen zur Interaktion

Die deskriptiven Auswertungen des Interaktionsfragebogens zeigen, daß sich der überwiegende Teil der Vpn sehr gut mit der im Planspiel übernommenen Rolle identifizieren konnte. Dies wird auch aus dem Grad der Zugehörigkeit zum eigenen Team deutlich.

Die Zufriedenheit mit der Arbeit im Team ist sehr hoch. Die Problemlösefertigkeiten des eigenen Teams werden als sehr hoch eingeschätzt, die Qualität der Lösung dagegen nicht ganz so hoch. Nach der Kommissions-Phase sinkt die Zufriedenheit mit dem eigenen Team und dem Problemlöseprozeß. Die Problemlösefertigkeiten werden nun nicht mehr als so gut eingeschätzt, wobei das eigene Team als besser beurteilt wird als das andere Team. Gleichzeitig steigt jedoch die Beurteilung der Qualität der erarbeiteten Lösung. Insgesamt wird die Beziehung der beiden Teams als eher gut eingeschätzt.

Die schlechtere Beurteilung der Problemlösefertigkeiten des eigenen Teams könnte einerseits eine Folge der intensiveren Beschäftigung mit dem Problem sein, andererseits auf die Konfrontation mit dem anderen Team zurückzuführen sein. Beide Faktoren führen dann zu einer Relativierung der Einschätzung der eigenen Kompetenz. Diese Relativierung ist möglicherweise auch die Voraussetzung für die Angleichung der mentalen Modelle der Akteure. Insbesondere im Zusammenhang mit dem *groupthink*-Phänomen (Janis, 1982; vgl. auch Dörner, 1989b) wird davon gesprochen, daß eine Überschätzung der eigenen Kompetenz zu einer Fehleinschätzung der Situation beiträgt. In diesem Falle wird die eigene Kompetenz nicht relativiert und führt unter Umständen zu nicht situationsadäquatem Handeln. In Fällen von *groupthink* wäre folglich auch die Angleichung mentaler Modelle, wie sie hier beschrieben werden konnte, wenn überhaupt, nur erschwert möglich. Die Überprüfung dieser Hypothese würde sinnvollerweise experimentell erfolgen.

Weiterhin könnte untersucht werden, ob die unterschiedliche Beurteilung der Problemlösefertigkeiten des eigenen und des anderen Teams ein zufälliger Befund ist, oder ob dies möglicherweise ebenfalls auf die Abgrenzung zwischen den Teams zurückzuführen ist. Die Abwertung der Problemlösefertigkeiten und die gleichzeitige Aufwertung der Qualität der Lösung wären ebenfalls in weiteren Untersuchungen zu klären. Aus dem vorliegenden Datenmaterial ist dieser Befund nicht interpretierbar.

7.4.2 Strukturkodierung

Mit Hilfe der Strukturkodierung sollten verschiedene strukturelle Aspekte des Interaktionsprozesses erhoben werden. Hierbei konnten drei wichtige Ergebnisse erzielt werden:

(1) *Die Strukturkodierung gibt Aufschluß über den Interaktionsprozeß insgesamt.* Beispielsweise werden im Verlauf des Planungs- und Entscheidungsprozesses Ziele lediglich in der Team-Phase stärker formuliert, insbesondere in der Kommissions-Phase I kommen Ziele ausgesprochen selten zur Sprache. Vermutlich dient die Formulierung von Zielen in der Team-Phase stärker der Strategieentwicklung, während die Teams in der Kommissions-Phase eher mit der wechselseitigen Abgrenzung beschäftigt sind als mit der Entwicklung von Strategien. Ferner wird am höheren Anteil an Steuerungen in der letzten Phase deutlich, daß die Akteure bemüht sind, eine Eskalation der Diskussion zu verhindern. Über diese Art der Analyse kann folglich untersucht werden, welche Merkmale des Prozesses zu welchen Ergebnissen geführt haben.

(2) *In der Struktur der Äußerungen werden persönliche Charakteristika der Akteure deutlich.* So zeigte es sich beispielsweise, daß der Problemlöse- und Entscheidungsprozeß bei Eilers anfangs geprägt ist von Unsicherheit, die sich jedoch im Verlauf der Diskussionen und der Beschäftigung mit dem Problem reduziert und schließlich verschwindet. Hier können mit Hilfe der Strukturkodierung also für die Analyse eines Planungs- und Entscheidungsprozesses wertvolle Informationen über den jeweiligen Anteil der einzelnen Person an Prozeß und an Ergebnis erlangt werden.

7.4 Explorative Aspekte der Untersuchung

(3) *Die Struktur der Äußerungen ermöglicht den Vergleich verschiedener Verbalisationsformen.* Die verbalen Daten des lauten Denkens unterscheiden sich strukturell offenbar deutlich von Daten der Interaktionssituationen. Dieser Befund war damit interpretiert worden, daß in einer Interaktionssituation eher der eigene Standpunkt deutlich gemacht und begründet werden muß, während beim lauten Denken eher die Lösungssuche im Vordergrund stehen kann. Dies könnte bedeuten, daß beim lauten Denken auch kein (von manchen Kritikern postulierter) Dialog mit dem/der Versuchsleiter/in erfolgt, sondern daß es sich hierbei tatsächlich um einen *strukturell* anderen Prozeß handelt. Weitere Untersuchungen könnten ergeben, ob auch andere und gegebenenfalls welche Unterschiede zwischen den beiden Prozessen außerdem noch bestehen. Aus solch einem strukturellen Vergleich zwischen zwei verschiedenen Prozessen resp. Arten der Verbalisation könnten dann Erkenntnisse über weitere Aspekte der mit Hilfe der Methode des lauten Denkens erhobenen verbalen Daten gewonnen werden.

Gleichzeitig wurde an den Kodierungen aber auch deutlich, daß die Stukturkodierung noch Mängel aufweist. So war die Kategorie *Feststellungen* überdurchschnittlich stark besetzt. Dies deutet darauf hin, daß hier noch weiter differenziert werden müßte. Denkbar wäre beispielsweise eine feinere Unterscheidung in Feststellungen und Informationen (objektiver Sachverhalt), Behauptungen und Meinungen (subjektiver Sachverhalt) und Erläuterungen (Interpretationen).

Auch bei den Relationen der Sprecher zu den Äußerungen resp. zum Hörer treten unterschiedlich gut besetzte Kategorien auf. Der emotionale Bereich, also Bewertungen von Personen, ist praktisch überhaupt nicht besetzt. Das Kategoriensystem jedoch dahingehend zu ändern, daß diese Kategorien entfallen, wäre m. E. nicht richtig. Denkbar ist vielmehr, daß die fehlenden Bewertungen von Personen auf die studentischen Vpn und die Laborsituation zurückzuführen sind. In anderen Untersuchungen treten solche Bewertungen eher auf, wenn die Spieler beispielsweise, wie bei Jüngling (1992), sich aus dem organisationalen Kontext kennen und in einer Abteilung arbeiten. In realen Sitzungen von Entscheidungsgremien werden solche Bewertungen vermutlich noch häufiger auftreten (vgl. z. B. Fisch, 1989).

7.5 Schlüsse ...

7.5.1 ... in bezug auf die allgemeinen Hypothesen der Untersuchung

Der Prozeß des Aushandelns von Interpretationen einer Situation und damit die Frage, ob unterschiedliche Interpretationen sich in der Interaktion mit anderen einander angleichen werden, sollte in dieser Untersuchung erforscht werden. Anhand zweier Hypothesen zur Angleichung mentaler Modelle in Interaktionssituationen sollte zunächst überprüft werden, ob sich die mentalen Modelle von Personen mit unterschiedlicher sozialer Identität voneinander unterscheiden werden, und ob sie sich im Verlauf des Interaktionsprozesses angleichen werden. Die allgemeinen Hypothesen hierzu lauteten:

H_1: Die mentalen Modelle zweier Teams (bzw. Personen) werden sich bei der Bearbeitung des Problems des Planspiels "Modell-Stadt" in Abhängigkeit von der jeweiligen sozialen Identität unterscheiden.

H_2: Im Verlauf des Interaktionsprozesses werden sich die mentalen Modelle der beiden Teams (bzw. Personen) einander angleichen.

Die Hypothese H_1 konnte für alle drei Untersuchungs- bzw. Auswertungsmethoden bestätigt werden. Sowohl in der Fragebogenuntersuchung als auch in der Prozeßanalyse zeigen sich deutliche Unterschiede zwischen den beiden Teams. Darüber hinaus konnten auch in den Ergebnissen der Monotonen Netzwerkanalyse Merkmale dafür gefunden werden, daß sich die Akteure beider Teams unterscheiden.

Unterschiede treten dabei sowohl in den anhand des Fragebogens erhobenen Einstellungen als auch in den mit Hilfe des *cognitive mapping* erhobenen mentalen Modellen der Akteure auf. Dies bedeutet zum einen, daß es sich hier nicht um einen Methodenartefakt handeln kann und zum anderen, daß der Befund sowohl auf der (sozialpsychologischen) Ebene der Einstellungen als auch auf der (kognitionspsychologischen) Ebene der mentalen Modelle Gültigkeit beanspruchen kann. Die soziale Identität hat folglich sowohl auf die Beurteilung als auch auf die Wahrnehmung von Welt Einfluß. Je nach sozialer Identität nehmen Menschen unterschiedlich wahr und beurteilen auch unterschiedlich. Dies war in Kapitel 2 im Zusammenhang mit dem Symbolischen Interaktionismus bereits thematisiert worden, in Kapitel 3 zu den Typ-Repräsentationen in Beziehung gesetzt worden und wurde in Kapitel 4 im Rahmen der Theorie der sozialen Identität präzisiert. In den Ergebnissen findet sich nun die empirische Umsetzung und der empirische Nachweis für diese theoretischen Erörterungen.

Die Hypothese H_2 konnte insgesamt gesehen ebenfalls bestätigt werden. Eine Veränderung der Einstellungen konnte dabei nicht ganz so deutlich gezeigt werden wie die Veränderung und Angleichung der mentalen Modelle. Dies war damit erklärt worden, daß Einstellungen als Typ-Repräsentationen 'schwerfälliger' sind und daher eine einstündige Diskussion nicht ausreichend sein kann, um sie zu ändern. Allerdings hatten die Abweichungen in den Beurteilungen vor und nach der Interaktion für eine, wenn auch marginale, Veränderung im Sinne der vorhergesagten Angleichung gesprochen.

Hinsichtlich der Angleichung der mentalen Modelle kann die Hypothese als vollständig bestätigt angesehen werden. Sowohl die quantitative Operationalisierung der mentalen Modelle anhand der Inhaltskategorien als auch die qualitative Operationalisierung anhand der MONA-Graphen hatte ergeben, daß die sich anfangs noch deutlich unterscheidenden mentalen Modelle sich nach der Interaktion bzw. in der Kommissions-Phase II nicht mehr unterscheiden. Die aufgrund des Symbolischen Interaktionismus vorhergesagte Angleichung der Bedeutungen und Interpretationen und das Aushandeln gegenständlicher Bedeutungen im Interaktionsprozeß konnten damit empirisch nachgewiesen werden. Bedeutungen und Interpretationen werden demnach nicht nur individuell kognitiv konstruiert. Und die kognitiven Prozesse können nicht allein "angereichert" werden mit der Annahme, daß sie *auch* von sozialen Faktoren beeinflußt sind, die dann auch wieder nur individuell wirksam werden. Sondern es muß außerdem davon ausgegangen werden, daß die Interaktion zwischen Personen reale, sozusagen "on-line", Auswirkungen auf die Wahrnehmung und Beurteilung von Gegenständen und Situationen hat. Im Interaktionsprozeß und nicht nur im kognitiven Prozeß wird Realität konstruiert und modifiziert. Für die Beschreibung des formalen Ablaufs dieser Konstruktion hatte ich das DIOR-Modell entwickelt. Im folgenden werden daher die Ergebnisse noch einmal im Lichte dieses Modells diskutiert.

7.5.2 ... in bezug auf das DIOR-Modell

Im theoretischen Teil der Arbeit waren zunächst verschiedene gängige sozialpsychologische Modelle der sozialen Interaktion vorgestellt und ihre Probleme diskutiert worden. Diese Probleme bestanden vor allem darin, daß in den meisten Modellen der kommunikative bzw. der Bedeutungsaspekt vernachlässigt wurde. Darüber hinaus war in verschiedenen Modellen zwar vorgesehen, daß die Individuen über sich selbst, nicht jedoch über einen Gegenstandsbereich interagieren können. Schließlich waren diese Modelle zumeist weder dynamisch noch zirkulär, wie es eigentlich für die Beschreibung des Interaktionsgeschehens zu wünschen wäre. Das Situationskreismodell Th. v. Uexkülls war dann als ein dynamisches und zirkuläres Modell der Interaktion zwischen Mensch und Umwelt vorgestellt worden. Das Kommunikationsmodell Huletts enthielt verschiedene symbolisch-interaktionistische Konzeptualisierungen der Ich-Identität des Menschen.

Die Synthese aus dem symbolisch-interaktionistischen Kommunikationsmodell Huletts und dem Situationskreis Th. v. Uexkülls hatte dann zu einem Modell der Interaktion geführt, das ich *Dynamisches Interaktionsmodell mit Objektreferenz (DIOR)* genannt hatte und das die beschriebenen theoretischen Probleme zu lösen in der Lage ist.

Bei DIOR handelt es sich um ein zirkuläres, dynamisches Interaktionsmodell. Interaktion wurde mit DIOR definiert als wechselseitige Bedeutungserteilung und Bedeutungsverwertung zwischen Individuen. Daher ist in diesem Modell der Bedeutungsaspekt sozialer Interaktion nicht nur enthalten, sondern stellt vielmehr ein konstitutives Moment des Modells dar. Auch der Gegenstandsbezug, der sowohl in den meisten anderen Modellen als auch in der empirischen Forschung zu sozialer Interaktion und interpersoneller Wahrnehmung vernachlässigt wird, hat im DIOR-Modell einen besonderen Stellenwert.

Das DIOR-Modell besteht zunächst aus der individuellen Sequenz einer Person *alpha* oder einer Person *beta*: Umweltereignis, mentale Handlungskontrolle und instrumenteller Akt. Über die Prozesse Bedeutungserteilung und Bedeutungsverwertung entsteht eine Beziehung zwischen Individuum *alpha* und Individuum *beta*. Dabei wird der instrumentelle Akt *alphas* zum Umweltereignis für *beta* und umgekehrt. Parallel laufen äquivalente Bedeutungserteilungs- und Bedeutungsverwertungsprozesse bezüglich eines Gegenstandsbereichs ab, über den *alpha* und *beta* interagieren. Über die mentale Handlungskontrolle werden die Prozesse koordiniert, so daß auch eine wechselseitige Einflußnahme zwischen interpersoneller und gegenständlicher Ebene im Verlauf der Interaktion erfolgt.

Die Formalisierung des Modells der mentalen Handlungskontrolle war gleichzeitig auch als eine Formalisierung des Meadschen "Ich" vorgestellt worden. Das Modell enthält eine Instanz "Mich" sowie zwei *cognitive maps*. Die als Handlungsgenerierungsprozeß bezeichneten Vorgänge (Identifikation der Ich-Identität, Rollenhandeln / Rollenübernahme und Identifikation der subjektiven Theorie und der Einstellung, inneres Probehandeln) laufen auch hier zirkulär im Sinne des Situationskreismodells ab. Dabei scannt das "Mich" die beiden *cognitive maps*, die durch wechselseitige Einflußnahme im Verlauf der mentalen Handlungskontrolle modifiziert werden. Die *cognitive map I* besteht nun aus Selbst-Konzepten, Rollen und sozialen Normen, die *cognitive map II* besteht aus subjektiven Theorien, Einstellungen sowie allgemeinen und

7.5 Schlüsse ...

spezifischen Wissensbeständen. Bei beiden *cognitive maps* handelt es sich um Typ-Repräsentationen, die auch von der sozialen Identität einer Person abhängig sind und von dieser beeinflußt werden. Die Token-Repräsentationen in Form mentaler Modelle der Beziehungsebene und der Gegenstandsebene entstehen erst im Verlauf der mentalen Handlungskontrolle und der Interaktion zwischen den Interaktionspartnern. Sie werden aus den Typ-Repräsentationen gespeist und spiegeln daher ebenfalls die soziale Identität wider.

Die Überprüfung der allgemeinen Hypothese H_1 hat nun gezeigt, daß die empirisch erhobenen mentalen Modelle und auch die Einstellungen der Vpn unterschiedlicher sozialer Identität sich signifikant unterscheiden. Dies konnte mit Hilfe der beiden hypothesentestenden Methoden bestätigt werden. Auch die MONA-Ergebnisse stützen diese Hypothese. Damit kann die mit DIOR postulierte Annahme als bestätigt gelten, daß die in der mentalen Handlungskontrolle angesiedelte *cognitive map II* von der sozialen Identität einer Person beeinflußt und abhängig sein wird. Dies läßt sich insbesondere aus der Tatsache schließen, daß die Einstellungen der Vpn der beiden Teams zum untersuchten Gegenstandsbereich sich vor der Interaktion signifikant unterscheiden.

Die mentalen Modelle, die DIOR zufolge aus der *cognitive map II* gespeist werden und in der Interaktion erst generiert werden, unterscheiden sich bei Vpn unterschiedlicher sozialer Identität ebenfalls. Damit ist zunächst ein Hinweis darauf gegeben, daß die in der mentalen Handlungskontrolle postulierte Generierung der mentalen Modelle tatsächlich in dieser Weise verstanden werden kann.

Eine Bestätigung hierfür findet sich aber m. E. erst bei der Betrachtung der zweiten allgemeinen Hypothese H_2. Diese besagte, daß sich im Verlauf des Interaktionsprozesses zwischen den Akteuren unterschiedlicher sozialer Identität die Einstellungen und die mentalen Modelle der Vpn einander angleichen werden. Diese Hypothese ist lediglich teilweise von den empirisch erhobenen Daten bestätigt worden. So konnte zwar eine Veränderung der mentalen Modelle sowohl mit Hilfe der Prozeßanalyse als auch mit Hilfe der Monotonen Netzwerkanalyse diagnostiziert werden. Die bei den Einstellungen gefundenen Veränderungen deuten eine Beeinflussung durch den Interaktionsprozeß jedoch lediglich an.

Gerade dieser Umstand verweist aber auf die Richtigkeit der Annahme von Typ- und Token-Repräsentationen im DIOR-Modell: Gerade *weil* die Einstellungen nicht oder nur marginal verändert worden sind, muß geschlossen werden, daß sie Typ-repräsentiert sind. Und eben *weil* die mentalen Modelle sich im Verlauf der einstündigen Interaktion in der Kommission so massiv verändert haben, müssen sie Token-repräsentiert und daher aktuell in der interpersonellen Situation generiert und modifiziert worden sein. Daß sie aus den Typ-Repräsentationen gespeist werden, darauf deutet wiederum die Tatsache hin, daß die mentalen Modelle sich vor der Interaktion bei den Akteuren unterschiedlicher sozialer Identität ebenso unterscheiden wie deren Einstellungen.

Mit den beschriebenen Befunden kann also als bestätigt angesehen werden, daß die im DIOR-Modell postulierten Bedeutungserteilungs- und Bedeutungsverwertungsprozesse über den Prozeß der mentalen Handlungskontrolle zu einer Koorientierung der Akteure am Gegenstandsbereich und an den anderen Beteiligten führen. Damit führen diese Prozesse auch zur Anpassung und Angleichung der zuvor noch divergierenden Perspektiven der Akteure. Die Befunde sprechen dabei sowohl für die Richtigkeit des umfassenden DIOR-Modells als auch für die Richtigkeit der Annahmen der im DIOR-Modell postulierten mentalen Handlungskontrolle.

Für die detailliertere Überprüfung der mentalen Handlungskontrolle können aber auch Ansätze aus der Strukturkodierung genutzt werden. So diente dort beispielsweise die Kategorie *meta* der Dokumentation des Auftretens von Perspektivenübernahmen, die aus den Äußerungen der Personen abgelesen werden können. Unter Umständen ließen sich noch weitere Indikatoren für Perspektivenübernahmen im Interaktionsprozeß finden. Bei einem Vergleich mit anderen Gruppen, die entweder schneller und besser (oder langsamer und schwerfälliger) zu einer Einigung gefunden haben, müßte sich dann zeigen lassen, ob die vermehrte Perspektivenübernahme zu besserer Einigung führen wird. Bei einem anderen Untersuchungsdesign könnte diese Frage mit Methoden, die den in der Erforschung der interpersonellen Wahrnehmung verwendeten entsprechen, ebenfalls sinnvoll untersucht werden.

Aus den Ergebnissen der hier beschriebenen Untersuchung kann aber noch ein weiterer Schluß gezogen werden. Es kann angenommen werden, daß die mit DIOR und auch bei Newcomb (1953) und Fischer (1981) beschriebene Koorientierung an Personen und Gegenständen nicht nur unidirektional, sondern bidirektional resp. reziprok erfolgt. Es kann also davon ausgegangen werden, daß Personen sich nicht allein an anderen Personen über Gegenstände orientieren, sondern daß darüber hinaus auch anhand der (vermuteten) Perspektive der Personen auf die Gegenstände auch Orientierungen über die Personen erfolgen. Dies wird vor allem dann der Fall sein, wenn verschiedene soziale Identitäten aufeinander treffen, wenn dabei die eigene Perspektive auf einen Gegenstand klar ist und die Perspektive des anderen, und damit sowohl seine subjektiven Theorien und seine Einstellungen als auch sein Selbst-Konzept und seine Rollen- und Normvorstellungen, erforscht und entdeckt werden müssen. Dieser Prozeß wiederum dient der Kategorisierung des anderen im Sinne der Theorie der sozialen Identität.

7.5 Schlüsse ...

Auch bezüglich der mit Hilfe der Monotonen Netzwerkanalyse gefundenen vier Phasen des Interaktionsprozesses können bestimmte Schlüsse bezüglich des DIOR-Modells gezogen werden. Die erste dieser Phasen, die *programmatische Phase* fand noch ohne Interaktion zwischen den Akteuren statt. Hier wird also, da es keine Rückmeldungen über die Merk- und Wirkwelt anderer gibt, vorwiegend der innere Zirkel des DIOR-Modells durchlaufen werden, bei dem die Bedeutungserteilungs- und Bedeutungsverwertungsprozesse lediglich in bezug auf den Gegenstandsbereich ablaufen. Im ebenfalls inneren Zirkel der mentalen Handlungskontrolle erfolgt dann die Identifikation der eigenen subjektiven Theorie und der Einstellung zu dem im Planspiel beschriebenen Inhaltsbereich. Gleichzeitig wird durch inneres Probehandeln die zu generierende Perspektive erprobt und durchgespielt. Hier wird also zunächst ein individuelles mentales Modell in der Auseinandersetzung mit der Problemstellung und dem Gegenstand entwickelt, das in die Interaktionssituation der nächsten Phase eingebracht werden kann.

In der *explorativen Phase* wird dieses zunächst isoliert entstandene mentale Modell in der Koorientierung am anderen Akteur bzw. an seiner (vermuteten) Perspektive modifiziert und dieser angeglichen. Gleichzeitig erfolgt hier aber eine gemeinsame Exploration des Gegenstandsbereichs, die zu einer Erweiterung und Modifikation beider Perspektiven führt. Aufgrund des Wissens beider Akteure um die ähnliche soziale Identität des anderen dienen die Scanning-Prozesse hier nicht vorwiegend der Identifikation der anderen Ich-Identität, sondern werden konstruktiv genutzt zur Exploration des gemeinsam zu bearbeitenden Gegenstandsbereichs.

In der *Polarisationsphase* werden zunächst die soziale und die Ich-Identität des anderen Teams durch die Prozesse Identifikation und Rollenhandeln sowie die subjektiven Theorien und Einstellungen des anderen Teams durch die Prozesse Identifikation und inneres Probehandeln erforscht. Die Polarisation entsteht dann in Folge der Intergruppenabgrenzung zum Zwecke der Differenzierung beider Teams. Im Rahmen der Prozesse der Bedeutungserteilung und der Bedeutungsverwertung werden dabei die Unterschiede in der *cognitive map II* genutzt, um die Unterschiede in der *cognitive map I* hervorzuheben und zu akzentuieren und umgekehrt.

In der *Integrationsphase* schließlich kommt es auch aufgrund des vorgegebenen übergeordneten Ziels zu einer Anpassung der Perspektiven beider Teams. Hierbei werden zwar die mentalen Modelle des Gegenstandsbereichs bei der wechselseitigen Bedeutungserteilung und -verwertung verändert, die *cognitive map II* bleibt von diesen Modifikationen jedoch nahezu unberührt (abgesehen von den eher geringfügigen Veränderungen der Einstellungen). Daüber hinaus ist aber zu vermuten, daß auch die *cognitive map I* weitgehend unverändert bleibt. Auf Änderungen des mentalen Modells der Beziehungsebene deuten einige, allerdings nicht systematisch erhobene, Äußerungen mehrerer Vpn hin, Ökonomen resp. Psychologen seien ja gar nicht so "schlimm", wie man es sich immer vorgestellt hatte. Ob diese Änderungen haltbar sind in dem Sinne, daß die Vpn diese Erkenntnis auch auf Alltagssituationen beziehen und die Erkenntnis damit auch in der *cognitive map I* zu Veränderungen führt, kann hier nicht beantwortet werden und bedarf weiterer Forschung.

Insgesamt hat es sich gezeigt, daß die Befunde der vorliegenden Untersuchung, die theoretisch im DIOR-Modell und in der mentalen Handlungskontrolle beschrieben sind, sowohl auf der (kognitionspsychologischen) Ebene der mentalen Modelle als auch auf der (sozialpsychologischen) Ebene der Einstellungen Gültigkeit besitzen. Somit kann mit Hilfe des DIOR-Modells das Zusammenwirken der kognitiven und der sozialen Konstruktion von Realität beschrieben werden.

7.5.3 ... in bezug auf die handlungsleitende Funktion von Einstellungen und mentalen Modellen

Einstellungen werden im DIOR-Modell als überdauernde, propositional im Langzeitgedächtnis abgespeicherte Typ-Repräsentationen eines Gegenstandsbereichs aufgefaßt. Mentale Modelle dagegen sind aktuell entstandene, analoge Token-Repräsentationen einer Situation, selbstverständlich immer auch bezogen auf einen Gegenstandsbereich. Den mentalen Modellen liegt dabei immer die Typ-Repräsentation zugrunde: Aus der Typ-Repräsentation und aus verschiedenen Situationsmerkmalen sowie Informationen aus der Umwelt wird die Token-Repräsentation, das mentale Modell, aufgebaut.

Von beiden, sowohl von Einstellungen als auch von mentalen Modellen heißt es nun, sie seien handlungsrelevant und handlungsleitend. Während die kognitive Psychologie keine Mühe hat, dies nachzuweisen (vgl. z. B. Gentner & Gentner, 1983), tut sich die Sozialpsychologie, speziell die Einstellungsforschung, sehr schwer mit einem Nachweis für die handlungsleitende Funktion von Einstellungen. Immer wieder wird beklagt, daß die unaufgeklärte Varianz im Verhalten größer ist als die durch die Einstellung aufgeklärte (vgl. z. B. Hormuth, 1979). Dabei wird verschiedentlich durchaus auf die Wirkung situativer Faktoren hingewiesen (vgl. Stroebe et al., 1990). *Situation* wird dann aber lediglich im Sinne sozialer Normen verstanden, wie sie von Fishbein und Ajzen (1975; Ajzen & Fishbein, 1980) in der *theory of reasoned action* konzipiert sind. Sie wird als eine Art intervenierende Variable verbucht, die das eigentliche, nämlich das individuelle Verhalten, in Folge sozialer Zwänge

7.5 Schlüsse ...

"verfälscht" resp. unmöglich macht. Die soziale Situation ist damit nicht der Normalfall, den es zu beschreiben gilt, sondern die Ausnahme. Die Erweiterung des Modells von Fishbein und Ajzen durch Ajzen und Madden (1986) deutet darauf hin, daß immer neue Komponenten der Verhaltensdetermination postuliert werden müssen, um dem im Grunde additiv verstandenen Verhalten oder Handeln gerecht zu werden. Die Interaktion zwischen Individuen wird jedoch nicht explizit thematisiert.

Handeln hingegen, wie es im DIOR-Modell verstanden wird, stellt sich als ein interaktiver, sozial generierter und integrierter Prozeß dar. Anhand des DIOR-Modells und aufgrund der Ergebnisse der hier beschriebenen Untersuchung kann daher eine Erklärung für die mangelnde Varianzaufklärung durch Einstellungen angeboten werden.

Wenn tatsächlich Einstellungen als Typ-Repräsentationen Konstituenzien mentaler Modelle sind, dann können Einstellungen auch lediglich *vermittelt über mentale Modelle* handlungsrelevant werden. Erst die Token-Repräsentation, die im Unterschied zur Typ-Repräsentation mentalen Realitätscharakter hat, ist tatsächlich handlungsleitend und stellt die Verbindung zwischen den überdauernden Einstellungen und der aktuellen Situation her. Die Typ-Repräsentation wird nur vermittelt wirksam. Strenggenommen könnten daher Einstellungen auch nur über die Erhebung mentaler Modelle untersucht werden. Diese werden aus den Einstellungen zwar gespeist, enthalten aber weitere, aktualgenetisch bedingte Komponenten.

Die Einstellungs-Verhaltens-Forschung müßte als Konsequenz daraus *erstens* zu ergründen versuchen, wie Einstellungen in mentale Modelle integriert werden und *zweitens*, welche anderen Faktoren bei der Konstruktion mentaler Modelle wirksam werden. Hierzu gehören, nach dem DIOR-Modell, nicht allein personeninterne Faktoren, sondern beispielsweise auch die Interaktion zwischen Personen. M. E. könnte dieses Vorgehen zu einer größeren Varianzaufklärung beitragen und würde darüber hinaus der Forschung neue Perspektiven eröffnen. Es müßten dann eben nicht allein Einstellungen einer Person untersucht werden, sondern auch oder vor allem mentale Modelle. Dies hätte allerdings auch zur Folge, daß andere und unter Umständen aufwendigere Forschungsverfahren angewendet werden müssen. Die Verfahren, die hierzu in der Forschung zur interpersonellen Wahrnehmung eingesetzt werden, könnten hierfür beispielhaft sein, da stets aktuelle Sichtweisen oder Perspektiven erhoben werden (vgl. Kapitel 2.3).

Voraussetzung für Einstellungsänderungen wäre diesen Ausführungen zu Folge, daß zuerst das mentale Modell einer Person verändert wird, bevor Einstellungen verändert werden. Über diese Verbindung könnten auch die Bedingungen untersucht werden, unter denen das mentale Modell auf die Einstellung zurückwirkt.

Im Zusammenhang mit Typ- und Token-Repräsentationen läßt sich auch das Tajfelsche Kontinuum zwischen interpersonellem und Intergruppenverhalten betrachten: Bei Intergruppenverhalten wird die vorurteilsrelevante Typ-Repräsentation (=Einstellungen) stärker in das mentale Modell eingebaut und wird daher auch stärker handlungsrelevant. Bei interpersonalem Verhalten werden weniger (oder andere) Typ-Repräsentationen oder auch mehr situationsabhängige Faktoren in das mentale Modell integriert. Ein sinnvolles weiteres Vorgehen in der Forschung wäre also auch hier, die Bedingungen zu klären oder zu beleuchten, die zu eher situationsabhängiger oder eher typ-mäßiger bzw. eher dieser oder jener Aktivierung von Typ-Repräsentationen zur Konstruktion des mentalen Modells führen.

7.5.4 ... in bezug auf den Kognitivismusvorwurf an die Sozialpsychologie

> *There is no psychology of groups which is not essentially and entirely a psychology of individuals.*
>
> F. H. Allport

Graumann (1979) hat in seinem Artikel "Die Scheu des Psychologen vor der Interaktion" (vgl. Kapitel 2) die psychologische Sozialpsychologie dahingehend kritisiert, daß sie individualistisch und kognitivistisch sei und die Interaktion, einen genuin sozialen Sachverhalt, weitgehend nicht behandele. Ein einfacher Händedruck, so Graumann, läßt sich nicht "methodologisch halbieren" (ebd., S. 294) und in zwei individuelle Anteile trennen. Er existiert nur als emergentes Phänomen, das erst dann entsteht, "wenn Menschen sich in spezifischer Weise zueinander verhalten" (ebd.). Dabei gehört der Beitrag der einzelnen Personen gewiß zur Interaktions-Analyse, die Interaktion besteht jedoch nicht allein aus der Addition der einzelnen Beiträge. Gegenstand der Sozialpsychologie ist aber nach Graumann gerade nicht die Interaktion, sondern seit den sechziger Jahren zunehmend das Individuum.

Ziel dieser Kritik Graumanns war aber sicherlich nicht, einer "Gruppenseele" oder "Volksseele" (Wundt, 1911) das Wort zu reden. Diese, meint Graumann, sei erfolgreich exorziert. Das von ihm geforderte Interaktionale versteht er etwa als Wechselwirkung, nicht als Numinoses oder Atmosphärisches.

Die Frage ist und bleibt jedoch, wie soziale Phänomene in der Sozialpsychologie untersucht werden können: doch nur über die Abbildung, die eben diese sozialen Phänomene im Individuum und damit in kognitiven Strukturen und mentalen Repräsentationen erfahren. Selbst bei der Untersuchung von Kommunikation und verbalen Daten, wie in der vorliegenden Studie geschehen, müssen die erhobenen Daten auf die Individuen zurückgeführt und auf das psychisch Repräsentierte bezogen werden. Nur aus der Erforschung dieses psychisch oder phänomenal Gegebenen lassen sich psychologische Aussagen über soziale Phänomene treffen. Daher möchte ich den Vorwurf Graumanns, die Sozialpsychologie sei zu kognitivistisch, neu formulieren: Die Sozialpsychologie ist *weder* interaktionistisch *noch* kognitivistisch *genug*.

Damit plädiere ich weder dafür, die Interaktion als Forschungsthema aufzugeben, noch dafür, die Sozialpsychologie auf allgemeinpsychologische Thematiken oder auf die Untersuchung eines Individuums zu beschränken, das irgendwie "soziale Reize" verarbeitet (vgl. z. B. Frey & Irle, 1985; Schwarz, 1985, S. 287). Ich stimme Graumann in der Forderung zu, die Interaktion zum Gegenstand der Sozialpsychologie zu erheben. Die Forderung, kognitive Konzepte stärker zu integrieren, bezieht sich auf ein gezielt "interdisziplinäres" Vorgehen *innerhalb* der Psychologie und zwar zwischen einer (Sozial-) Psychologie der Interaktion und einer Psychologie der Kognition. Desiderat wäre also *beides*, die Untersuchung von Interaktion und Kognition, da die Interaktion *zwischen* Individuen eben am besten über kognitive Repräsentationen *in* den Individuen untersucht werden kann. Geschieht dies nicht, so gerät man leicht in den eingangs (Kapitel 1.1) im Zusammenhang mit der Differenzierung von Interaktion und Kommunikation diskutierten Zwiespalt, Interaktion ohne Bedeutung untersuchen zu wollen. Wird der kognitive Aspekt der Interaktion ausgelassen, entfällt gleichzeitig auch der kommunikative resp. der Bedeutungsaspekt. Die Bedeutung der Bedeutung für die Psychologie habe ich bei der Erörterung der Zeichen- und der Sprachtheorien verdeutlicht (Kapitel 1.2): Der Mensch handelt und kommuniziert sowohl mit der Außenwelt als auch mit sich selbst nur auf der Basis von Zeichen und Zeichensystemen. Selbst elementarer Umgang mit Welt kann lediglich über die Benutzung eines Zeichensystems erfolgen. Zeichen und ihr Gebrauch sind sogar das Kennzeichen des Lebens schlechthin (Th. v. Uexküll & Wesiack, 1986). Und im Herstellen der Beziehung zwischen Individuum und Umwelt werden der Umwelt Bedeutungen erteilt und Bedeutungen verwertet (J. v. Uexküll, 1980c).

Daß es keine Zeichen ohne kognitive Prozesse geben kann, wurde ebenfalls in Kapitel 1.2 anhand des Leibnizschen Prinzips (die Beschäftigung mit den Zeichen führte ins Innerste der Dinge) beschrieben. Zeichensysteme könnten nicht erklärt werden, so die dortige Argumentation, ohne den *Gebrauch* von Zeichen zu erklären (Kanngießer & Kriz, 1983). Für die Erklärung des Gebrauchs und der Verarbeitung von Zeichen sind aber seitens des Individuums Zeichen*prozesse* und damit *kognitive* Prozesse erforderlich. Aus diesem Grunde muß auch eine Interaktionspsychologie, will sie nicht (mindestens) die Hälfte der sozialen Interaktion, nämlich die Kommunikation, links liegen lassen, auch die kognitiven Aspekte der Interaktion thematisieren. Daß sich beide Aspekte fruchtbar aufeinander beziehen lassen, wird m. E. am hier entwickelten DIOR-Modell deutlich. Hier konnten Erkenntnisse der Wissenspsychologie angewandt werden, um ein konsistentes sozialpsychologisches Modell der Interaktion auszuarbeiten und dieses für die empirische Erforschung von Interaktionen in Gruppen zu nutzen. Diesen interdisziplinären Ansatz weiterzuverfolgen, könnte für die Sozialpsychologie sicherlich von Nutzen sein.

7.5.5 ... in bezug auf weitere Forschung

In dieser Studie sind einerseits die Auswirkungen untersucht worden, die die soziale Identität auf die mentalen Modelle verschiedener Personen hat. Andererseits wurden die Prozesse erforscht, die in einer Intergruppensituation zu einer Veränderung und vermuteten Angleichung dieser mentalen Modelle führen. Leitend für die Untersuchung war das im theoretischen Teil der Arbeit entwickelte *Dynamische Modell der Interaktion mit Objektreferenz (DIOR)* sowie der darin postulierte Prozeß der mentalen Handlungskontrolle.

Weitere Überprüfungen sowohl des Interaktionsmodells als auch der mentalen Handlungskontrolle wären allerdings wünschenswert. So ist von den beiden für die mentale Handlungskontrolle postulierten *cognitive maps* lediglich die *cognitive map II* und hiervon nur die Einstellungskomponente überprüft worden. Darüber hinaus können nun auch die subjektiven Theorien erhoben werden, so daß bestimmt werden könnte, in welcher Beziehung die subjektive Theorie bezüglich eines Sachverhalts zu dem im Rahmen der mentalen Handlungskontrolle generierten mentalen Modell steht.

Verschiedene Untersuchungen im Rahmen der interpersonellen Wahrnehmung (vgl. Kapitel 2.3) hatten ergeben, daß die Übereinstimmung der Selbst-, Fremd- und vermuteten Fremdbilder von erheblicher Bedeutung für das interpersonelle Verständnis und damit für die Qualität einer Beziehung ist. Daher liegt es nahe, die gleichen Annahmen auch für den Gegenstandsbereich zu treffen: Je größer die Übereinstimmung der Perspektiven zwischen den Personen, um so größer ist auch das Verständnis für die Position des anderen. Aus diesem Grund wurde auch für die subjektiven Theorien und die Einstellungen, die in der *cognitive map II* der mentalen Handlungskontrolle repräsentiert sind, angenommen, daß die verschiedenen Sozialperspektiven für die Anpassung der

Sichtweisen von besonderer Bedeutung sind. Anhand der verbalen Daten dieser Studie und deren Auswertung über das Verfahren *cognitive mapping* konnten die Selbstbilder der Personen und deren Übereinstimmung erhoben werden. Die Ergebnisse der Strukturkodierung liefern einige Hinweise auf Perspektivenübernahme. Beispielsweise sei an das Mitglied des Teams Wirtschaft, Eilers, erinnert. Die hohe Unsicherheit, die sich in seinen Äußerungen widerspiegelt, geht insbesondere in der Phase des lauten Denkens einher mit hoher Besetzung der Kategorie *meta*, also mit der Übernahme der Perspektive anderer (in diesem Fall des "generalisierten anderen"). Ebenfalls auffällig ist in diesem Zusammenhang die hohe Besetzung der Kategorie *meta* bei dem in der Kommissions-Phase I eher um Schlichtung bemühten Hoffmann.

Interessant zu untersuchen wäre daher die Frage, ob eine hohe Übereinstimmung der Fremd- und der vermuteten Fremdbilder zu besserem Verständnis und möglicherweise zu besserer Einigung zwischen den Personen führt. Hierfür könnte einerseits nach weiteren Indikatoren in strukturellen Aspekten von Gesprächen gesucht werden, um das Verfahren Strukturkodierung zu erweitern und für diese Fragestellung zu sensibilisieren. Andererseits können analog zu den SYMLOG-Fragebögen (Bales & Cohen, 1982) Instrumente entwickelt werden, die die Übereinstimmungen der Sozialperspektiven zwischen den Personen erfassen sollen. Der Vorteil der ersten Vorgehensweise besteht in der *on line*-Erhebung der relevanten Daten. Bei einer *ex post*-Erhebung können leicht Wahrnehmungsfehler zu Verzerrungen der Ergebnisse führen.

Von besonderem Interesse wäre allerdings die empirische Untersuchung der Relation zwischen der *cognitive map I* und der *cognitive map II* der mentalen Handlungskontrolle und damit der Versuch einer Integration des Beziehungs- und des Sachaspekts. Zwar bietet das DIOR-Modell Ansätze zur theoretischen Beschreibung dieser Verbindung, jedoch ist eine empirische Erforschung bislang noch nicht erfolgt, da sie eine Reihe von Problemen mit sich bringt.

So stellt sich zunächst das Problem der Komplexität einer solchen Untersuchung. Es müßten hierfür beide *cognitive maps*, bzw. die aktualgenetisch entstandenen mentalen Modelle der Beziehungs- und der Sachebene mit allen Sozialperspektiven erhoben werden. Dies könnte einerseits *ex post* geschehen, wie in der SYMLOG-Forschung üblich. Die bereits erwähnten, noch zu konstruierenden Fragebögen (analog zu SYMLOG) könnten hierfür eingesetzt werden. Dabei aber ergibt sich das wohl schwerwiegendste Problem: das Inbeziehungsetzen der Ergebnisse beider Fragebögen.

Dieses Problem besteht auch, wenn die Daten beispielsweise mit Hilfe des *cognitive mapping* und der Strukturkodierung *on line* erhoben werden. Beide Methoden können nur parallel, nicht aber integriert verwendet werden. Auch hier ist noch keine Lösung des Problems gefunden, weder eine inhaltliche noch eine methodische. Insbesondere bei der Untersuchung von Problemlöse- oder Aufgabengruppen könnte ein Fortschritt in dieser Frage einen erheblichen Fortschritt in der Gruppenforschung bedeuten. Zu den prüfenswerten Methoden gehören Zeitreihenanalysen (vgl. z. B. Boos, 1993) sowie Lag-Sequential-Methoden (z. B. Bakeman & Gottman, 1986; Becker-Beck, 1992). Auch eine Weiterentwicklung des Ansatzes von Gundlach & Schulz (1987) könnte sich als fruchtbar erweisen.

Die Angleichung mentaler Modelle könnte aber darüber hinaus auch unter experimentell variierten Bedingungen untersucht werden. So wären beispielsweise die Fragen interessant, ob sich die mentalen Modelle verschiedener Personen auch dann angleichen, wenn unter erheblichem Zeitdruck oder unter Bedingungen gearbeitet wird, die nach Janis (1982) zu *groupthink* führen. Des weiteren könnten auch die jeweiligen Zielvorgaben variiert werden. Denkbar ist, daß ohne die Vorgabe eines übergeordneten Ziels auch eine Angleichung der mentalen Modelle nicht oder nur erschwert stattfinden wird.

Schließlich müßte m. E. untersucht werden, ob das Phasenmodell, das mit Hilfe der Monotonen Netzwerkanalyse ermittelt werden konnte, auch mit Hilfe anderer Methoden und in weiteren Untersuchungen gefunden werden kann. Aus der Entwicklung der Phasenfolge von einer individuellen Periode zu den verschiedenen sozialen Perioden könnten dann ebenfalls weitergehende Schlüsse bezüglich der Genese sozialer und gegenständlicher Koorientierungen gezogen werden.

7.6 Schluß

Der amerikanische Organisationstheoretiker Karl E. Weick (1985) hat zur Illustration des "Postulats der angemessenen Komplexität" von Thorngate (1976) eine sogenannte Forschungsuhr entworfen, die in Abbildung 7.6.1 dargestellt ist.[1]

In dieser Uhr ist bei der Zahl Zwölf der Begriff *allgemein*, bei der Vier der Begriff *genau* und bei der Acht der Begriff *einfach* eingetragen. Das Postulat besagt nun, daß es unmöglich ist, eine Theorie sozialen Handelns zugleich allgemein, genau und einfach zu konzipieren. "Je allgemeiner beispielsweise eine einfache Theorie ist, desto weniger genau wird sie in der Vorhersage von Einzelheiten sein." (Weick, 1985, S. 54f.) Dieses Postulat ist in etwa analog zur Heisenbergschen Unschärferelation zu sehen, die besagt, daß von zwei Größen (Ort und Impuls) jeweils

---

[1] Den Hinweis auf Weick verdanke ich A. Becker.

7.6 Schluß

nur eine genau angegeben werden kann. Daß die gleichzeitige Anwendung aller drei in der Forschungsuhr abgebildeten "Tugenden" zur Konstruktion von Theorien unmöglich ist, kann man sich an der Forschungsuhr verdeutlichen: "Wenn Sie versuchen, zwei von diesen Tugenden der Allgemeinheit, Genauigkeit und Einfachheit zu bewahren, opfern Sie automatisch die dritte." (Weick, 1985, S. 55)

Abbildung 7.6.1: Forschungsuhr nach Weick (1985, S. 55).

Zur Zwei-Uhr-Forschung, die allgemein und genau aber auch kompliziert ist, zählt Weick beispielsweise Batesons (1988) Ökologie des Geistes. Hörmanns (1988) psychologische Semantik zählt sicherlich dazu, ebenso Meads Symbolischer Interaktionismus (z. B. 1988) sowie Bühlers (1982) Sprachtheorie. Sechs-Uhr-Forschung ist nach Weick einfach und genau, aber eben nicht allgemein. Hierzu rechnet er beispielsweise empirische Forschung, sowohl Labor- als auch Feldstudien. Diese bewahren Genauigkeit und Einfachheit, opfern jedoch generelle Relevanz. Schließlich verbleibt noch Zehn-Uhr-Forschung, die in Konzepten der Organisationsforschung wie der organisierten Anarchie, der losen Kopplung oder dem Peter-Prinzip vertreten ist. In der Psychologie findet sich Zehn-Uhr-Forschung beispielsweise in den in Kapitel 1.1 referierten Modellen der Interaktion und Kommunikation. Diese sind zwar einfach und allgemein, jedoch nicht genau. Empirische Forschung kann also nach Weick (1985) nur Sechs-Uhr-Forschung sein, während theoretische Forschung oder Theoriebildung nur Zwei-Uhr-Forschung sein kann und die Entwicklung von Modellen zu Zehn-Uhr-Forschung gehört.

Funkes Vorwurf an die Forschung zum komplexen Problemlösen läßt sich hier sehr gut integrieren: Funke (1986) fordert Zwei-Uhr-Forschung (also Theoriebildung), während in der Problemlösepsychologie Sechs-Uhr-Forschung (also empirische Forschung) überwiegt. Der theoretische Teil der vorliegenden Arbeit versteht sich als ein Schritt Richtung Zwei-Uhr-Forschung, beim empirischen Teil handelt es sich eindeutig um Sechs-Uhr-Forschung. Beide sind nach Weick (1985) aber unvereinbar.

Diese Aporie ist vermutlich eine strukturell dem Leib-Seele-Problem verwandte. Eine Verbindung zwischen den verschiedenen Arten der

Forschung läßt sich, entsprechend der Transmutation Jakobsons (1974), auch hier als eine Art Übersetzung denken: beispielsweise eine Übersetzung der Sprache der Theorie in eine (operationale) Sprache der Empirie. Denn das Bemühen, nicht nur alle diese Arten der Forschung zu betreiben, sondern auch eine Verbindung zwischen ihnen herzustellen, ist in einer empirischen Wissenschaft wie der Psychologie unerläßlich. Leitbild für dieses Bemühen könnte m. E. Kaminskis Diktum sein:

> Jede Psychologie müßte sich mindestens auch dieses fragen: ob ihr homo psychologicus lebensfähig wäre, ob er Gesellschaft entwickeln könnte, ob er Psychologie hervorzubringen und anzuwenden imstande wäre. (1970, S. 5)

Zusammenfassung

Soziale Interaktion, soziales Handeln, Kommunikation: die mit diesen Begriffen bezeichneten Sachverhalte spielen im Alltags- wie auch im Arbeitsleben eine erhebliche Rolle. Als eine der Grundvoraussetzungen dafür, daß Menschen zu Kommunikation und Interaktion in der Lage sind, gilt die Tatsache, daß sie sich von der Welt *ein Bild machen*, eine Vorstellung oder ein mentales Modell davon, wie die außerpsychische und die fremdpsychische Realität aufgebaut sind. Dieses Modell der Realität ist leitend für den Umgang mit der Welt und für den Umgang mit anderen Individuen im Rahmen sozialer Interaktion. Soziale Interaktionen und mentale Modelle stellen das zentrale Thema der vorliegenden Arbeit dar.

In einem ersten Schritt werden die Grundbegriffe Interaktion und Kommunikation geklärt und definiert. Aufgrund verschiedener Begriffsverwendungen in der Literatur wird vorgeschlagen, den Terminus *Soziale Interaktion* als Oberbegriff zu verwenden und diesen analytisch zu unterscheiden in den *Handlungsaspekt* sozialer Interaktion und den *Kommunikations- oder Bedeutungsaspekt* sozialer Interaktion. Dabei wird gefordert, daß die Begriffe zwar analytisch-definitorisch getrennt werden, daß jedoch bei der empirischen Untersuchung forschungsrelevanter Sachverhalte stets beide Aspekte gemeinsam abgebildet werden.

Bei der Betrachtung verschiedener sozialpsychologischer Modelle der Interaktion und Kommunikation stellt sich heraus, daß die meisten dieser Modelle unzureichend sind, da sie beispielsweise lediglich Interaktion oder Kommunikation zwischen Individuen berücksichtigen, nicht jedoch den Bezug der Individuen auf eine Gegenstandswelt. Auch Ansätze der Umweltpsychologie erweisen sich als unzulänglich, da diese wiederum lediglich die Umwelt thematisieren (und gegebenenfalls die Interaktion mit ihr), nicht jedoch andere Individuen. Als zufriedenstellend, weil sowohl andere Personen als auch die Gegenstandswelt berücksichtigt sind, werden das Kommunikationsmodell von Newcomb (1953) und dessen Erweiterung durch Fischer (1981) vorgestellt. Jedoch weisen auch diese Modelle noch Defizite auf, so daß im folgenden die schrittweise Entwicklung eines eigenen Modells erfolgt.

Als Voraussetzung einer sinnvollen Analyse der Begriffe Kommunikation und Interaktion sowie einer Neukonstruktion eines adäquaten Prozeßmodells der Interaktion wird die Betrachtung verschiedener Zeichen- und Sprachtheorien angesehen. Dabei zeigt sich, daß psychologische Zeichen- und Sprachtheorien die Funktion und nicht lediglich die Struktur von Zeichen und Sprache erklären müssen. Als grundlegendes Prinzip einer psychologischen Sprachtheorie wird das von Hörmann (1988) formulierte Prinzip *Sinnkonstanz* vorgestellt, das im folgenden als Leitprinzip nicht nur für das Sprachverstehen, sondern für jeglichen Umgang mit Welt angesehen wird. Auch das gesuchte Interaktionsmodell sollte folglich auf diesem Prinzip aufbauen.

Ein Zeichenmodell, das die Funktion des Zeichens beschreibt und darüber hinaus systemtheoretisch verstanden werden muß, ist das Modell des Funktionskreises von J. v. Uexküll (z. B. 1983b), dessen Erweiterung zum Situationskreis durch Th. v. Uexküll und Wesiack (1986) eine der Grundlagen für das in der vorliegenden Arbeit entwickelte Interaktionsmodell darstellt. Eine weitere wesentliche Grundlage findet sich im Symbolischen Interaktionismus von G. H. Mead (1988). Der Symbolische Interaktionismus wird als umfassende Theorie der Konstruktion sozialer Realität bezeichnet. Die Grundprämissen dieser Theorie besagen, daß Individuen stets auf der Grundlage von Bedeutungen handeln, daß diese Bedeutungen aus Interaktionen abgeleitet sind und daß sie im interpretativen Prozeß der Auseinandersetzung mit Menschen und Dingen gehandhabt und abgeändert werden.

Ein Modell, das auf den Grundlagen des Symbolischen Interaktionismus basiert, ist das Kommunikationsmodell von Hulett (1966). In Form eines Regelkreises wird eine Handlungssequenz zwischen zwei interagierenden Individuen beschrieben. Besonderes Postulat des Modells ist eine Phase der *verdeckten Einübung*, die im Grunde die im Verlauf von Interaktionen ablaufenden kognitiven Prozesse repräsentiert. Da Huletts Modell lediglich einen isolierten Akt thematisiert, wird das Modell in einem ersten Schritt dynamisiert, um einen kontinuierlichen Handlungsfluß beschreiben zu können. Im zweiten und dritten Schritt wird durch Einbezug des Situationskreises (Th. v. Uexküll & Wesiack, 1986) zunächst die bei der Dynamisierung verlorengegangene Zirkularität wieder eingebracht sowie die Referenz beider interagierender Individuen auf einen Gegenstandsbereich integriert. Das damit herausgearbeitete zirkuläre und funktionsbezogene Interaktionsmodell wird als *Dynamisches Interaktionsmodell mit Objektreferenz (DIOR)* bezeichnet. Es postuliert eine wechselseitige Bedeutungserteilung und Bedeutungsverwertung durch die interagierenden Subjekte und im Sinne des Symbolischen Interaktionismus eine Veränderung und Angleichung dieser Bedeutungen im Verlauf des Interaktionsprozesses. Es stellt sich nunmehr

Zusammenfassung

die weiterführende Frage, ob sich Bedeutungen auch dann noch angleichen, wenn die Bedeutungszuweisungen der Individuen aufgrund sehr unterschiedlicher sozialer Identitäten stark voneinander abweichen.

Zur Konkretisierung der von Hulett postulierten verdeckten Einübung werden Formen von Wissensrepräsentationen der Kognitionspsychologie, insbesondere mentale Modelle, explizit behandelt und diskutiert. Mentale Modelle werden dabei als analoge Token-Repräsentationen beschrieben, die für das Individuum heuristische, pragmatische und Simulationsfunktion haben. Mit Hilfe der Erkenntnisse über mentale Modelle sowie mit Hilfe des Situationskreises wird Huletts verdeckte Einübung zum *Prozeß der mentalen Handlungskontrolle* konkretisiert und präzisiert. Im Anschluß daran erfolgt eine genauere Bestimmung des Begriffs soziale Identität anhand des Tajfelschen Identitätskonzepts (z. B. 1982b). Damit ist auch das Programm für die durchgeführte Untersuchung skizziert: Mentale Modelle sollen im Rahmen sozialer Interaktionen in Abhängigkeit von unterschiedlichen sozialen Identitäten betrachtet werden.

Für die empirische Untersuchung der Bedeutungsangleichung via mentaler Modelle werden zwei Teams zu je zwei Personen mit einer komplexen Planungsaufgabe, dem Planspiel "Modell-Stadt" (Beck, 1986b), konfrontiert. Die Teams bestehen aus Vertretern unterschiedlicher Fachrichtungen und repräsentieren gemäß dem Konzept dieser Studie unterschiedliche soziale Identitäten.

Jeder Planspielteilnehmer erhält zunächst in einer Einzelsitzung die Aufgabe, anhand der Planspielunterlagen eine Lösung für das beschriebene Problem zu überlegen und vorzuschlagen sowie währenddessen laut zu denken. Im Anschluß daran erfolgt die Diskussion des Problems innerhalb der jeweiligen Teams, wobei die Teams einen gemeinsamen Vorschlag erarbeiten sollen, den sie dann in die Kommissionsdiskussion einbringen. Diese Kommissionsdiskussion ist in zwei Hälften unterteilt: In der ersten Hälfte erhalten die beiden Teams Gelegenheit, ihre Vorschläge vorzustellen und zu diskutieren, in der zweiten Hälfte muß eine Einigung erzielt und damit ein gemeinsamer Vorschlag erarbeitet werden. Durch die Forderung, am Ende der Diskussionen zu einer einvernehmlichen Lösung zu gelangen, wird den Teams Kooperationsbereitschaft abverlangt. Es wird vermutet, daß sich die Teams erstens zunächst signifikant bezüglich ihrer mentalen Modelle unterscheiden und daß diese mentalen Modelle sich zweitens im Verlauf des Interaktionsprozesses angleichen werden.

Die Untersuchung der Fragestellung erfolgt auf zweifache Weise. Einerseits werden über einen Fragebogen vor und nach der Interaktion die Einstellungen der Vpn erhoben und die Veränderungen geprüft. Damit ist eine quantitative Analyse einer größeren Zahl von Gruppen möglich.

Andererseits werden die Gespräche aller Gruppen aufgezeichnet, damit eine Gruppe für eine Fallstudie ausgewählt und mittels des von Axelrod (1976c) bzw. Wrightson (1976) begründeten und von Boos (1993) weiterentwickelten Verfahrens des *cognitive mapping* detailliert analysiert werden kann. Aus dem Material des *cognitive mapping* werden einerseits die Daten zur weiteren Prüfung der Hypothesen gewonnen, andererseits erfolgt damit eine Analyse mittels des von Orth (z. B. 1992) entwickelten graphentheoretischen Verfahrens zur Auswertung von Ähnlichkeitsdaten, der Monotonen Netzwerkanalyse (MONA). Untersucht werden 18 Gruppen à vier Personen (jeweils zwei Teams). Für die quantitative Auswertung mittels Fragebogen werden vor und nach der Interaktion Daten erhoben, in der Fallstudie werden insgesamt vier Phasen des Prozesses untersucht (Individual-Phase, Team-Phase, Kommissions-Phase I und Kommissions-Phase II).

In der *quantitativen Auswertung* konnte die erste Hypothese (H_{F1}), daß beide Teams sich vor der Interaktion signifikant unterscheiden, bestätigt werden. Die zweite Hypothese (H_{F2}), daß die Einstellungen sich im Verlauf der Interaktion angleichen, konnte mit Hilfe des Fragebogens nicht bestätigt werden. Der direkte Vergleich der Beurteilungen jedes Teams vor und nach der Interaktion deutet jedoch darauf hin, daß eine Veränderung stattgefunden hat. Da es sich bei den erhobenen Daten um Einstellungen handelt, die zuvor als Typ-repräsentiert klassifiziert worden sind, ist dieser Befund interpretierbar.

Mit Hilfe der *Prozeßanalyse* konnten die ersten beiden Hypothesen (H_{P1} und H_{P2}), die Unterschiede zwischen den Teams in den ersten beiden Phasen postulieren, bestätigt werden. Die dritte Hypothese (H_{P3}) postuliert bereits für die erste Hälfte der Kommissionsdiskussion eine Angleichung zwischen den mentalen Modellen der Teams. Sie konnte nicht bestätigt werden. Die vierte Hypothese (H_{P4}) postuliert eine Angleichung zwischen den mentalen Modellen der Teams für die zweite Hälfte der Kommissionsdiskussion. Diese Hypothese konnte bestätigt werden. Dies bedeutet, daß in der ersten Phase der Interaktion in der Kommission, also in der gesamten Gruppe, vermutlich aufgrund der relativ kurzen zur Verfügung stehenden Zeitspanne, noch keine Angleichung erfolgt. Erst in der vierten Phase erfolgt dann die vorhergesagte Angleichung.

Die Auswertung anhand der *Monotonen Netzwerkanalyse* ergab ein Phasenschema, das den Prozeß der Veränderung der mentalen Modelle in vier Phasen beschreibt. Die Phase des lauten Denkens wird als programmatische Phase klassifiziert, ihr folgte als Team-Interaktion die explorative Phase sowie ab erster und zweiter Kommissions-Interaktion die Polarisations- und die Integrationsphase.

Insgesamt können die Hypothesen und die Postulate des DIOR-Modells als bestätigt angesehen werden. Gemäß DIOR kann davon ausgegangen werden, daß die angenommenen Bedeutungserteilungs- und Bedeutungsverwertungsprozesse über die mentale Handlungskontrolle zu einer Koorientierung der Akteure am Gegenstandsbereich sowie an den anderen Beteiligten und infolgedessen zur Angleichung der mentalen Modelle führen.

Als ein bedeutsames Desiderat für weitere Forschung wird die Aufhebung der methodisch bedingten Trennung von Inhalts- und Prozeßdimension genannt. Die Möglichkeit, Inhalt und Prozeß in direkter Relation (resp. in Interaktion) zu untersuchen, könnte für die Gruppenforschung einen erheblichen Fortschritt bedeuten.

Literatur

Abrams, D. & Hogg, M. A. (Eds.). (1992). *Social Identity Theory. Constructive and Critical Advances*. New York: Harvester Wheatsheaf.

Ackroyd, C., Humphrey, N. K. & Warrington, E. K. (1974). Lasting Effects of Early Blindness: A Case Study. *Quarterly Journal of Experimental Psychology, 26*, 114 - 124.

Ajzen I. & Fishbein, M. (1980). *Understanding attitudes and predicting social behavior*. Englewood Cliffs, NJ: Prentice-Hall.

Ajzen, I. & Madden, T. J. (1986). Prediction of goal directed behavior: attitudes, intentions, and perceived behavioral control. *Journal of Experimental Social Psychology, 22*, 453 - 474.

Anderson, J. R. (1983). *The architecture of cognition*. Cambridge, MA: Harvard University Press.

Andritzky, M. & Selle, G. (1979). *Lernbereich Wohnen* (2 Bde.). Reinbek: Rowohlt.

Arbeitsgruppe Bielefelder Soziologen. (Hrsg.). (1973). *Alltagswissen, Interaktion und gesellschaftliche Wirklichkeit, Bd. 1: Symbolischer Interaktionismus und Ethnomethodologie* (S. 80 - 146). Reinbek: Rowohlt.

Austin, W. G. & Worchel, S. (Eds.). (1979). *The Social Psychology of Intergroup Relations*. Monterey, CA: Brooks/Cole.

Axelrod, R. (1976a). The Analysis of Cognitive Maps. In R. Axelrod (Ed.), *Structure of Decision. The Cognitive Maps of Political Elites*. Princeton, NJ: Princeton University Press.

Axelrod, R. (1976b). The Cognitive Mapping Approach to Decision Making. In R. Axelrod (Ed.), *Structure of Decision. The Cognitive Maps of Political Elites*. Princeton, NJ: Princeton University Press.

Axelrod, R. (Ed.) (1976c). *Structure of Decision. The Cognitive Maps of Political Elites*. Princeton, NJ: Princeton University Press.

Bakeman, R. & Gottman, J. M. (1986). *Observing interaction: an introduction to sequential analysis*. Cambridge, MA: Cambridge University Press.

Bales, R. F. & Cohen, S. P. (1982). *SYMLOG: Ein System für die mehrstufige Beobachtung von Gruppen*. Stuttgart: Klett-Cotta.

Barker, R. G. (1968). *Ecological Psychology*. Stanford, Ca.: Stanford University Press.
Barker, R. G. & Wright, H. F. (1955). *Midwest and its Children. The Psychological Ecology of an American Town*. Evanston, Ill.: Row, Peterson & Comp.
Barthes, R. (1981). *Elemente der Semiologie* (2. Aufl.). Frankfurt am Main: Syndikat.
Bateson, G. (1988). *Ökologie des Geistes. Anthropologische, psychologische, biologische und epistemologische Perspektiven*. Frankfurt am Main: Suhrkamp.
Beck, D. (1986a). *Ein Fragebogen zur Untersuchung von Interaktionen in und zwischen Gruppen*. Unveröff. Manuskript. Konstanz: Universität.
Beck, D. (1986b). *"Modell-Stadt". Ein Planspiel zur Erforschung von Intergruppen-Beziehungen in Kooperationssituationen* (Arbeitsbericht Nr. 10). Konstanz: Universität, Sonderforschungsbereich 221: Verwaltung im Wandel.
Beck, D. (1988). Social Differentiation in Intergroup Cooperation. *International Journal of Small Group Research, 4*, 1, 3 - 29.
Beck, D. (1992). *Kooperation und Abgrenzung. Zur Dynamik von Intergruppen-Beziehungen in Kooperationssituationen*. Wiesbaden: Deutscher Universitäts-Verlag.
Becker-Beck, U. (1992). Strukturanalyse des Interaktionsverhaltens in Diskussionsgruppen. In L. Montada (Hrsg.), *Bericht über den 38. Kongreß der Deutschen Gesellschaft für Psychologie in Trier 1992, Bd. 1: Kurzfassungen* (S. 68 - 69). Göttingen: Hogrefe.
Bense, M. (1967). *Semiotik. Allgemeine Theorie der Zeichen*. Baden-Baden: Agis
Bentele, G. & Bystrina, I. (1978). *Semiotik. Grundlagen und Probleme*. Stuttgart: Kohlhammer.
Berger, P. L. & Luckmann, T. (1966). *The Social Construction of Reality: A Treatise on the Sociology of Knowledge*. Garden City: Doubleday.
Bertalanffy, L. v. (1968). *General System Theory*. New York: George Braziller.
Bischof, N. (1966). Erkenntnistheoretische Grundlagenprobleme der Wahrnehmungspsychologie. In W. Metzger & H. Erke (Hrsg), *Handbuch der Psychologie*, Bd. I/1. Göttingen: Hogrefe.
Blumer, H. (1969). *Symbolic Interactionism: Perspective and Method*. Englewood Cliffs, NJ: Prentice-Hall.

Blumer, H. (1973). Der methodologische Standort des symbolischen Interaktionismus. In Arbeitsgruppe Bielefelder Soziologen (Hrsg.), *Alltagswissen, Interaktion und gesellschaftliche Wirklichkeit, Bd. 1: Symbolischer Interaktionismus und Ethnomethodologie* (S. 80 - 146). Reinbek: Rowohlt.

Boos, M. (1992). *A Typology of Case Studies*. München: Hampp.

Boos, M. (1993). *Entscheidungsfindung in Gruppen. Eine multifunktionale Prozeßanalyse*. Unveröff. Habilitationsschrift. Konstanz: Universität.

Boos, M., Morguet, M., Meier, F. & Fisch, R. (1990). Zeitreihenanalysen von Interaktionsprozessen bei der Bearbeitung komplexer Probleme in Expertengruppen. *Zeitschrift für Sozialpsychologie, 21,* 53 - 64.

Boos, M. & Scharpf, U. (1990). Drei Modelle der Führung und Zusammenarbeit beim Umgang mit komplexen Problemen. In R. Fisch & M. Boos (Hg.), *Vom Umgang mit Komplexität in Organisationen. Konzepte - Fallbeispiele - Strategien* (S. 235 - 254). Konstanz: Universitätsverlag.

Boos, M., Scharpf, U. & Fisch, R. (1991). Eine Methode zur Analyse von Interaktionsprozessen beim Problemlösen und Entscheiden in Sitzungen. *Zeitschrift für Arbeits- und Organisationspsychologie, 35* (N. F. 9), 3, 115 - 121.

Bortz, J. (1984). *Lehrbuch der empirischen Forschung: für Sozialwissenschaftler*. Berlin: Springer.

Bortz, J. (1989). *Statistik für Sozialwissenschaftler* (3. Aufl.). Berlin: Springer.

Bortz, J., Lienert, G. A. & Boehnke, K. (1990). *Verteilungsfreie Methoden in der Biostatistik*. Berlin: Springer.

Bower, G. H. & Morrow, D. G. (1990). Mental Models in Narrative Comprehension. *Science, 247,* 44 - 48.

Brauner, E. (1988). *Wahrnehmung: Kognition und Ökologie. Vergleichende Betrachtung der Wahrnehmungstheorien von J. J. Gibson und W. Prinz.* Unveröff. Manuskript, Oldenburg: Carl-von-Ossietzky-Universität.

Brauner, E. (1990). *Soziale Akzentuierung und Psychophysik: Eine empirische Untersuchung mit Herstellungsmethode und adaptivem Verfahren am Computer.* Unveröff. Dipl.Arbeit, Carl-von-Ossietzky-Universität, Oldenburg.

Brauner, E. & Orth, B. (in Druck). *Analyse von Argumentationsstrukturen im Gruppenprozeß* (Forschungsberichte MONA). Hamburg: Universität, Psychologisches Institut I.

Brosius, G. (1988). *SPSSPC+ Basics und Graphics. Einführung und praktische Beispiele*. Hamburg: McGraw-Hill.

Brown, R. J. & Turner, J. C. (1981). Interpersonal and Intergroup Behaviour. In J. C. Turner & H. Giles (Eds.), *Intergroup Behaviour* (pp. 33 - 65). Oxford: Basil Blackwell.

Bruner, J. S. & Goodman, C. C. (1947). Value and Need as Organizing Factors in Perception. *The Journal of Abnormal and Social Psychology, 42*, 33 - 44.

Bruner, J. S. & Postman, L. (1947). Tension and Tension Release as Organizing Factors in Perception. *Journal of Personality, 15*, 300 - 308.

Bruner, J. S. & Postman, L. (1948). Symbolic Value as an Organizing Factor in Perception. *The Journal of Social Psychology, 27*, 203 - 208.

Bruner, J. S. & Postman, L. (1949). Perception, Cognition, and Behavior. *Journal of Personality, 18*, 14 - 31.

Brunswik, E. (1934). *Wahrnehmung und Gegenstandswelt. Grundlegung einer Psychologie vom Gegenstand her*. Berlin: Deuticke.

Brunswik, E. (1955). Representative design and probabilistic theory in a functional psychology. *Psychological Review, 62*, 193 - 217.

Brunswik, E. (1957). Scope and aspects of the cognitive problem. In *Contemporary Approaches to Cognition*, Symposion at the University of Colorado (pp. 5 - 31). Cambridge, MA: Harvard University Press.

Bühler, K. (1982). *Sprachtheorie. Die Darstellungsfunktion der Sprache*. Stuttgart: Fischer.

Carlberg, M. (1978). *Stadtökonomie*. Göttingen: Vandenhoek & Ruprecht.

Chomsky, N. (1968). *Syntactic Structures* (7th ed.). The Hague, Netherlands: Mouton.

Chomsky, N. (1969). *Aspekte der Syntax-Theorie*. Frankfurt am Main: Suhrkamp.

Claparède, E. (1969). Die Entdeckung der Hypothese. In C. F. Graumann (Hrsg.), *Denken* (S. 109 - 115). Köln: Kiepenheuer & Witsch.

Clark, H. H. & Schaefer, E. H. (1989). Contributing to Discourse. *Cognitive Science, 13*, 259 - 294.

Clark, H. H. & Wilkes-Gibbs, D. (1986). Referring as a collaborative process. *Cognition, 22*, 1 - 39.

Contemporary Approaches to Cognition. Symposion at the University of Colorado. Cambridge, MA: Harvard University Press.

Cranach, M. von (1986). Der Molch im Gewande oder Denken wir uns eigentlich wirklich nichts bevor wir sprechen. *Sprache & Kognition, 6*, 163 - 166.

Crott, H. (1979). *Soziale Interaktion und Gruppenprozesse*. Stuttgart: Kohlhammer.

Damm, K. D. (1988). *Interpersonelle Wahrnehmung und Kausalattribution in Paarbeziehungen*. Unveröff. Diss., Georg-August-Universität, Göttingen.

Dann, H.-D., Humpert, W., Krause, F. & Tennstädt, K.-C. (1982). *Analyse und Modifikation subjektiver Theorien von Lehrern*. Konstanz: Zentrum I Bildungsforschung, Sonderforschungsbereich 23.

de Kleer, J. & Brown, J. S. (1983). Assumptions and Ambiguities in Mechanistic Mental Models. In D. Gentner & A. L. Stevens (Eds.), *Mental Models* (pp. 155 - 190). Hillsdale, NJ: Erlbaum.

Dörner, D. (1989a). Die kleinen grünen Schildkröten und die Methoden der experimentellen Psychologie. *Sprache & Kognition, 8*, 86 - 97.

Dörner, D. (1989b). *Die Logik des Mißlingens. Strategisches Denken in komplexen Situationen*. Reinbek: Rowohlt.

Dörner, D., Kreuzig, H. W., Reither, F. & Stäudel, T. (Hrsg.). (1983). *Lohhausen*. Bern: Huber.

Dörner, D. & Michaelis, W. (Hrsg.). (1989). *Idola fori et idola theatri. Festschrift aus Anlaß der Emeritierung von Prof. Dr. phil. et Dr. med. Hermann Wegener*. Göttingen: Hogrefe.

Dörr, G., Seel, N. M. & Strittmatter, P. (1986). Mentale Modelle: Alter Wein in neuen Schläuchen: Mediendidaktische Anmerkungen. *Unterrichtswissenschaft, 2*, 168 - 189.

Downs, R. M. & Stea, D. (1982). *Kognitive Karten: Die Welt in unseren Köpfen*. New York: Harper & Row.

Dreher, M. & Dreher, E. (1982). Gruppendiskussion. In G. L. Huber & H. Mandl (Hrsg.), *Verbale Daten. Eine Einführung in die Grundlagen und Methoden der Erhebung und Auswertung* (S. 141 - 164). Basel: Beltz.

Duncker, K. (1935). *Zur Psychologie des produktiven Denkens*. Berlin: Springer.

Dutke, S. (1993). Mentale Modelle beim Erinnern sprachlich beschriebener räumlicher Anordnungen: Zur Interaktion von Gedächtnisschemata und Textrepräsentation. *Zeitschrift für experimentelle und angewandte Psychologie, 40*, 44 - 71.

Eccles, J. (1992). Geist-Leib-Problem (Mind-body problem). In H. Seiffert & G. Radnitzky (Hrsg.), *Handlexikon zur Wissenschaftstheorie* (S. 101 - 106). München: Deutscher Taschenbuch Verlag.

Eckensberger, L. H. & Silbereisen, R. K. (Hrsg.). (1980). *Entwicklung Sozialer Kognitionen: Modelle, Methoden, Theorien, Anwendung*. Stuttgart: Klett-Cotta.

Eco, U. (1971). Funktion und Zeichen (Semiologie der Architektur). In Carlini, A. & Schneider, B. (Hrsg.), *Architektur als Zeichensystem* (S. 19 - 68). Tübingen: Mohr.

Eco, U. (1988a). *Einführung in die Semiotik* (6. Aufl.). München: Fink.

Eco, U. (1988b). Wer ist schuld an der Konfusion von Denotation und Bedeutung? Versuch einer Spurensicherung. *Zeitschrift für Semiotik, 10*, 189 - 207.

Engelkamp, J. & Pechmann, T. (1988). Kritische Anmerkungen zum Begriff der mentalen Repräsentation. *Sprache & Kognition, 7*, 2 - 11.

Ericsson, K. A. & Simon, H. A. (1984). *Protocol Analysis: Verbal Reports as Data*. Cambridge, MA: MIT Press.

Eschbach, A. & Rader, W. (1976). *Semiotik-Bibliographie I*. Frankfurt am Main: Syndikat.

Faßheber, P. (1976). Zur experimentellen Analyse der interpersonellen Kommunikation von psychosomatisch Erkrankten. In Bosse, K., Faßheber, P., Hünecke, P., Teichmann, A. T. & Zauner, J. Zur sozialen Situation des Hautkranken als Phänomen interpersoneller Wahrnehmung. *Zeitschrift für Psychosomatische Medizin und Psychoanalyse, 21*, 7 - 21.

Faßheber, P. (1989). Umweltbegriff und umweltbezogene Forschungsthemen in der Sozialpsychologie. In Niedersächsisches Umweltministerium, Referat für Umweltberichterstattung und Öffentlichkeitsarbeit (Hrsg.), *Naturwissenschaftliche und historische Beiträge zu einer ökologischen Grundbildung* (Sommerschule "Natur und Geschichte" vom 14. bis 27. September 1989 an der Georg-August-Universität Göttingen). Hildesheim: Gerstenberg.

Faßheber, P., Niemeyer, H. G. & Kordowski, C. (1990). *Methoden und Befunde der Interaktionsforschung mit dem SYMLOG-Konzept am Institut für Wirtschafts- und Sozialpsychologie Göttingen* (Bericht aus dem Institut für Wirtschafts- und Sozialpsychologie der Georg-August-Universität Göttingen Nr. 18). Göttingen: Universität, Institut für Wirtschafts- und Sozialpsychologie.

Faßheber, P. & Terjung, B. (1989). *SYMLOG-Rating-Daten und ihre Beziehung zu Leistung und Verhalten außerhalb der Gruppensituation* (Bericht aus dem Institut für Wirtschafts- und Sozialpsychologie der Georg-August-Universität Göttingen Nr. 1). Göttingen: Universität, Institut für Wirtschafts- und Sozialpsychologie.

Fechner, G. Th. (1860a). *Elemente der Psychophysik. Erster Theil*. Leipzig: Breitkopf & Härtel.

Fechner, G. Th. (1860b). *Elemente der Psychophysik. Zweiter Theil*. Leipzig: Breitkopf & Härtel.

Feffer, M. H. & Gourevitch, V. (1982). Kognitive Aspekte der Perspektivenübernahme bei Kindern. In D. Geulen (Hrsg.), *Perspektivenübernahme und soziales Handeln. Texte zur sozial-kognitiven Entwicklung* (S. 205 - 222). Frankfurt am Main: Suhrkamp.

Festinger, L. (1954). A theory of social comparison processes. *Human Relations, 7*, 117 - 140.

Fisch, R. (1989). *Konferenzkodierung: Ein Verfahren zur Beobachtung und Beurteilung von Konferenzen* (Arbeitsbericht Nr. 11). Konstanz: Universität, Sonderforschungsbereich 221: Verwaltung im Wandel.

Fisch, R. & Boos, M. (Hrsg.). (1990). *Vom Umgang mit Komplexität in Organisationen. Konzepte - Fallbeispiele - Strategien.* Konstanz: Universitätsverlag.

Fisch, R., Daniel, H.-D. & Beck, D. (1991). Kleingruppenforschung - Forschungsschwerpunkte und Forschungstrends. *Gruppendynamik, 22*, 237 - 261.

Fisch, R., Morguet, M. & Boos, M. (1989). *Kodieranleitung für die Auswertung von Planspielsitzungen mittels cognitive mapping und Konferenzkodierung* (Arbeitsbericht Nr. 18). Konstanz: Universität, Sonderforschungsbereich 221: Verwaltung im Wandel.

Fischer, G. (1981). *Wechselseitigkeit: Interpersonelle und gegenständliche Orientierung in der sozialen Interaktion.* Bern: Huber.

Fishbein, M. & Ajzen, I. (1975). *Belief, attitude, intention and behavior: An introduction to theory and research.* Reading, Mass.: Addison-Wesley.

Flade, A. (1987). *Wohnen psychologisch betrachtet.* Bern: Huber.

Foppa, K. (1986). «Typische Fälle» und der Geltungbereich empirischer Befunde. *Schweizerische Zeitschrift für Psychologie, 45*, 3, 151 - 163.

Freud, S. (1975). Formulierungen über die zwei Prinzipien des psychischen Geschehens. In *Studienausgabe*, Bd. III, (S. 17 - 24). Frankfurt am Main: Fischer.

Frey, D. & Irle, M. (Hrsg.). (1985). *Theorien der Sozialpsychologie. Bd. III: Motivations- und Informationsverarbeitungstheorien.* Bern: Huber.

Friedrichs, J. (1980). *Stadtanalyse. Soziale und räumliche Organisation der Gesellschaft.* Opladen: Westdeutscher Verlag.

Funke, J. (1985). Problemlösen in komplexen computersimulierten Realitätsbereichen. *Sprache & Kognition, 4*, 113 - 129.

Funke, J. (1986). *Komplexes Problemlösen. Bestandsaufnahme und Perspektiven.* Berlin: Springer.

Gentner, D. & Gentner, D. R. (1983). Flowing Waters or Teeming Crowds: Mental Models of Electricity. In D. Gentner & A. L. Stevens (Eds.), *Mental Models* (pp. 99 - 130). Hillsdale, NJ: Erlbaum.

Gentner, D. & Stevens, A. L. (Eds.). (1983). *Mental Models.* Hillsdale, NJ: Erlbaum.

Geulen, D. (Hrsg.). (1982a). *Perspektivenübernahme und soziales Handeln. Texte zur sozial-kognitiven Entwicklung.* Frankfurt am Main: Suhrkamp.

Geulen, D. (1982b). Soziales Handeln und Perspektivenübernahme. In D. Geulen (Hrsg.), *Perspektivenübernahme und soziales Handeln. Texte zur sozial-kognitiven Entwicklung* (S. 24 - 72). Frankfurt am Main: Suhrkamp.

Gibson, J. J. (1982). *Wahrnehmung und Umwelt: Der ökologische Ansatz in der visuellen Wahrnehmung.* München: Urban & Schwarzenberg.

Giddens, A. (1986). *The Constitution of Society. Outline of the Theory of Structuration.* Cambridge: Polity Press.

Gigerenzer, G. (1981). *Messung und Modellbildung in der Psychologie.* München: E. Reinhardt.

Glaser, W. R. (1991). Repräsentation bei Mensch und Maschine. *Sprache & Kognition, 10,* 125 - 135.

Glauser, F. (1986). Offener Brief über die "Zehn Gebote für den Kriminalroman". In F. Glauser, *Wachtmeister Studers erste Fälle* (S. 181 - 191). Zürich: Arche.

Glenberg, A. M., Meyer, M. & Lindem, K. (1987). Mental Models Contribute to Foregrounding during Text Comprehension. *Journal of Memory and Language, 26,* 69 - 83.

Graumann, C. F. (Hrsg.). (1969). *Denken.* Köln: Kiepenheuer & Witsch.

Graumann, C. F. (Hrsg.) (1972a). *Handbuch der Psychologie,* Bd. 7/2. Göttingen: Hogrefe.

Graumann, C. F. (1972b). Interaktion und Kommunikation. In C. F. Graumann (Hrsg.), *Handbuch der Psychologie,* Bd. 7/2 (S. 1109 - 1262). Göttingen: Hogrefe.

Graumann, C. F. (1979). Die Scheu des Psychologen vor der Interaktion: ein Schisma und seine Geschichte. *Zeitschrift für Sozialpsychologie, 10,* 284 - 304.

Groeben, N. & Scheele, B. (1977). *Argumente für eine Psychologie des reflexiven Subjekts: Paradigmenwechsel vom behavioralen zum epistemologischen Menschenbild.* Darmstadt: Steinkopf.

Groner, R. (1978). *Hypothesen im Denkprozeß: Grundlagen einer verallgemeinerten Theorie auf der Basis elementarer Informationsverarbeitung.* Bern: Huber.

Gundlach, W. & Schulz, G. (1987). Ist die Effektivität von Problemlösungen aus Diskussionen voraussagbar? *Psychologie für die Praxis, 5,* 350 - 368.

Hacker, W. (1986). *Arbeitspsychologie. Psychische Regulation von Arbeitstätigkeiten.* Bern: Huber.

Hamm, B. (1982). *Einführung in die Siedlungssoziologie.* München: Beck.

Hastedt, H. (1988). *Das Leib-Seele-Problem. Zwischen Naturwissenschaft des Geistes und kultureller Eindimensionalität.* Frankfurt am Main: Suhrkamp.

Heider, F. (1977). *Psychologie der interpersonalen Beziehungen.* Stuttgart: Klett.
Herrmann, T. (1988). Mentale Repräsentation - ein erläuterungsbedürftiger Begriff. *Sprache & Kognition, 7,* 162 - 176.
Hoffmann, J. (1988). Wird Wissen in Begriffen repräsentiert? *Sprache & Kognition, 7,* 193 - 204.
Hogg, M. A. & McGarty, C. (1992). Self-categorization and social identity. In D. Abrams & M. A. Hogg (Eds.), *Social Identity Theory. Constructive and Critical Advances* (pp. 10 - 27). New York: Harvester Wheatsheaf.
Homans, G. C. (1960). *Theorie der sozialen Gruppe.* Köln: Westdeutscher Verlag.
Hörmann, H. (1971). Funktionen des Sprechens und der Sprache. In O. W. Haseloff (Hrsg.), *Kommunikation* (S. 63 - 70). Berlin: Colloquium.
Hörmann, H. (1977). *Psychologie der Sprache* (2., überarbeitete Aufl.). Berlin: Springer.
Hörmann, H. (1988). *Meinen und Verstehen: Grundzüge einer psychologischen Semantik* (3. Aufl.). Frankfurt am Main: Suhrkamp.
Hormuth, S. E. (Hrsg.). (1979). *Sozialpsychologie der Einstellungsänderung.* Königstein/Ts.: Athenäum, Hain, Scriptor, Hanstein.
Huber, G. L. & Mandl, H. (Hrsg.). (1982). *Verbale Daten: Eine Einführung in die Grundlagen der Erhebung und Auswertung.* Weinheim: Beltz.
Huber, J. (1987). *Technikbilder und Umwelt: Einige Ergebnisse einer empirischen Untersuchung zum weltanschaulichen Kontext der Technik- und Umweltpolitik* (Diskussionspapier 87-17). Berlin: Wissenschaftszentrum Berlin für Sozialforschung, Internationales Institut für Umwelt und Gesellschaft (IIUG), Forschungsschwerpunkt Umweltpolitik.
Hulett, J. E. (1966). A Symbolic Interactionist Model of Human Communication. *Audio-Visual Communication Review, 14,* 5 - 33 und 203 - 220.
Hussy, W. (1987). Zur Steuerungsfunktion der Sprache beim Problemlösen. *Sprache & Kognition, 1,* 62 - 91.
Hutchins, E. (1983). Understanding Micronesian Navigation. In D. Gentner & A. L. Stevens (Eds.), *Mental Models* (pp. 191 - 226). Hillsdale, NJ: Erlbaum.
Irle, M. (1975). *Lehrbuch der Sozialpsychologie.* Göttingen: Hogrefe.
Ittelson, W. H., Proshansky, H. M., Rivlin, L. G. & Winkel, G. H. (1977). *Einführung in die Umweltpsychologie.* Stuttgart: Klett-Cotta.
Jakobson, R. (1974). Linguistische Aspekte der Übersetzung. In R. Jakobson, *Form und Sinn. Sprachwissenschaftliche Betrachtungen* (S. 154 - 161). München: Fink.
Janis, I. L. (1982). *Groupthink. Psycholgical Studies of Policy Decisions and Fiascoes.* Boston: Houghton Mifflin.

Joas, H. (1980). Einleitung des Herausgebers. In G. H. Mead, *Gesammelte Aufsätze, Bd. 1*. Frankfurt am Main: Suhrkamp.

Johnson-Laird, P. N. (1983). *Mental Models: Towards a Cognitive Science of Language, Inference, and Consciousness*. Cambridge, MA: Cambridge University Press.

Johnson-Laird, P. N. (1989). Mental Models. In M. J. Posner (Ed.), *Foundations of Cognitive Science* (pp. 469 - 499). Cambridge, MA: MIT Press.

Jones, E. E. & Gerard, H. B. (1967). *Foundations of Social Psychology*. New York: Wiley.

Jorna, R. J. (1990). Wissensrepräsentation in künstlichen Intelligenzen. *Zeitschrift für Semiotik, 12*, 9 - 23.

Jüngling, C. (1992). *Konfliktfeld Personalpolitik. Eine Analyse von Interaktionsmustern und interessengeleiteten Entscheidungsprozessen in Projektgruppen* (Forschungbericht Nr. 2). Göttingen: Georg-August-Universität, Interdisziplinäres Graduiertenkolleg.

Kalkofen, H. (1979). Die Einteilung der Semiotik bei Georg Klaus. *Zeitschrift für Semiotik, 1*, 81 - 91.

Kaminski, G. (1970). *Verhaltenstheorie und Verhaltensmodifikation*. Stuttgart: Klett.

Kanngießer, S. & Kriz, J. (1983). Zeichendynamik und Wahrnehmungskodes. Erster Teil: Zu den wahrnehmungspsychologischen Grundlagen semiotischer Prozesse. *Zeitschrift für Semiotik, 5*, 75 - 99.

Karbusicky, V. (1986). Jagdsignale als Zeichensystem. *Zeitschrift für Semiotik, 8*, 277 - 286.

Klaus, G. (1963). *Semiotik und Erkenntnistheorie*. Berlin: Verlag der Wissenschaften.

Kleist, H. von (1984). Über die allmähliche Verfertigung der Gedanken beim Reden. In Kleist, H. von, *Der Zweikampf, Die Heilige Cäcilie, Sämtliche Anekdoten, Über das Marionettentheater und andere Prosa* (S. 93 - 99). Stuttgart: Reclam.

Klemenz, B. (1986). *Zur Bedeutung von Erwartungsdiskrepanzen für Beziehungsdiagnosen in der Heimerziehung* (Bericht aus dem Institut für Wirtschafts- und Sozialpsychologie der Georg-August-Universität Göttingen Nr. 4). Göttingen: Universität, Institut für Wirtschafts- und Sozialpsychologie.

Kluwe, R. H. (1988). Methoden der Psychologie zur Gewinnung von Daten über menschliches Wissen. In H. Mandl & H. Spada (Hrsg.), *Wissenspsychologie* (S. 359 - 385). München: Psychologie Verlags Union.

Kluwe, R. H. (1989). Problemlösen, Entscheiden und Denkfehler. In C. Hoyos & B. Zimolong (Hrsg.), *Ingenieurpsychologie, Enzyklopädie der Psychologie, Themenbereich D: Praxisgebiete, Serie III: Wirtschafts-, Organisations- und Arbeitspsychologie, Bd. 2* (S. 121 - 147). Göttingen: Hogrefe.

Kluwe, R. H. (1990a). Gedächtnis und Wissen. In H. Spada (Hrsg.), *Lehrbuch Allgemeine Psychologie* (S. 115 - 187). Bern: Huber.

Kluwe, R. H. (1990b). Wissen. In W. Sarges (Hrsg.), *Management-Diagnostik* (S. 174 - 181). Göttingen: Hogrefe.

Kluwe, R. H. & Haider, H. (1990). Modelle zur internen Repräsentation komplexer technischer Systeme. *Sprache & Kognition, 9*, 173 - 192.

Kosslyn, S. M. (1980). *Image and Mind*. Cambridge, MA: Harvard University Press.

Krampen, M. (1979). De Saussure und die Entwicklung der Semiologie. *Zeitschrift für Semiotik, 1*, 23 - 26.

Krampen, M. (1981). Ferdinand de Saussure und die Entwicklung der Semiologie. In M. Krampen, K. Oehler, R. Posner & Th. v. Uexküll (Hrsg.), *Die Welt als Zeichen. Klassiker der modernen Semiotik* (S. 99 - 171). Berlin: Severin und Siedler.

Krampen, M., Oehler, K., Posner, R. & Uexküll, Th. v. (Hrsg.). (1981). *Die Welt als Zeichen. Klassiker der modernen Semiotik*. Berlin: Severin und Siedler.

Laing, R. D., Phillipson, H. & Lee, A. R. (1973). *Interpersonelle Wahrnehmung* (2. Aufl.). Frankfurt am Main: Suhrkamp.

Lamnek, S. (1989). *Qualitative Sozialforschung. Bd. 2 Methoden und Techniken*. München: Psychologie Verlags Union.

Lang, A. (1992). Eine Semiotik für die Psychologie: Eine Psychologie für die Semiotik. In L. Montada (Hrsg.), *Bericht über den 38. Kongreß der Deutschen Gesellschaft für Psychologie in Trier 1992, Bd. 1: Kurzfassungen* (S. 68 - 69). Göttingen: Hogrefe.

Laucken, U. (1974). *Naive Verhaltenstheorie*. Stuttgart: Klett.

Laucken, U. (1984). Von Setzungen und ihren Folgen. Dargelegt an Beispielen aus der Wahrnehmungspsychologie. *Psychologische Beiträge, 26*, 250 - 262.

Laucken, U. (1987). *Wie Menschenbild und Umweltbild sich wechselseitig voraussetzen und bestimmen* (unveröff. Manuskript). Oldenburg: Carl-von-Ossietzky-Universität, Institut zur Erforschung von Mensch-Umwelt-Beziehungen.

Laucken, U. (1989). *Denkformen der Psychologie: Dargestellt am Entwurf einer Logographie der Gefühle*. Bern: Huber.

Leawitt, H. J. (1951). Some effects of certain communication patterns on group performance. *Journal of Abnormal Social Psychology, 46*, 38 - 50.

Lewin, K. (1963a). *Feldtheorie in den Sozialwissenschaften*. Bern: Huber.
Lewin, K. (1963b). Psychologische Ökologie. In K. Lewin, *Feldtheorie in den Sozialwissenschaften* (S. 375 - 421). Bern: Huber.
Lewin, K. (1969). *Grundzüge der topologischen Psychologie*. Bern: Huber.
Le Ny, J.-F. (1988). Wie kann man mentale Repräsentationen repräsentieren? *Sprache & Kognition, 7*, 113 - 121.
Lienert, G. A. (1973). *Verteilungsfreie Methoden in der Biostatistik. Bd. I* (2. völlig neu bearbeitete Aufl.). Meisenheim am Glan: Anton Hain.
Lilli, W. (1975). *Soziale Akzentuierung*. Stuttgart: Kohlhammer.
Lüer, G. (1973). *Gesetzmäßige Denkabläufe beim Problemlösen: Ein empirischer Beitrag für eine psychologische Theorie der Entwicklung des Denkens*. Weinheim: Beltz.
Lüer, G. (1988). Kognitive Prozesse und Augenbewegungen. In H. Mandl & H. Spada (Hrsg.), *Wissenspsychologie* (S. 386 - 399). München: Psychologie Verlags Union.
Lüer, G., Lass, U. & Ruhlender, P. (1989). Denken und lautes Denken. In D. Dörner & W. Michaelis (Hrsg.), *Idola fori et idola theatri. Festschrift aus Anlaß der Emeritierung von Prof. Dr. phil. et Dr. med. Hermann Wegener* (S. 71 - 86). Göttingen: Hogrefe.
Lüer, G. & Spada, H. (1990). Denken und Problemlösen. In H. Spada (Hrsg.), *Lehrbuch Allgemeine Psychologie* (S. 189 - 280). Bern: Huber.
Luhmann, N. (1988). Organisation. In W. Küpper & G. Ortmann (Hrsg.), *Mikropolitik: Rationalität, Macht und Spiele in Organisationen* (S. 165 - 186). Opladen: Westdeutscher Verlag.
Lyles, M. A. & Mitroff, I. I. (1980). Organizational Problem Formulation: An Empirical Study. *Administrative Science Quarterly, 25*, 102 - 119.
Lynch, K. (1965). *Das Bild der Stadt*. Berlin: Ullstein.
Mahler, M. S. (1986). *Symbiose und Individuation. Psychosen im frühen Kindesalter* (4. Aufl.). Stuttgart: Klett-Cotta.
Mahler, M. S., Pine, F. & Bergman, A. (1980). *Die psychische Geburt des Menschen. Symbiose und Individuation*. Frankfurt am Main: Fischer Taschenbuch.
Mandl, H., Friedrich, H. F. & Hron, A. (1988). Theoretische Ansätze zum Wissenserwerb. In H. Mandl & H. Spada (Hrsg.), *Wissenspsychologie* (S. 123 -160). München: Psychologie Verlags Union.
Mandl, H. & Spada, H. (Hrsg.). (1988). *Wissenspsychologie*. München: Psychologie Verlags Union.
Mani, K. & Johnson-Laird, P. N. (1982). The Mental Representation of Spatial Descriptions. *Memory & Cognition, 10*, 181 - 187.
Martens, W. (1989). *Entwurf einer Kommunikationstheorie der Unternehmung. Akzeptanz, Geld und Macht in Wirtschaftsorganisationen*. Frankfurt am Main: Campus.

Maser, S. (1971). *Grundlagen der allgemeinen Kommunikationstheorie.* Stuttgart: Kohlhammer.
Maturana, H. R. (1982). *Erkennen: Die Organisation und Verkörperung von Wirklichkeit. Ausgewählte Arbeiten zur biologischen Epistemologie.* Braunschweig: Vieweg.
Maturana, H. R. & Varela, F. J. (1992). *Der Baum der Erkenntnis. Die biologischen Wurzeln des menschlichen Erkennens* (4. Aufl.). München: Goldmann.
McCall, G. J. & Simmons, J. L. (1966). *Identities and Interactions.* New York: The Free Press.
Mead, G. H. (1980a). *Gesammelte Aufsätze, Bd. 1.* Frankfurt am Main: Suhrkamp.
Mead, G. H. (1980b). Die Genesis der Identität und die soziale Kontrolle. In G. H. Mead, *Gesammelte Aufsätze, Bd. 1* (S. 299 - 328). Frankfurt am Main: Suhrkamp.
Mead, G. H. (1980c). Der Mechanismus des sozialen Bewußtseins. In G. H. Mead, *Gesammelte Aufsätze, Bd. 1* (S. 232 - 240). Frankfurt am Main: Suhrkamp.
Mead, G. H. (1980d). Die soziale Identität. In G. H. Mead, *Gesammelte Aufsätze, Bd. 1* (S. 241 - 249). Frankfurt am Main: Suhrkamp.
Mead, G. H. (1980e). Soziales Bewußtsein und das Bewußtsein von Bedeutungen. In G. H. Mead, *Gesammelte Aufsätze, Bd. 1* (S. 210 - 221). Frankfurt am Main: Suhrkamp.
Mead, G. H. (1980f). Welche sozialen Objekte muß die Psychologie voraussetzen? In G. H. Mead, *Gesammelte Aufsätze, Bd. 1* (S. 222 - 231). Frankfurt am Main: Suhrkamp.
Mead, G. H. (1988). *Geist, Identität und Gesellschaft* (7. Aufl.). Frankfurt am Main: Suhrkamp.
Metzger, W. (1966). Der Ort der Wahrnehmungslehre im Aufbau der Psychologie. In W. Metzger & H. Erke (Hrsg), *Handbuch der Psychologie,* Bd. I/1 (S. 3 - 20). Göttingen: Hogrefe.
Metzger, W. & Erke, H. (Hrsg). (1966). *Handbuch der Psychologie,* Bd. I/1. Göttingen: Hogrefe.
Miller, G. A., Galanter, E. & Pribram, K. H. (1960). *Plans and the Structure of Behavior.* New York: Holt.
Mitscherlich, A. (1965). *Die Unwirtlichkeit unserer Städte. Anstiftung zum Unfrieden.* Frankfurt am Main: Suhrkamp.
Morris, Ch. W. (1972a). Ästhetik und Zeichentheorie. In Ch. W. Morris, *Grundlagen der Zeichentheorie. Ästhetik und Zeichentheorie.* München: Hanser.

Morris, Ch. W. (1972b). Grundlagen der Zeichentheorie. In Ch. W. Morris, *Grundlagen der Zeichentheorie. Ästhetik und Zeichentheorie*. München: Hanser.
Morris, Ch. W. (1972c). *Grundlagen der Zeichentheorie. Ästhetik und Zeichentheorie*. München: Hanser.
Morris, Ch. W. (1973). *Zeichen, Sprache und Verhalten*. Düsseldorf: Schwann.
Moscovici, S. (1972). Society and theory in social psychology. In J. Israel & H. Tajfel (Eds.), *The Context of Social Psychology: A Critical Assessment*. London: Academic Press.
Moscovici, S. (Hrsg.). (1975). *Forschungsgebiete der Sozialpsychologie 1. Eine Einführung für das Hochschulstidium*. Frankfurt am Main: Athenäum.
Müller, A. (1987). *Zur Relevanz der Konsistenztheorie für soziometrisch erhobene Kognitionen der Selbst- und Fremdwahrnehmung - das Konzept des Interaktionsschemas* (Bericht aus dem Institut für Wirtschafts- und Sozialpsychologie der Georg-August-Universität Göttingen Nr. 7). Göttingen: Universität, Institut für Wirtschafts- und Sozialpsychologie.
Müller, G. F. (1985). *Prozesse sozialer Interaktion*. Göttingen: Hogrefe.
Mummendey, A. (1985). Verhalten zwischen sozialen Gruppen: Die Theorie der sozialen Identität. In H. Crott (Hrsg.), *Theorien der Sozialpsychologie, Bd. 2. Gruppen- und Lerntheorien* (S. 185 - 216). Bern: Huber.
Newcomb, T. M. (1953). An approach to the study of communicative acts. *Psychological Review, 60*, 393 - 404.
Newcomb, T. M., Turner, R. H. & Converse, P. E. (1965). *Social Psychology: The study of human interaction*. New York: Holt, Rinehart & Winston.
Niedersächsisches Umweltministerium, Referat für Umweltberichterstattung und Öffentlichkeitsarbeit (Hrsg.), *Naturwissenschaftliche und historische Beiträge zu einer ökologischen Grundbildung* (Sommerschule "Natur und Geschichte" vom 14. bis 27. September 1989 an der Georg-August-Universität Göttingen). Hildesheim: Gerstenberg.
Nisbett, R. E. & Wilson, T. D. (1977). Telling More than We Know: Verbal Reports on Mental Processes. *Psychological Review, 84*, 231 - 259.
Norman, D. A. (1983). Some Observations on Mental Models. In D. Gentner & A. L. Stevens (Eds.), *Mental Models* (pp. 7 - 14). Hillsdale, NJ: Erlbaum.
Nöth, W. (1975). *Semiotik. Eine Einführung mit Beispielen für Reklameanalysen*. Tübingen: Niemeyer.
Nöth, W. (1985). *Handbuch der Semiotik*. Stuttgart: Metzler.

Oehler, K. (1979). Idee und Grundriß der Peirceschen Semiotik. *Zeitschrift für Semiotik, 1*, 9 - 22.
Oehler, K. (1981). Idee und Grundriß der Peirceschen Semiotik. In M. Krampen, K. Oehler, R. Posner & Th. v. Uexküll (Hrsg.), *Die Welt als Zeichen. Klassiker der modernen Semiotik* (S. 15 - 49). Berlin: Severin und Siedler.
Ogden, C. K. & Richards, I. A. (1969). *The Meaning of Meaning* (10th ed., 7th impr.). London: Routledge & Keagan Paul.
Opwis, K. (1988). Produktionssysteme. In H. Mandl & H. Spada (Hrsg.), *Wissenspsychologie* (S. 74 - 98). München: Psychologie Verlags Union.
Opwis, K (1990). Selbstreferentielle wissensbasierte Systeme. *Sprache & Kognition, 9*, 193 - 204.
Opwis, K. & Lüer, G. (in Druck). Modelle der Repräsentation von Wissen. In *Enzyklopädie der Psychologie, Themenbereich C: Theorie und Forschung, Serie II: Kognition, Bd. 4: Gedächtnis*.
Orth, B. (1974). *Einführung in die Theorie des Messens*. Stuttgart: Kohlhammer.
Orth, B. (1988). Über die Größe des Geldes. Oder: Soziale Akzentuierung und intramodale Angleichung. In Schönpflug, W. (Hrsg.), *Bericht über den 36. Kongreß der Deutschen Gesellschaft für Psychologie in Berlin 1988. Bd. 1, Kurzfassungen* (S. 140 - 141). Göttingen: Hogrefe.
Orth, B. (1989a). Graph theoretical representations of proximities by monotonic network analysis (MONA). In E. E. Roskam (Ed.), *Mathematical psychology in progress* (pp. 299 - 308). New York: Springer.
Orth, B. (1989b). Stuktur und Ordnung aufgrund von Ähnlichkeitsdaten: Graphentheoretische Repräsentation durch MONA. In R. Wille (Hrsg.), *Klassifikation und Ordnung* (S. 323 - 326). Frankfurt am Main: Indeks.
Orth, B. (1992). *Network representations of proximity data by Monotonic Network Analysis (MONA)* (Forschungsberichte MONA Nr. 23). Hamburg: Universität, Psychologisches Institut I.
Orth, B. & Brauner, E. (1988). *Clusterbildungen in der Monotonen Netzwerkanalyse und die Methode des sukzessiven Sortierens* (Forschungsberichte MONA Nr. 23). Hamburg: Universität, Psychologisches Institut I.
Ortmann, G., Windeler, A., Becker, A. & Schulz, H.-J. (1990). *Computer und Macht in Organisationen. Mikropolitische Analysen.* Opladen: Westdeutscher Verlag.
Osgood, C. E. & Sebeok, Th. A. (1967). *Psycholinguistics* (3rd ed.). Bloomington: Indiana University Press.
Pechmann, T. & Engelkamp, J. (1992). Mentale Repräsentationen - Verschiedene Sichtweisen eines Begriffs. *Sprache & Kognition, 11*, 51 - 64.

Peirce, Ch. S. (1931). *Collected Papers* (Bde 1 - 2). Cambridge, MA: Harvard University Press.
Peirce, Ch. S. (1933). *Collected Papers* (Bde 3 - 4). Cambridge, MA: Harvard University Press.
Peirce, Ch. S. (1935). *Collected Papers* (Bde 5 - 6). Cambridge, MA: Harvard University Press.
Peirce, Ch. S. (1958). *Collected Papers* (Bde 7 - 8). Cambridge, MA: Harvard University Press.
Peirce, Ch. S. (1967a). Einige Konsequenzen aus vier Unvermögen. In Ch. S. Peirce, *Schriften I. Zur Entstehung des Pragmatismus*. Frankfurt am Main: Suhrkamp.
Peirce, Ch. S. (1967b). *Schriften I. Zur Entstehung des Pragmatismus*. Frankfurt am Main: Suhrkamp.
Peirce, Ch. S. (1988). Drei Argumente gegen den Vorwurf der Triadomanie. *Zeitschrift für Semiotik, 10*, 281 - 282.
Petermann, F. (1981). Möglichkeiten der Einzelfallanalyse in der Psychologie. *Psychologische Rundschau, 32*, 31 - 48.
Petermann F. & Hehl F. J. (Hrsg.). (1979). *Einzelfallanalyse*. München: Urban & Schwarzenberg.
Piaget, J. (1975). *Der Aufbau der Wirklichkeit beim Kinde*. Ges. Werke Bd. 2. Stuttgart: Klett.
Piontkowski, U. (1982). *Psychologie der Interaktion* (2. Aufl.). München: Juventa.
Piontkowski, U. (1988). *Interaktionskonflikte: Sprechen und Handeln in Beeinträchtigungsepisoden*. Münster: Aschendorff.
Posner, R. (1979a). Charles Morris und die verhaltenstheoretische Grundlegung der Semiotik. *Zeitschrift für Semiotik, 1*, 49 - 79.
Posner, R. (1979b). Zur Einleitung. *Zeitschrift für Semiotik, 1*, 1 - 5.
Posner, R. (1985). Nonverbale Zeichen in öffentlicher Kommunikation. *Zeitschrift für Semiotik, 7*, 235 - 271.
Reck, H. U. (1988). Imitationen. Von der echten Lust am Falschen. *Zeitschrift für Semiotik, 10*, 283 - 290.
Reinecke, B. (1992). *Zur Auswirkung von Argumentationen auf mentale Modelle im Prozeß von Planungsentscheidungen*. Unveröff. Dipl.Arbeit, Georg-August-Universität, Göttingen.
Rentsch, Th. (1980). Leib-Seele-Verhältnis. In J. Ritter & K. Gründer (Hrsg.), *Historisches Wörterbuch der Philosophie*, Bd. 5 (Sp. 185 - 206). Darmstadt: Wissenschaftliche Buchgesellschaft.
Ritter J. & Gründer K. (Hrsg.) (1980). *Historisches Wörterbuch der Philosophie*, Bd. 5. Darmstadt: Wissenschaftliche Buchgesellschaft.

Rose, A. M. (1973). Systematische Zusammenfassung der Theorie der symbolischen Interaktion. In H. Hartmann (Hrsg.), *Moderne amerikanische Soziologie: Neuere Beiträge zur soziologischen Theorie* (2. Aufl.) (S. 264 - 282). Stuttgart: Enke.
Ryle, G. (1969). *Der Begriff des Geistes*. Stuttgart: Reclam.
Sarges, W. (Hrsg.). (1990). *Management-Diagnostik*. Göttingen: Hogrefe.
Saup, W. (1983). Barkers Behavior Setting-Konzept und seine Weiterentwicklung. *Psychologische Rundschau, 34*, 134 - 146.
de Saussure, F. (1916). *Cours de linguistique générale*. Paris: Payot.
Scharpf, U. & Fisch, R. (1989). Das Schicksal von Vorschlägen in Beratungs- und Entscheidungssitzungen. Ein Beitrag zur Analyse inhaltlicher Aspekte der Interaktion bei der Entscheidungsfindung im Gruppenprozeß. *Gruppendynamik, 20*, 3, 283 - 296.
Scheele, B. (Hrsg.) (1992). *Struktur-Lege-Verfahren als Dialog-Konsens-Methodik: Ein Zwischenfazit zur Forschungsentwicklung bei der rekonstruktiven Erhebung Subjektiver Theorien*. Münster: Aschendorff.
Schirmer, F. (1992). *Arbeitsverhalten von Managern. Bestandsaufnahme, Kritik und Weiterentwicklung der Aktivitätsforschung*. Wiesbaden: Gabler.
Schneider, B. (1979). *Tüt - tüüüüt:* Fernsprechzeichen, amtlich transkribiert. *Zeitschrift für Semiotik, 1*, 251 - 254.
Schnotz, W. (1987). *Mentale Kohärenzbildung beim Textverstehen: Einflüsse der Textsequenzierung auf die Verstehensstrategien und die subjektiven Verstehenskriterien* (Forschungsbericht 42). Tübingen: Universität, Deutsches Institut für Fernstudien, Arbeitsbereich Lernforschung.
Schnotz, W. (1988). Textverstehen als Aufbau mentaler Modelle. In H. Mandl & H. Spada (Hrsg.), *Wissenspsychologie* (S. 299 - 330). München: Psychologie Verlags Union.
Schober, M. F. & Clark, H. H. (1989). Understanding by Addressees and Overhearers. *Cognitive Psychology, 21*, 211 - 232.
Schramke, W. & Strassel, J. (1979). *Wohnen und Stadtentwicklung. Ein Reader für Lehrer und Planer*. Oldenburg: Littmanndruck.
Schwarz, N. (1985). Theorien konzeptgesteuerter Informationsverarbeitung in der Sozialpsychologie. In D. Frey & M. Irle (Hrsg.), *Theorien der Sozialpsychologie. Bd. III: Motivations- und Informationsverarbeitungstheorien* (S. 269 - 291). Bern: Huber.
Sears, R. R. (1951). A Theoretical Framework for Personality and Social Behavior. *American Psychologist, 6*, 476 - 482.
Sebeok, Th. A. (1981). Karl Bühler. In M. Krampen, K. Oehler, R. Posner & Th. v. Uexküll (Hrsg.), *Die Welt als Zeichen. Klassiker der modernen Semiotik* (S. 205 - 232). Berlin: Severin und Siedler.
Seel, N. M. (1991). *Weltwissen und mentale Modelle*. Göttingen: Hogrefe.

Shannon, C. E. & Weaver, W. (1949). *The mathematical theory of communication*. Urbana, Ill.: University of Illinois Press.
Sherif, M., Harvey, O. J., White, B. J., Hood, W. R. & Sherif, C. W. (1961). *Intergroup Conflict and Resolution*. Norman, Oklahoma: The University of Oklahoma.
Sherif, M. & Sherif, C. W. (1953). *Groups in Harmony and Tension*. New York: Harper.
Sherif, M. & Sherif, C. W. (1969). *Social Psychology*. New York: Harper & Row.
Simberger, N. (1992). *Zur Bedeutung von Planspielen für das Kooperationstraining in Wirtschaftsorganisationen*. Unveröff. Dipl.Arbeit, Georg-August-Universität, Göttingen.
Simon, H. A. (1976). *Administrative Behavior. A Study of Decision-Making Processes in Administrative Organizations* (3rd ed.). New York: Simon & Schuster.
Simon, H. A. (1990). Invariants of human behavior. *Annual Review of Psychology, 41*, 1 - 19.
Staehle, W. (1991). *Management: Eine verhaltenswissenschaftliche Perspektive* (6. überarbeitete Aufl.). München: Vahlen.
Steiner, G. (1988). Analoge Repräsentation. In H. Mandl & H. Spada (Hrsg.), *Wissenspsychologie* (S. 99 - 119). München: Psychologie Verlags Union.
Stroebe, W., Hewstone, M., Codol, J.-P. & Stephenson, G. M. (1990). *Sozialpsychologie. Eine Einführung*. Berlin: Springer.
Szyperski, N., Müller-Silva, K. & Bechtolsheim, M. von (1984). *Cognitive Mapping: Methode und Technik computergestützter Problemhandhabung für Einzel- und Gruppenanwendungen* (Arbeitsbericht Nr. 58). Köln: Universität, Seminar für Allgemeine Betriebswirtschaftslehre und betriebswirtschaftliche Planung.
Tack, W. H. (1987). Ziele und Methoden der Wissensrepräsentation. *Sprache & Kognition, 6*, 150 - 163.
Tajfel, H. (1957). Value and the Perceptual Judgement of Magnitude. *Psychological Review, 64*, 192 - 204.
Tajfel, H. (1959). Quantitative judgement in social perception. *British Journal of Psychology, 50*, 16 - 29.
Tajfel, H. (1963). Stereotypes. *Race, 5*, 3 - 14.
Tajfel, H. (1975). Soziales Kategorisieren. In S. Moscovici (Hrsg.), *Forschungsgebiete der Sozialpsychologie 1. Eine Einführung für das Hochschulstudium* (S. 345 - 380). Frankfurt am Main: Athenäum.
Tajfel, H. (1978a) The Achievement of Group Differentiation. In H. Tajfel (Ed.), *Differentiation between Social Groups. Studies in the social psychology of intergroup relations* (pp. 77 - 98). London: Academic Press.

Tajfel, H. (1978b). *Differentiation between Social Groups. Studies in the social psychology of intergroup relations*. London: Academic Press.

Tajfel, H. (1978c). Interindividual Behaviour and Intergroup Behaviour. In H. Tajfel (Ed.), *Differentiation between Social Groups. Studies in the social psychology of intergroup relations* (pp. 27 - 60). London: Academic Press.

Tajfel, H. (1978d). Social Categorization, Social Identity and Social Comparison. In H. Tajfel (Ed.), *Differentiation between Social Groups. Studies in the social psychology of intergroup relations* (pp. 61 - 76). London: Academic Press.

Tajfel, H. (1981). Social Stereotypes and Social Groups. In J. C. Turner & H. Giles (Eds.), *Intergroup Behaviour* (pp. 144 - 167). Oxford: Basil Blackwell.

Tajfel, H. (1982a). *Gruppenkonflikt und Vorurteil. Entstehung und Funktion sozialer Stereotypen*. Bern: Huber.

Tajfel, H. (1982b). *Social Identity and Intergroup Relations*. Cambridge, MA: Cambridge University Press.

Tajfel, H. (1982c). Social Psychology of Intergroup Relations. *Annual Review of Psychology, 33*, 1 - 39.

Tajfel, H., Billig, M. G., Bundy, R. P. & Flamment, C. (1971). Social Categorization and Intergroup Behaviour. *European Journal of Social Psychology, 1*, 149 - 178.

Tajfel, H. & Turner, J. (1979). An Integrative Theory of Intergroup Conflict. In W. G. Austin & S. Worchel (Eds.), *The Social Psychology of Intergroup Relations* (pp. 33 - 47). Monterey, CA: Brooks/Cole.

Tajfel, H. & Wilkes, A. L. (1963). Classification and quantative judgement. *British Journal of Psychology, 54*, 101 - 114.

Tergan, S.-O. (1986). *Modelle der Wissensrepräsentation als Grundlage qualitativer Wissensdiagnostik*. Opladen: Westdeutscher Verlag.

Tergan, S.-O. (1989). Psychologische Grundlagen der Erfassung individueller Wissensrepräsentationen. Teil I: Grundlagen der Wissensmodellierung. *Sprache & Kognition, 8*, 152 - 165.

Thibaut, J. W. & Kelley, H. H. (1959). *The Social Psychology of Groups*. New York: Wiley.

Thorngate, J. D. (1976). "In general" vs. "it depends": Some comments on the Gergen-Schlenker debate. *Personalitiy and Social Psychology Bulletin, 2*, 404 - 410.

Tolman, E. C. (1948). Cognitive Maps in Rats and Men. *The Psychological Review, 55*, 189 - 208.

Turner, J. C. (1982). Towards a cognitive redefinition of the social group. In H. Tajfel (Ed.), *Social identity and intergroup relations*. Cambridge, MA: Cambridge University Press.

Turner, J. C. (1987). *Rediscovering the Social Group. A Self-Categorization Theory*. Oxford: Blackwell.

Turner, J. C. & Giles, H. (Eds.). (1981). *Intergroup Behaviour*. Oxford: Basil Blackwell.

Ueckert, H. (1989). Denken als Probehandeln: Zur Untersuchung komplexen Problemlösens an Simulationsmodellen. In W. Schönpflug (Hrsg.), *Bericht über den 36. Kongreß der Deutschen Gesellschaft für Psychologie in Berlin 1988, Bd. 2* (S. 384 - 391). Göttingen: Hogrefe.

Uexküll, J. v. (1980a). Der Funktionskreis (1921). In J. v. Uexküll, *Kompositionslehre der Natur. Biologie als undogmatische Wissenschaft. Ausgewählte Schriften* (S. 274 - 278). Frankfurt am Main: Ullstein.

Uexküll, J. v. (1980b). Die Innenwelt (1920). In J. v. Uexküll, *Kompositionslehre der Natur. Biologie als undogmatische Wissenschaft. Ausgewählte Schriften* (S. 265 - 274). Frankfurt am Main: Ullstein.

Uexküll, J. v. (1980c). *Kompositionslehre der Natur. Biologie als undogmatische Wissenschaft. Ausgewählte Schriften*. Frankfurt am Main: Ullstein.

Uexküll, J. v. (1983a). Bedeutungslehre. In J. v. Uexküll, *Streifzüge durch die Umwelten von Tieren und Menschen. Bedeutungslehre* (S. 105 - 179). Frankfurt am Main: Fischer.

Uexküll, J. v. (1983b). Streifzüge durch die Umwelten von Tieren und Menschen. In J. v. Uexküll, *Streifzüge durch die Umwelten von Tieren und Menschen. Bedeutungslehre* (S. 1 - 103). Frankfurt am Main: Fischer.

Uexküll, J. v. (1983c). *Streifzüge durch die Umwelten von Tieren und Menschen. Bedeutungslehre*. Frankfurt am Main: Fischer.

Uexküll, Th. v. (1979). Die Zeichenlehre Jakob von Uexkülls. *Zeitschrift für Semiotik, 1*, 37 - 47.

Uexküll, Th. v. (1981). Die Zeichenlehre Jakob von Uexkülls. In M. Krampen, K. Oehler, R. Posner & Th. v. Uexküll (Hrsg.), *Die Welt als Zeichen. Klassiker der modernen Semiotik* (S. 233 - 279). Berlin: Severin und Siedler.

Uexküll, Th. v. (Hrsg.). (1986). *Psychosomatische Medizin* (3. neubearbeitete und erweiterte Aufl.). München: Urban & Schwarzenberg.

Uexküll, Th. v. & Wesiack, W. (1986). Wissenschaftstheorie und Psychosomatische Medizin, ein bio-psycho-soziales Modell. In Th. v. Uexküll (Hrsg.), *Psychosomatische Medizin* (3. neubearbeitete und erweiterte Aufl.). München: Urban & Schwarzenberg.

Varela, F. J. (1981). Der kreative Zirkel. In P. Watzlawick, (Hrsg.). *Die erfundene Wirklichkeit. Wie wissen wir, was wir zu wissen glauben? Beiträge zum Konstruktivismus* (S. 294 - 309). München: Piper.

Voss, J F. (1990). Das Lösen schlecht strukturierter Probleme - ein Überblick. *Unterrichtswissenschaft, 4*, 313 - 337.

Voss, J. F., Tyler, S. W. & Yengo, L. A. (1983). Individual Differences in the Solving of Social Science Problems. In R. F. Dillon & R. R. Schmeck (Eds.), *Individual Differences in Cognition* (pp. 205 - 232). New York: Academic Press.

Wahren, H.-K. E. (1987). *Zwischenmenschliche Kommunikation und Interaktion in Unternehmen: Grundlagen, Probleme und Ansätze zur Lösung.* Berlin: de Gruyter.

Walther, E. (1979). *Allgemeine Zeichenlehre. Einführung in die Grundlagen der Semiotik* (2. neu bearbeitete und erweiterte Aufl.). Stuttgart: Deutsche Verlags-Anstalt.

Watzlawick, P. (Hrsg.). (1981). *Die erfundene Wirklichkeit. Wie wissen wir, was wir zu wissen glauben? Beiträge zum Konstruktivismus.* München: Piper.

Watzlawick, P., Beavin, J. H., & Jackson, D. D. (1969). *Menschliche Kommunikation. Formen, Störungen, Paradoxien.* Bern: Huber.

Weick, K. E. (1985). *Der Prozeß des Organisierens.* Frankfurt am Main: Suhrkamp.

Weidle, R. & Wagner, A. C. (1982). Die Methode des Lauten Denkens. In G. L. Huber & H. Mandl (Hrsg.), *Verbale Daten: Eine Einführung in die Grundlagen der Erhebung und Auswertung* (S. 81 - 103). Weinheim: Beltz.

Weizsäcker, V. v. (1949). *Arzt und Kranker.* Stuttgart: Koehler.

Wrightson, M. (1976). The Documentary Coding Method. In R. Axelrod (Ed.), *Structure of Decision: The Cognitive Maps of Political Elites* (pp. 291 - 332). Princeton, NJ: Princeton University Press.

Wundt, W. (1911). *Probleme der Völkerpsychologie.* Leipzig: Wiegand.

Wurm, W. (1972). Interpersonelle Wahrnehmung. *Kölner Zeitschrift für Soziologie und Sozialpsychologie, 24*, 588 - 596.

Zimmer, H. D. (1992). Von Repräsentationen, Modalitäten und Modulen. *Sprache & Kognition, 11*, 65 - 74.

Anhang

Anhang A: Instruktionen und Spielanleitungen

Da die Teams Wirtschaft und die Teams Umwelt & Soziales teilweise abweichende Instruktionen erhielten, werden auch die unterschiedlichen Abschnitte der Instruktionen hier dokumentiert. Aus Gründen der Übersichtlichkeit werden jedoch zunächst die Planspielunterlagen für das Team Wirtschaft vollständig und in der den Akteuren vorgelegten Reihenfolge abgedruckt. Anschließend folgen die für das Planungsteam Umwelt & Soziales abweichenden Teile der Unterlagen.

"Modell-Stadt"

Ein Planspiel zur Untersuchung von Planungs- und Entscheidungsprozessen

Einführende Instruktion zu Beginn der Spielsitzung
Planungsteam "Wirtschaft"

entwickelt von Dr. Dieter Beck
an der
Sozialwissenschaftlichen Fakultät
der Universität Konstanz
Lehrstuhl für Sozialpsychologie
Prof. Dr. Rudolf Fisch

Ziel der Untersuchung

Das vorliegende Planspiel wurde am Lehrstuhl für Sozialpsychologie der Universität Konstanz entwickelt. Gegenstand des Planspiels ist ein Problem der Stadtplanung und seine Auswirkungen auf das soziale und wirtschaftliche Gefüge einer Stadt. Für die Teilnehmer geht es darum, den Stadtentwicklungsplan einer gegebenen Stadt, d. h. im wesentlichen die Nutzung der Stadtfläche, neu zu überdenken und unter Berücksichtigung der im folgenden ausgeführten Probleme der Stadt zu ändern. Die hier aufgezeigte Problematik kann als durchaus typisch für ältere Industriestädte in Deutschland angesehen werden.

Die vier Teilnehmer bilden eine Expertenkommission, die aus zwei Teams zusammengesetzt ist. Die Zusammensetzung der Expertenkommission aus zwei Teams erfolgte in der Hoffnung, daß das komplexe Problem der Stadtentwicklung durch das Zusammenwirken und den Austausch der Argumente der beiden Teams besser bewältigt werden kann.

Information über den Ablauf der Untersuchung

Phase 1: ca. 15 min.: Vorbereitung

Sie haben ca. 15 min. Zeit, die Spielregeln und den sich anschließenden Text durchzulesen.

Phase 1a: ca. 45 min.: Problembeschreibung und 1. Datenerhebung

Sie haben die Aufgabe, Ihren eigenen Lösungsvorschlag mündlich während und nach dem Lesen der Problembeschreibung festzuhalten. Ferner sollen Sie verschiedene Aussagen zum Thema beurteilen.

Phase 2: ca. 30 min.: Aufteilung in Teams

Sie haben Gelegenheit, sich mit Ihrem Teamkollegen zu beraten, eine Strategie für das gemeinsame Vorgehen zu überlegen und einen gemeinsamen Lösungsvorschlag zu erarbeiten.

Phase 2a: ca. 15 min.: 2. Datenerhebung

Sie füllen einen Fragebogen zum Verlauf der Teamdiskussion aus.

Phase 3: ca. 30 min.: Diskussionsphase

In dieser Phase beraten und diskutieren Sie mit dem anderen Team zusammen Ihre jeweiligen Lösungsvorschläge.

Phase 3a: ca. 15 min.: 3. Datenerhebung

Sie haben wieder die Aufgabe, verschiedene Aussagen zu beurteilen.

Phase 4: ca. 30 min.: Entscheidungsphase

In dieser Phase müssen Sie mit dem anderen Team zusammen zu einer gemeinsamen Entscheidung gelangen.

Phase 4a: ca. 30 min.: 4. Datenerhebung

Fragebogen zum Thema. Beschreibung der Interaktionssituation.

Einführung in die Spielsituation

Ein akutes Problem, welches den wichtigsten Arbeitgeber einer Stadt, kurz "die Fabrik" genannt, betrifft, hat die Stadtväter einer Mittelstadt aufgerüttelt, ihre bisherige Stadtplanung zu überdenken. In ihrer Not haben sie beschlossen, einen Ausschreibungswettbewerb zu veranstalten, um unterschiedliche Lösungsmöglichkeiten für die äußerst verfahrene Situation der Stadt, wie sie sich aus der derzeitigen Nutzung der Stadtfläche ergeben, zu gewinnen.

Viele Gruppen mit unterschiedlichsten Kompetenzen insbesondere in der Stadtplanung wurden angesprochen und gebeten, sich an der Ausschreibung zu beteiligen. Um einen Lösungsvorschlag zu erarbeiten, werden Treffen arrangiert, bei denen immer zwei Teams zu einer Expertenkommission zusammengezogen werden.

Ihre Expertenkommission "Wirtschaft" - "Umwelt & Soziales" wurde bewußt aus zwei Teams mit unterschiedlicher Ausrichtung gebildet. Sie selbst gehören dem Team "Wirtschaft" an. Dabei besteht die Hoffnung, daß bei dieser komplexen Problemstellung die unterschiedlichen Lösungsvorstellungen und Sichtweisen der beiden Teams durch den Diskussionsprozeß zu einer besseren Lösung integriert werden können, als wenn jede Gruppe alleine für sich einen Vorschlag erarbeiten würde. Um jedoch die Bedingungen für die Beschäftigung mit dem Problem möglichst nah an eine reale Situation heranzubringen, haben Sie vor den eigentlichen Gruppendiskussionen Zeit, sich zunächst allein, dann mit Ihrem Teamkollegen zusammen mit dem Problem zu beschäftigen.

Von der Ausschreibung versprechen sich die Stadtväter, daß viele solcher Expertenkommissionen zusammengestellt werden können, um möglichst unterschiedliche und durchaus auch ungewöhnliche Lösungsvorschläge für das Problem der Stadt zu erarbeiten. Es ist vorgesehen, daß am Ende eine unabhängige Jury die Entwürfe aller Expertenkommissionen bewertet. Der erste Preis dieses Ausschreibungswettbewerbs ist mit 100.000 DM dotiert.

Instruktion über den weiteren Verlauf des Planspiels

Lesen Sie nun bitte zunächst die "Spielregeln", in denen Sie Angaben über das mögliche und erlaubte Vorgehen im Planspiel finden und den Abschnitt "Einige Informationen zur Stadtökonomie" sorgfältig durch.

Geben Sie dann, wenn Sie diese Texte gelesen haben, der Versuchsleitung ein Zeichen.

Sie bekommen, bevor Sie die "Problembeschreibung" lesen, weitere Instruktionen über die **Phase 1a**.

Falls Sie irgendwelche Fragen haben, können Sie diese jederzeit stellen.

"Modell-Stadt"

Ein Planspiel zur Untersuchung von Planungs- und Entscheidungsprozessen

Spielregeln

entwickelt von Dr. Dieter Beck
an der
Sozialwissenschaftlichen Fakultät
der Universität Konstanz
Lehrstuhl für Sozialpsychologie
Prof. Dr. Rudolf Fisch

Einführung

Sie wurden, ebenso wie Ihre Kollegen des anderen Teams, aufgrund Ihrer Erfahrungen und Kompetenzen in die Expertenkommission zur Erarbeitung eines neuen Stadtentwicklungsplans für die "Modell-Stadt" berufen. Ihre Expertenkommission setzt sich aufgrund der Vorüberlegungen der Veranstalter aus zwei Teams zusammen.

Die Aufgabe Ihrer beiden Teams ist es, einen neuen Stadtentwicklungsplan zu erstellen. Dabei können Ihre beiden Teams insbesondere die Nutzung der Flächen innerhalb der Stadt verändern, woraus sich neue Perspektiven für die Stadtentwicklung ergeben sollten.

Bedenken Sie bitte in Ihren Vorschlägen, daß soziale und ökologische ebenso wie wirtschaftliche Gesichtspunkte in einem guten Lösungsvorschlag berücksichtigt sein müssen.

Es geht in der Ausschreibung vor allem darum, möglichst viele unterschiedliche und originelle Lösungskonzepte durch die Expertenteams erarbeiten zu lassen, wobei jedoch finanzielle Erwägungen und politische Durchsetzbarkeit (wenn auch nicht primär) berücksichtigt werden sollten.

Handlungsmöglichkeiten Ihrer beiden Teams

Zum einen können die Teams gegebene Elemente der Stadt umstrukturieren:
- Jedes Gebäude der "Modell-Stadt" kann ganz entfernt oder an einer anderen Stelle wieder aufgebaut werden.
- Ganze Bereiche der Stadt können umdefiniert und neu genutzt werden.
- Im Prinzip kann auch der Verlauf von Straßen geändert werden.

Zum anderen können die Teams auch neue Elemente in die Stadt einbringen. Hierzu verfügt jedes Team über einen "Baukasten" mit unbeschrifteten Klappschildchen und Holzbauklötzchen.

Die Klappschildchen können Sie beschriften, um ein Element der Stadt umzudefinieren oder um neue Elemente einzuführen. Dem Maßstab entsprechend können diesen Klappschildchen dann Holzklötzchen zugeordnet und in die Stadt "eingebaut" werden.

Entscheidungsregel

Die wichtigste Spielregel ist, daß die Entfernung, Umplazierung, Neudefinition oder Neuansiedlung von Elementen durch beide Teams befürwortet werden muß, um in den Lösungsvorschlag aufgenommen zu werden. Es ist auch möglich, von Ihnen schon durchgeführte Veränderungen wieder rückgängig zu machen.

Informationen über die beteiligten Gruppen

Sie wurden, ebenso wie Ihre Kollegen des anderen Teams, aufgrund Ihrer Erfahrungen und Kompetenzen in die Expertenkommission zur Erarbeitung eines neuen Stadtentwicklungsplans für die "Modell-Stadt" berufen. Ihre Expertenkommission setzt sich aufgrund der Vorüberlegungen der Veranstalter aus zwei Teams zusammen.

Team A: "Planungsteam Wirtschaft"

Grundannahme Ihres Planungsbüros ist, daß ein hoher Lebensstandard langfristig nur durch eine auf Wachstum ausgerichtete Wirtschaft gewährleistet werden kann. Ein Schwerpunkt der Arbeiten Ihres Hauses liegt im Bereich Infrastrukturplanung wie z. B. der Planung von Verkehrsanschlüssen oder Versorgungseinrichtungen. Ein weiteres damit zusammenhängendes Betätigungsfeld, auf dem Ihr Planungsbüro einen guten Ruf hat, ist die Planung und Anlage neuer Gewerbegebiete. In letzter Zeit ist aufgrund der Knappheit neuer Gewerbeflächen die Wiederverwendung alter Gewerbeflächen ein von Ihnen favorisierter Lösungsansatz geworden.

Team B: "Planungsteam Umwelt und Soziales"

Grundsatz Ihres Planungsbüros ist der absolute Vorrang von Umwelt- und sozialen Faktoren bei der Stadtplanung. Der Mensch soll nach Auffassung Ihres Hauses seine Umwelt so formen, daß er sich darin voll entfalten kann. Ihre "Spezialität" ist dabei die Planung von neuen Grünflächen, das Anlegen von Naherholungsgebieten und die Neustrukturierung von Wohnvierteln. Sie haben auch Erfahrungen in der Planung von gemischten Wohngebieten, in denen kleine umweltfreundliche Gewerbebetriebe und Wohnnutzung vereint werden. In letzter Zeit haben Sie auch viele Erfahrungen im Restrukturieren von Altstadtkernen gesammelt und von Gebieten, aus denen Industrie- und Gewerbebetriebe zugunsten einer Wohnnutzung verdrängt wurden.

Einige Informationen zum Bereich Stadtökonomie

Stadtökonomie: Zusammenfassung einer Studie

Dieser Abschnitt resümiert die Ergebnisse der Studie. Eingangs wird die Fragestellung der Stadtökonomie in Thesen formuliert. Die Diskussion dieser konträren Urteile soll hier knapp zusammengefaßt werden. Zunächst werden die wirtschaftlichen Grundaufgaben der Stadt untersucht: Wohnen, Arbeiten und Verkehr. Im Anschluß daran wird geprüft, in welcher Weise die Grundstücke von den ökonomischen Funktionen genutzt werden. In einem gesonderten Abschnitt werden ausgewählte Modelle der Stadtökonomie erörtert, die den theoretischen Rahmen formal-operational fassen. Die Stadt wird durch Vorteile der Nähe und Nachteile der Enge geprägt, die externe Effekte in der Nachbarschaft bedingen. Deshalb erlaubt die dezentrale Marktsteuerung keine optimale Allokation der Ressourcen. Der Staat plant die Stadtentwicklung zentral, um das soziale Optimum zu erreichen. In diesem Zusammenhang werden die öffentlichen Aufgaben der Städte analysiert, dazu gehört vor allem die Bereitstellung kommunaler Güter. Abschließend wird versucht, einige Antworten auf die Frage nach der optimalen Stadt zu geben.

Die ersten Themen beziehen sich auf den Wohnungsmarkt, der die Vitalsituation der Menschen unmittelbar betrifft. Die Hauseigentümer fordern, den Wohnungsmarkt zu liberalisieren. Nur wenn Neubau und Modernisierung wieder rentabel werden, kann das Angebot an Wohnungen verbessert werden. Die Mieter vertreten dagegen den Standpunkt, daß die Wohnungen zu teuer sind und am Bedarf vorbeigebaut werden. Von verschiedenen Seiten wird in den letzten Jahren verstärkt darauf hingewiesen, daß der totale Abriß von Altbauten eine Verschwendung für die Volkswirtschaft bedeutet. Die bessere Alternative lautet, den Wohnungsbestand zu modernisieren.

(...)

Der Wohnungssektor hat auch große Bedeutung für die Beschäftigung der Volkswirtschaft. Organisatorisch gliedern sich diese Anbieter auf dem Wohnungsmarkt in Bauherren, Bauträger, Bauunternehmen und Wohnungsunternehmen. Entscheidend für ihre Kalkulation ist, daß die Erstellung der Gebäude personalintensiv ist, und daß die hohe Lebensdauer erhebliche Finanzierungskosten mit sich bringt. Einfluß auf die Baukosten nimmt auch die Dichte der Bebauung, die sich in der Größe des Grundstücks und der Zahl der Geschosse äußert. Eine günstige Lösung bietet der verdichtete Flachbau mit Atrium, der das Wohnen im Grünen zu niedrigen Kosten gestattet. Die Ansprüche des Konsumenten an seine Wohnung wachsen ständig, während die Größe und Qualität der Wohnung fixiert sind. Aus diesem Grund ist der Filterprozeß auf dem Wohnungsmarkt bedeutsam, in dessen Verlauf die Konsumenten kettenförmig von einer Wohnung in die andere ziehen. Empirische Studien deuten zudem darauf hin, daß der Wohnungsbau zyklischen Schwankungen unterworfen ist. Ursache dafür sind die lange Bauzeit und die hohe Nutzungsdauer, die in den Plänen häufig falsch antizipiert werden. Dieser Wohnungsbauzyklus führt zu einer schlechten Auslastung der Kapazitäten und bringt damit Verluste für die Volkswirtschaft.

Neben dem Wohnen ist das Arbeiten eine wirtschaftliche Grundaufgabe der Stadt. Die ökonomische Struktur der Stadt wird von den Dienstleistungen bestimmt, die Industrie verknüpft die Stadt mit der Volkswirtschaft, die Landwirtschaft kann hier vernachlässigt werden. Die Untersuchung soll wiederum von einigen kontroversen Thesen geleitet werden. Kritiker behaupten, die Stadt gehört den Bewohnern und nicht der Wirtschaft. Wenn sie überhaupt die Wirtschaft dulden, dann die Dienstleistungen, nicht aber die Industrie. Diesem Verdikt wird entgegengehalten, daß die Industrie der Motor für das städtische Wachstum ist. Auch die Gliederung der Stadt wird verschieden beurteilt. Die einen sagen, die moderne Stadt zerfließt amorph. Die anderen dagegen halten die moderne Stadt für ein kunstvolles Gebilde aus Ringen, Sektoren und Subzentren.

Die Prüfung dieser Thesen untermauert, daß die Stadt eng mit ihrem Hinterland und mit der Volkswirtschaft verflochten ist. Die Produktionsfunktion der Stadt beschreibt, in welchem Ausmaß die Inputs (Arbeit, Kapital, Fläche, Verkehr) für die verschiedenen Outputs (Wohnnutzung, Dienstleistung, Industrieprodukte) erforderlich sind. Die Theorie der zentralen Orte beschäftigt sich mit dem Problem, wie die Versorgung der Einwohner mit Diensten zu verbessern ist. Die agglomerativen Produktionskosten und die deglomerativen Kommunikationskosten hängen von der Größe und Gestalt des Marktgebietes ab. ...

Außerdem werden die Standortwahl der Industrie und ihre Verflechtung mit der Volkswirtschaft diskutiert. Der günstigste Standort der Industrie liegt am Rand der Städte. Einerseits sind die Grundstücke dort preiswert, zum anderen stehen die Bewohner der Stadt als Arbeitskräfte zur Verfügung. Die Exportbasistheorie zeigt, in welcher Weise Wachstumsimpulse von der Volkswirtschaft auf die Stadtökonomie übertragen werden können. Das Bindeglied sind die fernbedarfstätigen Wirtschaftszweige, die durch relativ geringe Kommunikationskosten ausgezeichnet sind. Dazu zählen grundsätzlich die Industrie, aber auch der Tourismus. Die Exporte der Industrie bilden die Basis für die Importe und damit für die Vorteile der interurbanen Arbeitsteilung. In diesem Sinn trägt die Industrie das Wachstum der Stadt.

Die ökonomischen Funktionen induzieren auf dem Grund und Boden der Stadt eine spezifische Nutzung. Eine Rolle spielen dabei die Zahlungsbereitschaft der Interessenten und die amtlichen Bauleitpläne. Die zugrundeliegenden Gesetzmäßigkeiten bewirken nicht eine amorphe, sondern eine wohlgegliederte Stadtstruktur. Im Zentrum siedelt prinzipiell der tertiäre Sektor, um den sich ein konzentrischer Wohnring legt, der von einem Industriegürtel umschlossen wird. Hinzu kommen die vom Zentrum ausstrahlenden Verkehrsachsen und die Subzentren des tertiären Sektors im Wohnring.

Als dritte und letzte wirtschaftliche Grundaufgabe gilt der Stadtverkehr. Entgegengesetzte Standpunkte werden von den Befürwortern des Automobils und den Verfechtern des Öffentlichen Personennahverkehrs vertreten. Die Anhänger des Autos schätzen, daß es mobil, unabhängig und frei macht. Die Freunde von Bahn und Bus indes kritisieren, daß der PKW die Umwelt belastet. Sie verweisen auf Verkehrsopfer, Straßenschluchten, Lärm und Abgase. Daran schließt sich die Frage an, wer den Stadtverkehr besser lenken kann: Angebot und Nachfrage oder die zentrale Verwaltung. ...

Der Verkehr vermittelt die räumliche Interaktion zwischen Wohnnutzung, Dienstleistung und Industrie. Das optimale Netzwerk besteht aus einer Hierarchie von Verkehrsachsen und Ringstraßen. Weil der Markt öffentliche Güter wie Straßen und Schienen nicht optimal bereitstellt, ist der Staat aufgerufen, ordnend einzugreifen. ... Versuche einer Kosten-Nutzen-Analyse lassen den Schluß zu, daß es kein optimales Verkehrsmittel gibt. Es kommt vielmehr darauf an, den Individual- und den Massenverkehr so zu kombinieren, daß die Stärken beider Systeme bestmöglich genutzt werden. Für das Automobil spricht die große Flexibilität, für Bahn und Bus die große Kapazität.

Die ökonomischen Funktionen Wohnen, Dienste, Industrie und Verkehr konkurrieren um den knappen Boden der Städte, der ständig teurer wird. Die Kritiker sagen: Die Grundstückspreise steigen immer höher, weil der Boden unvermehrbar ist. Die Grundeigentümer machen dabei Gewinne auf Kosten der Gesellschaft. Der Ökonom wendet dagegen ein, daß der Markt den Boden pretial in die beste Verwendung lenkt. Hohe Bodenpreise sind ein Indikator für die Investitionen in die private und öffentliche Infrastruktur, die knapp ist.

Wird die Flächennutzung in der Bundesrepublik evaluiert, dann zeigt sich, daß reichlich Boden vorhanden ist. Gesucht ist der Stadtboden, aber es gibt genug Raum für neue Städte. In Wirklichkeit sind nur die Grundstücke in zentraler Lage der bestehenden Siedlungen knapp, weil die ökonomischen Aktivitäten in der Stadt externe Effekte hervorrufen. Öffentliche Investitionen kommen nicht nur ihrem Standort, sondern auch benachbarten Gundstücken zugute und wirken dort wertsteigernd (...). Der von den Interessenten gebotene Bodenpreis kommt nicht spekulativ zustande, sondern beruht auf den von der jeweiligen Nutzung erwarteten Erträgen in der Zukunft.

Quelle: Carlberg, M. (1978). Stadtökonomie. Göttingen: Vandenhoek & Ruprecht. S. 180f.

"Modell-Stadt"

Ein Planspiel zur Untersuchung von Planungs- und Entscheidungsprozessen

Problembeschreibung

entwickelt von Dr. Dieter Beck
an der
Sozialwissenschaftlichen Fakultät
der Universität Konstanz
Lehrstuhl für Sozialpsychologie
Prof. Dr. Rudolf Fisch

Stadtplan der "Modell-Stadt"

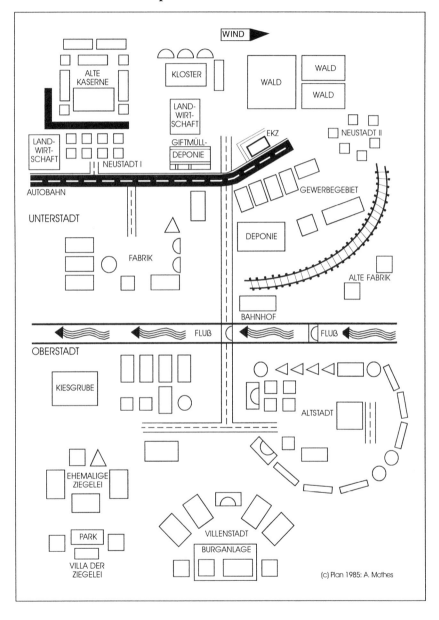

Das Problem

"Die Fabrik", welche die wirtschaftliche Lage der Stadt beherrscht, ist in Schwierigkeiten geraten: Die Emissionen durch die Fabrik, einem Unternehmen, in dem "Metallveredelung" betrieben wird, überschreiten das zulässige Maß bei weitem und können nicht mehr weiter hingenommen werden. Das Gelände, auf dem die Fabrik angesiedelt ist, wäre heute aufgrund seiner Nähe zum Stadtzentrum und den umliegenden Wohnvierteln nicht mehr für die Ansiedlung eines Industriebetriebes zulässig. Rechtlich gesehen ist die Fabrik nach dem neuen Bundesimmissionsschutzgesetz gezwungen, ihre Anlagen innerhalb von etwa fünf Jahren umzurüsten. Jedoch stellt sich die Frage, ob dies wirtschaftlich für das Unternehmen zu verkraften ist bzw. wie die Stadt dem Unternehmen möglicherweise helfen könnte.

Mit Blick auf die Arbeitsplätze kann es für die Stadtverwaltung und die Umweltschutzbehörde kein Ziel sein, die Fabrik wirtschaftlich in die Enge zu treiben.

In der Bevölkerung droht eine Polarisierung zwischen den Anwohnern auf der linken und denen auf der rechten Seite des Flusses. Die Bewohner der linken Seite haben sich zu einer "Bürgerinitiative Oberstadt" zusammengeschlossen. Sie argumentierten wie folgt:

Die Emissionen führen, abgesehen von einer starken Geruchsbelästigung, langfristig zu gesundheitlichen Schäden bei der Bevölkerung. Die Effekte der jahrelangen Emissionen zeigen sich in zunehmendem Maße an den umliegenden Waldflächen und auch der Fluß ist stellenweise schon dabei "umzukippen". Es ist bekannt, daß die Emissionen in der Vergangenheit wesentlich zu den Schäden an den Gebäuden der Altstadt beigetragen haben. Nun ist abzusehen, daß die mit vielen Mitteln betriebene Restaurierung der Altstadt in den nächsten Jahren wieder zunichte gemacht wird.

Die Bewohner der rechten Flußseite haben ihrerseits eine "Gegeninitiative - Rettet die Fabrik" gegründet. Sie sehen ihre Arbeitsplätze bedroht, sei es weil sie in der Fabrik direkt beschäftigt sind, oder weil sie in einem der Zulieferbetriebe im Gewerbegebiet arbeiten.

Auf Seiten der Fabrik erscheint es nicht möglich, ohne größere Investitionen auf umweltschonendere Verfahren umzustellen. Die Fabrikleitung ist nicht bereit, ihre Produktionsanlagen umzurüsten, da es ihr am Standort ohnehin schon an Erweiterungsmöglichkeiten fehlt und eine Umrüstung wegen der hohen Kosten wirtschaftlich nicht zu vertreten ist.

Die Stadtväter aller Parteien sind sich trotz ihrer politischen Meinungsunterschiede zum Thema Fabrik darin einig, daß eine weitere Polarisation der Bürger um jeden Preis verhindert werden muß. Sie lokalisieren das Kernproblem der Stadt in einer "unglücklichen" Nutzung der Stadtfläche. Aus diesem Grunde haben sie sich zu einer Ausschreibung entschlossen, in deren Verlauf unterschiedlichste Vorstellungen über die Nutzung der Flächen und Vorschläge für die weitere Entwicklung der Stadt erarbeitet werden sollen.

Die im Folgenden gegebenen **"weiteren Informationen"** sind als Hintergrundinformationen gedacht, die es bei der Lösung des "Problems Fabrik" und der Erarbeitung eines neuen Stadtentwicklungsplans zu berücksichtigen gilt.

Weitere Informationen

Die Oberstadt auf der linken Seite des Flusses

Die Oberstadt umfaßt die ältesten Viertel der Stadt und hat im Gegensatz zu den Vierteln auf der rechten Flußseite eine Stadtentwicklung über mehrere Jahrhunderte hinter sich.

Das Hauptproblem der Oberstadt ist ihre Verkehrslage. Es gibt nur eine, wenn auch großzügig ausgebaute Brücke, die die beiden heutigen Teile der Stadt miteinander verbindet.

Burganlage

Die Besiedlung an diesem Fluß geht zurück bis in das frühe Mittelalter. Auf dem Berg über der heutigen Oberstadt befinden sich noch die Grundmauern und der Turm einer Burganlage aus dem 12. Jahrhundert. Die Stadt ist im Besitz dieses relativ großen Areals. Das Geld hat jedoch bislang nur dazu ausgereicht, die Burg vor dem weiteren Zerfall zu bewahren. Dabei ist die Denkmalschutzbehörde in der glücklichen Lage, die alten Pläne der Anlage zu besitzen.

Villenviertel

Seit jeher ist die Hanglage unterhalb der Burg mit ihrem Blick auf den Fluß die begehrteste Wohnlage. Hier wohnen die einflußreichen Personen der Stadt in einem relativ abgeschirmten Villenviertel mit privaten Straßen.

Altstadt

Der Kern der heutigen Altstadt stammt aus dem späten 16. Jahrhundert. Nach dem 30-jährigen Krieg hatte die Stadt einen ersten Aufschwung erfahren. Es wurde reger Handel über die Schiffahrt auf dem Fluß betrieben. Aus Frankreich geflüchteten Hugenotten wurde die Ansiedlung angeboten, so daß in der Stadt bald auch neben dem Handel das Handwerk aufblühte. In dieser Zeit dehnte sich die Stadt aus und umfaßte schließlich den Bereich der heutigen Oberstadt. Heute ist die Oberstadt und insbesondere die Altstadt das Zentrum der Verwaltung und auch des Einzelhandels. Hier findet man die schönsten Geschäfte und alle Ämter in einer reizvollen Umgebung. Auch als Wohngebiet erfreut sie sich größter Beliebtheit. Dies gilt umso mehr, als jetzt nach jahrelangen Arbeiten die Sanierung der Altstadt als abgeschlossen gelten kann.

Ziegelei und Wohngebiet am Flußufer

Der Bereich der westlichen Oberstadt gilt heute als Problemzone. Zu Beginn des 19. Jahrhunderts wurde das wirtschaftliche Leben der Stadt durch eine Ziegelei bestimmt, die diesen Stadtteil entscheidend prägte. Ihre Rohstoffe bezog die Ziegelei aus der heute als "Umweltruine" daliegenden Kiesgrube. Die alten Häuser am Flußufer waren damals von den sozial eingestellten Besitzern für ihre Arbeiter gebaut worden. Sie sind heute ebenso wie das Gelände der Ziegelei im Besitz einer Stiftung, die der letzte Besitzer der Ziegelei begründete. Geschäftsführerin dieser "Ziegelei-Stiftung" ist heute die Stadtverwaltung.

Das Ziegeleigelände ist ebenso wie die Kiesgrube derzeit völlig ungenutzt und gilt als Schandfleck in diesem Viertel. Das ehemalige kleine Schloß des Zieglei-Besitzers wird heute von der Stiftung als "Kongreßzentrum" geführt, erfreut sich aber nur einer lokalen Nachfrage. Eine renommierte Hotelkette hatte sich schon für das "Kongreßzentrum" interessiert, jedoch sprachen schließlich das häßliche ehemalige Betriebsgelände und die sehr schlechte Verkehrsanbindung dagegen. Ein anderes Angebot kommt vom "Katholischen Jugendwerk", welches das Schloß und das Betriebsgelände als ideales Objekt zur Errichtung eines "Jugenddorfes" für Lernbehinderte ansieht. Andere Bestrebungen in der Stadt wollen das ehemalige Ziegeleigelände für einen Gewerbehof oder gar für ein "Gründerzentrum für technologieorientierte Jungunternehmer" reservieren.

Die Häuser am Flußufer sind heute als Sozialwohnungen genutzt und sind in einem leidlich guten Zustand. Dies hängt damit zusammen, daß der finanzielle Spielraum der "Ziegelei-Stiftung" sehr eng ist und ihre Einnahmen aus den Wohnungen und dem "Kongreßzentrum" gerade ihre Ausgaben decken. Dabei wären die Wohnungen am Fluß aufgrund ihrer an sich schönen Lage sehr begehrt, wenn am gegenüberliegenden Ufer nicht die Fabrik wäre. Die Stadt als Verwalterin der "Ziegelei-Stiftung" war schon mehrfach von Immobilienfirmen angesprochen worden, die ihr Interesse bekundeten, das Gelände des Wohnviertels aufzukaufen, um hier einen Wohnpark zu errichten, falls die Fabrik ihren Standort eines Tages verlegen sollte.

Die Stadtteile auf der rechten Seite des Flusses (Unterstadt)

Das ehemalige Kloster

Ein weiteres Relikt aus dem frühen Mittelalter ist die Klosterruine im Norden der Stadt. Schon früh hatten sich die Mönche hierher zurückgezogen. Es war ihnen gelungen, nachdem sie einen Teil des Waldes gerodet hatten, eine blühende Landwirtschaft zu betreiben. Das Kloster fand jedoch ein jähes Ende in der Zeit des 30-jährigen Krieges, als eine Gruppe meuternder Soldaten das Kloster niederbrannte und fast alle Mönche tötete. Seither gilt dieser Bereich als "verflucht", weil die damaligen Bewohner der Stadt den Mönchen nicht zu Hilfe gekommen waren. Das große Gelände mit weiten Acker- und Waldflächen ist heute im Besitz der Kirche, welche das Gelände der Stadt als Erbpacht zu günstigen Bedingungen angeboten hat. Die Nutzung dieses Geländes ist bislang nicht festgeschrieben. Ein Teil davon ist derzeit an einen landwirtschaftlichen Betrieb verpachtet.

Landwirtschaftlich genutzte Fläche
Der letzte hauptberufliche Bauer der Stadt gilt als Original und eingefleischter Feind der Fabrik, von der er behauptet, daß ihre Emissionen seinen Boden langsam vergiften. Neben den von der Kirche gepachteten Gebieten besitzt er im Westen der Stadt noch eine recht große Ackerfläche, die jedoch aufgrund der Agrarpolitik der EG immer weniger genutzt wird.

Gießerei und ursprüngliches Gelände der Fabrik
Mit der Gründung der Ziegelei-Stiftung anfang dieses Jahrhunderts, hatte der letzte Besitzer auch den Betrieb der Ziegelei eingestellt. Als damaligem Oberbürgermeister war es ihm jedoch gelungen, einen drohenden Einbruch in der Wirtschaftsstruktur der Stadt zu verhindern. Es gelang ihm, daß ein Zusammenschluß von Personen der Stadt und der Umgebung ihre geplante kleine Fabrik auf einem Areal auf der anderen Seite des Flusses aufbaute. So entstand hier eine Gießerei, die ihre Rohstoffe über den Fluß bezog. Die drohende wirtschaftliche Krise war somit durch die Ansieldung der Fabrik abgewendet worden. Die durch die Ziegelei verlorengegangenen Arbeitsplätze konnten schon bald durch die Fabrik kompensiert werden.

Neustadt I und Gewerbegebiet
Oberhalb der Fabrik entstand nach dem Ersten Weltkrieg ein neues Wohngebiet, die "Neustadt I", welches hauptsächlich von den Arbeitern der Fabrik bewohnt wird.
Im Osten der Stadt entwickelte sich gleichzeitig das "Gewerbegebiet", in dem sich hauptsächlich Zulieferbetriebe für die Fabrik ansiedelten.

Kasernengelände
Nach dem Ersten Weltkrieg wurde die Stadt Garnisonsstadt. Dabei wurde ein großes Areal mit Kasernen am Rande des Stadtwaldes angelegt. Nach dem Zweiten Weltkrieg, den die Stadt relativ unbeschadet überstanden hatte, ging der wirtschaftliche Aufstieg der Stadt weiter. Das Kasernengelände am Stadtrand war mittlerweile Sitz einer französischen Garnison von etwa 1000 Soldaten und ihren Familien geworden. Zu Beginn der siebziger Jahre beschloß die französische Regierung in Absprache mit der Bundesregierung, ihre Garnison aufzulösen und das Gelände an das Land zurückzugeben. Dies wurde in der Stadt mit Bedauern hingenommen. Gehörten die Soldaten und ihre Familien doch schon zur Stadt und war ihre Kaufkraft doch auch ein bedeutender wirtschaftlicher Faktor für die Stadt.
Das Land hat der Stadt aber das Nutzungsrecht für das Kasernengelände übertragen und auch ein günstiges Kaufangebot unterbreitet. Die Gebäude stehen nun schon seit

Anhang A

fast 10 Jahren leer. Lediglich einige ehemalige Hausbesetzer, die mit der Stadt einen Mietvertrag aushandeln konnten, haben eines der Häuser renoviert.

Neustadt II
Nach dem Zweiten Weltkrieg dehnte sich das Gewerbegebiet immer mehr aus. Oberhalb des Gewerbegebiets entstand eine weitere Wohnstadt, die aufgrund der großen Wohnungsnachfrage schnell aus dem Boden geschossen war.

Autobahn und überregionales Einkaufszentrum
Zu Beginn der siebziger Jahre bekam die Stadt einen Autobahnanschluß, welcher in unglücklicher Weise die "Neustadt I" von den übrigen Stadtteilen abschneidet. Weiterhin wurden oberhalb der Neustadt II, in Stadtrandlage, ein überregionales, großes Einkaufszentrum errichtet.

Die Fabrik
Nach der Wirtschaftskrise am Ende der zwanziger Jahre nahm die Stadt durch die stark expandierende Fabrik einen ungeheuren Aufschwung. Die Fabrik hatte sich den Zeichen der Zeit angepaßt und auf Metallveredelung umgestellt. Was zunächst mit dem Gebiet zwischen Bahnlinie und Fluß begann, hat sich dann weiter am Fluß entlang ausgedehnt. Sogar eine kleine Hafenanlage wurde ausgebaut. Die alte Brücke über den Fluß wurde erweitert, und es wurde ein Anschluß an die in der Nähe schon exisierende Hauptachse der Eisenbahn hergestellt.

Nach dem Zweiten Weltkrieg ging es weiter aufwärts mit der Fabrik. Jedoch mit der ersten Energiekrise zu Beginn der siebziger Jahre kam auch die Fabrik als metallbearbeitendes Unternehmen in Bedrängnis. Kurzarbeit und erste Entlassungen waren die Folge. Heute hat sich die wirtschaftliche Lage der Fabrik wieder etwas konsolidiert. Jedoch kommen, wie oben schon erwähnt, Umweltprobleme immer stärker zum Tragen. Darüber hinaus sind die Flächenreserven, die der Fabrik zur Verfügung stehen, alle genutzt. Das bedeutet, daß sie sich an ihrem derzeitigen Standort nicht mehr weiter ausdehnen kann.

Das relativ große Gelände der Deponie der Fabrik ist aufgrund seiner Nähe zum Stadtkern nicht für eine Neuerrichtung von Produktionsanlagen zugelassen. Dasselbe gilt auch für das ursprüngliche Betriebsgelände zwischen Bahn und Fluß. Dieses Gelände, das schon länger nicht mehr genutzt wird, ist mittlerweile ziemlich heruntergekommen. Es ist aufgrund seiner Nähe zum Bahnhof ein Streitobjekt zwischen der Fabrik und der Stadtverwaltung, da es einem mit der Bahn ankommenden Besucher der Stadt einen schlechten ersten Eindruck vermittelt. Die Fabrik hatte ein Kaufangebot von der Bundespost, die hier eine Hauptpost errichten wollte. Jedoch aufgrund überzogener Preisvorstellungen ist das Geschäft noch nicht zustande gekommen.

Ein großes Problem deutet sich bei der ehemaligen Deponie der Fabrik östlich der Neustadt I an. Ein bislang unveröffentlichtes Gutachten der Umweltschutzbehörde ergab, daß dort eine Reihe heute als höchst giftig eingestufter Abfallstoffe abgelagert worden sind. Zwar sind die bislang festgestellten Giftanteile, die wohl durch mittlerweile undicht gewordene Behälter aufsteigen, noch nicht als gefährlich einzustufen, jedoch ist man sich darüber im klaren, daß hier möglicherweise eine umweltpolitische Zeitbombe begraben liegt.

"Modell-Stadt"

Ein Planspiel zur Untersuchung von Planungs- und Entscheidungsprozessen

Einführende Instruktion zu Beginn der Spielsitzung
Planungsteam "Umwelt & Soziales"

entwickelt von Dr. Dieter Beck
an der
Sozialwissenschaftlichen Fakultät
der Universität Konstanz
Lehrstuhl für Sozialpsychologie
Prof. Dr. Rudolf Fisch

Ziel der Untersuchung

Das vorliegende Planspiel wurde am Lehrstuhl für Sozialpsychologie der Universität Konstanz entwickelt. Gegenstand des Planspiels ist ein Problem der Stadtplanung und seine Auswirkungen auf das soziale und wirtschaftliche Gefüge einer Stadt. Für die Teilnehmer geht es darum, den Stadtentwicklungsplan einer gegebenen Stadt, d. h. im wesentlichen die Nutzung der Stadtfläche, neu zu überdenken und unter Berücksichtigung der im folgenden ausgeführten Probleme der Stadt zu ändern. Die hier aufgezeigte Problematik kann als durchaus typisch für ältere Industriestädte in Deutschland angesehen werden.

Die vier Teilnehmer bilden eine Expertenkommission, die aus zwei Teams zusammengesetzt ist. Die Zusammensetzung der Expertenkommission aus zwei Teams erfolgte in der Hoffnung, daß das komplexe Problem der Stadtentwicklung durch das Zusammenwirken und den Austausch der Argumente der beiden Teams besser bewältigt werden kann.

Information über den Ablauf der Untersuchung

Phase 1: ca. 15 min.: Vorbereitung

Sie haben ca. 15 min. Zeit, die Spielregeln und den sich anschließenden Text durchzulesen.

Phase 1a: ca. 45 min.: Problembeschreibung und 1. Datenerhebung

Sie haben die Aufgabe, Ihren eigenen Lösungsvorschlag mündlich während und nach dem Lesen der Problembeschreibung festzuhalten. Ferner sollen Sie verschiedene Aussagen zum Thema beurteilen.

Phase 2: ca. 30 min.: Aufteilung in Teams

Sie haben Gelegenheit, sich mit Ihrem Teamkollegen zu beraten, eine Strategie für das gemeinsame Vorgehen zu überlegen und einen gemeinsamen Lösungsvorschlag zu erarbeiten.

Phase 2a: ca. 15 min.: 2. Datenerhebung

Sie füllen einen Fragebogen zum Verlauf der Teamdiskussion aus.

Phase 3: ca. 30 min.: Diskussionsphase

In dieser Phase beraten und diskutieren Sie mit dem anderen Team zusammen Ihre jeweiligen Lösungsvorschläge.

Phase 3a: ca. 15 min.: 3. Datenerhebung

Sie haben wieder die Aufgabe, verschiedene Aussagen zu beurteilen.

Phase 4: ca. 30 min.: Entscheidungsphase

In dieser Phase müssen Sie mit dem anderen Team zusammen zu einer gemeinsamen Entscheidung gelangen.

Phase 4a: ca. 30 min.: 4. Datenerhebung

Fragebogen zum Thema. Beschreibung der Interaktionssituation.

Anhang A

Einführung in die Spielsituation

Ein akutes Problem, welches den wichtigsten Arbeitgeber einer Stadt, kurz "die Fabrik" genannt, betrifft, hat die Stadtväter einer Mittelstadt aufgerüttelt, ihre bisherige Stadtplanung zu überdenken. In ihrer Not haben sie beschlossen, einen Ausschreibungswettbewerb zu veranstalten, um unterschiedliche Lösungsmöglichkeiten für die äußerst verfahrene Situation der Stadt, wie sie sich aus der derzeitigen Nutzung der Stadtfläche ergeben, zu gewinnen.

Viele Gruppen mit unterschiedlichsten Kompetenzen insbesondere in der Stadtplanung wurden angesprochen und gebeten, sich an der Ausschreibung zu beteiligen. Um einen Lösungsvorschlag zu erarbeiten, werden Treffen arrangiert, bei denen immer zwei Teams zu einer Expertenkommission zusammengezogen werden.

Ihre Expertenkommission "Wirtschaft" - "Umwelt & Soziales" wurde bewußt aus zwei Teams mit unterschiedlicher Ausrichtung gebildet. Sie selbst gehören dem Team "Umwelt & Soziales" an. Dabei besteht die Hoffnung, daß bei dieser komplexen Problemstellung die unterschiedlichen Lösungsvorstellungen und Sichtweisen der beiden Teams durch den Diskussionsprozeß zu einer besseren Lösung integriert werden können, als wenn jede Gruppe alleine für sich einen Vorschlag erarbeiten würde. Um jedoch die Bedingungen für die Beschäftigung mit dem Problem möglichst nah an eine reale Situation heranzubringen, haben Sie vor den eigentlichen Gruppendiskussionen Zeit, sich zunächst allein, dann mit Ihrem Teamkollegen zusammen mit dem Problem zu beschäftigen.

Von der Ausschreibung versprechen sich die Stadtväter, daß viele solcher Expertenkommissionen zusammengestellt werden können, um möglichst unterschiedliche und durchaus auch ungewöhnliche Lösungsvorschläge für das Problem der Stadt zu erarbeiten. Es ist vorgesehen, daß am Ende eine unabhängige Jury die Entwürfe aller Expertenkommissionen bewertet. Der erste Preis dieses Ausschreibungswettbewerbs ist mit 100.000 DM dotiert.

Instruktion über den weiteren Verlauf des Planspiels

Lesen Sie nun bitte zunächst die "Spielregeln", in denen Sie Angaben über das mögliche und erlaubte Vorgehen im Planspiel finden und den Abschnitt "Einige Informationen zum Bereich Stadtentwicklungsplanung und Wohnen" sorgfältig durch.

Geben Sie dann, wenn Sie diese Texte gelesen haben, der Versuchsleitung ein Zeichen.

Sie bekommen, bevor Sie die "Problembeschreibung" lesen, weitere Instruktionen über die **Phase 1a**.

Falls Sie irgendwelche Fragen haben, können Sie diese jederzeit stellen.

Einige Informationen zum Bereich Stadtentwicklungsplanung und Wohnen

Anhang A

Der Zusammenhang zwischen Wohnen und Stadtentwicklung
Welche Rolle spielt ... der Themenbereich Stadtentwicklung im Kontext mit Wohnen? Zwei Zusammenhänge können hier genannt werden.
Zum ersten gilt es an die einfache Tatsache zu erinnern, daß die Stadt ganz wesentlich aus Wohnbebauung besteht, Stadtentwicklung zu großen Teilen als Veränderung der Wohnbebauung stattfindet. Wenn - wie oben behauptet - das Wohnen durch die ökonomisch und politisch bestimmten Bedingungen der Reproduktion der Arbeitskraft festgelegt ist, so gilt dies auch für die Merkmale des Wohnens, die wir als Merkmale der Stadtgestaltung feststellen. Die Blöcke des sozialen Wohnungsbaus am Stadtrand, die Eigenheimareale dort und im städtischen Umland, die Villenviertel in Hanglage, die heruntergekommenen Altbaugebiete in Sichtweite alter Fabrikstandorte, die Sanierungsgebiete im Innenstadtbereich, die Ghettos der Arbeitsimmigranten, die ganze Morphologie und sozialräumliche Gliederung, welche die Geographie beschreibt, sind Formen schichtspezifisch unterschiedlicher Wohnsituation, die jedoch alle innerhalb der Grenzen der finanziellen Möglichkeiten für die Erstellung von Wohnraum gemäß den Grenzen des z. Zt. existierenden Reproduktionsfonds liegen. Nur in den Köpfen und Schubladen ästhetischer Planer und Architekten gibt es andere Städte. Manchmal werden sie in Zeitschriften gezeigt, ohne daß jedoch eine städtische Bauverwaltung sie mit dem für sie möglichen verwechseln würde. Die machbare Wirklichkeit bleibt innerhalb der Grenzen der Kapitalverwertungsinteressen des im Bausektor investierten Kapitals, und damit innerhalb der Grenzen der individuellen Zahlungsfähigkeit der Arbeitnehmer und der staatlichen Fürsorge um die Erhaltung der Arbeitskraft, die vornehmlich in der Verteilung von Steuergeldern zugunsten der Wohnungswirtschaft, Bauindustrie und Hausbesitzer verwirklicht wird.
Der zweite Zusammenhang von Wohnen und Stadtentwicklung wird sichtbar, wenn wir die konkreten Prozesse städtischer Bau- und Entwicklungsmaßnahmen als Ergebnis potentiell konkurrierender Interessen sehen - potentiell deshalb, weil diese Konkurrenz zwar prinzipiell, aber nicht tatsächlich stattfindet. Konkurrieren könnten die verschiedenen Nutzungsformen des städtischen Bodens: Wohnen, Wirtschaft, Verkehr, Erholung usw. Tatsächlich ist - aus vielen Gründen - diese Konkurrenz schon vorentschieden, da im konkreten Ablauf der Inbesitznahme von Flächen das Wohnen, die Erholung usw. gegen die Nutzungsinteressen des sekundären und tertiären Wirtschaftsbereichs nicht oder als sehr schwache Kräfte auftreten. Ein Grund liegt in den Bedingungen der Grundrenten-Entwicklung und in der Tatsache, daß die städtische Planung diesem Prozeß Rechnung tragen muß. Ein weiterer Grund liegt darin, daß sich die Wohnbevölkerung nicht in gleichem Maß als politisch wirksame Kraft organisiert, wie dies für die Wirtschaft der Fall ist; daß sie selten auf die Stadtplanung einen Druck von dem Maß ausübt, daß sie zu einer in der Konkurrenz um die Flächennutzung relevanten Kraft würde.

Die Bewohner der Stadt: Funktionstrennung menschlichen Lebens, oder: Wie die Stadt, so der Mensch

Es ist keineswegs verwunderlich, wenn sich die Situation unserer Städte auch im täglichen Lebensablauf und im Verhalten der Menschen widerspiegelt. Eine Stadt, die nach dem Prinzip der Funktionstrennung in Nutzungsbereiche mit zumeist klarer Abgrenzung aufgeteilt ist, muß sich zwangsläufig funktionstrennend für das menschliche Leben auswirken.

Von morgens bis abends wird in den Arbeits- und Geschäftsvierteln gearbeitet, abends und nachts wird in den Wohnvierteln gewohnt und am Wochenende wird sich in den "Nah"-Erholungsgebieten erholt. Zwischen diesen einzelnen Tätigkeiten bleibt kaum Zeit für notwendige Einkäufe und andere Besorgungen, denn zur Überwindung der Entfernungen von einem Viertel zum anderen werden kostbare Minuten, ja meist Stunden verbraucht. Ebenso muß wertvolle Freizeit am Wochenende geopfert werden, um - meistens im entfernten Supermarkt oder in der überfüllten Innenstadt - den wöchentlichen Bedarf zu decken. Aus diesen Gründen ist es nur zwangsläufig, wenn der Verkehr morgens, abends und zur Einkaufszeit am Samstag mühsam und schleppend durch die Straßen schleicht. Ein Ausweg aus diesem Dilemma bleibt den Menschen nicht, die Bedingungen der Stadt bestimmen ihren Lebenslauf. (...)

Planung für die Bewohner, aber nicht Bewohner als Objekt für die Planung

Für die Planung, ob nun für die gesamte Stadtentwicklungsplanung oder Teilbereiche der Planung wie Verkehrs-, Wohnungsbau- oder Freizeitplanung, ist eigentlich nur noch interessant, wie viele Bewohner es gibt, wie sie sich vermehren, wie sie sich verhalten oder wieviel Geld oder wofür sie es ausgeben. Der Mensch wird so als ein Bestandteil unter vielen von den Planern und Politikern aus einer gewissen unpersönlichen Distanz gesehen, er wird zum Objekt der Planung degradiert. Viel wichtiger erscheinen da abstrakte Aspekte wie Wirtschaft, Verkehr oder Bebauung.

Dabei sollte aber der Mensch als Bewohner der Städte im Vordergrund stehen und die Planung als Schaffung und Gewährleistung humaner Daseinsvoraussetzungen nur dienende Funktion haben. Bei dieser Sichtweise ergäben sich veränderte Grundsätze der Stadtentwicklung mit einschneidenden Konsequenzen für eine entsprechende bewohnergerechte Planung. Hier seien nur einige aus den Hauptdaseinsbereichen der Bewohner genannt:

- Das Wohnen würde auf der Rangliste der Nutzungen den ersten Platz einnehmen und die günstigsten Standorte in der Stadt zugewiesen bekommen. Störende Nutzungen, besonders der Verkehr, wären davon möglichst fernzuhalten, gleichzeitig nichtstörende für das Wohnen voraussetzende Nutzungen (Arbeit, Versorgung, Freiräume) diesem unmittelbar zuzuordnen. Die Wohnungen würden in Größe und Qualität bedarfsgerecht gestaltet werden, wobei gleichzeitig bei privaten und öffentlichen Prestigebauten Abstriche gemacht werden könnten. ...
- Das Arbeiten würde nicht mehr als ein "Produktionsfaktor" betrachtet werden, sondern hätte einen zentralen Stellenwert im Wirtschaftsbereich. Die Arbeitsbe-

dingungen selbst und die Integration der Arbeitsstätten in das Stadtgefüge könnten besser auf das Grundbedürfnis der Erarbeitung der Existenzgrundlage bezogen sein. ...
- Die Freizeit wäre integraler Bestandteil des menschlichen und damit städtischen Lebens. Beginnend mit der Wohnumgebung bis hin zu ganzen Freizeitgebieten könnten Bedingungen geschaffen werden, die der Erholung und Selbstverwirklichung der Bewohner dienen würden. ...
- Der Verkehr bekäme dadurch weniger Bedeutung, daß das erklärte Ziel wäre, ihn so gering wie möglich zu halten. Gleichzeitig würden die Verkehrsarten bevorzugt, die einerseits eine notwendige Mobilität gewährleisten und andererseits die geringsten Nachteile für die Bewohner bringen würden. Sicherlich wäre das auf lange Sicht nicht der Individualverkehr. ...

Schöne Illusion, wird sofort eingewendet werden. Aber, liegt hier nicht der Kernpunkt der Misere in unseren Städten, nämlich, daß die berechtigten Interessen der Mehrheit der Bewohner, durch Resignation erstickt, noch nicht einmal ansatzweise artikuliert, geschweige denn als Forderungen vorgebracht werden, während die Privatinteressen von Wenigen, durch Verdunklungsmanöver getarnt, weiterhin in der Stadtentwicklung wirksam sind?

Quelle: Schramke, W., Strassel, J. (1978). Wohnen und Stadtentwicklung. in: Geographische Hochschulmanuskripte. Heft 7/1, S.31f.; Heft 7/2, S. 16f., S. 66f.

Anhang B: Erhebungsinstrumente

Erhebungsbogen A

Bitte tragen Sie Ihren Planspielnamen und den Namen Ihres Planungsteams hier ein:

Planspiel-Name: _____

Planungsteam: _____

Teil I: Beurteilungsbogen zur Stadtplanung

Allgemeine Bemerkung zum Ausfüllen dieses Beurteilungsbogens

Geben Sie bitte aus Ihrer Rolle als Mitglied eines spezialisierten Stadtplanungsteams heraus Ihre Beurteilungen der folgenden Aussagen an.

Versuchen Sie dabei nach Möglichkeit, die Mitte der Skalen nur in Ausnahmefällen anzukreuzen, also wenn Sie sich wirklich nicht entscheiden können. Meistens läßt sich jedoch zumindest eine Tendenz angeben.

1. Die Infrastruktur in einer Stadt sollte nach den Bedürfnissen der Wirtschaft gestaltet werden, um städtisches Wachstum optimal fördern zu helfen.

-3	-2	-1	0	1	2	3
stimme gar nicht zu	stimme kaum zu	stimme eher nicht zu	teils/ teils	stimme eher zu	stimme ziemlich zu	stimme völlig zu

2. Staatliche Lenkung des Wohnungsmarktes und Mietpreisbindungen sind erforderlich, um den steigenden Wohnungbedarf zu befriedigen und um eine Preisexplosion bei den Mieten zu verhindern.

-3	-2	-1	0	1	2	3
stimme gar nicht zu	stimme kaum zu	stimme eher nicht zu	teils/ teils	stimme eher zu	stimme ziemlich zu	stimme völlig zu

3. Aufgrund der stetig steigenden Umweltbelastung durch Industrie und Strassenverkehr steigt die psychische Belastung der Bewohner und sinkt die Wohn- und Lebensqualität vor allem in den Städten beständig.

-3	-2	-1	0	1	2	3
stimme gar nicht zu	stimme kaum zu	stimme eher nicht zu	teils/ teils	stimme eher zu	stimme ziemlich zu	stimme völlig zu

4. Wenn die Bedürfnisse der Bewohner bei der Stadtplanung stärker berücksichtigt würden, käme es gar nicht erst zu den üblichen Fehlplanungen, die eine Stadt völlig unattraktiv machen.

-3	-2	-1	0	1	2	3
stimme gar nicht zu	stimme kaum zu	stimme eher nicht zu	teils/ teils	stimme eher zu	stimme ziemlich zu	stimme völlig zu

5. Der Umweltschutz sollte Vorrang vor wirtschaftlichen Erfordernissen haben.

-3	-2	-1	0	1	2	3
stimme gar nicht zu	stimme kaum zu	stimme eher nicht zu	teils/ teils	stimme eher zu	stimme ziemlich zu	stimme völlig zu

6. Die Ansiedlung von Industrie ist ein wesentlicher Faktor für das wirtschaftliche Wachstum und den Wohlstand einer Stadt.

-3	-2	-1	0	1	2	3
stimme gar nicht zu	stimme kaum zu	stimme eher nicht zu	teils/ teils	stimme eher zu	stimme ziemlich zu	stimme völlig zu

7. Die "Unwirtlichkeit" und Unbewohnbarkeit unserer Städte kommt in erster Linie daher, daß die Städte an die Bedürfnisse der Industrie angepaßt sind und nicht an die Bedürfnisse der Bewohner.

-3	-2	-1	0	1	2	3
stimme gar nicht zu	stimme kaum zu	stimme eher nicht zu	teils/ teils	stimme eher zu	stimme ziemlich zu	stimme völlig zu

8. Zur besseren Verkehrsanbindung der Industrie einer Stadt sollte der Ausbau von Straßen und Zubringern den Vorrang vor solchen Nutzungen haben, die der Wirtschaft nicht zugute kommen.

-3	-2	-1	0	1	2	3
stimme gar nicht zu	stimme kaum zu	stimme eher nicht zu	teils/ teils	stimme eher zu	stimme ziemlich zu	stimme völlig zu

9. Die Wohnqualität der Bewohner sollte in jedem Fall primäres Ziel der Stadtplanung sein.

-3	-2	-1	0	1	2	3
stimme gar nicht zu	stimme kaum zu	stimme eher nicht zu	teils/ teils	stimme eher zu	stimme ziemlich zu	stimme völlig zu

10. Die wichtigste Funktion einer Stadt besteht in dem Angebot an Wirtschaftsunternehmen, günstiger und wirtschaftlicher Industriestandort zu sein.

-3	-2	-1	0	1	2	3
stimme gar nicht zu	stimme kaum zu	stimme eher nicht zu	teils/ teils	stimme eher zu	stimme ziemlich zu	stimme völlig zu

11. Um die Abwanderung von Wirtschaftsunternehmen zu verhindern, müssen notfalls auch unliebsame Kompromisse eingegangen werden.

-3	-2	-1	0	1	2	3
stimme gar nicht zu	stimme kaum zu	stimme eher nicht zu	teils/ teils	stimme eher zu	stimme ziemlich zu	stimme völlig zu

12. Bevor öffentliche Investitionen in die Industrie gesteckt werden, sollten erst die sozialen Belange einer Stadt berücksichtigt werden.

-3	-2	-1	0	1	2	3
stimme gar nicht zu	stimme kaum zu	stimme eher nicht zu	teils/ teils	stimme eher zu	stimme ziemlich zu	stimme völlig zu

13. Auch wenn die Umweltbelastung für die Stadt groß ist, darf die angesiedelte Industrie nicht durch zu hohe Auflagen konkurrenzunfähig gemacht werden.

-3	-2	-1	0	1	2	3
stimme gar nicht zu	stimme kaum zu	stimme eher nicht zu	teils/ teils	stimme eher zu	stimme ziemlich zu	stimme völlig zu

14. Da die Bewohner einer Stadt auch Arbeit brauchen, rangieren wirtschaftliche Aufgaben von Städten eindeutig vor den sozialen Aufgaben.

-3	-2	-1	0	1	2	3
stimme gar nicht zu	stimme kaum zu	stimme eher nicht zu	teils/ teils	stimme eher zu	stimme ziemlich zu	stimme völlig zu

Teil II: Erwartete Zusammenarbeit

Beurteilung der erwarteten Zusammenarbeit

An Ihrer Expertenkommission sind zwei Planungsteams beteiligt, das Team "Wirtschaft" und das Team "Umwelt & Soziales". Beide Teams haben also unterschiedliche Spezialgebiete. Wie stellen Sie sich jetzt, noch ohne die anderen zu kennen, die Zusammenarbeit in der Kommission vor? Wird es schwer oder einfach sein, einen gemeinsamen Plan zu erarbeiten?

-2	-1	0	1	2
schwer				einfach

Und wie stellen Sie sich die Zusammenarbeit in Ihrem Team vor?

-2	-1	0	1	2
schwer				einfach

Erhebungsbogen B

Bitte tragen Sie Ihren Planspielnamen und den Namen Ihres Planungsteams hier ein:

Planspiel-Name: _____

Planungsteam: _____

Anhang B 281

Beurteilung der Interaktion

Allgemeine Bemerkung zum Ausfüllen dieses Fragebogens

In dem folgenden Fragebogen sollen Sie verschiedene Fragen bezüglich der Interaktion mit Ihrem Teamkollegen beantworten. Dabei interessieren uns bei einigen Fragen besonders unterschiedliche Perspektiven der Einschätzung:

(1) Wie beurteilen Sie selbst den jeweiligen Sachverhalt?

(2) Wie beurteilt **Ihrer Ansicht nach** der Mitspieler Ihres Teams diesen gleichen Sachverhalt?

(3) Wie würde Ihr Mitspieler **Ihrer Ansicht nach** wiederum **Ihre Einschätzung** dieses Sachverhalts beschreiben?

Die erste Perspektive möchten wir hier **Eigen-Perspektive** nennen, die zweite **Fremd-Perspektive** und die dritte Perspektive einfach **Meta-Perspektive**.

In den betreffenden Fragen werden Sie jeweils Tabellen mit drei Zeilen antreffen, in denen die erste Spalte die genannten Bezeichnungen für die Perspektiven enthält (Eigen, Fremd- und Meta-Perspektive). Sie tragen dann in den Kästchen Ihre Einschätzung aus der jeweiligen Perspektive ein.

1. Zufriedenheit mit dem Problemlöseprozeß

Wie zufrieden sind Sie mit dem Verlauf des Problemlöseprozesses während der Zusammenarbeit mit Ihrem Mitspieler oder Ihrer Mitspielerin in Ihrem Planungsteam? Bitte beantworten Sie diese Frage aus der Eigen-Perspektive, der Fremd-Perspektive und der Meta-Perspektive.

	-3 sehr unzufrieden	-2 ziemlich unzufrieden	-1 eher unzufrieden	1 eher zufrieden	2 ziemlich zufrieden	3 sehr zufrieden
Eigen-Perspektive	-3	-2	-1	1	2	3
Fremd-Perspektive	-3	-2	-1	1	2	3
Meta-Perspektive	-3	-2	-1	1	2	3

Wie hoch schätzen Sie die "Problemlösefertigkeiten" Ihres Teams ein? Bitte beantworten Sie diese Frage aus der Eigen-Perspektive, der Fremd-Perspektive und der Meta-Perspektive.

	-2 gering	-1 eher gering	0 durchschnittlich	1 eher gut	2 gut
Eigen-Perspektive	-2	-1	0	1	2
Fremd-Perspektive	-2	-1	0	1	2
Meta-Perspektive	-2	-1	0	1	2

2. Persönliche Stellung zum eigenen Team

Wie zufrieden sind Sie bisher mit ihrem Team? Bitte beurteilen Sie wieder aus der Eigen-Perspektive, der Fremd-Perspektive und der Meta-Perspektive.

	-3 sehr unzufrieden	-2 ziemlich unzufrieden	-1 eher unzufrieden	1 eher zufrieden	2 ziemlich zufrieden	3 sehr zufrieden
Eigen-Perspektive	-3	-2	-1	1	2	3
Fremd-Perspektive	-3	-2	-1	1	2	3
Meta-Perspektive	-3	-2	-1	1	2	3

3. Zugehörigkeit zum Team

In welchem Maße fühlen Sie sich zu ihrem Team zugehörig. Bitte beurteilen Sie wieder aus der Eigen-Perspektive, der Fremd-Perspektive und der Meta-Perspektive.

	-2 nicht zugehörig	-1	0	1	2 zugehörig
Eigen-Perspektive	-2	-1	0	1	2
Fremd-Perspektive	-2	-1	0	1	2
Meta-Perspektive	-2	-1	0	1	2

4. Beurteilung der Qualität des Lösungsvorschlags

Bedenken Sie, daß eine Zusammenarbeit gut verlaufen kann, aber die Qualität der Lösung nicht sehr hoch sein muß - und umgekehrt. Beurteilen Sie aus diesem Grunde die Qualität des Lösungsvorschlags Ihres Teams bitte unabhängig von der Zufriedenheit mit der Zusammenarbeit.

Wie hoch schätzen Sie die Qualität des durch Ihr Team erarbeiteten Lösungsvorschlags ein? Bitte beurteilen Sie wieder aus der Eigen-Perspektive, der Fremd-Perspektive und der Meta-Perspektive.

	-2 gering	-1 eher gering	0 durchschnittlich	1 eher gut	2 gut
Eigen-Perspektive	-2	-1	0	1	2
Fremd-Perspektive	-2	-1	0	1	2
Meta-Perspektive	-2	-1	0	1	2

Erhebungsbogen C

Bitte tragen Sie Ihren Planspielnamen und den Namen Ihres Planungsteams hier ein:

Planspiel-Name: _____

Planungsteam: _____

Beurteilung verschiedener Gegenstandsbereiche[1]

1. Jeder menschliche Eingriff in die Natur fügt dieser "Wunden" zu. Deshalb müssen wir diese Eingriffe so klein wie möglich halten, also unsere Bedürfnisse einschränken und auf Luxus verzichten.

-3	-2	-1	0	1	2	3
stimme gar nicht zu	stimme kaum zu	stimme eher nicht zu	teils/ teils	stimme eher zu	stimme ziemlich zu	stimme völlig zu

2. Ohne Wissenschaft wären wir aufgeschmissen. Wir können Probleme nur lösen, wenn wir die Dinge wissenschaftlich untersuchen und den Erkenntnissen gemäß handeln.

-3	-2	-1	0	1	2	3
stimme gar nicht zu	stimme kaum zu	stimme eher nicht zu	teils/ teils	stimme eher zu	stimme ziemlich zu	stimme völlig zu

3. Um zu überleben, müssen wir die Natur beherrschen.

-3	-2	-1	0	1	2	3
stimme gar nicht zu	stimme kaum zu	stimme eher nicht zu	teils/ teils	stimme eher zu	stimme ziemlich zu	stimme völlig zu

4. Statt die Natur auszubeuten und auszuzehren, müssen wir einen Weg finden, pfleglich mit ihr umzugehen. Wir müssen Eingriffe vermeiden, und wo sie unvermeidbar sind, müssen wir die Naturumwelt gewissermaßen auf "Gegenseitigkeit" kultivieren.

-3	-2	-1	0	1	2	3
stimme gar nicht zu	stimme kaum zu	stimme eher nicht zu	teils/ teils	stimme eher zu	stimme ziemlich zu	stimme völlig zu

5. Es ist zu befürchten, daß der technische Fortschritt unser Leben womöglich doch noch einmal zerstören könnte.

-3	-2	-1	0	1	2	3
stimme gar nicht zu	stimme kaum zu	stimme eher nicht zu	teils/ teils	stimme eher zu	stimme ziemlich zu	stimme völlig zu

6. Der Mensch ist von Natur aus gut, und wenn er sich frei entfalten kann, wird er auch etwas Vernünftiges tun und leisten.

-3	-2	-1	0	1	2	3
stimme gar nicht zu	stimme kaum zu	stimme eher nicht zu	teils/ teils	stimme eher zu	stimme ziemlich zu	stimme völlig zu

---

[1] Dieser Fragebogen wurde übernommen von J. Huber (1987).

7. Man kann es nicht allen recht machen und nicht an alles gleichzeitig denken. Jede Generation hat ihre eigenen Probleme. Jede Generation muß sehen, wie sie zurechtkommt.

-3	-2	-1	0	1	2	3
stimme gar nicht zu	stimme kaum zu	stimme eher nicht zu	teils/ teils	stimme eher zu	stimme ziemlich zu	stimme völlig zu

8. Man darf nicht allzu sentimental sein. Der Mensch lebt von der Zivilisation, und wo die Zivilisation hinkommt, muß die Natur weichen.

-3	-2	-1	0	1	2	3
stimme gar nicht zu	stimme kaum zu	stimme eher nicht zu	teils/ teils	stimme eher zu	stimme ziemlich zu	stimme völlig zu

9. Der technische Fortschritt, trotz gewisser Probleme im einzelnen, bleibt die mit Abstand wichtigste Grundlage, um das Leben zu erleichtern und zu verbessern.

-3	-2	-1	0	1	2	3
stimme gar nicht zu	stimme kaum zu	stimme eher nicht zu	teils/ teils	stimme eher zu	stimme ziemlich zu	stimme völlig zu

10. Eine Wissenschaft, die dazu dient, immer schrecklichere Waffen zu erfinden, hat ihre Glaubwürdigkeit verloren.

-3	-2	-1	0	1	2	3
stimme gar nicht zu	stimme kaum zu	stimme eher nicht zu	teils/ teils	stimme eher zu	stimme ziemlich zu	stimme völlig zu

11. Das menschliche Gehirn ist wie ein hochentwickelter Computer, und die Ideen sind gewissermaßen die Programme, nach denen er läuft.

-3	-2	-1	0	1	2	3
stimme gar nicht zu	stimme kaum zu	stimme eher nicht zu	teils/ teils	stimme eher zu	stimme ziemlich zu	stimme völlig zu

12. Die Wissenschaft muß die Dinge z. B. unter dem Mikroskop sezieren. Das lebendige Ganze wird zerrissen und bleibt unverstanden. Deshalb ist das wissenschaftliche Weltbild unter Umständen gefährlich irreführend.

-3	-2	-1	0	1	2	3
stimme gar nicht zu	stimme kaum zu	stimme eher nicht zu	teils/ teils	stimme eher zu	stimme ziemlich zu	stimme völlig zu

13. Der Autoverkehr ist ein ökologisches und soziales Problem ersten Grades. Man müßte überlegen, wie man mehr vom Auto wegkommt.

-3	-2	-1	0	1	2	3
stimme gar nicht zu	stimme kaum zu	stimme eher nicht zu	teils/ teils	stimme eher zu	stimme ziemlich zu	stimme völlig zu

14. Je weiter die Technik fortschreitet, um so mehr Gesundheits-, Umwelt- und andere Probleme gibt es.

-3	-2	-1	0	1	2	3
stimme gar nicht zu	stimme kaum zu	stimme eher nicht zu	teils/ teils	stimme eher zu	stimme ziemlich zu	stimme völlig zu

15. Der Mensch muß durch Erziehung geformt werden und braucht Führung, denn sonst wäre der Mensch des Menschen Wolf.

-3	-2	-1	0	1	2	3
stimme gar nicht zu	stimme kaum zu	stimme eher nicht zu	teils/ teils	stimme eher zu	stimme ziemlich zu	stimme völlig zu

16. Die Natur scheint immernoch voller Wunder und Rätsel. Aber tatsächlich folgt alles bestimmten Gesetzmäßigkeiten, die man erkennen muß.

-3	-2	-1	0	1	2	3
stimme gar nicht zu	stimme kaum zu	stimme eher nicht zu	teils/ teils	stimme eher zu	stimme ziemlich zu	stimme völlig zu

17. Was aus einem Menschen wird, hängt ganz von der Umgebung und den Einflüssen ab, denen er ausgesetzt ist.

-3	-2	-1	0	1	2	3
stimme gar nicht zu	stimme kaum zu	stimme eher nicht zu	teils/ teils	stimme eher zu	stimme ziemlich zu	stimme völlig zu

18. Das Automobil ist zu einem festen und unverzichtbaren Teil der Zivilisation geworden. Zu seiner weiteren Entwicklung gibt es keine tragfähige Alternative.

-3	-2	-1	0	1	2	3
stimme gar nicht zu	stimme kaum zu	stimme eher nicht zu	teils/ teils	stimme eher zu	stimme ziemlich zu	stimme völlig zu

19. Die Natur ist ein Wert an sich. Deshalb müssen wir mit der Natur schon um ihrer selbst willen "Frieden schließen".

-3	-2	-1	0	1	2	3
stimme gar nicht zu	stimme kaum zu	stimme eher nicht zu	teils/ teils	stimme eher zu	stimme ziemlich zu	stimme völlig zu

20. Ohne öffentliche Ordnung und stabile Institutionen würde das Chaos ausbrechen.

-3	-2	-1	0	1	2	3
stimme gar nicht zu	stimme kaum zu	stimme eher nicht zu	teils/teils	stimme eher zu	stimme ziemlich zu	stimme völlig zu

21. Daß alle Menschen Brüder werden und daß Grenzen und Klassenschranken immer durchlässiger gemacht werden, bleibt ein Menschheitsziel.

-3	-2	-1	0	1	2	3
stimme gar nicht zu	stimme kaum zu	stimme eher nicht zu	teils/teils	stimme eher zu	stimme ziemlich zu	stimme völlig zu

22. Die Wissenschaft arbeitet im Dienst der Erkenntnis.

-3	-2	-1	0	1	2	3
stimme gar nicht zu	stimme kaum zu	stimme eher nicht zu	teils/teils	stimme eher zu	stimme ziemlich zu	stimme völlig zu

23. Um Konflikte zu lösen, müssen die Menschen miteinander reden. Wenn man einander kennt und versteht, lösen sich viele Probleme von alleine.

-3	-2	-1	0	1	2	3
stimme gar nicht zu	stimme kaum zu	stimme eher nicht zu	teils/teils	stimme eher zu	stimme ziemlich zu	stimme völlig zu

24. Die moderne Technik hat mehr positive als negative Auswirkungen.

-3	-2	-1	0	1	2	3
stimme gar nicht zu	stimme kaum zu	stimme eher nicht zu	teils/teils	stimme eher zu	stimme ziemlich zu	stimme völlig zu

Erhebungsbogen D

Bitte tragen Sie Ihren Planspielnamen und den Namen Ihres Planungsteams hier ein:

Planspiel-Name: _____

Planungsteam: _____

Teil I: Entscheidung über Stadtentwicklungsplan

Zeichnen Sie hier bitte den Plan der Stadt nach dem Umbau.

Teil II: Beurteilungsbogen zur Stadtplanung

Allgemeine Bemerkung zum Ausfüllen dieses Beurteilungsbogens

Geben Sie bitte aus Ihrer Rolle als Mitglied eines spezialisierten Stadtplanungsteams heraus Ihre Beurteilungen der folgenden Aussagen an.

Versuchen Sie dabei nach Möglichkeit, die Mitte der Skalen nur in Ausnahmefällen anzukreuzen, also wenn Sie sich wirklich nicht entscheiden können. Meistens läßt sich jedoch zumindest eine Tendenz angeben.

1. Die Infrastruktur in einer Stadt sollte nach den Bedürfnissen der Wirtschaft gestaltet werden, um städtisches Wachstum optimal fördern zu helfen.

-3	-2	-1	0	1	2	3
stimme gar nicht zu	stimme kaum zu	stimme eher nicht zu	teils/ teils	stimme eher zu	stimme ziemlich zu	stimme völlig zu

2. Staatliche Lenkung des Wohnungsmarktes und Mietpreisbindungen sind erforderlich, um den steigenden Wohnungbedarf zu befriedigen und um eine Preisexplosion bei den Mieten zu verhindern.

-3	-2	-1	0	1	2	3
stimme gar nicht zu	stimme kaum zu	stimme eher nicht zu	teils/ teils	stimme eher zu	stimme ziemlich zu	stimme völlig zu

3. Aufgrund der stetig steigenden Umweltbelastung durch Industrie und Strassenverkehr steigt die psychische Belastung der Bewohner und sinkt die Wohn- und Lebensqualität vor allem in den Städten beständig.

-3	-2	-1	0	1	2	3
stimme gar nicht zu	stimme kaum zu	stimme eher nicht zu	teils/ teils	stimme eher zu	stimme ziemlich zu	stimme völlig zu

4. Wenn die Bedürfnisse der Bewohner bei der Stadtplanung stärker berücksichtigt würden, käme es gar nicht erst zu den üblichen Fehlplanungen, die eine Stadt völlig unattraktiv machen.

-3	-2	-1	0	1	2	3
stimme gar nicht zu	stimme kaum zu	stimme eher nicht zu	teils/ teils	stimme eher zu	stimme ziemlich zu	stimme völlig zu

5. Der Umweltschutz sollte Vorrang vor wirtschaftlichen Erfordernissen haben.

-3	-2	-1	0	1	2	3
stimme gar nicht zu	stimme kaum zu	stimme eher nicht zu	teils/ teils	stimme eher zu	stimme ziemlich zu	stimme völlig zu

6. Die Ansiedlung von Industrie ist ein wesentlicher Faktor für das wirtschaftliche Wachstum und den Wohlstand einer Stadt.

-3	-2	-1	0	1	2	3
stimme gar nicht zu	stimme kaum zu	stimme eher nicht zu	teils/ teils	stimme eher zu	stimme ziemlich zu	stimme völlig zu

7. Die "Unwirtlichkeit" und Unbewohnbarkeit unserer Städte kommt in erster Linie daher, daß die Städte an die Bedürfnisse der Industrie angepaßt sind und nicht an die Bedürfnisse der Bewohner.

-3	-2	-1	0	1	2	3
stimme gar nicht zu	stimme kaum zu	stimme eher nicht zu	teils/ teils	stimme eher zu	stimme ziemlich zu	stimme völlig zu

8. Zur besseren Verkehrsanbindung der Industrie einer Stadt sollte der Ausbau von Straßen und Zubringern den Vorrang vor solchen Nutzungen haben, die der Wirtschaft nicht zugute kommen.

-3	-2	-1	0	1	2	3
stimme gar nicht zu	stimme kaum zu	stimme eher nicht zu	teils/ teils	stimme eher zu	stimme ziemlich zu	stimme völlig zu

9. Die Wohnqualität der Bewohner sollte in jedem Fall primäres Ziel der Stadtplanung sein.

-3	-2	-1	0	1	2	3
stimme gar nicht zu	stimme kaum zu	stimme eher nicht zu	teils/ teils	stimme eher zu	stimme ziemlich zu	stimme völlig zu

10. Die wichtigste Funktion einer Stadt besteht in dem Angebot an Wirtschaftsunternehmen, günstiger und wirtschaftlicher Industriestandort zu sein.

-3	-2	-1	0	1	2	3
stimme gar nicht zu	stimme kaum zu	stimme eher nicht zu	teils/ teils	stimme eher zu	stimme ziemlich zu	stimme völlig zu

11. Um die Abwanderung von Wirtschaftsunternehmen zu verhindern, müssen notfalls auch unliebsame Kompromisse eingegangen werden.

-3	-2	-1	0	1	2	3
stimme gar nicht zu	stimme kaum zu	stimme eher nicht zu	teils/ teils	stimme eher zu	stimme ziemlich zu	stimme völlig zu

12. Bevor öffentliche Investitionen in die Industrie gesteckt werden, sollten erst die sozialen Belange einer Stadt berücksichtigt werden.

-3	-2	-1	0	1	2	3
stimme gar nicht zu	stimme kaum zu	stimme eher nicht zu	teils/ teils	stimme eher zu	stimme ziemlich zu	stimme völlig zu

13. Auch wenn die Umweltbelastung für die Stadt groß ist, darf die angesiedelte Industrie nicht durch zu hohe Auflagen konkurrenzunfähig gemacht werden.

-3	-2	-1	0	1	2	3
stimme gar nicht zu	stimme kaum zu	stimme eher nicht zu	teils/ teils	stimme eher zu	stimme ziemlich zu	stimme völlig zu

14. Da die Bewohner einer Stadt auch Arbeit brauchen, rangieren wirtschaftliche Aufgaben von Städten eindeutig vor den sozialen Aufgaben.

-3	-2	-1	0	1	2	3
stimme gar nicht zu	stimme kaum zu	stimme eher nicht zu	teils/ teils	stimme eher zu	stimme ziemlich zu	stimme völlig zu

Teil III: Beurteilung der Konsensfindung

1. Finden Sie, daß die beiden Teams sich eher gut oder eher schlecht einigen konnten?

-3	-2	-1	0	1	2	3
eher schlecht						eher gut

2. Wie schnell konnten sich die beiden Teams einigen?

-3	-2	-1	0	1	2	3
eher langsam						eher schnell

3. Wie gut konnten Sie sich mit Ihrem Mitspieler/Ihrer Mitspielerin einigen?

-3	-2	-1	0	1	2	3
eher schlecht						eher gut

   (Tragen Sie bitte den Planspielnamen der jeweiligen Spieler und Spielerinnen ein.)

   Wie gut konnten Sie sich mit Spieler/in .... des anderen Teams einigen?

-3	-2	-1	0	1	2	3
eher schlecht						eher gut

   Wie gut konnten Sie sich mit Spieler/in .... des anderen Teams einigen?

-3	-2	-1	0	1	2	3
eher schlecht						eher gut

Teil IV: Beurteilung der Rolle

1. Wie haben Sie sich mit Ihrer Rolle als Mitglied eines Planungsteams identifizieren können, das speziell ökonomische bzw. ökologisch-soziale Probleme bearbeitet?

-3	-2	-1	0	1	2	3
eher schlecht						eher gut

2. Ist es Ihnen schwer gefallen, in den Diskussionen Argumente zu finden?

-3	-2	-1	0	1	2	3
eher schwer						eher leicht

3. Hatten Sie Probleme damit, die Ziele für Ihre Planung festzulegen?

-3	-2	-1	0	1	2	3
große Probleme						keine Probleme

4. Finden Sie, daß Sie in Ihrer Rolle für Ihre Mitspieler überzeugend waren?

-3	-2	-1	0	1	2	3
überhaupt nicht überzeugend						sehr überzeugend

5. Wie überzeugend schienen Ihnen Ihr Teamkollege oder Ihre Teamkollegin in ihrer Rolle?

-3	-2	-1	0	1	2	3
überhaupt nicht überzeugend						sehr überzeugend

6. Wie überzeugend schien Ihnen Spieler/in .... des anderen Teams in seiner/ihrer Rolle? (Tragen Sie bitte den Planspielnamen des Spielers oder der Spielerin ein.)

-3	-2	-1	0	1	2	3
überhaupt nicht überzeugend						sehr überzeugend

   Wie überzeugend schien Ihnen Spieler/in .... des anderen Teams in seiner/ihrer Rolle? (Tragen Sie bitte den Planspielnamen des Spielers oder der Spielerin ein.)

-3	-2	-1	0	1	2	3
überhaupt nicht überzeugend						sehr überzeugend

Teil V: Beurteilung der Interaktion

Allgemeine Bemerkung zum Ausfüllen dieses Fragebogens

In dem folgenden Fragebogen sollen Sie wieder verschiedene Fragen aus unterschiedlichen Perspektiven beurteilen, also:

(1) Wie beurteilen Sie selbst den jeweiligen Sachverhalt? (**Eigen-Perspektive**)

(2) Wie beurteilt **Ihrer Ansicht nach** der Mitspieler Ihres Teams diesen gleichen Sachverhalt? (**Fremd-Perspektive**)

(3) Wie würde Ihr Mitspieler **Ihrer Ansicht nach** wiederum **Ihre Einschätzung** dieses Sachverhalts beschreiben? (**Meta-Perspektive**)

Da Sie jetzt jedoch drei Mitspieler oder Mitspielerinnen haben, müssen Sie die Fremd- und die Meta-Perspektive jeweils für alle drei anderen Personen ausfüllen.

1. Zufriedenheit mit dem Problemlöseprozeß

Wie zufrieden sind Sie als Mitglied Ihres Teams mit dem Verlauf des Problemlöseprozesses während der Zusammenarbeit der beiden Gruppen?

Bitte beantworten Sie diese Frage aus der Eigen-Perspektive für sich sowie aus der Fremd-Perspektive und der Meta-Perspektive für Ihre drei Mitspieler oder Mitspielerinnen.

Bitte tragen Sie in den jeweiligen Zeilen auch die Planspielnamen der Spieler und Spielerinnen ein.

	-3 sehr unzufrieden	-2 ziemlich unzufrieden	-1 eher unzufrieden	1 eher zufrieden	2 ziemlich zufrieden	3 sehr zufrieden
Eigenes Team:						
Eigen-Perspektive	-3	-2	-1	1	2	3
Name:						
Fremd-Perspektive	-3	-2	-1	1	2	3
Meta-Perspektive	-3	-2	-1	1	2	3
Anderes Team:						
Name:						
Fremd-Perspektive	-3	-2	-1	1	2	3
Meta-Perspektive	-3	-2	-1	1	2	3
Name:						
Fremd-Perspektive	-3	-2	-1	1	2	3
Meta-Perspektive	-3	-2	-1	1	2	3

2. Beurteilung der "Problemlösefertigkeiten" der beiden Teams
Wie hoch schätzen Sie die "Problemlösefertigkeiten" der beiden Teams ein?

	-2 gering	-1 eher gering	0 durchschnittlich	1 eher gut	2 gut
Eigenes Team	-2	-1	0	1	2
Anderes Team	-2	-1	0	1	2

3. Gesamtbeurteilung der Beziehung zwischen den Gruppen
Wie beurteilen Sie nun - unabhängig von den "Problemlösefertigkeiten" der beiden Teams - die Beziehung der beiden Teams zueinander?

	-2 schlecht	-1 eher schlecht	0 neutral	1 eher gut	2 gut

4. Persönliche Stellung zum eigenen Team
Wie zufrieden sind Sie mit Ihrem Team? Bitte beurteilen Sie hier wieder aus der Eigen-Perspektive für sich selbst sowie aus der Fremd-Perspektive und der Meta-Perspektive für den Mitspieler oder die Mitspielerin Ihres eigenen Teams.

	-3 sehr unzufrieden	-2 ziemlich unzufrieden	-1 eher unzufrieden	1 eher zufrieden	2 ziemlich zufrieden	3 sehr zufrieden
Eigen-Perspektive	-3	-2	-1	1	2	3
Fremd-Perspektive	-3	-2	-1	1	2	3
Meta-Perspektive	-3	-2	-1	1	2	3

5. Zugehörigkeit zum Team

In welchem Maße fühlen Sie sich zu ihrem Team zugehörig. Bitte beurteilen Sie wieder aus der Eigen-Perspektive für sich selbst sowie aus der Fremd-Perspektive und der Meta-Perspektive für Ihre drei Mitspieler und Mitspielerinnen.

Bitte tragen Sie in den jeweiligen Zeilen auch die Planspielnamen der Spieler und Spielerinnen ein.

	-2 nicht zugehörig	-1	0	1	2 zugehörig
Eigenes Team:					
Eigen-Perspektive	-2	-1	0	1	2
Name:					
Fremd-Perspektive	-2	-1	0	1	2
Meta-Perspektive	-2	-1	0	1	2
Anderes Team:					
Name:					
Fremd-Perspektive	-2	-1	0	1	2
Meta-Perspektive	-2	-1	0	1	2
Name:					
Fremd-Perspektive	-2	-1	0	1	2
Meta-Perspektive	-2	-1	0	1	2

6. Beurteilung der Qualität des Lösungsvorschlags

Bedenken Sie, daß eine Zusammenarbeit gut verlaufen kann, aber die Qualität der Lösung nicht sehr hoch sein muß - und umgekehrt. Beurteilen Sie aus diesem Grunde die Qualität des Lösungsvorschlags bitte unabhängig von der Zufriedenheit mit der Zusammenarbeit.

Wie hoch schätzen Sie die Qualität des durch die beiden Teams erarbeiteten Lösungsvorschlags ein?

-2 gering	-1 eher gering	0 durchschnittlich	1 eher gut	2 gut

7. Beitrag der beiden Teams zum Lösungsvorschlag
Wie hoch würden Sie den Beitrag Ihres Teams bei der Erarbeitung des Lösungsvorschlags im Verhältnis zum anderen Team einschätzen?
Geben Sie bitte das Verhältnis in Prozentwerten an:

Ihr Team _____%   anderes Team _____%

Dieses Verhältnis gilt gleichzeitig als Ihr Vorschlag für die Aufteilung der Siegesprämie der Ausschreibung im Falle des besten Lösungsvorschlags.

8. Beurteilung des Planspiels
Wie hat Ihnen das Spiel insgesamt gefallen?

	-2	-1	0	1	2
	überhaupt nicht				sehr gut

Abschluß
Bitte machen Sie noch kurz einige Angaben zu Ihrer Person
Rolle im Planspiel: 0   Team "Wirtschaft"   0   Team "Umwelt & Soziales"
Geschlecht: 0   männlich   0   weiblich
Alter:
Studienfach:
Semesterzahl:

Bemerkungen, Kommentare, Kritik, Anregungen:

Bei Interesse an Rückmeldung:
Name:
Anschrift:
Telefon:

Vielen Dank für die Teilnahme!

Anhang C: Kodieranleitung für *CognitiveMapping* und Strukturkodierung

C.1 Kodiereinheiten

Grundlage für die Kodierung im *cognitive mapping* sind "sinntragende, in sich geschlossene Aussagen in Form eines oder mehrerer Sätze, die sich auf die vorgegebene Problemsituation beziehen." (Fisch, Morguet & Boos, 1989, S. 2). Diese Aussagen werden in Form sogenannter Problemelemente erfaßt. Ihnen werden sowohl Inhaltskategorien und Verknüpfungen zwischen den Problemelementen als auch die Kodes der Strukturkodierung zugeordnet.

C.2 Kodierte Information auf dem Kodierbogen

Auf dem in Anhang D abgedruckten Kodierbogen werden für jede Kodiereinheit folgende Informationen festgehalten (in Anlehnung an Fisch et al. 1989, S. 2):
- fortlaufende Nummer
- wer spricht
- zu wem
- Minute (Zeitpunkt der Nennung des ersten Problemelements)
- erstes Problemelement (Ursachenelement)
- Inhaltskategorie des Ursachenelements
- Verknüpfung zwischen dem ersten und zweiten Problemelement (Relation)
- Minute (Zeitpunkt der Nennung des zweiten Problemelements)
- zweites Problemelement (Wirkungselement)
- Inhaltskategorie des Wirkungselements
- Funktionskode
- Relationskode

Wenn die Aussage lediglich ein Problemelement enthält, werden die Spalten Relation, Minute (2), Problemelement (2) und Inhaltskategorie (2) frei gelassen.

C.3 Überblick über die verwendeten Kategorien

1 *Cognitive Mapping*

Inhaltliche Kategorien der Problemelemente:

makro	1	gesamtwirtschaftliche Problemelemente
mikro	2	betriebswirtschaftliche Problemelemente
ökol	3	ökologische Problemelemente (natürliche Umwelt)
soz	4	soziale Problemelemente (soziale und bebaute Umwelt)
verf	5	verfahrensmäßige und rechtliche Problemelemente
loc	6	ortsbezogene, lokale Problemelemente
infra	7	infrastrukturelle Problemelemente

Verknüpfungen zwischen Problemelementen:

Kausalverknüpfungen:

+	1	positive Beeinflussung
-	2	negative Beeinflussung
(+)	3	schadet nicht, verhindert nicht, ist nicht schädlich
(-)	4	hilft nicht, fördert nicht, ist nicht von Nutzen
a	5	hat möglicherweise Einfluß, weiß nicht, ob zs.hängt
m	6	hängt sicher irgendwie zs., ist Voraussetzung für
0	7	hat keinen Effekt auf, spielt keine Rolle

Konnotative Verknüpfungen:

k	8	ist irgendwie verbunden, ist Inhalt von
nk	9	ist nicht verbunden mit, ist nicht Inhalt von

Hierarchische Verknüpfungen:

u	10	ist untergeordnet zu, ist Beispiel für, Teil von

Funktionsverknüpfungen:

f	11	hat die Funktion, wird genutzt als, wird zu
nf	12	hat nicht die Funktion, wird nicht genutzt als

Anhang C

2 Strukturkodierung

1 Funktion der Äußerung

Funktion des Beitrags im Interaktionsprozeß:

Sv	1	Steuerungsbeiträge (Verfahrenssteuerung)
Si	2	Steuerungsbeiträge mit inhaltlichem Aspekt
Wdh	3	Wiederholungen
L	4	Lösungsvorschläge
Z	5	Zielsetzungen
F	6	Feststellungen, Aussagen

Funktion des Beitrags im kognitiven Prozeß des Sprechers:

meta	7	Metakognitionen, Reaktionen, Modifikation eigener Beiträge

2 Relation des Sprechers zur Äußerung

Relation des Sprechers zum Inhalt (inhaltsbezogene Beiträge):

pro	1	positive Meinungsäußerungen
con	2	negative Meinungsäußerungen
w+	3	Wichtigkeit von Problemelementen, hohe Bedeutung
w-	4	Wichtigkeit von Problemelementen, geringe Bedeutung
Zu	5	Zustimmung (zu Äußerungen von Personen)
Ab	6	Ablehnung (von Äußerungen von Personen)
us	7	Unsicherheit, Unbestimmtheit, hypothet. Äußerung, Konjunktiv
us+	8	s. o. positive Äußerung
us-	9	s. o. negative Äußerung
e0	10	Scherze

Relation des Sprechers zum Hörer (sozio-emotionale Beiträge):

e+	11	positive Bewertung von Personen
e-	12	negative Bewertung von Personen

C.4 Cognitive Mapping

Im folgenden wird das Kodierverfahren *cognitive mapping* lediglich in den Teilen beschrieben, die von den Definitionen bei Axelrod (1976) resp. Wrightson (1976) sowie Boos (1993) und Fisch et al. (1989) abweichen.

Zur Kategorisierung der in den Problemelementen benannten Inhaltsbereiche wurden sieben verschiedene inhaltliche Kategorien definiert:

Gesamtwirtschaftliche (makro) Problemelemente beziehen sich auf makroökonomische Aspekte der Planungen.
Beispiele:
- Erweiterung des Gewerbegebiets
- Finanzierung durch die Stadt
- Steuereinnahmen
- Vernichtung von Arbeitsplätzen
- Umsiedlung der Fabrik

Betriebswirtschaftliche (mikro) Problemelemente beziehen sich auf betriebswirtschaftliche oder mikroökonomische Aspekte der Planungen.
Beispiele:
- Umbau der Fabrik
- Kosten für die Fabrik
- Immobilienfirmen
- Expansion der Fabrik
- Abschreibung der Fabrikgebäude

Ökologische (ökol) Problemelemente betreffen die natürliche Umwelt von Tieren und Menschen. Hierzu zählen auch Verunreinigungen und Belastungen dieser Umwelt.
Beispiele:
- Rodung des Waldes
- Grünwälle an der Autobahn
- Emissionen der Fabrik
- Landwirtschaftliche Nutzfläche
- Giftmülldeponie

Soziale (soz) Problemelemente betreffen die soziale und bebaute Umwelt.
Beispiele:
- Wohnungsbau
- Attraktives Wohnen
- Umsiedlung der Neustadt I
- Lebensqualität der Bewohner
- Angst um Arbeitsplätze

Verfahrensmäßige (verf) und rechtliche Problemelemente betreffen Fragen der Durchführung der Planungen wie Fragen der Durchsetzbarkeit und rechtliche Fragen.
Beispiele:
- Problem der Durchführbarkeit
- Planungszeitraum
- Gutachten über Giftmülldeponie
- Technische Realisierbarkeit
- Schwerwiegende strukturelle Veränderung

Ortsbezogene, lokale (loc) Problemelemente beziehen sich auf Ortsangaben auf dem Stadtplan der Modell-Stadt.
Beispiele:
- Alte Kaserne
- Ehemalige Ziegelei
- Derzeitiges Gelände der Fabrik
- Oberstadt
- Wohngebiet am Flußufer

Infrastrukturelle (infra) Problemelemente
Beispiele:
- Neue Fußgängerbrücke
- Straßenanbindung
- Zugang zur Arbeitsstelle
- Geringe Anfahrtswege für Fabrik
- Eisenbahnlinie

Die einzige hier abweichend von Fisch et al. (1989) sowie Boos (1993) verwendete Relation ist die *Funktionsverknüpfung*:

f : hat die Funktion, wird genutzt als, wird zu
Beispiel:
"Neustadt II kommt hier auf das alte Fabrikgelände."
altes Fabrikgelände   **f**   Neustadt II

nf : hat nicht die Funktion, wird nicht genutzt als
Beispiel:
"Das was die Neustadt II an Gebäuden hinterläßt, würde man halt nicht Industriebetrieben anbieten."
Neustadt II   **nf**   Industriebetriebe

C.5 Kategorien der Strukturkodierung

Die Strukturkodierung wurde eng an die Konferenzkodierung von Fisch (1989) angelehnt, wobei jedoch ein anderer, struktureller Akzent gesetzt wurde. Differenziert werden nicht, wie bei Fisch, Steuerungsbeiträge (S), inhaltsbezogene Beiträge (I) und sozio-emotionale Beiträge (E), sondern es wird unterschieden zwischen der Funktion eines Beitrags im Interaktionsprozeß bzw. im kognitiven Prozeß des Sprechers und der Relation des Sprechers zum Inhalt der Äußerung bzw. zum Hörer. Bei dieser Modifikation des Systems bleiben die von Fisch definierten Kategorien erhalten, jedoch werden die beiden Hauptkategorien Funktion und Relation von einander unabhängig, während dies bei den Hauptkategorien S-I-E von Fisch nicht der Fall ist.

Da die meisten Unterkategorien sich nicht von den bei Fisch verwendeten unterscheiden, sei hier auf die Beispiele bei Fisch (1989), Boos (1993) und Fisch et al. (1989) verwiesen. Bei den abweichenden Unterkategorien werden auch hier wieder Beispiele angegeben.

1 Funktion der Äußerung

Funktion des Beitrags im Interaktionsprozeß:

Sv	Steuerungsbeiträge (Verfahrenssteuerung)
Si	Steuerungsbeiträge mit inhaltlichem Aspekt
Wdh	Wiederholungen
L	Lösungsvorschläge
Z	Zielsetzungen
F	Feststellungen, Aussagen, Behauptungen

Funktion des Beitrags im kognitiven Prozeß des Sprechers:

meta Metakognitionen, Reaktionen, Modifikation eigener Beiträge
Beispiel:
"Man könnte die Fabrik verlegen ... Schwachsinn, wird zu teuer."
Verlegen der Fabrik   +   Kosten   **meta**
"Nee, das ist doch das alte Fabrikgelände, oder was meinst Du jetzt?"
altes Fabrikgelände   **meta**

Anhang C 307

2 Relation des Sprechers zur Äußerung

Relation des Sprechers zum Inhalt (inhaltsbezogene Beiträge):

pro	positive Meinungsäußerungen
con	negative Meinungsäußerungen
w+	Wichtigkeit von Problemelementen, hohe Bedeutung
w-	Wichtigkeit von Problemelementen, geringe Bedeutung
Zu	Zustimmung (zu Äußerungen von Personen)
Ab	Ablehnung (von Äußerungen von Personen)
us	Unsicherheit, Unbestimmtheit, hypothet. Äußerung, Konjunktiv

Beispiel:
"Hm, ist die Frage, was mit so 'nem alten Wohngebiet dann passieren soll ..."
Verwendung altes Wohngebiet   **Si**   **us**

us+   Unsicherheit etc., positive Äußerung
Beispiel:
"Wenn zum Beispiel da Förderungsmaßnahmen vom Land zu erwarten wären, könnte eventuell ein Teil der Produktion ausgelagert werden."

Förderungs-   Teil-
maßnahmen +   Auslagerung   **L**   **us+**
vom Land   der Produktion

us-   Unsicherheit etc., negative Äußerung
Beispiel:
"Ich weiß nicht, was Du noch gedacht hast, wie wir das machen könnten am besten?"
(Vorgehensweise von   **Sv**   **us-**
Mitspieler erfragt)

e0   Scherze

Relation des Sprechers zum Hörer (sozio-emotionale Beiträge):

e+	positive Bewertung von Personen
e-	negative Bewertung von Personen